常识圆桌派

世界历史常识

何炳松 — 著

天地出版社 | TIANDI PRESS

出版说明

经典著作是人类思想的结晶，对于我们认识历史、反思自我起着举足轻重的作用。

该书是中国现代著名史学家和教育家何炳松先生的经典代表作，最初出版时名为《外国史》，曾一度风行全国，成为民国高中外国史教科书的主流版本之一。何先生早年留学美国，获普林斯顿大学研究院硕士学位。他学贯中西，一生在史学研究方面颇有建树，著述甚丰，被誉为"中国新史学派的领袖"。

何炳松先生是我国民国时期著名的历史教育家，在长期的理论研究与实践探索中，其历史教育思想得到了不断的丰富与发展。他对历史教育的贡献是多方面的，既是我国"历史教学法"学科的开拓者和建设者，又是我国力图摒弃"欧洲中心论"，独立编著中学《外国史》课本的第一人。

该书出版于20世纪30年代，中国时处民族危亡的历史大变局之中，面对国难，史学家们迸发出空前的民族主义意识。当时的外国史或世界史多以欧洲为中心进行论述，而何炳松先生将"民族复兴"作为历史教科书编写的主旨，跳出惯常的"欧洲中心论"，放眼亚洲、欧洲、非洲和美洲所构成的整体世界。他在书中采用了一种全新的立场，即针对亚洲匈奴人、安息人、月氏人、突厥人、蒙古人等向来受人轻视的民族,根据他们在世界文化史上活动和贡献的程度,给以相当的位置,并加以叙述。另外,何先生依照"综合研究"这一科学新标准,将人类政治、经济、学术、教育和宗教等活动的交互错综的情形同时进行研究,从而向读者全面展示了人类文化的演进史,非常系统地勾勒出世界历史的发展轨迹,是一部史无前例的新史学巨著。

历史观是人们对历史总的看法和观点。近代中国,西学东渐,各种史观杂陈,帝王史观、政治史观、民族史观、文明史观、文化史观、地理史观、科学史观和唯物史观等不一而足。由于深受美国鲁滨逊新史观思想的影响,何炳松先生明确以人类文明演进史观作为著书立学的根本。在书中,何炳松先生以人类文明演进特别是亚欧文明互动交往为线索,并按照历史时序性的特点对这条主线进行历史分期:先史时代、上古时代、中古时代、近世时代和现世时代。全书共计14个部分,57章。值得注意的是,何炳松先生秉承史学求真的客观态度,非常重视该书的选材来源,及时吸收西方世界史研究的主流成果。他在该书的序言中悉数列举了所依据的主要参考书目,包括韦尔斯的《世界史纲》,布雷斯特德的《上古史》,史密斯的《牛津大学印度史》《大英百科全书》,吉本的《罗马帝国衰亡史》,劳林生的《古代东方五大帝国史》,等等。

然而,因该书写作的时间距离当下较为久远,鉴于个人及时代的局限性,书中部分观点难免有失偏颇:首先,由于偏爱文化史观,作者把历史演化看成是人类心理活动的结果,认为心理研究法是最正当的社会史研究方法,从而看不到社会经济发展是历史演变的根本动力;其次,由于内容体系庞大,涉及历史社会的各个领域,知识点密集,缺乏深思熟虑的改造与加工;再次,在这部著作的编写上,作者虽有意避免学术化,但学术成果汇编的意味仍然很浓厚，缺乏鲜明的个性。因此，读者在阅读时一定要认识到其局限性，切勿照搬、全收。出版此书的目的是让广大读者对于世界史有一个全面而纵深的认知，为读者纵观世界历史发展提供一个有力的参考。

该书的语言带有一定的文言风格，为了便于当代读者的阅读和理解，在不改变作者观点和见解的前提下，我们将语言加以润色，使其更加通俗化。同时，我们对文中包括人名、地名等在内的专有名词进行了一定程度的修改，使其更贴近现行译法，从而为读者提供一个可靠又可读的版本。例如，将"亚威农"改为"阿维尼翁"，将"伦巴第"改为"伦巴底"，将"须斯底年"改为"查士丁尼"，将柏拉图的《共和国》改为《理想国》，等等。

书中修订如有不妥之处，敬请读者朋友们批评指正。

序 言

本书上卷已出版多年。兹因课程标准既已订定颁行，故将上卷依照标准重新改编，并将下卷完成，合印出版，以副一般爱读本书者多年督促成书的雅意。不过，著者仍想在此略表他个人对于编辑历史课本和本书材料分配上的几点愚见。

编辑历史课本实在是一件很不容易的工作，因为就编辑课本的眼光来看，历史的材料实在太多，历史的范围亦实在太广。材料既多，当然不能不加以选择；范围既广，当然不能不加以限制。倘使我们没有相当的标准，那么当我们选择材料和限制范围时，就要受个人成见的支配，或者偏重政治，或者偏重经济，或者偏重民族精神，或者偏重大同主义，因此就要犯偏而不全的毛病，违反现代科学上客观的标准。这是编辑历史课本的第一个困难问题。

其次就是课本内容的详略问题。现在往往以为所谓的"详"就是无所不包，所谓的"略"就是撮其大要。于是求详的人竭力下堆砌的功夫，求略的人竭力做通概的工作。堆砌的结果往往流于琐碎，通概的结果往往流于空疏，使得读者或感到兴味索然，或觉得模糊不清。这是编辑历史课本的第二个困难问题。

著者的愚见以为我们在选择材料和限制范围时，要想避免个人的成见，只有绝对应用科学标准这一法。现在史学上比较符合科学的新标准就是综合的研究。所谓"综合的研究"，就是说我们要研究人类文化的演进，不应该单单研究人类政治的、经济的、学术的、教育的或者宗教的发展；我们要同时研究人类政治、经济、学术、教育和宗教等活动的交互错杂的情形。因为人类的文化是政治、经济、学术、教育、宗教等活动的总和，我们倘若单单研究这种种活动的一部分，那么对于人类的文化绝不能窥见其全貌，所以我们课本中所取的材料和所包含的范围就应该以"综合研究"四个字来作标准，目的在于说明人类全部文化的演进。换句话说，凡是足以证实人类全部文化演进的事迹都是历史课本范围中的材料。

再次，著者以为课本的适当与否绝不单单是内容详略的问题。理想的课本一定是简明而切实，所谓"简明"，就是略而不流于空疏；所谓"切实"，就是详而不流于堆砌。简单地说，就是一面要"言皆有物"，一面要"纲举目张"，以文化的演进为经，以过去的事实为纬，这才是折中至当的办法。著者很想用这种见解去解决前面所提出的两个困难问题，这一册小书就是著者在实际工作中一种冒昧的尝试。

此外，我们对于中外史的划分还有一个特殊的界限问题。著者的愚见以为我们要划分中外史的界限，亦应该以文化的演进为标准。详细地说，凡是纯属本国文化演进过程中的事迹（除偶然用来作比较外）可以绝对不提，凡是纯属外国文化演进过程中的事迹当然是本书正当的资料，这是很明显的了。至于和全世界人类文化有一般关系的事迹，著者的愚见以为我们应该不分中外，把它们一律划入本书的范围内。本书之所以述及中国的石器时代，法显和玄奘辈的西游，中国蚕桑、印刷术和造纸术的西传，以及郑和下西洋的种种事迹，理由就在于此。

著者以为除上述三个问题外，似乎还有一个立场问题，值得我们讨论。这个问题以常理论，本无提出的必要，但是我们试看寻常所谓的外国史或世界史，多半是以欧洲为中心扩大起来的西洋史。欧洲固然是现代世界文化的重心，值得我们格外地注意，但是我们中国人既然是亚洲民族的一分子，而亚洲其他各民族在上古和中古时代对于世界的文化又确有很大的贡献，似乎不应该因为他们久已衰亡，就可以附和欧洲史学家的偏见，一概置之不理。因此著者很想在本书中用一种新的立场，针对亚洲匈奴人、安息人、月氏人、突厥人、蒙古人等向来受人轻视的民族，根据他们在世界文化史上活动和贡献的程度，给以相当的位置，而加以叙述。这就是著者提出立场问题的理由，而本书也是用这样一个立场进行的又一种冒昧的尝试。

著者于此还有一点附带的感想要表达出来，就是关于这部分亚洲民族的史迹，竟不能不取材于英国学者所编的《大英百科全书》、吉本的《罗马帝国衰亡史》、劳林生的《古代东方五大帝国史》和派克的《一千年间鞑靼史》；而本书所有对于这许多民族在文化贡献上估价的话，又十有八九采取前三部书作者的意见。这是我们亚洲人的"数典忘祖"呢，还是"礼失而求诸野"呢？著者之所以附提此点，无非想表明我们研究历史的前途，单就亚洲部分而论，还是非常辽远的，值得我们急起去直追。

本书的编述当然以"详近略远"为主旨，所以就分量分配来说，先史部分的篇幅只占一部分，上古和中古分别占三部分和四部分，而近世和现代的三百年间竟占六部分。同时最近一百年间的世界史则占六部分中的四部分，而20世纪以来的三四十年则又占四部分中的两部分。这是就世界史时代的远近而分配本书详略的大概。

此外对于欧洲和其他各洲史事的分配，则以世界一般文化的演进情形为详略的标准。因为对于上古文化的起源和中古文化的传播和发展，亚洲各民族所占地位的重要性并不亚于欧洲，所以本书对于上古以来到15世纪时的亚洲民族活动史，加以较详的叙述，无论他们的内治还是外交，都较寻常西方人所谓的世界史略详。自16世纪以后，上古以来亚洲民族向西移动的潮流，因有地理上的发现，一变而为欧洲民族四处活动渐成独霸的局面，而亚洲各文明民族，反而一变而为受人压迫或文化落后的国家。因此本书对于16世纪以来的世界史，不能不因篇幅关系，减去亚洲各国内部的情形，而详述欧洲各国侵略此种民族和此种民族抵抗此种侵略的经过。因为如果照样地平铺直叙下去，不但读者的兴趣将要降低，就是对于前面所标以世界人类文化演进为选材标准的宗旨亦将要不合了。总之，上古和中古的文化重心既然多在亚洲，故不能不并详亚洲；16世纪以来的世界文化重心既然大部分在欧洲，故不能不特详欧洲。这是就世界人类文化演进的方向不同，来分配本书对于亚欧两洲史迹详略的又一个大概。著者愚见如此，但仍不敢云当；而且本书的内容能否合乎这个理想，还有待于读者的指正。

至于本书所有材料的来历，原本都应该详细地标明，但是著者自己以为这本书不过是一种普通的读物，不是专篇的著作，所以就把这一部分工作省去不做。不过我们编辑史书当然不能凭虚凿空的，所以著者在此特地把本书的蓝本举出最重要的几种，以便读者复核或参考。关于先史时代的部分以韦尔斯的《世界史纲》为主要的材料，关于欧洲的部分以布雷斯特德的《上古史》、著者自己所编的《中古欧洲史》和《近世欧洲史》三书为主要的材料，关于印度的部分以史密斯的《牛津大学印度史》为主要的材料，关于朝鲜和日本的部分以木宫泰彦的《日支交通史》为主要的材料，关于月氏和突厥的部分以《大英百科全书》和《罗马帝国衰亡史》为主要的材料，关于南洋群岛的部分以伊利奥特的《印度教和佛教》第三卷为主要的材料，关于安息和波斯部分以劳林生的《古代东方五大帝国史》（后来加安息和波斯而为七）为主要的材料，关于蒙古人的部分以霍渥尔特的《蒙古史》为主要的材料，关于穆斯林的部分以弗里曼的《萨拉森人的历史和武功》为主要的材料，关于土耳其的部分以柳克述的《新土耳其》为主要的材料。此外如中国的石器时代一段材料则根据翁文灏的《近十年来中国史前时代之新发现》一文（《科学》，第十一卷，第六期），中国造纸术的西传一段材料则根据向达的《纸自中国传入欧洲考略》一文（《科学》，第十一卷，第六期）。著者从上述几位学者方面得益很多，所以对于他们都应该表示谢意。著者觉得有一部分材料，尤其关于安息、波斯、朝鲜、日本、印度和南洋群岛诸国文化发展的情形，在汉文的著作中恐怕从来未曾有过，所以对于《古代东方五大帝国史》的著者劳林生、《印度教和佛教》的著者伊利奥特和《日支交通史》的著者木宫泰彦三人特别表示敬意。

著者深信我们要提高历史教学的效率，插图丰富亦是一个条件，所以对于本书的插图非常注意。不过他同时亦深知搜集适当的插图实在是一件困难的工作，所以很盼望读者能够加以谅解。

著者对于本书中各种名词的汉译问题亦曾给以充分的考虑，不敢苟且下笔。书中关于普通术语的部分如美术、建筑、科学、文学、宗教等名词大都以程瀛章等所编的《百科名汇》为标准。至于专名的部分，除了汉译中没有适当的标准由著者自由汉译的，其余尽量采用我国原有的而且最合理的译名，例如Franciscans译为方济派、Dominicans译为多明我派，骤然看去好像有点离奇，其实都是我国天主教徒中久已通行的旧译。又如Kaaba译为克尔白、*Koran*译为《古兰经》，骤然看去好像故意立异，其实都是依据我国清代伊斯兰教学者刘智所著的《天方典礼释要解》这部书。著者深恐读者或起误会，所以特别提出一部分的实例来琐碎地声明。

著者之所以能够把这本书编成出版，这完全是因为受了王云五和李伯嘉两位老友的鼓励和帮助。倘若没有他们的"怂恿"，著者的胆气恐怕就不会有这样大了。至于书中插图，多承友人苏继顾君代为搜罗，为本书添彩不少。著者特在此附表谢意。

何炳松
一九三三年五一节

目 录

| 上 卷 |

第一部分　世界人类文化的起源

第一章　先史时代的人类

第一节　地球和生物的起源 / 004

第二节　原人的出现 / 007

第三节　石器时代人类的状况 / 010

第二章　埃及文化的起源

第一节　西方高等文化的曙光 / 016

第二节　金字塔时代的埃及 / 018

第三节　埃及帝国和它的衰亡 / 020

第三章　亚洲、美洲的古文化

第一节　巴比伦和亚述 / 022

第二节　印度 / 026

第三节　米底和波斯 / 029

第四节　犹太人 / 031

第五节　古代的美洲 / 033

第二部分　欧洲文化的发轫和亚欧争雄的开始

第四章　希腊人的南下

第一节　爱琴海文化 / 038

第二节　希腊人的南下 / 040

第三节　希腊文化的发轫 / 042

第四节　希腊的殖民和商业 / 044

第五章　希腊文化的起源和亚欧争雄的开始

第一节　雅典和斯巴达两城邦的兴起 / 047

第二节　波斯战争 / 048

第三节　希腊文化的黄金时代 / 050

第六章　希腊的内乱和衰落

第一节　雅典帝国的衰亡 / 055

第二节　斯巴达的独霸和希腊的瓦解 / 057

第三节　希腊文化的发展 / 059

第七章　亚欧两洲统一的尝试和失败

第一节　马其顿和亚历山大 / 064

第二节　希腊文化的广播 / 068

第八章　亚历山大帝国瓦解后的亚洲

　　第一节　条支的兴衰 / 071
　　第二节　大夏和安息的独立 / 072
　　第三节　安息立国初期的内治 / 074

第三部分　罗马帝国的兴起和亚欧争雄的继续

第九章　罗马的兴起

　　第一节　罗马的起源 / 078
　　第二节　共和时代的罗马 / 081
　　第三节　意大利半岛的征服 / 082

第十章　地中海的统一

　　第一节　罗马和迦太基的争雄 / 085
　　第二节　东部地中海的征服 / 089

第十一章　罗马的内乱及其和安息争雄

　　第一节　罗马共和国末年的内乱 / 094
　　第二节　罗马帝国的成立 / 097
　　第三节　安息和罗马争雄的开始 / 098

第十二章　罗马帝国的极盛时代

　　第一节　奥古斯都时代的罗马 / 100
　　第二节　罗马的太平时代 / 102
　　第三节　罗马帝国的文化 / 105

第四部分　印度佛教的广播和罗马帝国的衰亡

第十三章　印度佛教的广播

第一节　孔雀王朝的印度和佛教 / 110
第二节　月氏帝国的护法 / 112

第十四章　罗马的内乱和安息的衰亡

第一节　罗马帝国的内乱 / 116
第二节　安息的衰亡 / 119

第十五章　波斯的中兴和罗马帝国的分裂

第一节　波斯的中兴和摩尼教的创立 / 121
第二节　罗马帝国的分裂和基督教的胜利 / 123
第三节　波斯和罗马继续争雄 / 125

第五部分　亚欧北方蛮族的南下和东方文化的发皇

第十六章　亚欧北方蛮族的南侵

第一节　欧洲文化的元素 / 130
第二节　亚洲匈奴人的迁徙 / 132
第三节　日耳曼民族的南下和罗马的灭亡 / 133

第十七章　蛮族南下后的欧亚

第一节　蛮族入侵后的欧洲 / 138
第二节　波斯和东罗马的死斗 / 140
第三节　突厥民族的初起 / 143

第十八章 中古时代的印度和南洋

 第一节 中古初年的印度和佛教 / 146
 第二节 南洋诸国的开化 / 148

第十九章 朝鲜和日本的开化

 第一节 朝鲜的开化 / 156
 第二节 日本文化的起源 / 158

第二十章 基督教教会的起源和事业

 第一节 基督教教会的起源 / 164
 第二节 清修制度和传道的事业 / 166

第二十一章 伊斯兰教的兴起和哈里发帝国

 第一节 穆罕默德和伊斯兰教的教义 / 169
 第二节 哈里发帝国的建立 / 172
 第三节 伊斯兰教的文化 / 176

第六部分 欧洲的混乱和亚洲北方民族的兴起

第二十二章 查理曼帝国和封建制度的起源

 第一节 查理曼的功业 / 182
 第二节 查理曼去世后的混乱 / 184
 第三节 封建制度的兴起 / 185

第二十三章 欧洲政教冲突的开始

 第一节 神圣罗马帝国的起源 / 189

第二节 教皇和皇帝的争雄 / 191
第三节 中古教会的权势 / 193

第二十四章 突厥民族的再起和十字军东征

第一节 突厥民族的再起和伊斯兰教的广传 / 197
第二节 欧洲十字军的东征 / 202
第三节 欧洲所谓异端和托钵僧的兴起 / 206

第二十五章 蒙古人的西征和土耳其的建国

第一节 蒙古人的勃兴 / 209
第二节 帖木儿的继起和印度帝国 / 213
第三节 土耳其帝国的建立 / 216

第七部分　中古欧洲的生活和世界形势的转变

第二十六章 中古时代欧洲人的生活

第一节 农奴和地主 / 220
第二节 城市和同业公会 / 222
第三节 中古末期的商业 / 223
第四节 哥特式建筑 / 226

第二十七章 中古时代的书籍和科学

第一节 欧洲各国语言的起源 / 229
第二节 西欧文学和侠义精神 / 231
第三节 中古欧洲的学术 / 232
第四节 中古欧洲的大学和学科 / 233
第五节 现代科学发明的开端 / 236

第二十八章　中古时代的英国和法国

    第一节　诺曼底人入侵英国 / 239

    第二节　金雀花王朝的英国 / 240

    第三节　英法两国间的百年战争 / 243

    第四节　百年战争后的英国和法国 / 246

第二十九章　欧洲的文艺复兴和商业的复盛

    第一节　文艺复兴时期的意大利 / 249

    第二节　文艺复兴时期的美术 / 251

    第三节　亚欧商业的复兴 / 253

    第四节　地理上的发现 / 254

第八部分　欧洲的宗教革命和战争

第三十章　查理五世和路德

    第一节　意大利的衰落和西班牙的隆盛 / 262

    第二节　查理五世治下的日耳曼 / 264

    第三节　基督教会的腐化 / 266

    第四节　路德和他的主张 / 267

第三十一章　西欧各地的宗教革命

    第一节　日耳曼的宗教革命 / 271

    第二节　瑞士的宗教革命 / 274

    第三节　英国的宗教革命 / 275

第三十二章　欧洲的宗教战争和科学时代的开始

　　第一节　旧教的改良和耶稣会 / 278

　　第二节　腓力二世和荷兰的独立 / 280

　　第三节　法国的宗教战争 / 282

　　第四节　伊丽莎白时代的英国 / 284

　　第五节　三十年战争 / 286

　　第六节　科学时代的开始 / 289

| 下　卷 |

第九部分　世界列强的形成和殖民事业的发展

第三十三章　英国国王和国会的争权

　　第一节　斯图亚特王朝和君权神授的原理 / 294

　　第二节　共和时代的英国 / 296

　　第三节　复辟和革命 / 298

第三十四章　路易十四时代的法国

　　第一节　路易十四的地位和性情 / 301

　　第二节　路易十四的武功 / 303

第三十五章　东部欧洲各国的发展

　　第一节　俄罗斯和彼得大帝 / 307

　　第二节　普鲁士和腓特烈大帝 / 310

　　第三节　波兰的瓜分 / 312

　　第四节　奥地利和玛丽亚·特蕾莎 / 314

第三十六章　世界商业和海外殖民

 第一节　欧洲商业的发展 / 316
 第二节　英法两国殖民地的竞争 / 318
 第三节　美国的独立 / 319

第三十七章　18世纪时欧洲的生活状况

 第一节　乡间和城市中人民的生活 / 325
 第二节　特权的阶级 / 328
 第三节　现代的科学和进步的观念 / 330
 第四节　英国的立宪君主 / 334

第十部分　法国的革命和拿破仑

第三十八章　法国革命将起时的状况

 第一节　法国的旧制 / 338
 第二节　路易十六的专制 / 342

第三十九章　法国的革命

 第一节　国民议会的改革事业（1789年—1791年）/ 344
 第二节　法国对外的战争 / 349
 第三节　法国第一次共和政府的建立 / 352
 第四节　恐怖时代 / 354

第四十章　拿破仑时代

 第一节　拿破仑的得势 / 357
 第二节　欧洲的太平和日耳曼的改组 / 359

第三节　拿破仑的内治 / 361
第四节　战事再起和神圣罗马帝国的灭亡 / 362
第五节　拿破仑的极盛时代 / 365
第六节　拿破仑的败亡 / 367

第十一部分　世界民族运动的猛进和工业革命的发生

第四十一章　维也纳会议后欧洲的反动

第一节　欧洲的改造 / 372
第二节　大革命后的法国 / 374
第三节　日耳曼和梅特涅 / 375
第四节　南部欧洲的革命运动 / 377
第五节　拉丁美洲的独立 / 380

第四十二章　1848年的欧洲革命运动

第一节　法国的第二共和国与第二帝国 / 385
第二节　奥地利、意大利、日耳曼诸国的革命 / 388

第四十三章　意大利和日耳曼的统一

第一节　意大利王国的建立 / 393
第二节　普奥战争和北部日耳曼联邦的成立 / 397
第三节　普法战争和德意志帝国的成立 / 401
第四节　意大利最后的统一 / 404

第四十四章　欧洲的工业革命

第一节　工业革命的意义和重要性 / 406
第二节　纺织机的发明 / 408

第三节　动力的发明和进步 / 409

第四节　资本主义和工厂制度 / 411

第五节　社会主义的兴起 / 415

第十二部分　世界帝国的形成和帝国主义的发展

第四十五章　德国和法国

第一节　世界大战前的德意志帝国 / 420

第二节　世界大战前的法兰西共和国 / 423

第四十六章　大不列颠帝国

第一节　英国的立宪政治 / 428

第二节　英国其他的改革 / 430

第三节　爱尔兰问题 / 433

第四节　英国治下的印度 / 435

第五节　加拿大和澳大利亚 / 439

第六节　南非 / 441

第四十七章　俄罗斯帝国

第一节　19世纪初的俄国 / 443

第二节　俄国和近东问题 / 444

第三节　农奴的解放和恐怖主义 / 446

第四节　俄土战争 / 448

第五节　尼古拉二世时的革命 / 450

第四十八章　世界帝国主义的发展

第一节　国际贸易和竞争 / 455

第二节　对非洲的瓜分 / 459
第三节　美国的兴盛和西班牙的衰落 / 461
第四节　日本的维新和雄霸 / 466
第五节　帝国主义在亚洲的竞争 / 469

第四十九章　现代科学的进步

第一节　地球和生物的演化说 / 472
第二节　化学和物理的进步 / 474
第三节　生物学和医学的进步 / 475
第四节　史学的进步 / 477

第十三部分　国际的竞争和世界大战

第五十章　世界大战的起源

第一节　欧洲各国的军备 / 480
第二节　世界和平运动 / 481
第三节　国际的竞争 / 482
第四节　所谓的近东问题 / 485
第五节　大战的爆发 / 490

第五十一章　世界大战初期的事迹

第一节　第一年的战况（1914年8月—1915年8月）/ 493
第二节　海上的战争 / 495
第三节　第二年的战况（1915年8月—1916年）/ 496

第五十二章　欧洲三大帝国的瓦解和战事的结束

第一节　美国参战 / 499

第二节　俄国的革命 / 502
第三节　最后一年的战况 / 504
第四节　德、奥两国的瓦解和大战的告终 / 507

第十四部分　现代世界的困难

第五十三章　世界大战后的国际形势

第一节　巴黎和会 / 512
第二节　国际联盟的组织和事业 / 515
第三节　赔偿问题 / 518
第四节　裁减军备问题 / 521

第五十四章　世界大战后的列强

第一节　法国的复兴 / 525
第二节　英国的困难 / 527
第三节　德国的政变 / 531
第四节　意大利的独裁政治 / 534

第五十五章　欧洲新国的政情

第一节　中欧的新国 / 537
第二节　东欧的新国 / 540
第三节　巴尔干半岛上的混乱 / 543

第五十六章　东方民族的解放运动

第一节　土耳其的复兴 / 545
第二节　非洲北部的民族运动 / 547
第三节　埃及独立运动的失败 / 548

第四节　亚洲西部各地的民族运动 / 550
第五节　波斯和阿富汗的独立运动 / 552
第六节　印度、朝鲜和暹罗的解放运动 / 554

第五十七章　太平洋的现状

第一节　美国的强盛和经济危机 / 558
第二节　日本的发展 / 561
第三节　中日关系的恶化 / 563

上 卷

第一部分
世界人类文化的起源

  他们最初还不知道用火。后来因为火山爆发或者电击森林,他们才知道用火烹饪取暖。但是取火的方法,直到后来才发明出来。至于他们怎样发明语言,我们没有方法知道;不过他们既然互相往来,当然不能不发明一种语言来作为交流的工具。

第一章　先史时代的人类

第一节　地球和生物的起源

【太空和地球】太空的大部分，洞然无物。我们人类所居住的地球不过是太空中一颗很小的行星。太空中有许多发光和发热的星体，叫作恒星。恒星中有一个太阳，距离地球1亿5000万公里，体积约为地球的130万倍。此外还有和地球同质的大行星和小行星，以及蒸汽如尘的彗星。地球在太空中是一个旋转不息的小圆球，直径12700多公里。它的表面不很平，突起的部分我们叫作山岳，低凹有水的叫作海洋。地球表面上罩有一层厚约8.5千米的空气，近地面的空气较密，愈高愈稀。

【地球的起源】现代天文学家、地质学家和物理学家的推测以为，在很多很多年以前，太阳是一种旋转快速的焰质，体积较现在为大。当它旋转时落出许多零星的碎片，就成为许多行星。变成地球的小片还没有凝结的时候，又因旋转很快的缘故，裂成两片，大的成为地球，小的成为月球，所以最初的地球是一团没有生物的焰质，热度很高，旋转亦很快。后来又经过很多年，热度渐低，旋转的速度亦渐缓，就逐渐凝结成了一个硬壳的地球。

【地面岩石的形成】当地球最初成形的时候，空气非常浓厚，黑云蔽日，狂风怒号，情形很是可怕。地球的表面纯是一层坚硬的石壳，由炎热的流质凝结而成，这就是最古老的岩石，普遍被叫作原生片麻岩。当时地球本身还是很热的，恐怕和现在熔铁炉的内部差不多。空气的上部全是阴云，常常落下热雨，但是还没有落到地面就汽化了。再经过许多年以后，空气中的水分渐渐凝聚，变成热水流在地面上，聚成最初的湖海。同时狂风暴雨时时冲击地面的岩石，使它碎成泥沙，由河流带入海中层层积起而成为黏板岩和砂岩等最古老的水成岩。这种岩层积成以后，再由河流夹带沉淀积成新层，愈积愈厚。后来因火山爆发和潮水涨落的缘故，各种岩层或起褶皱，或者破裂，一部分再熔再结，再因受压迫而改变原形，终成为现在地面上各种山岭江河湖海等复杂的形状。

【世界史上最初的几页——石史】现代地质学家所研究的就是这种岩层形成的先后，以及岩层中所含化石的性质。所谓化石，就是生物留在岩层中的遗迹。我们要研究地球上生物的起源和演化，不能不以岩层中所保留的生物遗迹作为根据。这一部分古代的生物史就是我们通常所称的石史。

【石史上的六大时代】照地质学家所研究的结果，一部石史可以分为六个大时代[1]，每一个时代都是很长久的，至少都在几百万年或几千万年以上。最古老的一个时代叫作太古代（Archaeozoic era）。那时太阳极热，而且因为地球旋转很快的缘故，所以日夜都很短。海上潮汐极高，暴风地震，终日不绝，真是一个恐怖黑暗的世界。这是一个绝无生物的时代。第二个时代叫作元古代（Proterozoic era）。那时候在海岸上潮水涨落的地方第一次有生物的出现，形状非常简单，大概为藻类和沙虫等极下等的生物，它们完全生活于水中。第三个时代叫作古生代（Palaeozoic era）。当时

---

[1] 现在的地质学家和古生物学家根据地层自然形成的先后顺序，将地层分为4宙14代12纪。——编者注

的世界是一个低湿森林的世界，没有花，没有鸟类，亦没有陆上的大动物。最高等的动物就是跳跃的两栖类和原始爬虫类。这个时代可以叫作生物由水中生活进到陆上生活的一个过渡时代。第四个时代叫作中生代（Mesozoic era）。当时动植物在陆上生活的技能都大有进步。植物中有苏铁类和羊齿类，满布于低的陆地中。各种爬虫类的动物繁殖很快，而且大多都变成了完全陆栖的动物。这是一个低原植物茂盛和爬虫类雄霸地面的时代。第五个时代叫作近生代（Cenozoic era）。当时地球上的气候起了变化，由终年温和变为冬季极冷、夏季极热。前一代的爬虫类因此骤然灭亡，这是古生物史上的一个大革命。现代地球上的风景大都在这个时代中形成。陆地上渐有茂盛的森林和大片的草原。这个时代的动物渐具有毛和羽，能够抵抗气候的变化，因此栖居的区域较前一代扩充了不少。哺乳类的动物亦在这个时代出现，而动物的脑亦逐渐发达了。当这个时代终了，第六个时代——新生代（Psychozoic era）开端的时候，气候趋向极端，地球上的冰河从两极向赤道进发，这就是通常所谓的大冰期。我们人类的祖先就是在这困苦艰难的环境中渐渐演化出来的。我们现在还是在大冰期后复原时代当中。现在附一地质年代表如下，以备参照[①]：

太古代	800或60百万年前	可能绝无生物	太古纪
元古代	600或60百万年前	没有生物的遗迹，为沙虫红鱼及绿色沉淀时期	元古纪
前古生代	360或30百万年前	尚无脊椎动物，为海蝎与三叶虫时期	寒武纪
			奥陶纪
			志留纪

[①] 与现在的地质年代简表出入较大。

（续表）

后古生代	260或20百万年前	为鱼水螅及湖沼森林时期	泥盆纪
			下石炭纪
			上石炭纪
			二叠纪
中生代	140或40百万年前	为爬虫时期	三叠纪
			侏罗纪
			下白垩纪
			上白垩纪
近生代	40或400万年前	为哺乳动物、草及陆地森林时代	始新纪
			渐新纪
			中新纪
			次新纪
			后新纪
新生代	100万至50万年前	人类初期	下第四纪
			上第四纪

第二节　原人的出现

【人类祖先的出现】现在的地球正渐渐从大冰期严寒时代中走出来。我们最初所见到的人形化石就形成于这风霜雨雪忽增忽减的时代。哺乳类动物在这个冰河时代发达到极点，而我们人类的祖先亦在这时候演化成功。

【人类起源的学说】人类最古老的起源怎么样，到如今还没有完全被研究出来。普通学者以为人类可能源出猿类，如大猩猩、猩猩或黑猩猩。也有人以为人类和大猩猩、猩猩、黑猩猩等同出于一个共同的祖先。还有人以为人类的祖先不止一个,黑人源出于黑猩猩,黄人源出于大猩猩。这种种学说,现在的学者都不相信了。从前人们又以为人类的祖先本来栖居在树上,这一观点现在亦有人反对了。

【人类并非源出猿类的理由】人类的体格虽然大体上很像猩猩,但是人类和猩猩的体格结构有很多不同的地方。第一,人类行走的时候,以大趾和足跟为主要的支撑点,而猿类行走则以中趾为主,步行时并用足的外沿,大趾永不着地。第二,猿类中的类人猿到如今还是喜居林中,以攀缘树枝为乐,仅于偶然间有立行的举动。至于我们人类,则对攀缘并不擅长;而且行步稳健,奔走迅速,足见人类祖先居住在平地上已经很久。所以人类出于猿类的学说似乎不足为据。

【最初的人形动物】照现在生物学者的推测,人类祖先并不是猿类,而是一种人形动物[1]。他们的体格一定较我们现代人为小。在新生代初期,他们大概和地上奔走的类人猿差不多。他们多住在地上的石洞中而不在树间。他们常常奔走于莽莽原野之上,随死随腐,所以没有丝毫痕迹留在石史中,让我们作为研究的材料。

【原人时代】自人形动物演化到真正人类,照现在学者的计算,至少要有五十万年以上的历史。这个长期的时代,我们可以叫它原人时代,大约从新生代初年(公元前55万年)到公元前10万年为止。这就是上节所称的大冰期。大冰期可以再分为四个冰河期和

---

[1] 现在的科学研究表明,智人是生物学分类中人科人属下的唯一现存物种。分为早期智人和晚期智人。早期智人过去曾叫古人,生活在距今25万~4万年前。晚期智人是解剖结构上的现代人,大约从距今四五万年前开始出现。——编者注

四个间冰期。现在列表如下：

公元前	原人时代						真人时代		
	始石器时代初期						旧石器时代	中石器时代	新石器时代
	新生代之初	第一冰河期	第一间冰期	第二冰河期	第二间冰期	第三冰河期	第三间冰期	第四冰河期	第四间冰期
	550,000	500,000	450,000	400,000	250,000	150,000	100,000	50,000	35,000

所谓原人，大概指第三冰河期以前的人类。至于真正的人类，大概从第三间冰期的时候才出现。真人出现的初年就是通常所谓的石器时代。现在先述原人时代的人类。

【原人的遗迹：爪哇的立行猿人】在最古老的原人遗迹中有一种极粗陋的燧石，形似手斧，照地质学家的推算，这是第一冰河期以前的古物。至于造这种石斧的主人是一种什么人，因为没有遗骨留下，所以我们就不知道了。近来有人在爪哇特里尼尔（Trinil）第一冰河期的地层中发现了一种人形动物的顶盖和大腿，有人以为这就是人类直接的始祖，但是亦不一定可信。在五十万年以前，这种原人居住于欧洲，有原象、犀牛、河马、大水獭和野牛做他们的同伴。

【海德堡人】此后二三十万年间，没有人骨化石遗存下来被后人发现。直到第二间冰期，离今约二十五万年，德国海德堡（Heidelberg）有一块原人的腭骨被现代考古人员发现。他当时所居住的欧洲世界和第一冰河期的情况差不多，有象、马、犀牛、野牛、狮子等。但是，器具的制造已较前大有进步。这种原人的身材高大，前肢较长，大概是一种遍体生毛的怪物。

【皮尔当人】又过了十万年，离今约十万年，在第三间冰期，又有一种原人骷髅的碎骨留下来，很能表明原人演化的缓慢，这就是在英国皮尔当（Piltdown）所发现的皮尔当原人。在此地的堆积物中，还有河马、犀牛的齿，以及带有雕痕的鹿腿骨和象骨。海德堡人和皮尔当人不一定就是我们人类直接的祖先，但是和人类的祖先有血统关系，那是无疑了。①

【真人的出现】自从皮尔当原人的骷髅被发现之后，又经过四五万年，人类除所用的石器缓缓进步外，我们一无所见。自第四冰河期以后，进步加快，遗迹渐多，石器种类亦比较容易辨别，真正人类的骷髅至此出现。我们人类从此进入所谓的石器时代，而真正的人类文化亦从此开始了。

第三节　石器时代人类的状况

【石器时代的意义】照现代科学家研究的结果，地球上人类的存在，到如今至少已有五十万年了。但是最初四十万年间的人类生活，因为遗迹的留存很少，所以我们已经没有方法可以描述它。直到离今约十万年时，就是自从第三冰河期末期以后，人类所造的各种石器留下来的比较多，因此我们对于先史时代中这一段人类史知道得比较多一些。因为我们有关这一段历史所有的材料只是一些石器，而且我们就是根据这些石器推想出那时人类的文化的，所以我们叫这一时期的历史为石器时代的人类史。

【石器时代的分期】石器时代的人类史约自公元前10万年起到公元前3000年止②，即从第三间冰期起到第四间冰期初年止。学者根据石器制造的进步，又把石器时代分为三个时期：第三间冰期

---

① 此部分内容和观点现在看来有失偏颇，但鉴于当时资料有限，为作者个人见解而已。——编者注
② 现在的考古学界认为石器时代分为旧石器时代、中石器时代和新石器时代，大约始于距今二三百万年，止于距今5000至2000年左右。——编者注

到第四冰河期之间的旧石器时代（Early Stone Age）、第四冰河期中的中石器时代（Middle Stone Age）和第四间冰期初年的新石器时代（Late Stone Age）。我们现在的世界还在第四间冰期的中间。

人类祖先的各种石器

【欧洲旧石器时代的遗物】旧石器时代的人类，在欧洲方面叫作尼安德特人（Neanderthal man），他们遗留下的石刀和石斧，在英国、法国、比利时和地中海四周诸地都曾经被人发现过，而且往往埋在河流两边沙土的下面。因为当时天气较热，所以也有热带动物的遗骸，如河马、犀牛和象等被发现于现在的伦敦、巴黎等地。这种原始人，大概以猎兽为生，用石制的或木制的武器来保护他们自己和抵御野兽的袭击。他们还没有居室，天黑了就睡在露天的地上。

【火的发现和语言的发明】他们最初还不知道用火。后来因为火山爆发或者电击森林，他们才知道用火烹饪取暖。但是取火的方法，直到后来才发明出来。至于他们怎样发明语言，我们没有方法知道；不过他们既然互相往来，当然不能不发明一种语言来作为交流的工具。关于这一情形我们在下面再去详述。

【中石器时代的欧洲人】这种欧洲原始人在温暖的天气中过了几万年极其简单的生活。后来到了第四冰河期，天气忽又变冷起来，漫天冰雪把英国和欧洲北部全都覆盖了。热带动物亦消失了。于是人类不能不身披兽皮，和寒带的冰鹿为伍，匿居洞中，所以我们亦叫这个时代的人类为冰鹿人，叫这个时代为驯鹿时代。

现在法国和西班牙的地窖中往往会有当时原始人所遗下的石刀、凿、刮刀和锤之类的石器以及兽骨或鹿角所制的针和匙。他们也知道刻图画于用具上，或画鱼、牛、鹿、马等像于洞中的壁上，这就是人类最古老的美术了。

【新石器时代的进步】后来到了第四间冰期初年，大约离今一万年以前，欧洲的天气又渐渐暖和起来，欧洲的尼安德特人于是绝迹，另有一种较进步的人种代兴，他们和旧石器时代的人大不相同。从前他们制造石器只知道用削的方法，现在他们知道用磨的方法了，而且知道在石斧的一端凿一个洞，以便插柄。他们的生活状况比从前改进了许多：第一，他们有磨尖的石斧，很是锋利，可以用来削木造屋，这种木造的屋为欧洲人最古老的住室，瑞士的湖边曾经有这种古屋的残迹被发现；第二，当时居屋中已经有木制的架、柜、勺、匙等用具；第三，他们能够制造瓶、碗、盘等土烧的陶器；第四，他们能够纺织麻布代替从前的皮衣；第五，他们懂得种植大麦、小麦，农业从此开端，这是人类史上一个最大的进步；第六，他们懂得驯养山羊和野牛，使它们成为家畜。耕田的犁和运物的车都在这个时代被发明出来。

【中国石器时代的发现】以上所述的专指欧洲方面。至于中国方面，究竟有无石器时代，向来是一个疑问[1]。但是自从1919年以来，中国先史时代的文化已经有了许多发现，现在已成为世界学术史上一个令人感兴趣的问题。据中外学者近几年来研究的结果，就已知的来讲，中国的石器时代要以河套南部所得的中石器时代的石器最为古老（公元前4万年左右），但是人类的遗骸还未有所

---

[1] 目前在中国已经发现了许多旧石器时代的遗址，距今100万年前的有西侯度文化、元谋人石器、蓝田人文化、东谷坨文化等。——编者注

发现。至于旧石器时代初期的石器亦尚未出现。其次为蒙古高原所得的中后两石器时代过渡期中的石器（公元前12000年左右），但亦没有发现人骨。中间相隔的三万年间，究竟有什么石器，我们也不知道。再次为热河林西的石器，较新的为河南等省仰韶时期的石器，大概是公元前5000年至公元前3000年的产品。至于各期间的进步怎样衔接，现在因为发掘的事业未盛，所以还未大明。不过中国确有一个石器时代，那是无疑的了。

【世界上人种的分化】在此我们不能不叙述一下石器时代世界上人种分化和语言兴起的情形。人类在旧石器时代活动的区域虽然很广，但是分布比较均匀。现在世界各地所发现的古石器遗物，形式都很一致，可见世界上最古老的人类原来大体相同，但是人类和别的生物一样常有分化的倾向。倘若一部分人为山河或海洋所隔而不与别的同类相通，他们不久一定会产生一种特有的性质，以适应他们特有的环境，因此就分出许多种族来。现代世界上的人种就是这种人类长期分化的结果。历史上的人种大概在新石器时代的初期就已经形成，大致可以分为四大种[1]，此外当然还有许多血统不纯的以及与四大种无关的小民族。所谓四大种就是：（一）高加索种（Caucasians），即通常所谓的白种，他们住在欧洲大陆、地中海周围和亚洲的西部，这种人又可分为三支——（甲）北欧民族，（乙）中欧的阿尔卑斯民族（Alpines），（丙）南欧暗白色的地中海民族；（二）蒙古种，即黄种，他们住在亚洲东部和美洲；（三）黑种，住在非洲中部和南部；（四）黑色野人[2]，住在

---

[1] 基于科学的发展，在外表形态特征基础上，加上血型、遗传病等的差异，再考虑地理阻障等因素，现在通常把世界人种划分为9个地理人种。——编者注
[2] 也被称为棕色人种。——编者注

大洋洲。

【人类语言的起源】人类的语言究竟起于何时，现在还没有研究出来。远古的人类当然没有语言。至于旧石器时代的人有无语言，难以准确判断，可能当时人类最初是用姿势代表语言来交换意见的。后来渐有感叹词和名词出现。新石器时代的人类语言中所用的字数恐怕还极其有限。到公元前6000年时，人类大概已有九种不同的语言出现，代替了远古简陋的语言。语言和人种大致相符：北欧和中欧民族所用的为雅利安语（Aryan）；地中海民族所用的有埃及人的含米特语（Hamitic）和亚洲西部各国人所用的闪族语（Semitic）；蒙古种人所用的为乌拉–阿尔泰语（Ural-Altaic）和中国语及美洲土人语；黑种人所用的为非洲土人语；至于黑色野人，所用的为马来–波利尼西亚语（Malay-Polynesian）；再有南印度的达罗毗荼语（Dravidian）。此外还有久已湮没、现代学者未能了解的三种语言：古巴比伦（Babylonia）的苏美尔语（Sumerian）、古波斯的埃兰语（Elamite）和爱琴民族（Aegean）的克里特语（Crete）。因为语言和人种大致相符，所以旧日史学家往往把同语言的民族当作同种，这当然是不对的。

【高等文化的兴起】上面所述的就是公元前四千年之前石器时代欧洲文化进步的大概。至于东亚各地的情形，因为发掘的事业刚开端，所以我们没有充分的材料可作叙述的根据。但是，高等的文化非得有下述三样东西，否则断不能兴起或者向前再进：第一，文字的发明；第二，金属的利用；第三，政府的组织。欧洲在新石器时代还没有这三样东西，所以我们不能不向非洲的埃及或亚洲的中国去寻出这三样东西来。因为中国史不在本书的范围内，所以我们不去叙述它。至于西洋方面，在公元前4000年到公元前3000年间，埃及人已经脱离新石器时代的野蛮状况，发明了一种文字，发现了金属的用途，而且组织了一个强有力的政府。他们后来把这种高等文明传入欧洲，欧洲人才脱离了石器时代的蛮境。所以我们要研究欧洲的高等文明，不能不先述埃及的历史。

【历史时代为人类史上最近的一小段】自从文字被发明以后，人类才知道用文字去记载他们的思想和行为，真正的历史从此出现。所以通常文字被发明以后的时代，就叫作历史时代（Historic Age），没有文字的时代叫作先史时代（Prehistoric Age）。我们研究文字被发明以前的人类史全靠少数的化石和遗物作为根据，非常有限，所以先史时代的人类虽然至少有五十万年的历史，但是我们能够知道的只有这一点。自从人类发明文字以后，材料比较丰富，所以历史时代虽然只有五六千年的历史，但是我们所知道的事迹很多，叙述起来当然亦比较详细。实际上说起来，我们的历史时代与先史时代相比，只能算是全部人类史上的一小段现代史。

第二章 埃及文化的起源

第一节 西方高等文化的曙光

【埃及和尼罗河】埃及为西方文化最早的发源地，地势很是奇特。它的位置在非洲东北部撒哈拉沙漠东端的尼罗河上。北方从河口的三角洲起，沿河向南到第一滩为止，约长七百五十里。[①]河谷大概宽二十五里到三十里，此外就是峻峭的石崖。沿河两岸，自河边到石崖的中间各有一条狭长的沃地宜于耕种。埃及差不多终年无雨，所以农民的水利全靠尼罗河的灌溉。但是尼罗河上游的雨量却很丰富，所以尼罗河口一带每年总要泛滥一次，水面比平时高出二十五尺到三十尺。水退以后，两岸的农田上留下一层新鲜肥沃的薄泥。自古以来，埃及人每次都趁水涨时积蓄河水，以备水退时灌溉农田之用。所以，尼罗河在埃及的文化中占有一个很重要的位置。

埃及的历史在西方史上亦可算是很长的一章。最初统治埃及的君主叫作美尼斯（Menes），他的统治期约在公元前3400年前后。埃及最古老的都城为孟菲斯（Memphis），在现在开罗附近。自美尼斯立国到亚历山大（Alexander）征服埃及并于公元前332年在尼罗河口建造亚历山大城（Alexandria）止，前后共有三千多年的历史。朝代的兴亡和埃及人征服西部亚洲的经过，我们可以不去叙

[①] 本书著于20世纪30年代，其使用的计量单位为体现原作风貌大部分予以保留。

述它。我们现在只把埃及对于欧洲文化的各种大贡献，简单地叙述一下。

【文字和文具的发明】埃及人为西方文字的最初发明者。文字在文化进步上非常重要，没有文字，文化就不容易进步。文字发展的第一步就是用简陋的图画来代表一件事情或者一个故事。这种文字就是历史上所谓的象形文字，所有古代文明国家——如中国、巴比伦——的文字，都是如此。后来这种象形文字渐渐变为代表声音的符号，这就是现代欧洲人所用的语音文字（phonetic writing）。语音文字的长处就在于能够表示非图像所能表示的观念，如美、爱、真、善等。后来埃及人在公元前3000年时又发明了二十四个字母，这是世界上最古老的字母，也是现代西方各国文字的始祖。埃及人很早就知道把水、树胶和烟煤三种物质混和成一种墨水，并用芦秆削成尖笔来写字。他们亦知道把一种芦草裂成薄片，粘成一张薄薄的白纸。这些是西方最古老的文具。有了文字和文具，才能记载过去的事情。这种记载的出现就是历史时代的开始。

【阳历的起源】埃及人很早就感觉到计算时间的必要。他们最初也和古代其他各国人相同，用新月来作为计时的标准。但是阴历的月份或二十九日，或三十日，长短不齐，而且并不能把一年的时间平分。埃及人后来于公元前4241年就把阴历废去，改用阳历，每年平分为十二个月，每月都一律定为三十日，每年年终另加上五日，每年合计三百六十五日。这就是现在世界各国阳历的起源。

【金属时代的开端】在公元前4000年前后，埃及人另有一种重要的进步。埃及人发现了铜矿，大概在西奈（Sinai）半岛。他们偶然用火烧矿石，无意中得到一种光亮球形的铜。最初用它做装饰品，后来才用来制造武器。历史上的金属时代就此开幕了。

第二节　金字塔时代的埃及

【埃及好像一个博物馆】从公元前3000年到公元前2500年为埃及史上的金字塔时代。这个时代的埃及，好像一个极丰富的博物馆，留下许多可贵的古物供我们欣赏。原来埃及人以为人死以后，必另外进入一个世界，这个世界和生时的世界差不多，所以他们总要把尸体好好地裹起来，放在可以永远不坏的地方。这种裹好的尸体，叫作木乃伊。现在保存下来的木乃伊大都是帝王贵族的遗体，因为唯有他们才有建造坚固陵墓和裹尸的财力。埃及人为谋死人在阴世安乐起见，往往把生时所用的物件全部放在墓中，而且在墓壁上画了许多生时所用的奴仆、工人、牛、羊等的图像，有时墓中也藏有真正的家具和首饰，所以埃及人的坟墓本身就像一个小规模的古物陈列所。埃及最初的坟墓是砖造的。自从美尼斯以后，国王和贵族开始用石料建筑，规模很大，而且可以历久不坏。后来墓中葬室就开凿在沙地下的岩石中，更加坚固。现在有许多坟墓被考古学家发掘出来，其中所藏的古物，因为气候干燥的缘故，几乎和几千年前初放入墓中时一样，一点都没有变动。

【大金字塔】大约在公元前3000年，国王和贵族的坟墓开始用"金"字形的建筑。到了公元前2900年，埃及国王的建筑师竟然在都城孟菲斯附近造了一个惊人的大金字塔。孟菲斯是一个砖造的都城，所以早已消失了；但是大金字塔和许多较小的金字塔到如今依然高耸，让生活在五千年后的人们去流连凭吊。

大金字塔的基面面积有十三亩。全塔共有青石二百三十万块，平均每块重二吨半。塔底每边长七百五十五尺。全塔原高五百尺[①]。

[①] 胡夫金字塔原高146.59米，现高136.5米。——编者注

相传造此塔时有工人二十万，费时二十年。我们看到这座规模宏大的王陵，立刻可以想见当时一定有一个英明的君主和一班干练的官吏才能驾驭这数十万的工人。这个时候的君主已经不是从前的部落酋长了，他当时一定是一个统治埃及数百万人民的国王了。

【商业和农业】在金字塔时代，埃及的商业开始向国外发展。在金字塔中神殿的壁上，我们可以看见公元前2000年时航海商船的雕刻，这是世界上最古老商船的图像。塔中壁上也刻有当时贵族日常生活的情景。图中高长的人就是墓中的主人，他是一个贵族，他站在他的庄园中，检阅一班农人的工作。图中有牛耕田和农夫播种的画面，这是世界上最古老的农田风景，同时有羊群和牛群的雕刻。但是在金字塔中的石刻上我们始终看不到马，因为埃及当时还没有这种动物传入。

【工艺】塔中墙上有时也刻有工匠工作的图像。其中有铜匠制造铜锯和其他铜器，有玉器匠精制各种玉器，有金匠制造种种非常精美的首饰。还有陶器匠知道用一种小轮制造圆形的陶器，制成以后放在窑中烧过。又有玻璃匠制造玻璃和美丽的琉璃瓦，作为装饰宫殿之用。埃及人所造的彩色玻璃瓶为输出商品中一种重要的特产。此外还有织麻布的女人。这个时代国王裹尸所用的麻布曾经被人发掘出来，非常精致，几乎和现代的织物完全一样，非得用显微镜才能区分开来。

【美术】另外有雕刻肖像的美术家，所用材料无论石料还是木料，都雕刻得非常生动。肖像的眼珠往往用水晶等矿物嵌入，更觉神采奕奕。这种雕刻虽然为西方美术史上最古老的产品，但是它的神化却真是空前绝后的了。国王的石像亦往往华美异常。金字塔时代最大的石像要以建在地上的狮身人面像为第一，石像的头就是建造第二座金字塔的国王哈夫拉（Khafre）的肖像，这座石像刻在一块天然的岩石上,作为人头的半身像,世界上再没有比这个更大的了。

第三节　埃及帝国和它的衰亡

【帝国时代】金字塔时代的埃及是一个王国,我们已经述及当时埃及人在文化上的种种进步了。后来又经过九百余年的封建时代,埃及才进到帝国时代。埃及的帝国时代大概从公元前1580年起到公元前1150年止①,这段时期中最伟大的君主就是图特摩斯三世（Thutmose Ⅲ）,他的军队一面征服了亚洲西部的城市和王国,一面又统一了国内的诸侯而成为一个大帝国。他在西方史上亦是第一个缔造海军的人,帝国的都城此时已经迁到尼罗河上游四百余里一个叫底比斯（Thebes）的地方。附近卡纳克（Karnak）的神庙中有世界上最大的廊柱,柱高六十九尺,柱顶上可以容纳一百人。庙中墙上刻有大规模的战事图,上施光耀夺目的彩色颜料。神庙前面有国王的石像,非常宏大,往往比庙顶还高,人们在数十里外就可以看得见。这种巨像往往用一大块巨石刻成,重至千吨。当时的工程师竟能把这种石像运到数百里以外的地方,技术能力的高超实在惊人,埃及的美术就以这种伟大的精神独步今古。

【崖墓中的宝藏】与底比斯相对的尼罗河边石崖上,有许多国王和贵族的崖墓,把岩石凿空造成。墓中楣壁的雕刻很多,有神像

---

① 现代学者将上古埃及朝代划分为3个王朝及5个时期,即古风时代、古典时代、帝国时代、希腊化时代、罗马统治时代。其中帝国时代分新王国时期、第三中间期、晚王国时期。整个帝国时代为18至31王朝,约公元前1550年至约公元前332年。新王国时期为18至20王朝,约公元前1550年至约公元前1069年。——编者注

和日常生活的情景，中间刻有种种象形文字的铭文。墓中有时藏有真正的家具，如金银装饰的坐椅和卧床，以及首饰箱或香粉匣之类，甚至有古代贵族出游所用的金车。

【埃及人的宗教观念】死者的朋友往往把草纸卷放在棺中，上面写有祷告文或符咒之类，使死者在阴世可以享受安乐的生活。有人曾把这种死后的纸卷搜集起来编成书，叫作《死人书》。现代学者就从这本书上和墓铭上研究埃及人的宗教观念和所信仰的神祇来。帝国末年的埃及曾经有一部分人相信一神教，当时有个皇帝名叫阿肯那顿（Ikhnaton），曾经有过一次宗教改革，想以一神教代替从前的多神教，但是祭司和人民群起反对，因此他去世后，他的改革事业亦同归于尽了。这可以说是世界史上宗教改革的第一次。

【埃及的末运】埃及帝国的国祚大约共有四百年，到公元前1150年时，许多外族（内有欧洲人）从北方入侵，帝国就此灭亡。当时的情形怎样，我们已经无从得知。此后埃及人虽然继续建造神庙和坟墓，但是大部分不过是模仿先人的作品。埃及的文化后来影响到亚洲西部和欧洲东南部，传播很广。西方工业、雕刻、绘画、建筑和政府组织的种种进步，要以埃及为最古。后来上古的亚述人、波斯人、希腊人、罗马人，中古的阿拉伯人和近世的土耳其人，接踵而来做埃及的主人翁。到了现代，它又变成英国的保护国①。所以，现代的埃及早已不是古代埃及的面目了。现在让我们再述埃及隆盛时代和衰亡后亚洲西部文化发展的情形。

---

① 1952年7月23日，纳赛尔政权推翻法鲁克王朝，于1953年6月18日宣布成立埃及共和国。1956年，英军全部撤出埃及。——编者注

第三章 亚洲、美洲的古文化

第一节 巴比伦和亚述

【古代亚洲三大文化的中心】在公元前3000年左右，北非洲的埃及人正在建造金字塔的时候，亚洲西部的底格里斯（Tigris）和幼发拉底（Euphrates）两河流域中的美索不达米亚（Mesopotamia）亦有一种古代文化的发展。同时亚洲东部的黄河流域和南部的恒河流域亦各产生一种古代文化，演化成中国和印度的两大文明，在世界史上都占据很重要的位置。上古时代世界的文化中心共有四个，就是埃及、巴比伦、中国和印度，亚洲竟占到三个。而当时的欧洲人还处于使用石器的野蛮状况中。埃及文化的起源前面已经述及了。中国文化的起源因为不在本书范围内，所以我们不必去详述。现在单述巴比伦和印度两大文化产生的情形，并连带叙述古代波斯帝国的兴起。

【苏美尔人】亚洲西部底格里斯和幼发拉底两河流域文化的发展可以分为三个时期[①]：第一期为前巴比伦（Early Babylonia）时代，约自公元前3100年起到公元前2100年止；第二期为亚述帝国（Assyria）时代，约自公元前750年起到公元前606年止；第三期为

---

① 两河文明又称美索不达米亚文明，主要由苏美尔、阿卡德、巴比伦、亚述、迦勒底等众多文明组成。——编者注

迦勒底帝国（Chaldea）时代，约自公元前606年起到公元前539年止。原来这两河流域中早已有一种来历到今未明的民族叫作苏美尔人（Sumerians），他们从东北方的山中向波斯湾上的平原陆续迁入，这个平原就是后来的巴比伦。他们迁到此地以后，逐渐变为定居务农的民族。他们早就知道种植大麦和小麦，而且开掘地面使成沟渠，以便灌溉他们的农田。此外他们亦能驯养牛羊，用牛耕田，驾骡拉车。以有轮的车为运输的工具，这是人类史上的第一次。他们还不知有马。虽有铜器，但他们还不知道把它和锡混合成为较坚硬的青铜。他们用晒干的泥砖筑城，各城和附郭的地方组成一个小王国，常常和邻国发生战争。

【楔形文字和数目】他们因为交易记账的缘故，就用芦秆为笔，泥砖为纸，写成一种象形文字。日后书法渐趋简便，成为楔形，所以在历史上有楔形文字的名目。他们的数目不以十进，而以六十为单位。我们现在分圆圈为三百六十度，以及分一小时为六十分，一分为六十秒，就是起源于这个时候。

【闪族】阿拉伯沙漠在巴比伦的西南方。沙漠中只有稀少的游牧民族，他们每年随着季候的变化逐水草以谋生活。这种民族都属于闪族，阿拉伯人和犹太人就是这一族中最有名的代表。他们常常向北方肥沃的地方移动，有时袭击北方繁盛的城市，占据其地而自成定居的民族。

【犹太人和腓尼基人的起源】在公元前3000年的时候，他们有一部分人迁入西方的巴勒斯坦，五百年后他们建造了城市，这就是犹太人（Hebrews）和迦南人（Canaanites）的祖先。一部分人迁到北方叙利亚，成为后来的腓尼基人（Phoenicians）。他们居住在地中海东岸，所以很早就以善于航海经商著称。到了公元前2000年前后，这个民族都已变成定居的民族，沾染了埃及和巴比伦的文化。

楔形文字

【萨尔贡一世征服苏美尔人】到公元前2750年的时候，苏美尔人的城市被南方的闪族人征服，第一个重要的闪族王国从此成立。这次建国的领袖为萨尔贡一世（Sargon I）。闪族建国以后，就使用原来的楔形文字和砖造的房屋，放弃了从前游牧的习惯，把所有苏美尔人的文化都承继过来，而在雕刻方面比他们的前人更为出色。

【巴比伦极盛时代的文化】大约在公元前2100年前后，又有一个著名的国王叫作汉谟拉比（Hammurabi），征服巴比伦全部地方。他在历史上之所以著名，是因为他编有一种法典，刻在一根至今尚存的石柱上，条文的规定非常公平。当时巴比伦的国势非常隆盛，商业亦极其发达，因为楔形文字成为当时亚洲西部各国通用的文字。当时虽然还没有钱币，但是银块已经通行。借贷的行为亦已出现，利率高到二分。全国人民大体以经商的为最多。当时好像没有绘画，不过雕刻很精。至于建筑的遗迹，非常稀少，它们没有柱和柱廊，但是大门顶上已知道利用拱顶。巴比伦没有石料，所以一切建筑都用砖。

【巴比伦文化的中衰】自从汉谟拉比死后，巴比伦王国就衰落了。山中的野蛮民族接连侵入巴比伦平原，他们带来一种极重要的动物，这就是马①。他们不久就把巴比伦王国分裂了。此后一千多年间，巴比伦文化完全处在停顿之中。

---

① 大约在公元前6000年，赫梯人驯服了马，发明了轮子。——编者注

【亚述帝国的建立】自汉谟拉比死后到亚述帝国兴起，中间有一千多年的历史，因为它在文化上不很重要，所以我们不去详述。后来闪族人从沙漠中入侵，建造亚述（Assur）城，并承受楔形文字，这就是亚述人。到公元前1100年，他们自西发展到地中海附近，费了三百多年的时间，到公元前750年才征服这一带。同时他们征服了巴比伦，并且曾经短期征服过埃及一次（公元前670年）。由亚述城发展起来的亚述帝国因此成功建立，为西方史上空前的第一个大帝国。

【亚述的文化武功】亚述帝国最大的事业就是军队组织的强固。亚述人从赫梯人（Hittites）那里引入铁器，制造成军械，所以他们的军队在古代非常威武有力。后来帝国都城从亚述迁到稍北的尼尼微（Nineveh），势力非常庞大。他们不久又发明了攻城锤，用来攻击亚洲砖造的城市，无不随手而破，所以他们的军队所到的地方往往成为荒土。

【建筑和图书馆】亚述帝国的君主有两个最为有名。第一个就是辛那赫里布（公元前704年—公元前681年在位），他是古代东方的第一个大政治家。他在尼尼微城中建造了许多宏伟的宫殿，殿顶用光彩夺目的琉璃瓦盖成，门口雕有极大的人首牛身像，殿中壁上装有石膏的浮雕，描摹国王的武功，所雕人像不很生动，但动物的神气却很是活泼。近代欧洲学者曾在尼尼微古址发掘出一个古代图书馆，内藏泥砖二万二千块，这就是辛那赫里布的孙子阿述巴尼帕所收藏的图籍，其中有许多关于魔术和占卜的作品，此外亦有宗教的和文学的著作。

【亚述的衰亡】但是亚述帝国规模太大，不易持久。又因常常用兵，农民和工人多在军中服务，农业与工业因此衰落。加以军队中常常有一部分外国雇佣兵，非常危险。所以后来闪族中的迦勒底人从波斯湾入侵以后,亚述人就无力抵抗了。

【迦勒底帝国的建立】迦勒底人先征服了巴比伦,后来又和米底人(Medes)于公元前606年合力攻破尼尼微。亚述帝国就此灭亡,尼尼微城就变成了一个荒丘,而迦勒底帝国亦从此建立起来。因为迦勒底的首都仍旧在巴比伦,所以我们称它为新巴比伦帝国。尼布甲尼撒(Nebuchadnezzar)为最伟大的皇帝(公元前601年—公元前561年在位),在位四十年,为迦勒底帝国最隆盛的时代。他模仿亚述的建筑造了一个规模宏大的王宫,王宫因为高耸入云,所以有"空中花园"的称号。但是当时的遗址留存至今的很少,所以巴比伦旧址虽然经过二十多年的发掘,还不曾发现完整的建筑。

【迦勒底的文化】迦勒底人和亚述人一样,完全承受了从前的文化。科学中占星术特别有进步。他们把赤道分为三百六十度,而且第一次规定黄道十二宫。他们观察天象非常准确,所以能够预测日月食。这种种发现就是后来希腊天文学的基础。至于占星术,中古时代的欧洲人还很迷信,直到近代方才被打破。

第二节 印度

【印度欧洲民族的起源】阿拉伯沙漠中闪族向北迁移变成定居民族的情形,我们在上一节中已经叙述过了。住在北方和他们遥遥相对的另有一个不同的民族,他们以游牧为生,往来于里海和多瑙河之间的草原上。这个民族就是后来波斯人、希腊人、罗马人、斯拉夫人、日耳曼人的祖先,简单地说,就是现代欧洲人的祖先。他们迁移的时代很早,一部分东迁到印度,一部分西迁到大不列颠,因此我们总称他们为印度欧洲民族;又因为他们的语言同属雅利安一系,所以通常亦称为雅利安族。

【最初的生活】 印度欧洲民族后来征服了闪族,并且把古代的文化推进了一步。他们好像在公元前3000年以前,就已经占据里海东北部的草原,而且有一部分已变为务农的人。不过他们的文化还处于石器时代的状况中,他们有牛有羊,而且有马,但是没有文字。他们后来向东西南三个方向散布开来,本来共同的语言逐渐分化,所以他们自己都忘了原本有血统的关系。但是印度欧洲人始终是一个同源的民族,这在他们的方言中可以看出来。

【印度的起源和印度教】 住在里海以东的雅利安族于公元前3000年间分向各处迁移时,其中有一部分人转移到印度河流域,变为定居的农民,是现在印度人的始祖。后来人口繁殖,渐向东方发展,占领恒河流域,于公元前1000年时在此地建立许多小国。印度民族此后渐分为四个"种姓"或阶级:以婆罗门(Brahmans)为最尊,专掌祭祀;其次为刹帝利(Kshatryas),掌军国大事;再次为从事工商业的吠舍(Vaishyas)。以上三个阶级都属于雅利安种。最下级的为首陀罗(Sudras),他们是印度原有的土人。各阶级间的人绝对不得通婚。这种阶级制度到如今还存在。雅利安人在印度所创的宗教为印度教(Hinduism),亦叫作婆罗门教(Brahmanism),奉全知全能的梵天王为主神,以天堂说和轮回说为主要的教义。教徒专以苦行忏悔为主:求免灵魂轮回的苦痛。所诵的经叫作《吠陀》。各阶级中当然以婆罗门最有势力,他们不但握有宗教上的大权,而且一切文化上的事业如哲学、伦理学、文学、历法、算学、医学等亦为他们所专有。他们又制定一种法典叫作《摩奴法典》,规定各阶级所享有的特权。他们自命为从梵天的首中生出,神圣不可侵犯。其他各阶级中的人对于这种阶级的专制,当然不能忍受,因此佛教就乘机而起,以打破一切阶级的不平等为宗旨。

【佛教的创设】印度的佛教为迦毗罗卫国王子释迦牟尼所创。王子生于公元前557年，深居宫中，生活极为安适。年长时他看见世间人都免不了老、病、死等种种苦痛，因此就郁郁不乐，抱了厌世主义思想；又看见印度教对于阶级制度限制太严，而婆罗门的专横压迫尤其令人难受，很想设法去纠正他们。于是他在二十九岁时舍弃奢华生活，出家修行。数年后颇有所得，最后他到伽耶城外的菩提树下，端坐沉思，忽然大悟，遂创佛教，其时只有三十五岁。佛教的教义以慈悲忍辱为主，提倡众生平等，排斥阶级制度。以为苦行和祭祀都不是解脱的良法，人们应该炼心修行，脱离生死轮回的苦痛，进到寂灭无为的妙境，以求得道德的圆满，这就叫作"涅槃"。这种主张显然处处和印度教的教义相反，为婆罗门所不容。后来释迦牟尼周游恒河流域，到处说法，于是信徒逐渐增加。不久又得摩揭陀（Magadha）国王的供养，势力渐大，而摩揭陀因此亦成为新兴佛教的中心。释迦牟尼说法四十多年，于公元前478年去世，享寿八十岁。

【佛教的初盛】原来古代印度小邦林立，到公元前600年左右摩揭陀王国成立时才有较大国家的出现。当释迦牟尼说法传道时，摩揭陀苏修那伽（Saisunaga）王朝阿阇世（Ajatasastru）在位（公元前485年—公元前453年），征服恒河流域，优待释迦牟尼，一时国势大振，而佛教因此亦得到一个传播的中心。释迦牟尼去世的那年，他的高徒摩诃迦叶会集佛教徒五百人于毗波罗山，编纂佛教经典，这是第一次的三藏结集（就是宗教大会）。又过了百年（公元前377年），迦罗阿育王（Kalaasoka）又会集佛教徒七百人于毗舍离（Vaisali）城举行第二次宗教大会，订正经典。此后一百年间佛教就逐渐流行于恒河流域。这是摩揭陀王国最初二百五十年间佛教初盛时的情形。至于后来马其顿的亚历山大东征以后，印度人怎样发动革命另建孔雀王朝，广泛传播佛教的情形，留待后面去阐述。

第三节　米底和波斯

【米底人和波斯人】当雅利安人有一部分迁到印度时，另一部分向西南方迁移，其中最强盛的就是米底人和波斯人。米底人最初在底格里斯河东建立一个大帝国。自从亚述帝国灭亡以后，米底人雄霸一时，为四邻所畏。

【祆教的起源】当时米底人和波斯人的文化程度远不如闪族人，但是有一点却比较进步，那就是宗教。原来在米底人立国以前的二三百年时（公元前800年时），波斯人中有一个教主名叫琐罗亚斯德（Zoroaster），创设了一种宗教叫作祆教。他看到人生中善善恶恶的情形和善恶间互相消长不已，就想出一个主善的神叫作马兹达（Mazda）。辅助马兹达的有许多小神，其中最大的一个就是"光明"，叫作密特拉（Mithras）。和善神相对的有一群恶神，他们的领袖就是阿里曼（Ahriman）。犹太教和基督教中的魔鬼就是从祆教中的阿里曼蜕变而来的。琐罗亚斯德教人如不为善必将为恶，不进光明必入黑暗；无论生时善恶，总有最后受判的一天。这就是基督教中最后审判观念的雏形。琐罗亚斯德继续从前雅利安人拜火的旧习，将此当作光明善神的象征。这个信奉明暗二宗的祆教后来风行于波斯人中。密特拉在数百年后基督教传入罗马时还大受罗马人的崇拜。

【居鲁士和他的武功】不久波斯人中有一个雄武的人出现，就是居鲁士大帝。他先征服四邻，再于公元前549年征服米底人，终成为印度欧洲人中第一个帝国的创造者。他又西向小亚细亚而进，征服吕底亚（Lydia）王国，攻陷其都城萨迪斯（Sardis），并于公元前546年俘虏其国王克利萨斯（Croesus）。不到五年的工夫，波斯小王国的领土竟横贯小亚细亚直达地中海，变成东方最强大的国家。居鲁士再东向征服迦勒底人，于公元前539年攻陷东方著名的巴比伦城，七十三年前闪族所建的迦勒底帝国就此灭亡了。

【埃及和印度的征服】居鲁士征服了亚洲西部，他的儿子冈比西斯（Cambyses）又于他死后三年的公元前525年征服了埃及。后来大流士（Darius）又于公元前518年东侵印度，夺取了印度河流域。从此波斯帝国的版图涵盖了古代东方的全部，西自尼罗河口和地中海东部，一直向东到印度为止。这样伟大的事业竟然是在二十五年间完成的，真是人类史上少见的。

【大流士的内治】波斯帝国的疆域东界印度河，西到爱琴海，南濒印度洋，北到里海，如此广大，所以要好好组织起来，实在很不容易。这种统治的工作从居鲁士开始，到大流士在位时代（公元前521年—公元前485年）才告成功，大流士所创设的制度不但规模宏大是前所未有的，而且为世界史上最早的中央集权君主专制制度。大流士不想再继续从事于武功，以便专心于内政的改进。他自己直辖埃及和巴比伦两地，把其余的领土分为二十省，各派总督一人去统治它们，各省除负有纳贡、出兵两种义务外，内政方面是很自由的，中央不加干涉。所有贡品在东部大都以土产为主。小亚细亚西部沿海一带，自公元前600年以来已经有铸好的钱币，所以用钱入贡。

【波斯的海军】波斯人和亚述人不同，不但有强大的陆军，而且有强大的海军。他们又善待腓尼基人，得他们的协助，在东部地中海上组织了一支强大的舰队。大流士恢复了古代埃及人在尼罗河和红海之间所凿的运河，以便船只可以直接从波斯湾驶入地中海。同时国内修了许多大道，全国有一种整齐便利的邮递制。古代的希腊人把波斯人描绘成一个野蛮残忍的民族，其实平心而论，波斯帝国政治上的文明和文化上的进步，在古代东方诸国中要算第一。至于他们后来怎样和希腊发生战争，开亚欧两洲民族争雄的新局面，我们下章再述。

第四节　犹太人

【犹太人迁入巴勒斯坦】犹太人在古时亦称希伯来人，原来是阿拉伯沙漠中的游牧民族。他们从公元前3000年起逐渐向西迁入巴勒斯坦。一部分曾经居于埃及为奴隶，后来他们的领袖摩西（Moses）于公元前1270年左右带他们逃出埃及回到巴勒斯坦。当时巴勒斯坦早已有迦南人移居其间，筑有城市，设有政府，并有工业、商业和文字。犹太人迁入以后，就承继了他们的文化。

【王国的建立】犹太人虽于公元前1025年时建立了一个王国，但是一时还没有放弃他们原来的习惯，所以扫罗（Saul）虽是一个开国的君主，却没有固定的住所。后来大卫（David）征服了迦南人的要塞耶路撒冷以后，才有固定的都城。当他在位时，国势最为隆盛。他的武功既盛，而且又能作诗，所以后代基督教徒多以为他就是基督教《圣经》中大部分《赞美诗》的原著者。

【所罗门和王国的分裂】大卫的儿子所罗门（Solomon）在位的时候，国用无度，赋税繁重，人民极不满意，所以当他死后，巴勒斯坦北部的地方就叛离而独立了（约公元前930年）。希伯来王国因此不到一百年就一分为二。此后北部叫作以色列，富庶而繁盛，城市林立；南部叫作犹太，地瘠而民贫，以游牧为生。

【《旧约》的来历】到公元前8世纪时，一部分以悲悯为怀的希伯来人看见城市生活的繁华、贫富悬殊的苦痛，不免回想起从前游牧时代生活的快乐，于是把祖先的故事叙述下来，成为世界上最古老的一部史记，这就是基督教《圣经》中《旧约全书》部分材料的来源。

【两王国的灭亡和犹太教的成立】 北部以色列王国于公元前722年为亚述人所灭。再过一百三十余年的公元前586年，南方犹太亦为迦勒底的国王尼布甲尼撒所灭，人民亦被掳而拘禁于巴比伦。波斯王居鲁士攻陷巴比伦城时，释放他们回国。但是从前的王国已经不能光复了，耶路撒冷的祭司因此变成民族的首领。现代所谓的犹太教就此成立来维持犹太亡后的民族精神，这可以说是世界上唯一以宗教为基础的民族。基督教中《旧约全书》就在此时编辑成功。至于中国所谓犹太教徒的迁入，约在10世纪以后的宋代，受阿拉伯人和突厥人的压迫而东迁，元代中国人叫犹太教徒为"术忽"，明代叫作"一赐乐业"。现在居住于河南开封的后裔，通常叫作"挑筋教徒"。

【古代东方诸国的文化总论】 古代东方诸国对于世界文化的贡献很大。他们最早把应用的艺术如金属器具、纺织、玻璃、造纸等工业发展起来，而且因为工商业发达的缘故，创造了最古老的航海帆船。他们又造了许多宏大的建筑物，为后代欧洲建筑的雏形，如石造的巨厦、列柱、拱门、尖塔等都是他们的发明。他们又产出最古老的雕刻，大的如埃及的石像，小的如巴比伦的宝石，都非常精美。世界上最古老的字母、散文和韵文，以及历史的著作亦都由他们开端。现代世界各国所用的日历、度量衡的制度、商业上的方法，都由他们传来。科学中的算学、天文学、医学，亦都由他们创造。他们首创了世界上的一神教和大帝国，为后世欧洲人所崇奉而仿行。总而言之，世界的文化大部分起源于古代东方诸国，所以我们要追溯世界文化的起源，不能不先研究古代东方诸国史。

第五节　古代的美洲

【美洲土人的起源】美洲土人的文化，自从15世纪末美洲被发现以后，就被当时西班牙的商人和教士摧毁，几乎被扫荡一空。直到19世纪时，美国的考古学者才加以发掘和研究。于是，从前欧洲人那种漠视的态度，到此为之一变，而美洲土人的文化状况亦逐渐表显于世界。原来美洲土人之所以叫作印第安人，完全出于15世纪末年哥伦布发现美洲时的误会。他以为他所发现的就是印度，那么印度的土人当然是印第安人了。其实美洲土人很可能是从亚洲北部渡白令海峡（Bering Strait）而移到美洲的黄种民族，迁移的时间大概离今已有一万年。

【农业的开端】当亚洲黄种民族迁到北美洲时，还在石器时代，不知耕种和畜牧，亦无文字和金属。后来他们迁到现在美国的西南部，即墨西哥、中美洲和秘鲁一带，逐渐开始务农，而产生一种高等文化。他们不知有麦和米，但有一种新谷，就是玉米。这是美洲的特产，为从前旧世界所无，殆经美洲土人的改良才成为现在的食粮。不久墨西哥有甜薯的种植，秘鲁有白薯的培养，后来普传世界成为不可少的食品。因高原山坡种植不便，美洲土人又有大规模水利工程的建设。此后游牧生活已变为定居的文明，村聚城市和宫殿都陆续出现了。

【高等文化的兴起】大概美洲古代农业文明最初起源于墨西哥南部和中美洲，再从此地向南北两个方向发展出去。当时有陶器、纺织品，还有金属的器械，金银锡之类亦已用来装饰。约自公元前1000年到公元元年间，美洲土人中的玛雅族开始在墨西哥、中美洲和秘鲁一带建造神庙和宫殿，其宏伟壮观可以和巴比伦及埃及的建筑相媲美。

玛雅文明中最大的遗弃都市

【玛雅民族和托尔特克民族的文化】玛雅民族为美洲土人中开化最早的民族。他们的居住地为中美洲的低原，种植玉米比较相宜。因此财富日增，人口日众，城市林立，宫殿大兴。他们虽无铜铁，却能凿大块的石材，造宏大的建筑物，而饰以美丽的碑刻。他们当时又发明了一种象形文字，知道算学，并有历法的发明。同时又有从北方移到墨西哥南部的托尔特克民族（Toltecs），亦仿玛雅人建造王宫和金字塔式的神庙，塔底面积甚至较埃及的还要广大，不过高度却较埃及的为低。

【阿兹特克人和印加民族】后来托尔特克民族的文化又为北方迁来的蛮族阿兹特克人（Aztecs）所破坏而衰亡。不过阿兹特克人仍能模仿前人在墨西哥建造村落，渐成城市，终于建立一个规模很大的帝国。他们和上述两个民族一样，迷信蛇神，并以活人为祭神的牺牲。南方秘鲁印加民族（Incas）的文化较阿兹特克人尤高。他们的农业、建筑和政治组织，都较上述各族为进步。他们的迷信亦较上述各族为高尚而不残忍。境中有巨石铺成的大道，长数千里，尤其象征工程能力的伟大。至于都城中宫殿的宏伟，亦足为古代美洲土人的文化生色。他们所建的帝国在16世纪西班牙人入侵时，和阿兹特克人遥遥相对。以上所述，就是现代人对于古代美洲土人文化研究所得的情形。

【美洲土人对于文化的贡献】他们对于世界文化的贡献，因为地位孤立，似乎不如亚洲、非洲各文明民族那么大。他们的特殊贡献几乎以植物为大宗，如玉米、马铃薯、芋草、番茄、南瓜、杨梅、花生和菠萝等都是由美洲土人加以种植和改良的，16世纪后才遍传于世界，再由菲律宾群岛上的西班牙人传入中国的福建而普及于全国，增加人类的口福。现代美国学者因为美洲土人的古文字形体方正，很像中国的汉字，他们的数字像中国的古八卦，而他们人死啐经又像中国的习惯，所以多疑他们为古代中国人东迁美洲的苗裔。不过这种证据，毕竟过于薄弱，不能当作可靠的定论。近来亦有人说美洲土人中除黄种外，也有地中海方面迁移来的分子。至于美洲被发现以后，土人文化怎样被西班牙人尽数摧毁，美洲全部土地怎样被欧洲各国瓜分占领的情形，我们留待于近代史中去述。

第二部分
欧洲文化的发轫和亚欧争雄的开始

    在雅典城中，当时的人口最多不过二万五千人或者三万人，竟然出现这么多伟大的美术家和思想家，真是世界史上罕见的现象。他们的名氏到如今还在世界人类的记忆中，而他们所有的成就亦是西方史上最光荣的一页。

第四章　希腊人的南下

第一节　爱琴海文化

【欧洲文化的来源】我们在本书第一章中曾经述及欧洲人在石器时代的文化状况，而且觉得他们似乎生活在原始状况中，已经不能再向前进步了。同时我们曾述及埃及和亚洲西部诸国种种惊人的发现和发明，如文字、金属、雕刻、建筑等都是西方文化上开山的大贡献。我们现在应该继续说明地中海东部的古文化怎样传入新石器时代原始的欧洲，使其逐渐产生开化的国家，来和亚洲争霸。就地理上来讲，爱琴海区域离古代埃及和东方诸国最近，所以它受到的东方文化的影响当然是最深且最大的。

【爱琴世界】爱琴海虽然是地中海的一部分，但是它好像一个大湖。它的西北两面为欧洲陆地所包围，东面和小亚细亚相接，南面有一块长形的克里特岛做它的屏障。从北到南最远的距离不过四百英里。四周海岸港湾很多。海中小岛数百，用帆船往来其间最多不过一两个小时。天气温暖，海滨平原大小麦、葡萄、橄榄等植物非常繁盛，所以面包、橄榄油和葡萄酒成为此地居民的主要食品。爱琴海区域最初的居民虽然亦属白种，但是他们和后来的希腊人并没有血统的关系，所用语言亦完全和希腊人两样。他们可以说是欧洲方面最古老的文明民族、希腊文化的先锋。

【克里特文化的兴起（公元前3000年—公元前2000年）】

因为爱琴海接近埃及和东方，所以地中海北岸高等文化的产生不在欧洲大陆，而在爱琴海诸岛。爱琴文化的首领就是南部的克里特岛。岛上居民在石器时代本住在砖屋中过他们的原始生活。公元前3000年时他们才从埃及人那里引进了铜器，不久就学会制造青铜，因此他们进入了铜器时代。在埃及金字塔时代，他们从埃及人那里学到制陶器的轮、烧砖的窑和其他重要的发明。他们自己又发明了一种文字，这种文字现在欧洲的学者还不能了解它。到公元前2000年时，克里特人已成为一种很文明的民族。他们建都于克诺索斯（Cnossus），不久又从埃及人那里学得航海术，为欧洲最古老的航海民族。他们的海船极多，所以克里特国王有"海王"的称号。欧洲最古老的王宫遗址就在克诺索斯，如今还在。

【克里特文化的极盛时代】克里特文化这样发展了几百年，到公元前1600年和公元前1500年间就达到了极盛时代。克诺索斯的王宫有宏大的列柱、石阶和露天大院。墙上画了许多美丽生动的图画。克里特人还从埃及人那里习得制造琉璃瓦的方法，用来装饰宫殿。花瓶上往往画有或者刻有植物和海中生物的图像，为世界上最精美的装饰美术之一种。

【欧洲大陆上的克里特文化】在克里特文化极盛时代，欧洲和小亚细亚大陆上的民族还处在石器时代的生活中。后来因为埃及和克里特的商船常常往来，欧洲大陆希腊半岛上的爱琴民族渐受爱琴文化的影响。公元前1500年后，阿尔戈斯（Argos）平原上的居民已经能建造宏大的要塞如梯林斯（Tiryns）和迈锡尼（Mycenae）诸城。他们从埃及和克里特输入陶器和金属，为欧洲最古老高等文化的标志。

【特洛伊】在爱琴海东岸小亚细亚方面，大陆上文化的进步比欧洲为早。当公元前3000年金属传入克里特时，小亚细亚西北角已有一个小商站，叫特洛伊（Troy）。到了公元前1500年时，此城富庶繁盛，势力很大，和克诺索斯差不多。这个小王国在西方文化史中原本不值一提，不过因为希腊著名诗人荷马的诗中述及希腊人攻陷特洛伊城的故事，所以名垂不朽。

【赫梯人】近来欧洲学者对于特洛伊以东的赫梯人所建立的帝国很感兴趣。它的隆盛时代大概在公元前1450年前后。赫梯人为最初发现铁矿的民族，在西方文化史上开了一个新纪元，这就是铁器时代的开始。

【总论】我们试看地图，就知道在公元前1500年时地中海东部的北岸希腊、爱琴海诸岛和小亚细亚诸地有一种文化的发展。他们的文化其实是从埃及和亚洲西部传来的，但是欧洲大陆上更北地方的民族还在原始状况中。他们渐渐从巴尔干山（Balkan Mountains）和黑海的北部向南方迁徙，其中有一部分南下占据东部地中海区域的就是希腊人。希腊人的南下在欧洲历史上非常重要，因为现代欧洲社会的构成，希腊文化就是其中第一个重要的原质。

第二节　希腊人的南下

【欧洲雅利安族的南迁】希腊人为高加索种中雅利安族的一支。雅利安族向各方迁徙的情形我们在上面曾经述及。当住在里海以东的那部分向南移入波斯、印度时，住在黑海西岸多瑙河流域草原上的希腊人，亦于公元前2000年后向南移入希腊半岛。他们原来是游牧民族，现在既然移到爱琴民族所在地，就渐渐变为定居的人了。

【希腊人占据爱琴世界】希腊人的南下，各部落先后相继，很像水上的波浪。最初的先锋是阿卡亚人（Achaeans），他们直向希腊半岛南部而进，和爱琴民族杂居于亚谷斯平原上。这种迁居的详情，因为他们当时还没有文字，没有记载保留下来，所以我们不十分清楚。到了公元前1500年时又来了一支多利安人（Dorians），亦直进希腊南部，渐渐征服且同化了阿卡亚人和爱琴人。他们不久从爱琴人那里习得航海的方法，所以又过一百年，他们就渡海征服克里特岛和附近诸小岛。在公元前1300年和公元前1000年间，移入希腊半岛上的各民族分头占领从前爱琴人势力范围内的各地方。多利安人占领希腊的南部，爱奥尼亚人（Ionians）占领中部，伊奥利人（Aeolians）占领北部。公元前12世纪时，他们征服了小亚细亚的特洛伊。从公元前2000年到公元前1000年的一千年间，希腊人竟取代从前的爱琴人做了东部地中海的主人翁。

【爱琴文化的衰亡】公元前1200年时，从北南下的希腊人占据了东部地中海的北岸。爱琴人和小亚细亚的喜泰人都被他们征服了。爱琴人多向东南两方逃走，至于喜泰帝国亦从此灭亡。爱琴人后来在一个小地方苟延他们民族的生命，这就是巴勒斯坦南部海边的腓利斯丁人（Philistines）。欧洲方面最古老的文化，所谓爱琴文化从此几乎完全消失了。有一部分留在故国不走的爱琴人，后来和新来的民族混合成了历史上的希腊人。希腊人就根据原有的基础创造了一种灿烂的新文化。

【希腊王政和城邦的起源】希腊人南迁后的几百年间，还是过着他们的游牧生活，后来渐渐定居，改务农业，建设村落。从前游牧时代的首领渐渐变成统治一个部落的国王。日久之后，一群邻近的村落渐渐组成一个城市，自成一个独立的城邦。国王的堡垒往往造在城中高处叫作卫城。各城各有法律、军队和神祇。各城居民各爱其本城，和其他城邦争雄。公元前1100年到公元前750年，全部爱琴世界布满了这种城邦，而希腊的文化就在此时兴起。

【希腊始终未能成为统一的国家】我们此时可以注意的一点，就是历史上所谓的希腊人始终是一个城邦林立、互争雄长的民族，未曾建成一个大一统的国家。一部分因为国中山河分隔，各城间声气不甚相通；一部分因为各城各有其习惯、方言和神祇。但是有时亦有联合数小城而成为大城邦的，如雅典、斯巴达、阿哥斯和底比斯，就是著例。

第三节　希腊文化的发轫

【希腊人和腓尼基人的关系】当希腊人南下时，他们本是野蛮的游牧民族。因为他们自己不能制造需要的物品，所以不能不向腓尼基的商人去购买。原来腓尼基人在公元前1000年时已经继埃及人和爱琴人而起为地中海东部主要的海商。他们的航海事业非常发达，他们就是第一批踏足地中海西部的人；非洲北岸的迦太基（Carthage）就是他们所建设的大商站，后来成为一个极强盛的国家，为罗马的劲敌。当时就是西班牙西部的大西洋沿岸亦有腓尼基人的殖民地，所以东方的艺术和工业能够传播于全部地中海，腓尼基人的功劳确实不小。

【字母的传入】但是腓尼基人对于欧洲文化最大的贡献要算字母的传入。原来在公元前1600年前后，和埃及人接近的西部亚洲闪族人从埃及象形文字中发明了二十二个字母，这是字母文字的起源。腓尼基人仿用这种字母，而且到公元前12世纪时放弃了从前不便利的泥砖，改用埃及人的草纸。希腊人不久就从他们那里习得用字母拼成希腊语的方法，这就是欧洲人第一次使用字母。公元前700年时，希腊的制陶人已能用字母签名于他们所制的瓶上，而文字亦逐渐普及了。和字母同时传入欧洲的还有笔、墨、草纸等文具，亦经腓尼基人的手由埃及传来。

【希腊人的古歌曲】希腊人在未有文字以前，已有一种歌人吟唱古代英雄的伟绩。公元前1000年时，在爱琴海东岸一带，这种歌人渐成一种专门的职业，遇国王或贵族宴会时，他们往往手弹箜篌，吟唱故事。这种歌曲就是欧洲最古老文学的起源。各种歌曲为数日增，后来逐渐联成一种史诗。史诗的材料以古代希腊人远征特洛伊的故事为主。这种史诗经过数百年的发展积累而成，到了公元前700年时才写成文字。

【荷马】希腊古代歌人中好像曾经有过一个极有名的人，这就是荷马。因为他的名声极大，所以通常以为他就是两大诗篇的原著人。一篇名为《伊利亚特》，讲述希腊人远征特洛伊的故事；一篇名为《奥德赛》，讲述古英雄奥德赛远征特洛伊归国的情形。希腊故事完整留存到今的只有这两篇。

【希腊的神祇】荷马的诗和其他古希腊的神话，都以为神祇住在希腊北部的奥林匹斯山（Mount Olympus）上。天神名宙斯（Zeus），手握电火，为神祇之王。太阳神名阿波罗（Apollo），发出光芒四射的金箭，他亦是羊群和农田的保护者，而且是一个异常优美的音乐家。最具特色的一点就是他能预知未来的事情，所以希腊人遇有疑难，往往到德尔斐（Delphi）的阿波罗神庙中去问卜。此外有女战神名雅典娜（Athena），她的责任在于保护希腊的城市，在太平时代，她又是制陶人、铜匠和织女的指导者。这三个为希腊世界主要的神祇，另外还有海神、土神、酒神、爱神等。

荷马

【总论】总而言之,希腊在王政时代(公元前1000年—公元前750年)逐渐由游牧生活变为村落式的定居生活,因此希腊就有了城邦的兴起,为希腊人政治生活上唯一且最重要的形式。同时因为有英雄歌曲的出现和东方字母的传入,遂产生了欧洲最古老的文学。就大体而论,王政时代为希腊人由游牧民族变为有政府、有文字、有文学的文明民族的时代。

第四节　希腊的殖民和商业

【希腊人的殖民事业】希腊人文化日进,逐渐成为商人。自公元前750年以后开始殖民海外,先后一百五十年间,黑海沿岸的地方都有他们的殖民地,多瑙河下游的农田和从前喜泰人的铁矿都渐入他们的手中。尼罗河口的三角洲上亦有他们所建的城市。在西部地中海,他们又殖民于意大利半岛的南部,因此此地在古代有"大希腊"的称号。当时他们的文化程度既然比意大利的土人为高,所以意大利半岛的文化史其实开始于希腊人的移殖。他们又从意大利渡海到西西里岛,把原来的腓尼基人驱逐到岛的西端。岛东南部的叙拉古(Syracuse)不久就成为文物灿然、势力宏大的希腊城市。他们又在现在法国南岸的马赛(Marseilles)建设商站,经营罗讷河(Rhone)流域的商业。所以在公元前600年时,希腊人几乎布满了地中海北岸。

【商业和工厂】希腊人因为殖民地很多,商业很盛,所以国中商店的规模不能不加以扩充。又因为工人太少,所以厂主往往购买由战败的俘虏变成的奴隶以训练成工人。从此以后,奴隶的劳动始终是希腊人生活中一个重要的部分。希腊各城市中尤以雅典的工厂最为发达。这些工厂所造的花瓶等物异常精美,如今往往被发现于小亚细亚、尼罗河口和中部意大利的古墓中，足见希腊人商业范围的广大。商船亦比从前为大，除了桨，还用埃及人所发明的帆，因为船身很大，不能近岸，所以海边往往造有港口。为保护商船起见，他们又开始制造战船。战船依旧用桨，以免为风所限制。摇桨的水手上下排成三行，因此速力增加而船身可以不必加大。凡有三列摇桨的船叫作"三楼船"（triremes），在公元前500年时应用很广。

【钱币的应用】同时因为钱币的应用，希腊人的商业又开了一个新纪元。原来在公元前700年时，小亚细亚的吕底亚国王仿照东方习惯，把银子剪成一定重量的小块，上面印上国王或者国家的象征，这是西方最古老的钱币。希腊人不久亦仿行。从前的财富以土地和牛羊为主，现在改以钱币为主了。借贷的习惯从此产生，而且仿照东方的办法取利息，通常年利一分八。从前一生贫苦的农夫，现在亦可以因经营工商业而变为富人，而且要求参与政治了。

【僭主时代的文化】希腊王政制度到公元前750年时已告终了，当时各城市的政权多操在贵族手中，后来贵族起了内讧，于是有所谓的"僭主"（tyrant）应运而兴，往往利用民众取得政权；因为他们的进身不合正统，所以希腊人特称他们为僭主。在僭主时代（公元前600年—公元前500年），民众的权利很有扩充，城市的美化亦很有进步，就是一般文化的程度亦很有增进。所以在公元前600年时，在小亚细亚米利都（Miletus）已有一个哲学家泰勒斯（Thales）预知日食和天体运行的规律。不过希腊人对于僭主始终不能心服，所以各城僭主往往不再传就绝祚了。

【希腊人统一的趋向】我们在前面曾经提及希腊民族不能统一的理由。不过亦有种种原因足以使得希腊人的心中产生统一的情感。第一，他们向来有一种体育比赛，在一定的时期去祭祀神祇，自从公元前776年以来，在奥林匹亚（Olympia）就已有这种盛会；每四年一次，全国人都来参加。现代国际体育比赛的盛会就是仿此而来。第二，他们有一个全国崇奉的神祇，因此各城邦往往组织宗教同盟处理一切教务，其中最有名的就是管理奥林匹亚盛会、保护德尔菲神庙和举办提洛岛上纪念阿波罗的年宴三种。这恐怕是古代制度中和代议制最相似的一种了。第三，希腊各地虽然各有方言，但是开会时他们仍旧能够听得懂，这亦足以使他们互通声气。第四，荷马诗中英雄故事的流传亦可以使得希腊人心中产生一种本是同宗的感想。因为有这种种原因，所以他们往往称外族人为"蛮夷"，而自命为海伦（Hellen）的苗裔。不过他们虽然抱有同族的感情，但是始终不能放弃他们的"乡曲之私"，所以终究因国内四分五裂而引起了亡国的大祸。

第五章　希腊文化的起源和亚欧争雄的开始

第一节　雅典和斯巴达两城邦的兴起

【雅典最初的政治改革】希腊境内城邦很多,但是最重要的只有两个,就是雅典和斯巴达,而雅典尤为希腊文化的唯一重心。雅典自从王政衰替、贵族当权以来,平民常受贵族的压迫,困苦非常。因此在公元前594年时,大众公举梭伦(Solon)出来,赋以全权,叫他设法改革。梭伦本贵族出身,但是他很能为平民谋利益,解除农民的债务,限制贵族的制产,创设陪审官制度,以免平民受审判不公的冤屈。城中高等的官职虽然全由贵族担任,但是全体自由平民亦享有担任下级官吏和选举议会议员的权利。梭伦是希腊的第一个政治家。

【雅典第二次改革】雅典当时虽然经过梭伦的一番改革,但是仍旧有一个利用民众的僭主乘机取得了政权,这就是庇西特拉图(Peisistratus)。他在施政方面非常妥善,但是雅典人痛恶僭主的成见很深,所以他在公元前528年死去时,他的儿子或者被杀,或者逃亡,僭主的时代就告结束了。于是又有第二个改革家起来,名叫克利斯提尼(Clisthenes)。他打破了各种阶级的限定,另设一种分区选举制,以减弱贵族的势力。又规定凡公民每年可以举报一次危害国家的任何名人,将其逐到国外十年,这是世界上最古老的弹劾制。因此僭主的权力从根本上被打破,而雅典的民主制度亦从此树了根基。

【斯巴达的发展】同时南方的斯巴达亦在发展它的势力，为日后和雅典争雄埋下伏笔。在公元前500年以前，斯巴达人早已强迫附近诸城邦联合成一个斯巴达同盟，几乎包括南希腊半岛的全部。斯巴达既然为这个同盟的首领，它的势力在希腊诸国中当然要算第一了。斯巴达人向来轻视工商业，所以没有中产阶级。他们又始终实行王政，所以他们对于雅典工商业的发达和民主制度的发展是非常猜忌的。后来这两个城邦因为互争雄长而弄得两败俱伤，根本原因就在于此。

第二节 波斯战争

【小亚细亚地方两国人的接触】波斯与希腊的战争为欧亚两洲第一次大规模的冲突。原来在公元前546年时，波斯名王居鲁士的领土已向西达到爱琴海，因此波斯人和住在小亚细亚的希腊人就变成直接毗连的邻人了。当时的小亚细亚因为有爱奥尼亚支希腊人移来，所以称为爱奥尼亚。这支希腊人原是雅典人的同族，非常优秀，希腊文化大部分起源于此地的希腊人。现在波斯的势力向西方逼来，此地的希腊人当然不能屈服于波斯人的统治。波斯的文化程度虽然很高，但是在爱奥尼亚的希腊人眼中，总觉得非我族类，势难两立，因此他们就起来反抗。

【波斯人第一次入欧的无功】爱奥尼亚的希腊人既然起而反抗，雅典人就派遣战船二十只去帮助他们。波斯王大流士因此迁怒于雅典，乃产生西征希腊的想法。他的军队由小亚细亚渡过欧亚交界的赫勒斯滂（Hellespont）海峡①，走过色雷斯（Thrace），长途

---

① 现称达达尼尔海峡。——编者注

跋涉，兵士本已死了不少，他的海军又于公元前492年在阿索斯山（Mount Athos）海沟旁沉没了许多。这是波斯人的第一次失利。于是他们放弃陆路进兵的计划，改由海道西征。

【第二次波斯人的入侵】公元前490年夏，波斯军队用战船渡过爱琴海而进埃维亚岛（Euboea）和阿提卡（Attica）间的海峡，在雅典的东北部马拉松（Marathon）湾上岸，预备向雅典进发。希腊人鉴于爱奥尼亚的失败，本已栗栗危惧，现在看见波斯军队长驱直入，更是人心惶惶，不可终日。波斯军队大约有两万人，希腊人不过其半数。幸而雅典当时出了一个名将米尔提达斯（Miltiades），统率希腊军队赶到马拉松岸边，打败了波斯人。波斯军队死了六千多人，其余都逃回船中返国。这就是西方史上有名的马拉松之战。同时雅典又出了一个目光远大的政治家，名叫提密斯托克利（Themistocles），竭力主张扩充海军以备波斯人的第三次进攻。果然希腊人不久又得到波斯王薛西斯（Xerxes）开凿阿索斯海沟以备运兵的消息。雅典国民议会于是不得不听提密斯托克利的话，决意造楼船一百八十只以作迎敌之用。但是希腊全国到了危急之秋还是不能连成一气，斯巴达虽然答应出兵，但要以能统率全部海军为交换条件。

【第三次波斯人的入侵及其失败】公元前480年夏，波斯军队又水陆并进侵入希腊，歼灭斯巴达王列奥尼达斯（Leonidas）所统率的军队于温泉关。希腊海军退守萨拉米斯岛，陆军则退守科林斯湾。雅典城中人民逃入萨拉米斯岛上。波斯陆军乘胜沿海岸大道直入雅典，烧毁卫城。波斯海军亦南迫萨拉米斯湾中的希腊舰队。不料波斯船只太多，进口又狭，转动不便，因之为希腊人所败。波斯王薛西斯深恐归路中断，急退守赫勒斯滂海峡，留他的名将在希腊北部色萨利（Thessaly）过冬。次年春又在普拉蒂亚（Plataea）为希腊人所败，狼狈回国。希腊的楼船追到小亚细亚，歼灭了波斯残余的海军，并扼守赫勒斯滂海峡。前后十四年的战事，从此告终。

第三节　希腊文化的黄金时代

【伯里克利时代】自从波斯战争告终到伯里克利染疫去世，前后四十年间为雅典国势极盛的时代，亦为希腊文化极盛的初期。此时适为伯里克利当政的期间，所以通常亦称为伯里克利时代。希腊文化虽然起源于爱奥尼亚的希腊人，但是到了此时，才在雅典城中大放光明。自伯里克利死后，希腊文化还继续辉煌了五六十年。前后共约一百年为希腊文化的黄金时代。现在先述初期的情形。

【住屋】雅典人的住屋虽然在波斯战争后多是新造的，但是在大小和外观上并没有很大的变化，就是富人的住屋亦只有一层。墙用砖建造，墙上除前面的大门外别无窗户。大门内为露天的院子，上通天光。院的四周为仿自埃及的列柱，柱内四周有坐室、寝室、饭堂、储藏室和一间小厨房，各室的门都向着院子。屋中当然没有现代所谓种种便利的设备。厨房中没有烟囱，所以顶上虽然开有一个洞，但是遇到烧饭时灶烟还是会充满全室，或由门口冒出。一到冬天，因为有许多进口无门，往往寒风侵入，刺人难受。用来御寒的只有一种炭盆。屋内的光线全靠院子中一点天光从门外射入。入夜只有橄榄油灯的光，暗而不亮。屋中又没有水管沟渠，绝无卫生上的设备。饮水由奴隶用瓶取自邻近的井中或泉中。总之，希腊人住屋的简陋和他们工匠所制造的家具陶器等的精致美丽，适成反比。

【街道】雅典城宽约一英里，长亦差不多，所谓街道，狭窄弯曲，两边房屋紧挤，逼仄压抑。既无所谓马路，更无所谓边路。下雨之后，满地泥泞，行者叫苦。街道两旁的居民把屋内的废物直向街心抛去，习以为常，不知道有所谓清洁道路的工作。

【服制】希腊人原来仿东方人的服装，往往宽袍大袖，此时亦逐渐改小了，至于女子的衣服始终讲究细致的衣料，没有改变。不过希腊人以为女子是专管家事的，所以除专心于衣服和家务外，不能和男子一样平等而自由，同受教育。

【教育】希腊儿童长大时，就由家中老奴伴他出外就学。当时没有公立的学校，只有受人藐视的寒士在自己家中设有私塾，其向来学习的儿童的父母收取学费以维持自己的生活。儿童除学习音乐和读书写字外，还要背诵古诗，聪明的人往往能够背诵《伊利亚特》和《奥德赛》的全部。至于算学、地理和自然科学等就不讲授了。

【体育】富人的子弟多在新造的运动场上度过他们的光阴。雅典城东和城北有两个很有名的运动场。后来在此等地方除体育运动外，还有演讲。至于奥林匹亚运动会上所进行的比赛有拳术、角力、赛跑、跳高、掷镖、掷铁饼等。后来还有别的比赛如赛车、赛马等，尤受大众的欢迎。

【诡辩派和高等教育】当时渐有一种新派的讲师出现，他们对于旧日宗教抱一种怀疑的态度，往来于各城之间，专以讲演为事，在希腊人的思想上和教育上都很有廓清补益的功劳。这就是所谓"诡辩派的哲学家"。雅典的少年在私塾中习完音乐、读写等科目以后，往往要求父母供给学费以便向诡辩派讲师纳费听讲。诡辩派的讲演确实是希腊高等教育的曙光，因为他们所讲授的是修辞学和雄辩术，成效极著。希腊最初散文的成功就来自这班讲师的力量。此外他们还讲授算学和天文学，雅典的青年从此开始得到一点自然科学的知识了。

【科学和医学的进步】科学的研究在波斯战争以前，爱奥尼亚的希腊人已经有人着手了。其中有一个著名的哲学家从爱奥尼亚移住南部意大利，名毕达哥拉斯，首创一派哲学，专门研究几何学的原理。在自然科学中要以医学为最有进步。希腊人不再相信疾病源于鬼神，总想寻出自然的原因，因此他们对于身体上的各种机能很是注意。不过他们只发现脑为思想的机关，至于血液循环、神经系统和动脉系统等还是全然不知的。当时最有名的医生为希波克拉底（Hippocrates），他是西方医学科学的始祖。

【史学】希腊的史学最初起源于爱奥尼亚的一班说书家。到了伯里克利时代，雅典才出了一个真正的史学家，名叫希罗多德（Herodotus）。他本是爱奥尼亚人，游踪极广，当时的世界如埃及、东方各国，他都到过，随处搜集材料。当伯里克利将死时，他的著作在雅典发表出来，内容以表明雅典雄霸的光荣为主，使读者明白希腊不亡于波斯人之手其实是雅典的功劳。他的著作极能激起读者爱国的情感，所以雅典人后来公决以巨额的奖金奖励他。他是西方史学的鼻祖。

【菲狄亚斯和巴特农神庙】希腊此时亦开始出现空前伟大的绘画家、建筑家和雕刻家，他们对于希腊文化的贡献和一班著作家相当，而美术和文学原就是希腊文化的精华。希腊美术品中最有名的就是伯里克利重建的巴特农神庙。此庙原来建在雅典的卫城上，内供雅典娜。波斯战争时被波斯人破坏了，后来重建起来，规模比从前还要宏大，还要美观。庙墙四周小壁上大理石浮雕的设计就出于希腊最大的雕刻家菲狄亚斯（公元前480年—公元前430年）之手，他把雅典人用一种宗教式的行列表示出来，人马的生动已达到神化的境地，美不可言。庙中宏大的雅典娜像亦由菲狄亚斯用黄金和象牙雕成。

【戏剧：旧派悲剧】当时雅典虽然有一班诡辩派的哲学家到处

鼓吹新思想，但是雅典人大都还是敬畏神祇的，以为雅典国势的隆盛全是由于神佑，所以他们对于第一个悲剧家埃斯库罗斯（公元前525年—公元前456年）所编的戏剧非常心悦诚服。埃斯库罗斯本参与过波斯战争，他在所编的《波斯人》一剧中，就以竭力描写神祇援助希腊人抵抗波斯人为主。当时所谓的戏剧当然没有布景，而扮演的人都是男子，面上戴一种古时传来的奇怪的假面具。剧中情节大部分由歌唱队吟唱，中间偶然插入扮演者问答式的对白。第二个大悲剧家名叫索福克勒斯（公元前496年—公元前406年），亦是一个旧派中人。他眼见波斯战争的经过，亦以为人类命运的好坏全出于神意，所以他的戏剧专以劝人敬事天神来战胜厄运为主。

【新派悲剧】但是到了萨拉米斯岛上的悲剧家欧里庇得斯（公元前480年—公元前406年）出世，就和前述两人不同了。他是诡辩派中人的朋友，对于当时的宗教抱一种怀疑的态度，所有他所编的戏剧中都充满了这种新精神。他向观者提出许多问题，使得他们产生很大的怀疑。他的能力虽然很大，终无法像索福克勒斯那样得到大众的欢迎。但是当时一班青年却很赏识他，一班守旧的父兄不免发出人心不古的慨叹了。

【喜剧】希腊的悲剧总在上午上演，下午才演较轻快的喜剧。喜剧最初起源于乡村的盛会中，后来渐变为舞台上的剧目。当时的喜剧家以阿里斯托芬（公元前446年—公元前385年）为最伟大。他所编的戏剧往往庄谐杂出，即使名人大吏亦常受其冷嘲热讽。如伯里克利、苏格拉底和欧里庇得斯辈莫不被他搬到舞台上，刻画得淋漓尽致，令人捧腹。

【书籍】书籍到了此时，在雅典人的生活中渐占重要的位置。荷马的著作和其他古代诗人的作品渐渐普及于民间。当时所谓的书籍是一种用埃及草纸抄的手卷，有的长达一百五六十英尺。除文学著作外，此时还有各种课本的出现。有雕刻家所著关于雕刻方法的作品，有古代名医希波克拉底所著的医书。算学和修辞学的课本亦很风行，甚至食谱一类的作品亦有人编辑发行了。

【总论】雅典因为有上述种种情形，所以当时出现了许多聪明而有才智的人物。他们一方面有机会参与政治上的问题，一方面亦有机会和艺术上极伟大的作品相接触，因此波斯战争后的雅典和战前几乎全不相同，文化气息的浓厚真是上古时代所罕有的。可惜希腊人的区域主义始终打不破，内乱迭起，国力渐衰，而波斯人又常常播弄其间，所以文化虽然极其辉煌，而政治上的生命却不久就断绝了。现在再让我们叙述一下雅典衰亡和雅典衰亡后文化继续发展的情形。

第六章　希腊的内乱和衰落

第一节　雅典帝国的衰亡

【雅典和斯巴达的争雄】当雅典人战胜波斯人以后迁回城中时，他们的心境和眼光都骤然开阔起来了，隐然以世界的主人自命。这种态度是斯巴达人所不能容忍的。加以当时雅典文化正盛，斯巴达人见了，更是猜忌。斯巴达原是一个尚武的城邦，由许多村落勉强用武力集合而成，人民生性愚鲁，拘守旧习，使用笨重的铁钱，藐视工商各业，除好勇斗狠外，几乎没有别种嗜好和职业。因此这两大城邦势同水火，而希腊全国亦就分裂成两大同盟对峙的局面。斯巴达是守旧派的大本营，只有军阀中人享有特权；雅典有进步的党魁，是民权政治的领袖。所以这两个城邦只是在波斯战争时暂时联手。战后六七十年间常常互争雄长，直到两败俱伤、相继亡国为止。

【雅典帝国的成立】雅典人自从战胜波斯人以后，就和爱奥尼亚的希腊城市以及爱琴海诸岛组成一个同盟。凡入盟的城市必须供给经费或船只，一切归雅典掌管。同盟的金库设于提洛岛（Delos）上，所以有"提洛同盟"的称号。这个举动在猜忌的斯巴达人看来是雅典帝国主义的初步，当然难以容忍。

【雅典的民治】同时雅典政府中有一个五百人的会议，势力渐大，这是一种反抗贵族的平民组织。从前梭伦还规定平民可以充任陪审官。凡议员和陪审官均能领薪水，以便可以专心服务。最后平民法院和会议皆享有立法之权。此外，凡国内高等官职，除海陆军总司令选举的方法外，都用拈阄法选出，因此凡公民都有充任高级官吏的机会。公元前460年时，雅典人选举伯里克利（公元前429年卒）做总司令。他是世界上一个极有名的政治家，前后当权三十年，为希腊文化的黄金时代。

【雅典、斯巴达战争】但是伯里克利始终主张和斯巴达开战。他劝国人从雅典到拜里厄斯海口造两条长城，以便遇到围城时市民可以逃往海上。此后雅典和斯巴达果然苦战了十五年，弄得双方精疲力竭，才罢兵媾和。同时雅典派去保护埃及的海军为波斯所败，因此又和波斯媾和。这就是公元前459年到公元前445年间的第一次战争；因为两个城邦的战事多在希腊南部伯罗奔尼撒（Peloponnesus）半岛上进行，所以通常亦叫作伯罗奔尼撒战争。

【第二次战争】在这个战争期间，雅典的文化和国势虽然都非常强大，但是不满意它的人亦逐渐增多。斯巴达人仍旧恨它而且藐视它的文弱。科林斯的商人忌它的商业兴隆。提洛同盟中各岛又因同盟的负担太重，怨声载道。雅典在爱琴海北部的属地后来竟受斯巴达和科林斯的援助反叛起来。于是到公元前431年时，雅典又和斯巴达起了第二次战争。雅典城屡受围困，城中又屡起疫病，市民死了三分之一。伯里克利亦于公元前429年染疫而死，于是双方战了十年之后又有了第二次媾和之举。这是公元前431年到公元前421年间的第二次战争。

【雅典的陷落】不久斯巴达又因雅典海军攻击科林斯的殖民地叙拉古，再出兵去围困雅典城。当时小亚细亚的希腊人和爱琴海诸岛反受波斯人的怂恿，加入斯巴达方面反攻雅典。雅典的海军最后为斯巴达将领莱山德（Lysander）所败，拜里厄斯海口亦为斯巴达人所封锁。雅典本已无力再战，加之城中粮绝，更是无法支撑，不得已于公元前404年开城投降。雅典长城和拜里厄斯海口的防御工事都被拆毁一空，残余的海军交给斯巴达，所有国外领土一概放弃，而且雅典加入斯巴达同盟为会员。科林斯原本要屠雅典城，终因条件已够苛刻，所以没有实行。

第二节　斯巴达的独霸和希腊的瓦解

【斯巴达的独霸】雅典想做希腊的领袖，奋斗了几十年最终却失败了。现在希腊全境内最强的城邦只剩一个斯巴达。斯巴达自从战胜雅典以后，就派出许多军队分驻各城，各城所受的压迫比从前雅典专制的时代还要厉害。斯巴达人在各城邦中往往用武力维护一种少数人当权的政府。这就是所谓的"豪强政治"，用来压制反抗他们的民主政治。在一部分城邦中，这班豪强的举动往往超出常规，巧取豪夺，无所不至，对于政敌加以驱逐或暗杀，并没收他们的财产。市民到了忍无可忍之时往往起来革命，把豪强驱逐出境。因此希腊境内不但各城邦间常起战争，就是各城市中亦常起内乱。这是希腊史上最黑暗的一页，我们不去细述了。

【军队军阀和战术的变化】雅典和斯巴达经年战争，多数士兵因为从军很久了，所以当兵这件事就成为一种专门的职业。凡士兵为了获得军饷而服务于他国的叫作雇佣兵。希腊青年在国内寻找不到生活的机会，往往到埃及、小亚细亚和波斯诸地去投军。因此希腊有用的青年不但不能为本国效劳，反而去增益敌国的武力了。在伯罗奔尼撒战争时期，还有一班军事领袖亦变成一种专门的职业。雅典培养了不少的军人，最有将才的就是色诺芬（公元前440年—公元前355年），他于公元前400年时曾在小亚细亚统率军队帮助波斯王子夺取波斯王位，失败之后，他带领一万希腊雇佣兵从波斯退归希腊。他后来著了一部《远征记》（Anabasis），为上古史学名著流传到今的一种。当时的战术亦很有变化。希腊人此时开始从东方引入许多新战具，如云梯、撞机等。战船的体积亦扩大起来，船桨从三排改为五排，战斗力因此增加不少，旧时三列的楼船从此废去。当时战祸很烈，民生很苦，但是希腊人内部的争斗始终未曾停止，直到亡国后方才罢休。

【波斯为希腊盟主】 波斯自和希腊战争失败以后，国势日益衰落。但自雅典被斯巴达战败以后，希腊的国力亦已大不如前。于是波斯又因希腊内乱而得到一个复仇的机会。原来雅典的失败是因为波斯用金钱接济了斯巴达。战胜雅典之后，因为分配战利品难均，又引起了波斯与希腊的战争。斯巴达竟于公元前399年侵入小亚细亚。相持六年之久，波斯终胜希腊人。斯巴达人此后不但放弃小亚细亚，且承认波斯为上国了。此后数十年间，波斯常常操纵希腊各城的纷争，隐为盟主。斯巴达的衰亡，这亦是一个原因。

【斯巴达的衰亡】 斯巴达的霸业共维持了约三十多年，但是治下的各城邦常起乱事，应付甚苦。后来底比斯和雅典联合起来反抗斯巴达武力的压迫，最后底比斯名将伊巴密浓达（公元前418年—公元前362年）于公元前371年在留克特拉（Leuctra）大败斯巴达人。斯巴达王阵亡，兵士亦战死大半。斯巴达多年所享的威名就此扫地了。

【底比斯的失势和希腊的瓦解】 但是底比斯十年间的得势全靠伊巴密浓达一个人的天才。当公元前362年伊巴密浓达阵亡时，底比斯的国势亦随他同归于尽了。原来希腊的城邦比较强的就只有雅典、斯巴达、底比斯等屈指可数的几个，现在它们终因互相猜忌、互相残杀，弄得大家都精疲力竭，再加上波斯武力和金钱的干涉，希腊大一统的希望从此断绝。一旦强邻压境,除俯首投降外,再没有别的生路了。伯里克利死后的六十年间,希腊的政治生活虽然日趋衰落,但雅典人在美术上、建筑上、文学上、哲学上、科学上却继续向前进步。这就是我们在前章中所说的希腊文化黄金时代的后期,现在略述如下。

第三节　希腊文化的发展

【雅典继续做文化的中心】当时希腊境内虽然连年战争、秩序大乱,但是雅典城仍不失为一个繁盛的城邦。自公元前600年以来,雅典的工商业就逐渐发达,到此时已有二百年的历史了。雅典是当时地中海区域的商业中心。农业虽因战争频仍而逐渐衰替,工业和商业却仍旧非常繁盛。雅典富人在雅典组织空前的大银行,执古代世界金融界的牛耳。银行家的富有在当时名声极大。有钱的富人既有资产又有余暇,所以他们能够专心致志于所谓文化上的工作,这或许就是雅典文化能够继续发达的一个大原因吧。

【普拉克西特勒斯的雕刻】美术上的雕刻自伯里克利以来,已经过许多变化。男女的雕像已不像从前那样板滞了,这其中最有名的雕刻家为普拉克西特勒斯(公元前330年前后去世)。他所雕的大理石像比从前的格外自然、格外生动。菲狄亚斯所雕的神像冷酷而威严,令人生畏;而普拉克西特勒斯的作品态度娴雅,令人生爱。

【绘画和透视法的发现】自从木版画风行以后,有钱的人家都可以得到美画来点缀住屋了,因此艺术就受到私人的奖励,而绘画的进步亦一日千里了。当时雅典有一个绘画家阿波罗多罗斯(约在公元前408年以后),开始注意到光线往往射到实物的一边,受光的一面非常明亮，背光的一面颜色模糊。从前绘画人物都是平面的形象，没有神采；现在用明暗的方法表现出人物的立体，就变为跃然纸上的美画了。后来又发现图上后面的人物应该比前面的画得小一点，因此显出前后深浅的层次来，这就是现代绘画学上所谓透视法的起源。

【思想的变化】生在伯里克利时代之后的雅典青年总觉得自己处在一个百事冲突的时代：国外有城邦和城邦间的争雄，国内有贵族和平民间的争权，甚至他们自己的内心亦有旧观念和新思想的冲突。他们幼年在家中，以及后来在私塾和剧场中所见所闻的神祇，都和人类一样，有种种喜怒哀乐的情绪。但是当他们私塾毕业之后，去听诡辩派讲师演讲时，忽然听说神祇的有无和神祇的容貌都是有疑问的，不能确定的。无论如何，所谓神祇绝不是和荷马诗中所描述的一样。诡辩派的这一类论调渐渐把雅典青年的思想改变了，因此希腊人在思想上和宗教上就不知不觉地开了一个新纪元。

【苏格拉底】当时怀疑派中的领袖是一个贫苦的雅典人，名叫苏格拉底（公元前469年生）。自从第二次伯罗奔尼撒战争以来，他那丑恶的面貌和褴褛的衣服，在雅典街上早已无人不知。他喜欢整天徘徊于市场热闹的地方，随便和路上的人谈话，向他们提出许多难以回答的问题。他的谈话往往弄得听者满腹疑团，心绪大乱，因为他对于雅典人向来视为理所当然的大部分事物都加以怀疑。当时雅典人料不到这位贫苦石匠的儿子其实就是希腊天才的结晶。他虽然胸襟淡泊，并无升官发财的志趣，但是他一生所关心的却是国家。他以为国家既然由公民组织而成，所以若要救国，先得要纠正公民的心理，使他们能够赏识德行和公平，成为一个良好的公民，那样国家的政治才有修明的希望。他既然抱了这种见解，所以就天天徘徊于雅典城中的街道上，逢人讨论，希望可以教导他们明白自己的人生目标。他虽然不想以神道设教，但他是一个极其笃信神道的人，自己觉得负有一种崇高的使命。他的声名一天天增大起来，甚至特尔菲的卜辞亦以他为希腊最伟大的宗师了。他当时有许多门人，其中最伟大的一个就是柏拉图。但是当时一般人不能了解他的目的和高尚的努力。他们以为他所提出的种种锋利的问题把旧日的信仰根本动摇了，这是"离经叛道"，于是雅典人就于公元前399年以贻误青年的罪名指控他，他昂然到案，提出有力的辩诉。后来，法院还是判了他死罪。当在狱中时，他依然和门人及朋友谈笑自若，某天晚上当着他们的面服毒草汁而死。

【史学的进步】希腊人思想上的变化在当时的史学上亦很显著。当时出了一个很伟大的新史学家，就是修昔底德（生于约公元前460年）。他是西方第一个科学化的史学家。之前希罗多德在所编的历史中，以为民族的盛衰纯出于神意；修昔底德却和现代史学家相同，要从人世间寻出事象的原因。相隔不过三十年的工夫，这两大史学家的信仰竟相差这样远！修昔底德的历史到如今尚为西方散文杰作的一种。

【柏拉图】柏拉图（公元前427年—公元前347年）为苏格拉底的最有天才的门人。他把他的先师对于人类理性和责任问题的讨论用一种问答体记录了下来。这种问答体的《对话录》（*Dialogues*）充满了美妙精深的思想，到如今还不失为一种世界学术上的奇书。我们读了之后，可以想象当时雅典人讨论真美善等问题是何等自然而随意了。《对话录》中最有名的部分就是描写苏格拉底的辩诉和他将服毒时与门人从容讨论灵魂不灭的情形。他服毒时从容不迫，并说他的精神绝不至于和他的肉体同归于尽。苏格拉底自己并不曾著书立说，我们现在所知道的关于他的情形，大部分从柏拉图的《对话录》中得来。

拉斐尔的名画《雅典学院》,该学院由柏拉图所建

【亚里士多德】柏拉图门人中最伟大的一个就是亚里士多德(公元前384年—公元前322年),他后来名声很大,几乎超过了他的先师。他得到许多门人的帮助,著了许多书,几乎包罗了学术上的一切科目——政治学、伦理学、经济学、心理学、动物学、天文学、诗和戏剧等。他的著作如此丰富,他的学识如此渊博,所以在欧洲中古时代的大学中差不多都以他的著作为唯一的课本,就是到如今,西方人还是以世界上唯一的学者来推重他。无论如何,西方学者中能够享有这样长久的尊崇,除了他恐怕没有第二个人了。

【希腊的灭亡】柏拉图的《对话录》中最有名的一篇叫作《理想国》(Republic),这是一篇讨论政体的文章。最可注意的一点就是,当他讨论政体时,他心中所抱的见解始终脱不了城邦的窠臼;他始终没有见到当时的大问题其实是各城邦如雅典、斯巴达、科林斯和底比斯等相互间的关系。他始终没有了解凡是一个团体,无论它组织得怎样严密,总是不能绝对离群而索居的,非得和它的四邻敦厚睦谊不可。希腊人对于这一点始终没有见到,所以他们始终不能建立一个联邦式的国家,始终互争雄长直到亡国为止。当时有过一个雄辩家和政治家名叫伊苏格拉底,他竭力鼓吹希腊人应该排除乡曲的私心和地域的成见,一致向同胞效力,以便团结成一个民族,抵抗外来的异族。但是希腊各城邦始终不肯放弃它们独立的地位,因此一旦马其顿人崛起于北方,率兵压境,希腊全境就只有俯首听命了。罗马兴起之后,其又成为罗马的郡县。

【总论】希腊境内各城邦的互争雄长、战事迁延固然足以缩短它们政治上的寿命,但亦足以激起各城邦对于文学和艺术的力争上游,终至产生西方古代最优美的文化。伯里克利时代固然是西方文化史上一个伟大的时代,但是随后的一个时代更加伟大。在雅典城中,当时的人口最多不过二万五千人或者三万人,竟然出现这么多伟大的美术家和思想家,真是世界史上罕见的现象。他们的名氏到如今还在世界人类的记忆中,而他们所有的成就亦是西方史上最光荣的一页。

第七章 亚欧两洲统一的尝试和失败

第一节 马其顿和亚历山大

【腓力和他的新军】当希腊各城邦国势衰替时,北方有一个新势力正在发展,预备做希腊的主人翁,这就是马其顿(Macedonia)。马其顿的立国虽然已有多年(公元前7世纪时立国),但是第一个重要的国王要推亚历山大的父亲腓力(Philip)。他于公元前360年即位,曾受一种希腊的教育,所以常想做南方希腊诸名城的主人。他第一步先创设一支新式有力的军队,使它成为一种永久的制度。新军中有步兵和骑兵。步兵的战术为史上有名的方阵,这是一种久经训练的密集团体,同时用大队的骑兵去辅助他们。腓力和他的儿子亚历山大之所以能够所向无敌,就是因为他们有这种强盛的新军。

【腓力做希腊的主人】腓力即位之后,先后把马其顿的领土向东北两个方向拓展,直达北方的多瑙河和东方的赫勒斯滂海峡。他的武功不久就使他和希腊北部的城邦冲突起来。当时雅典城的人对于腓力南下的意见分为两派:一派主张和腓力联手,承认他为希腊的救星,这派的领袖就是年纪已大的雄辩家伊苏格拉底;另一派痛斥腓力为野蛮的僭主,意在剥夺希腊人的自由,使他们变为奴隶,这一派的领袖亦是一个大雄辩家,名叫狄摩西尼(Demosthenes)。他的演说词《讨腓力檄》为希腊雄辩学上的杰作。后来双方经过长期的战争，腓力最终于公元前338年在喀罗尼亚（Chaeronea）大败希腊人，并且自立为希腊各城邦同盟的领袖。当时希腊各城都已俯首听命，只有斯巴达不肯屈服。两年之后（公元前336年），腓力开始在小亚细亚一带用兵，意在打倒波斯人，解放此地希腊人所建的城市，不料于嫁女宴会席上被刺而死。

【亚历山大的教育和性情】腓力既死，他的儿子亚历山大承继了马其顿的王国，年方二十岁。在亚历山大十三岁时，他的父亲聘希腊大哲学家亚里士多德来任他的师父。他因此很喜欢读希腊文学中的名著，尤其是荷马的诗篇。古代英雄的伟业早就触动了这个青年的想象，所以他一生的品性中都带有一点英雄的色彩。

【希腊的征服】当时希腊诸城邦本来不愿屈服于马其顿的统治，现在看见新王年少，他们就想乘机去推翻他。但是当底比斯因腓力去世再叛时，亚历山大竟把它攻陷了，屠毁一空，只留下大诗人品达（Pindar）的一座古宅。从此以后，希腊人才知道他的雄才大略不可轻侮，亦知道他对于希腊的文化很是尊崇。因此希腊各城邦除斯巴达外就组成了一个同盟，公举他做同盟的领袖兼军队首领。亚历山大的武力因有希腊军队的加入而更加强盛了。

【亚历山大的东征】亚历山大东征波斯，目的在于表明他是希腊人的领袖，要代他们复仇。他统率军队直入小亚细亚，屯军于古特，在此地的阿典尼庙中祭神求佑，希望能够战胜波斯人。同时波斯王亦雇了成千上万的希腊步兵预备抵抗。公元前334年两军大战于格拉尼卡斯（Granicus）河上，亚历山大的军队一战而胜，于是向南直驱，沿路从波斯人手中夺回希腊人的城市。再东向沿地中海东北角而到达二百年来波斯王所占领的土地。亚历山大在此地横行了十年（公元前333年—公元前323年）。当亚历山大的军队走到伊苏斯（Issus）湾时遇到了波斯王大流士三世亲统的大军，这是波斯人的最后一道防线。亚历山大又大败波斯人（公元前333年）。大流士三世的军队大溃，直待渡过幼发拉底河惊魂方定。波斯王于是遣使求和，愿割幼发拉底河以西的地方给希腊人。亚历山大的近臣劝他接受和议，但是他当时已起了一种征服世界的野心，所以不愿讲和，仍旧率军前进。为防止波斯海军袭击起见，他故意沿地中海岸南下，一路征服腓尼基诸城市，再向西南征服久属波斯版图的埃及。波斯海军既已失去停泊的海口，不能再和本国交通，所以不久就溃散了。

【亚历山大成为东方的主人】亚历山大既然没有了后顾之忧，于是从埃及回到亚洲，向东渡过底格里斯河，于公元前330年在阿贝拉（Arbela）再败波斯军。波斯军乃大溃，不能再战。亚历山大于是直入巴比伦城，住在波斯王的冬宫中。从公元前330年到公元前324年间，亚历山大的军队再向北而进，渡过中亚的乌浒河（Oxus）和药杀河①（Jaxartes），更南向渡过印度河直进恒河流域。行军至此，士兵多不堪困惫，乃不得已西归。归途经过荒野的沙漠，饥渴交迫，士兵死的很多。到公元前323年，亚历山大才回到巴比伦城。

【亚历山大西征的计划】同时亚历山大有征服地中海西部的计划。他想造战船千艘以便征服意大利、西西里和迦太基各地；又想沿非洲北岸用巨款筑造一条大道，以便军队可由埃及经过迦太基直达大西洋海岸。古代东方各国国王多以神祇的子孙自命，亚历山大此时亦模仿他们，暗使埃及祭司称他为埃及神阿蒙（Amon）的儿子。他又效仿东方的习惯，凡臣下见他必伏地以口吻他的足，并正式通令希腊各城市此后应奉他为神。这是欧洲君主专制和君权神授

---

① 又译为锡尔河。——编者注

两种制度最早的实例。

【亚历山大去世和他的帝国分裂】公元前323年，亚历山大正预备南征阿拉伯，为日后远征西部地中海做准备，忽然因酒色过度而染病去世，年仅三十三岁，在位凡十三年，世人称他为"大帝"，他当之无愧。世界史上的天才能在短期内做出这样伟大的事业，除中国的秦始皇外，确实很少。自从他去世以后，他的大帝国就内乱了三十年。最后欧、亚、非三洲的领土各自分裂为鼎足三分的局面。

【希腊的衰落】欧洲方面的马其顿和希腊两地，此后属于亚历山大的大将安提哥那（Antigonus）的孙子。但是此时的希腊已经不是地中海商业上的领袖了。原来自从亚历山大东征之后，希腊的商人纷纷渡海到波斯一带去经商，因此不但希腊的人口大大减少，就是商业的中心亦逐渐转移到非洲的亚历山大和亚洲的安条克（Antioch）诸城了。希腊的商业既衰，就再也没有维持海陆军的财力，国势因此大衰而不能自保。他们此时虽然开始组织同盟想摆脱马其顿的束缚，但是事实上已不可能，不过希腊的文化仍旧继续发展了下去，而且传播很广，所以通常称此后三百年间的西方史为希腊文化的广播时代。

【埃及的隆盛】至于非洲的埃及，则为亚历山大的老将托勒密（Ptolemy）所占领，他是马其顿诸将领中最有才能的人。他后来自立为王，创建了一个有名的朝代，定都于尼罗河口三角洲上亚历山大所建的亚历山大城。此后一百年间（公元前3世纪），东部地中海一带以埃及的国势最为隆盛，而文化的发达尤为独步一时。希腊末期文化的中心其实就在托勒密王朝治下的埃及。

第二节　希腊文化的广播

【希腊文化的广播时代】亚历山大死后的三百年间通常叫作希腊文化的广播时代，因为此时的希腊文化渐由希腊本国广播于当时的西方世界。亚洲西部的民族受希腊人的统治而且常和希腊商人往来，希腊语因此渐成为当时的世界语，希腊的文化亦因此传于中亚。至于希腊本国城市的生活状况亦比从前安适得多了，住屋的建筑和装饰都比从前美丽，屋中第一次装有水管和市中自来水接通，街道上亦埋有排水管，这都是伯里克利时代未曾有过的设备。

【亚历山大城的繁华】当时西方最大的城市要以埃及的亚历山大为首，人口最多，财产最富，商业最盛，文化的事业亦最为发达。沿海港一带造有很长的船埠，凡当时大西洋、地中海和印度洋中的商船都聚集其间，真有帆樯林立的气概。海港进口处造有一个极大的灯塔，夜间塔顶点灯以利航行。当时大海船载重四千吨。外商初次到此城来，目睹港中托勒密海军的威武，以及绿树丛中各种建筑的宏大，一定会惊叹于当时地中海东部最繁华的盛况。城的中部有宫殿、博物馆、体育场、沐浴场、议事厅、音乐厅、市场等，四周环绕市民的住宅，真是民丰物阜，不愧为当时西方唯一的文化中心。可惜现在所有建筑都已湮没无存了。

【科学的进步】西方民族的智慧此时到处流露。当时曾有几种极有趣的发明，如螺丝钉和有齿的轮就是例子。科学家中以叙拉古的阿基米德（公元前287年—公元前212年）最为伟大。他曾做出一件惊人的事情：把几个滑车和几根杠杆排列起来，用曲柄轻轻一转，竟把一只装满货物的三桅大船移到水中。他不单是一个机械的发明家，亦是一个头等的科学研究家。现在物理学上所谓的"比重"（specific gravity）就是他发现的。此外，他还是古代最伟大的算学家。

【亚历山大的科学家】当时亚历山大城中亦有许多科学家，为古代最伟大的一群人。他们同住在博物馆中，这是一种大学性质的研究机关，由皇家给予薪水来支持他们研究科学的事业。这是世界上国立研究院的第一次出现。这班科学家为后代科学上有系统的研究之先锋。他们所著的书在西方学术上差不多享了两千年的威权，直到19世纪时西方的学术才另换一个崭新的方向。这班科学家中最有名的算学家就是生于公元前330年前后的欧几里得（Euclid），他的《几何原本》讲述得非常有条不紊，所以现代英国学校中还用他的书做几何学的课本，这是现代西方最古老的一本教科书了。托勒密朝诸王又在亚历山大造了一个观象台，当时虽然还没有望远镜，但是天文学上重要的观察和发现已不少。萨摩斯岛（Samos）上有一个不很著名的天文学家甚至发现了地球和行星围绕太阳旋转的原理，不过当时没有人相信他，所以他的发现不久就被忘却了。天文学的进步很有功于地理学的研究。当时亚历山大有一个天文学家名叫埃拉托色尼（公元前276年—公元前194年）曾经计算过地球的大小。加之当时往来于大西洋和印度洋上的航海家为数很多，因此各地方的形势亦逐渐明白了，所以埃拉托色尼所著的地理书比从前的旧籍正确得多。他的书中第一次附有经纬线分明的地图，因此世界各国的方位亦比从前容易确定了。

【亚历山大的图书馆和书业】当时除自然科学外，还有许多文学上的研究。图书馆虽然各地都有，但以亚历山大的为最大，藏书达五十余万卷。抄书的事业既然非常宏大，日久之后当然会有搜求善本的需求，因此校勘版本的学问就日渐发达起来。校勘版本当然不能不注意语言文字的研究，亚历山大的学者因此有文法和字典一类书籍的著述，成为西方最古老的辞书。

【雅典大学中的新哲学】当时雅典仍旧为哲学思想的中心,到此地来研究哲学的青年仍旧可以看见柏拉图的后继者在城北体育场中宣讲柏拉图的学说。亚里士多德从马其顿回国以后,在雅典城东体育场中的走廊上继续讲学,因此他的学派有"逍遥派"(Peripatetic)的名称。但是当时有许多希腊人很想求得一种学说,以使他们得到心理上的快乐和生活上的成功。因此雅典城有两派新哲学兴起,来满足这种需要。一派叫作斯多葛学派(Stoic),主张人生的目的在于心志的坚定,无论境遇苦乐,都不应稍动其心。这派的首创者为芝诺(Zeno),他的讲演都在廊下举行,雅典名廊为"斯多葛"(stoa),所以世人就称这派哲学为斯多葛学派,直译就是"廊下派"。这派哲学当时很是风行,后来成为势力最大的学派。另一派叫作伊壁鸠鲁派,为雅典人伊壁鸠鲁(Epicurus)在他自己的花园中讲学时所创。他以为最美的生活就是身心俱快,不过要得其中庸而且要依据德行。他的见解本很崇高,但是学者往往误会他的真意,生出许多流弊。这派哲学在当时亦很占势力,后来传入罗马尤为轰动一时。这两派哲学后来逐渐盛行,竟取代了旧日的宗教。当时希腊人对于旧日神祇已经不再相信,他们在信仰方面,真要比后来基督教传入欧洲以后自由多了。假使苏格拉底生在此时,绝不至于受人控诉冤死狱中了。此后埃及和古代东方诸国的神祇亦逐渐流入希腊境内。

【总论】旧日希腊的城邦此时竟和一个较大的世界混合起来了,因为当时希腊固然同化了东方,但是东方亦同化了东部地中海的世界。亚历山大东征所拓展的疆域到了公元前3世纪中叶后,就逐渐为东西两个新崛起的强国所征服,这就是亚洲黄种人第一次在西亚所建的安息和欧洲白种人第一次在西欧所建的罗马。我们要了解此后的世界史,应先追述这亚欧两大帝国的起源。

第八章 亚历山大帝国瓦解后的亚洲

第一节 条支的兴衰

【亚洲西部政局的变化】上古时代的亚洲西部，自亚述帝国建立后，到波斯帝国被亚历山大灭亡时止，凡千年间，西自地中海，东到阿富汗，差不多都统一于一个帝国之下。中间虽经亚述、米底、波斯三次的政治变化，但是大体上很有升平的气象。到波斯时代，甚至非洲和中部亚洲亦统一于祆教的文明之下。但自亚历山大东征后，形势乃为之一变。他的本意，原想统一亚欧两洲。不料他死后盛况难继，不但他的帝国四分五裂，就是亚洲西部亦成了割据的局面。这当然是亚历山大所意料不到的事。

【条支的建国】亚历山大死后，欧亚非三洲的领土，各自分离。其中亚洲部分又分裂为二：一为大将利西马科斯（Lysimachus）在小亚细亚所建的王国，一为大将塞琉古（Seleucus）在叙利亚一带所建的王国。前一个到公元前263年变为珀加蒙王国（Pergamus），后来亡于罗马。后一个就是中国史上的条支，为亚历山大帝国中最重要的部分，享国凡二百四十七年，方为罗马所灭。塞琉古战功很大，而且诸将中唯有他始终没有离弃他的波斯妻子。因此他于公元前320年分得巴比伦一带，自建独立的王国。

【条支衰弱的原因（一）迁都】当时条支的疆域本极广大：西起地中海，东达印度河，北自里海和药杀河，南达波斯湾和印度洋，地大物博，俨然强国，本来大有可为。但是塞琉古先择都于巴比伦，后来又在底格里斯河上游另筑新都塞琉西亚（Seleusia），公元前300年后又迁到地中海边的安条克。他的目的本在于对付小亚细亚和埃及的入侵，结果反而引起亚洲人的不快和团结精神的瓦解。中央政府对于东方一带既然鞭长莫及，国家自然要日趋分裂了。所以条支向西迁都，实为帝国分裂的一大原因。

【（二）政策的失当和（三）黩武的流弊】塞琉古治国的政策亦失之偏狭。他和他的后人不能继续亚历山大统一欧亚两洲民族的遗志，仍采用从前征服者统治土人的旧法。他把全国分为七十二省，各省总督概以希腊人或马其顿人充任之，军队的长官亦然。因此一国之内，颇有主客感情不洽之势。加之塞琉古一族仍有亚历山大武力统一世界的理想，常向埃及及小亚细亚用兵。东方安息独立前的三个君主都和西方的两国交战过，自公元前280年到公元前250年间，几无宁岁。此外条支的第三代君主安条克二世（Antiochus Ⅱ）傲慢荒淫，东方各地就乘机反叛而独立了。

第二节　大夏和安息的独立

【大夏的独立】大夏地居波斯东境，本为居鲁士所征服。波斯亡后，遂辗转而入条支的版图。在条支建国初年，诸王都在这一带建造希腊城，希腊语一时盛行于中亚。但当安条克二世正和埃及交战时，大夏的希腊总督狄奥多托斯（Diodotus）于公元前256年反叛而独立，自建王国。条支王沉湎于酒色之中，竟置之不顾。大夏乃得自由向东方中亚一带拓展领土，国势渐盛。

【大夏的极盛时代】当亚历山大去世时，印度人曾乘机革命，于公元前322年建摩揭陀国的孔雀王朝于印度河和恒河之间，以抵抗希腊势力的入侵。条支王塞琉古曾于公元前305年进攻印度，大败而归。印度文化到此复兴，阿育王在位时尤称极盛。但阿育王在位时代，适为大夏立国之时。大夏王族既是希腊人，大夏又是当时希腊文化在中亚的唯一根据地，对于南方印度文化的复兴当然栗栗危惧，因此大夏王欧西德莫斯（Euthydemus）于公元前206年遣王子南越大雪山而入侵印度，兵力深入阿富汗和旁遮普一带。此后二十年间实为大夏的极盛时代，亦为希腊文化在中亚的最后一次称雄。

【大夏的衰亡】大夏介于东方黄种的月氏、西方黄种的安息和南方的印度之间，本有四面楚歌之势。加以希腊人内部亦和欧洲的母国一样，常起内乱，当大夏王子南征印度时，其将欧克拉提德（Eucratides）反而乘虚入据大夏而自立为王。此后大夏境内各省的希腊人纷起效尤，互相角逐。希腊人的势力反因大夏王族的拓展而骤衰，希腊币制和语言皆逐渐被废而不用，终于公元前139年前后受月氏和安息的夹攻而灭亡。希腊文化自亚历山大输入中亚以来，享二百年的寿命，终于随同大夏的亡国而消失。

【安息建国的重要性】条支东境分裂而成的王国，除希腊人所建的大夏外，还有北方黄种人所建的安息。两国的建立差不多同时，而安息的国祚和地位却远较大夏长久而重要。从前以为安息人是白种人，其实他们是亚洲北部的黄种人，他们的立国实为亚洲黄种人向西压迫白种民族的第一次。安息人何时迁到波斯北部，已不可考。我们所知道的就是他们的居地为从前波斯帝国的一省，而且为当时帝国中最太平的一省。

【安息的建国】当大夏于公元前256年反叛条支而独立时，安息国王阿萨息斯一世（Arsaces I）亦于公元前250年时起而效尤，建立安息国。一时亚洲西部的条支国竟分裂为三。不过安息的独立和大夏不同，大夏的叛乱是希腊人反抗希腊人，而安息的叛乱却含有东西方文化和黄白人种冲突的意义。当亚历山大东征成功时，自波斯时代以来的欧亚争雄，很有从此结束的意味。不料安息的建国竟又造成欧亚两洲文化和民族相持的局面。这个局面差不多维持到现代土耳其衰落时才为之一变。所以我们对于安息的内政、文化和它与西方罗马争雄的经过，似有详述的必要。

第三节　安息立国初期的内治

【安息史的分期】安息的国祚凡约四百七十年，可以分为三个时期：立国后一百五十年间的建设，继以和罗马共和政府的争雄，中经长时期的和平，终于因和罗马帝国争雄而灭亡。我们现在先述它最初一百五十年间的内治。

【国基的巩固】当阿萨息斯一世立国时，境内的希腊人当然经常反抗。不久其弟阿萨息斯二世即位，实为巩固安息国基的第一个名王。当时条支因西受埃及的侵略，失地很多，国力疲乏，安息就乘机大拓领土。条支曾于公元前237年想联络东方同族的大夏来夹攻安息，不料大夏反而联合安息来夹攻条支，从此条支遂固守西方，不敢再图收复了。此后阿萨息斯二世遂得专心于新国的建设，筑要塞，筑都城，平治二十多年。到公元前206年条支乃正式承认它独立。

【名王米特拉达梯一世的功业】此后二十年间为大夏国势隆盛、安息巩固内政的时代。但公元前180年以后，安息的保守政策突然一变。名王米特拉达梯一世即位之后，文治武功莫不极盛。安息区区小邦因此一变而为庞大开化的帝国，不久遂能和新起的罗马争雄。当时大夏因拓境于南方的印度而引起内乱，条支又因一心西向而未遑东顾，安息人得以于公元前163年到公元前140年间，东侵大夏，西征米底，国境遂拓展到东方的大雪山和西方的幼发拉底河，不久败大夏军而深入印度境内，安息版图遂达于极大之域。这个建立安息帝国的名王死于公元前136年。

【安息的政制】安息的政体极富有简单性，虽然多草创于立国初年，而实际上大成于米特拉达梯一世在位时代。安息虽为君主制，但君权有限，因为国王之下有两种会议：一为亚洲北部黄种人习有的诸宗王大会，一为高级祆教教士和官吏所组成的元老院。两种会议合成所谓的贵人阶级，力量足以限制国王。国王亦沿用亚洲北部黄种人的选举制。大体上父子世袭或兄终弟及，而贵人阶级实握有废立的大权。国内各省仍沿用波斯旧制，或任总督，或用旧王。希腊人所居的各城市则仍听其沿用市政府制。当时朝廷曾遍采各地最良习惯编成法典，颁行国中。安息到此，俨然文明大国规模。所以米特拉达梯一世自称为"诸王之王"，确实当之无愧。

【月氏和安息的并驾】当安息帝国建设成功之日，正是月氏人由中国西北境向西迁徙、倾覆大夏而代霸的时候，声势殊盛。因此当安息于公元前129年受西方条支最后一次进攻时，不能不求助于月氏。甚至同时中国的汉武帝要进攻匈奴，亦不能不叫张骞向西凿空去和他们联络，这亦可见当时月氏人在中亚颇有举足轻重的地位。不过月氏和安息合作几次之后，就分道扬镳了。安息则专心西向和新起的罗马争雄，月氏则一意向南到印度去发展，终成佛教的最大护法。至于月氏人怎样隆盛，怎样传布佛教，怎样和安息同时衰亡的情形，我们留到叙印度史时再述。

【张骞的凿空和亚欧商业的发轫】我们于此还应插述一件在世界交通史上极有意义的事情，这就是上面所述的张骞通西域。他于公元前138年奉命到大月氏，中途被匈奴人拘留了十年，后经大宛、康居诸地而到月氏。交涉之后，不得要领，乃于公元前126年回国。他这次西行，在政治上虽告失败，在文化上却大有进步。因为此行结果，不但希腊和波斯的文化——前一种如汉代海马葡萄镜的图案，后一种如天马和葡萄——有一部分传入中国，而且中国的丝绸贸易亦经安息人之手逐渐向西发展到罗马去。后来这种亚欧两洲商业垄断的竞争，不但成为罗马先后和安息、波斯苦战的一个原因，而且为引起亚欧两洲永远冲突的导火索。

【安息、罗马争雄的起源】总而言之，公元前250年到公元前100年间，实为黄种人第一次在西亚建立安息帝国的时代，和白种的大夏与条支鼎立于亚历山大帝国的亚洲旧壤中。后来大夏为新起的黄种月氏人所灭，条支亦为新起的罗马人所灭，所以在公元前1世纪初年亚洲西部只留下月氏和安息两大帝国的对峙。安息既和东方的月氏相安，亦有余力向西发展，而罗马复向东扩张。于是自从前波斯、希腊时代以来的亚欧争雄，经亚历山大一度的阻挠和亚历山大帝国分裂后长期的变化和酝酿，到公元前55年时又开始了。我们在叙述这次长期的战争之前，应先述欧洲的罗马兴起的经过。

第三部分
罗马帝国的兴起和亚欧争雄的继续

　　罗马人虽然能够用武力统一当时的西方世界，但是他们终不能把帝国很严密地组织起来。他们这种政治上的失败几乎把西方上古的文化根本动摇了。当时欧洲阿尔卑斯山以北已经有许多蛮族正在蠢蠢欲动，预备把三千年来的文化一扫而空。

第九章 罗马的兴起

第一节 罗马的起源

【意大利的形势】地中海在欧、亚、非三洲的中间，是一个很大的内海。意大利半岛把它截为两段：东部地中海世界和西部地中海世界。我们在上面所述的古代欧洲文化是以东部地中海为中心的文化。现在我们要叙述西部地中海文化的起源了。意大利半岛约长六百英里，它的面积比东方希腊半岛大得多，而且它的耕地和牧场亦比较广大。它不像希腊一样被山脉分割成许多小河谷，但是它的好港口很少，所以此地农业和畜牧业的发展要比航海业来得早。至于气候和物产，略同希腊。我们前面曾经述及欧洲西部先史时代的状况，现在所述的就是欧洲西部的意大利怎样脱离石器时代，达到开明的境地，来继续维持自希腊时代以来和亚洲西部民族争雄的局面。

【雅利安族迁入意大利】当希腊人于公元前2000年左右迁入南部希腊时，雅利安族的西支①亦随即迁入意大利半岛。其中最重要的一支迁居于半岛的中部和南部，叫作意大利族，他们就是最古老的意大利人。当希腊人南下时，他们所走进的区域是一个文化程度很高的地方。至于意大利人所迁居的地方，却是一个野蛮人所栖息

---

① 这里指西迁的雅利安人，相对地，是向南迁徙到小亚细亚半岛和向东迁入中亚草原的雅利安人。——编者注

的场所。

【意大利人的三大劲敌】迁到西部地中海的民族，除了意大利人，还有三个，为意大利人的劲敌。第一个就是伊特鲁里亚人（Etruscans），他们是业已开化却好勇斗狠的海上游民。他们的起源如今还未考究出来，有人说是亚洲来的黄种人，当公元前1000年的时候他们已定居于意大利半岛上。他们后来占据半岛的西岸，从那不勒斯湾起到热那亚为止，并直向内地到达亚得里亚海和阿尔卑斯山。第二个是迦太基人。我们上面曾经述过腓尼基人怎样在公元前1000年远航到西部地中海去经商，在西西里岛对岸北部非洲的地方建设了一个重要的商站迦太基。这个小商站不久就发展成为当时最大的商业帝国。还有第三个劲敌，就是自东向西的希腊人。希腊人在公元前8世纪时殖民于西部意大利和西西里岛的情形，我们上面已经述过。当时希腊城市中最强盛的要推叙拉古。

【希腊文化的西传】西方的希腊人虽然亦同本国人一样，常起内争，不能建立一个统一的国家，但是他们能够将母国的文化传到西部地中海去。所以自从原始的意大利人迁入意大利一千五百年之后，在他们的南方有一个希腊的文明世界发展出来。原始的意大利最初受到北方伊特鲁里亚人亚洲文化的影响，后来又受到南方希腊人文化的影响，因此逐渐脱离原始状况而进于文明，成为强大的国家，最后竟敢和迦太基争雄。这种种情形就是我们下面所述的材料。

【最初的罗马城】在意大利中部台伯河（Tiber）南岸离海不远的地方，有一群意大利人叫作拉丁族（Latins）。当伊特鲁里亚人由海上在台伯河北岸登陆的时候，拉丁族所占据的区域不过是一块宽三十英里、长四十英里的小平原，叫作拉丁姆（Latium），拉丁族的名称就从这个地名上得来。当拉丁农民需要武器或用具时，他们往往带着他们的农产品和牛羊到台伯河上离海口十英里或十二英里的地方去。此处有一块低湿的地方，四面有小丘环绕，为当时露天的市场，拉丁农民和伊特鲁里亚商人就在此地做物物交换的贸易。这个公元前1000年时简陋狭小的市场，就是之后罗马城的基础。

【伊特鲁里亚人统治罗马王国的时代】约在公元前750年时，伊特鲁里亚的一个王族从北方渡过台伯河，逐出拉丁酋长，占据罗马。他们的势力后来扩展到拉丁姆平原，因此罗马变成一个伊特鲁里亚人统治的城邦式的小王国。不过此后二百五十年间的罗马国王虽然是伊特鲁里亚人，拉丁姆的居民却仍旧是拉丁族，而且仍旧用拉丁语。当时的国王输入许多亚洲的文化于罗马。但是拉丁人终究因为他们残忍暴虐、非我族类，所以于公元前500年前后起来反抗，把他们逐到城外去。伊特鲁里亚人统治罗马前后共二百五十年之久，在罗马人的文化生活上留下了很深的痕迹。这是因为他们既有亚洲的文化，又早已和希腊通商，对于当时的工业、美术、建筑等，他们早已习得了，所以他们的文化程度远比罗马的拉丁人为高。这是罗马最初受到的文化影响。

【希腊文化的影响】因为意大利南部希腊人的商船逐渐驶进台伯河中，所以拉丁人亦直接受到希腊文化的影响。罗马商人模仿希腊人所用的字母，稍稍加以变通，来创造拉丁的文字，东方的字母因此更进一步传入西部的欧洲。现代欧洲各国的文字可能就是从拉丁字母演化而来的。后来罗马人的商业逐渐发达，他们渐渐觉得物物交换的方法太不便利，因此在伊特鲁里亚人被逐之后的一百五十年，他们亦开始使用铜币了。大概罗马人的性情朴实刚直，不如希腊人那样长于巧思，所以罗马人对于政治和法律的组织最为擅长，而对于文学、艺术、科学和宗教的发展，则几乎全无把握。现在让我们略述罗马人的智慧是怎样发展的，使其能在欧洲建立一个空前法治的大帝国，和公元前3世纪中叶完成统一以后的秦国、条支分裂以后的安息，互相辉映。

第二节　共和时代的罗马

【罗马共和国的成立】伊特鲁里亚诸王被逐出国后，罗马城的政权就移到本城贵族的手中了。他们规定由人民在贵族中选出两个权力相等的执政官，并治国事，每年改选一次。因为这两个执政官其实就是两个由人民公举出来的大总统，所以当时罗马的政体就无意中变为共和了。但是当时只有贵族可以充任执政官，未免独享权力，平民当然要产生不满了。所以后来平民不堪贵族的压迫，就起来反抗。贵族因为要仰仗平民当兵卫国，所以不能不把一部分政权让给平民，允许他们从本级中选出一种新设的保民官，保民官可以否决政府中任何官吏的举措。当公民受执政官虐待时，亦可以上诉于保民官，求他代申冤屈。后来罗马政府又因为事务日繁，添设了许多新的官吏，于是有管理财政的财政官，有管理人民注册和日常行动的都监官，有辅助执政官审理法案的司法官。国家遭遇战乱时，又有特派的最高执政官，统理一切军国事务，叫作总执政官，不过任期很短。

【元老院和平民贵族的争权】罗马执政官的权力和威势本来都很大，不过他们受到贵族所组织的元老院的限制。当时贵族所享有的特权很大，唯有他们可以充任执政官，可以充任元老院议员，可以充任政府中大部分的官吏，因此贵族和平民争夺政权的风潮始终没有停止过。这种争斗和雅典等城邦中平民与贵族的争斗差不多，不过罗马方面解决争斗的方法比较成功。罗马共和时代初期，平民方面竟能避免内乱和流血，坚持他们的要求有二百年之久，终得如愿以偿。

【人民立法权】在公元前450年时，约在罗马共和国建立后的五十年，罗马的古法第一次编次成文刻在十二块铜牌上，这就是罗马史上有名的"十二铜牌法律"。但是罗马的平民又要求参与规定新法的权利。他们后来竟把元老院的立法权剥夺了，而平民议会渐成为罗马国内立法的机关，他们因此亦渐渐享有一部分公地，尤其重要的是把平民充任官吏的权利大加扩充。后来凡都监官、财政官、司法官，甚至执政官和元老院议员等要职，平民亦有被选充任的资格了。

【元老院的重要性】大部分罗马的公民都住在离城很远的地方，进城开会有诸多不便。而且他们往往觉得自己对于国家大事不很明了，所以愿将一切重要的问题托付给元老院办理。因此罗马元老院就变成了一个由老练的政治家们所组织的委员会，为指导并监督国家大事的机关。这恐怕是世界史上权势最大的一个参议国务的机关了。

第三节　意大利半岛的征服

【共和时代初年的奋斗和屯田政策的功效】当公元前500年伊特鲁里亚人被逐出国时，所谓的罗马只是一个规模极小的国家。共和政府的领土不过是罗马城和周围附近数英里的地方。台伯河的对岸有可怕的伊特鲁里亚人，在台伯河这一边都是拉丁人的部落，和罗马因条约上的关系有一种不很密切的联络。幸而当罗马共和政府成立还未到三十年的时候，希腊人的叙拉古海军大败伊特鲁里亚的海军（公元前474年）。后来高卢人（Gauls）从北欧纷纷越过阿尔卑斯山迁入波河流域，骚扰伊特鲁里亚的北境，伊特鲁里亚因此国势大衰。罗马城之所以能够免于灭亡，这或许是最大的原因。到公元前400年时，罗马在城外四周已占领一带狭长的土地足以自卫。罗马在这块新领土上迁入许多公民，大部分都是农民，叫他们经营垦殖；有时亦以公民的特权给予征服地的人民。因此罗马政府常常能从自己的领土中募得勇敢耐劳的士兵。罗马共和国初期二百年间之所以能够连年用兵征服意大利半岛，就是因为他们实行这种农垦屯田政策。

【高卢人攻陷罗马】罗马共和国成立后一百年遇到了一次大祸，几乎亡国。自公元前400年后二十年间，北方野蛮的高卢人蹂躏伊特鲁里亚之后，又于公元前382年沿台伯河而下，战胜罗马军，直入罗马。但是他们始终不能攻陷城中山上的卫城，所以后来只好接受罗马的赎金，向北退走，定居于波河流域。不过他们仍旧常常侵略罗马，为罗马人的忧患。

【拉丁各部落的征服】罗马人经过这次大难之后，才觉得有建造要塞来巩固国防的必要，于是罗马第一次建造城墙。罗马元气逐渐恢复，国势逐渐强大，邻近的拉丁各部落都不免恐慌起来。后来经过两年的战争，罗马终于公元前338年征服拉丁各部落。这一年亦是马其顿国王腓力战胜希腊的一年。

【萨谟奈战争】同时有一群强有力的意大利人叫作萨谟奈人（Samnites），占据了意大利南部山区的中心地带。公元前325年罗马人和萨谟奈人之间起了一场极激烈的战争，前后相持三十年之久。罗马人屡次战败，最后却于公元前295年一战而大胜。从此罗马不但占领中部意大利，而且成为意大利半岛上最强的国家。此时伊特鲁里亚人亦已日渐衰替，他们的城市或者为罗马人所征服，或者加入罗马的同盟。高卢人虽然占据波河流域，亦再不敢南下侵略罗马的领土了。罗马北境于是达到了亚平宁山南的阿诺河，南境则和希腊诸城市接壤。

【皮洛士战争和南方希腊人的灭亡】此时西部地中海地区成为三强鼎立的局面,即罗马人、希腊人和迦太基人。希腊人看到罗马人的势力日益增强,非常恐慌,于是一方面努力于自己内部的统一,一方面向对岸希腊半岛西部的伊庇鲁斯(Epirus)名王皮洛士(Pyrrhus)求援。皮洛士于是于公元前280年统率大军渡海向西,想把西西里和意大利的希腊人联成一个大国。他竟两次大败罗马人。但是希腊人自己忽起冲突,皮洛士孤立无援,只得于公元前275年怏怏归去。希腊城市就此一一归降罗马了。罗马共和国初年的军事征服差不多费时二百二十五年(公元前500年—公元前275年)。此后西部地中海上只留下罗马和迦太基两国,成为两强对峙的局面。

【罗马的同盟国和殖民地】罗马既已征服意大利半岛的全部,当然不能没有一种统治领土的新法。于是它并进六分之一的领土以作偿还军费和分给公民之用。此外特许许多城市得享一半的公民权利,在商业上受罗马政府的保护,在政治上却没有选举权。这种城市叫作同盟。同盟的城市为求得罗马保护起见,往往自愿供给军队,听从罗马的指挥。罗马在新得的领土上仍旧实行从前的屯田政策,所以在意大利全境中,这种罗马公民所组织的殖民地随处可见。

第十章 地中海的统一

第一节 罗马和迦太基的争雄

【罗马商业的发展】罗马自从征服意大利南部希腊诸城以后,第一回和高等文化接触。罗马人所受希腊文化的影响很大,以商业方面最为显著。他们曾经使用希腊的银币,到公元前268年才发行自己的银币。因此罗马不久就和雅典一样有一班富人出现,大部分都是商人。不过罗马的工业却不如雅典那样发达,原来罗马是一个运输和交易的中心,不是工业兴隆的城市。

【迦太基商业的独霸】当罗马的商船从台伯河驶出海外的时候,他们就看见西部地中海世界早已被迦太基人所占据。迦太基原来是腓尼基人在非洲北岸所建的一个小商站,后来商业逐渐发达,它的势力就沿非洲的北岸向东西两方向发展,甚至占据西班牙的南部,占领了此地的银矿。迦太基人在当时当然不知道有所谓的自由贸易,所以尽力以垄断为事,不许别国商船驶入他们领土中的海港。凡外国商船冒险驶入时,迦太基人就用战船把它们撞沉。罗马人怨愤之余,觉得迦太基在西部地中海所占的位置阻碍了罗马国外贸易的发展,迦太基人甚至在西西里岛上亦有市场,对于意大利半岛形成逼迫的形势。因此罗马虽然征服了全部意大利,但不能不再开拓势力以求商业的自由发展。罗马和迦太基的竞争至此似已不能幸免。后来战争果然爆发了,竟持续了一百一十八年之久,迦太基终为罗马所灭。双方战争共计三次，通常叫作腓尼基战争，因为迦太基人原来就是腓尼基人，所以有这个名称。

【迦太基的政府和军队】当战事初起时，迦太基原是一个很繁盛的城市，面积恐怕要比罗马大三倍。城中政权全握在一班富商的手中。他们领导政府已经好几百年，很是得当，所以迦太基国势的隆盛远在希腊诸城之上。他们军队中的士兵大部分都是雇用而来的，因为迦太基的农民为数很少，不能像罗马一样可以招募本国的农兵，所以迦太基的军队总不如罗马的军队那样可靠。

【罗马的军队】罗马人能够随时募得本国士兵三十万人，此外可从同盟国方面募得相当的兵额，所以罗马的兵力最为雄厚。而且罗马人使用刀剑的技术很精，他们方阵的战术又较前改进得极为灵动，这就是他们所向无敌的一个原因。他们陆上战争的经验虽然很丰富，但此时他们不得不学习海战了。他们学习制造战船和驾驶海船的技术曾经费了不少的时间，因为要想战胜迦太基，非有强大的海军不可。

【第一次腓尼基战争（公元前264年—公元前241年）】照上所述，可见罗马和迦太基早已是不能不战的形势了。后来迦太基的驻防兵进占西西里岛上的墨西拿（Messina），此地扼西西里岛和意大利之间海峡的咽喉，地势极其重要。迦太基人这种举动在罗马人看来无异于一种示威，于是就在公元前264年出兵渡海而登西西里岛，这是第一次腓尼基战争的开端，亦是罗马军队走出意大利半岛的第一次。罗马人因和西西里岛上的希腊名城叙拉古结盟，得到它的帮助，所以不久就占领了西西里岛的东部。这次战争约持续二十五年。开战五年后罗马才造好一百二十只战船，不料或为风浪所覆没，或为敌人所击沉，二十年后，罗马的战费竟告罄了，好像无力支撑下去。最后到公元前242年时，罗马人民因爱国心切，竟捐造战船二百只，大败迦太基的海军。因此迦太基人不能再运输军队到西西里岛，不得不向罗马求和。罗马人因为受战争的影响很大，心存报复，于是提出很苛刻的条件：迦太基人应交出西西里岛和附近诸岛，而且应于十年内赔偿战费约合现银七百万元。这是罗马征服地中海的第一步。史学家因为这一时期的战事多在西西里岛上进行，所以亦称这次战争为西西里战争。

【第二次腓尼基战争（公元前218年—公元前201年）和汉尼拔的战略】自第一次腓尼基战争告终之后，不到二十五年，双方又起了第二次战争。原来罗马和迦太基自从第一次战争结束之后，都专心致志地以增加军备为事。罗马不久又占领了撒丁（Sardinia）和科西嘉（Corsica）两岛，合西西里岛而成海上的三大屏藩。同时它又北向征服波河以北的高卢人，领土拓展到阿尔卑斯山麓，全部意大利从此尽入它的版图。迦太基为抵制罗马起见，亦进行了对西班牙的征服。当时迦太基有一名年仅二十四岁的大将，名叫汉尼拔（公元前247年—公元前183年），他主张不再由海道进兵，应直接由陆上去攻击罗马。于是他于公元前218年由西班牙率领大队士兵由北向东，沿高卢南部越过阿尔卑斯山而入意大利。当他的军队走到阿尔卑斯山时，正值秋尽冬初，天寒地冻，雨雪交加，行军极其困难。加以山岭崎岖，栈道险狭，有时因象队难以通过，不得不沿途凿石而进。走到险峻的地方，危岩壁立，白雪漫天，山上蛮族常将巨石滚下，死亡相继。汉尼拔的军队这样一天一天向前移动，饥寒交迫，困疲万状。而汉尼拔始终身先士卒，甘苦与共，军心幸不涣散。当他的军队出阿尔卑斯山而走到波河上游时，因士兵沿途死得太多，所以一共只剩下三万四千人了。

【汉尼拔的战功】汉尼拔竟以三万四千人的军队攻入拥有七十万大军的罗马，但是他的战术极精，几乎和一百年前的亚历

汉尼拔

山大不相上下。至于统率罗马军队的执政官都是一班文人,当然不是汉尼拔的对手,因此汉尼拔在北部意大利屡败罗马人,同时又有许多高卢人加入他的队伍。后来特拉西美尼湖(Trasimene)上一役又大败罗马的军队,并杀死统军的执政官。汉尼拔此时本可乘胜直攻罗马城,但是他既没有充足的兵力,也没有攻城的战具,所以只好观望徘徊,静候机会,自然可以使得罗马的同盟倒戈相向。公元前216年,罗马新选的执政官又招募士兵七万人,向南和汉尼拔决战于坎尼(Cannae),汉尼拔竟把罗马的军队围困起来。罗马人四面受敌,终至全军覆没。罗马城中士兵的家属得到这个消息后莫不痛哭失声。相传在这次战争中,汉尼拔把罗马骑士手上做徽章的金戒指脱下来送回国去的有一大箩之多。这个迦太基的少年将军竟能于两年之间打败如此强大的罗马,真是人类史上罕有的奇才。此后南部意大利的希腊城和西西里岛上的叙拉古都先后叛离罗马。但是罗马人有百折不回的决心,而且他们的军队好像有源源不断的补充。这次战争原是两雄为了争夺地中海上霸权的一个重要节点。当时罗马人虽然屡次失败,但是他们的元老院措置国事很为得宜,所以中部意大利诸地始终忠于罗马,未尝稍变。罗马到后来不得已招募奴隶和幼童入伍当兵,去收复叛离的城市。

【汉尼拔的失败和媾和】当时汉尼拔继续在南部意大利战斗。罗马亦得到一个少年名将为西庇阿(Scipio),统率军队到西班牙,把此地的迦太基人尽数逐出,截断汉尼拔的归路。他又要求罗马元老院准他带领军队直入非洲迦太基境内。公元前203年时,西庇阿已两次战胜迦太基，迦太基不得已召汉尼拔归国。汉尼拔在意大利半岛上已经苦战十五年了，现在又不得不在本国境内和敌人决一胜负。公元前202年，两军大战于扎马（Zama），汉尼拔到此时才遇到一个可怕的敌手，结果迦太基军大败。罗马从此成为古代世界上唯一的霸王。迦太基人既败，乃于公元前201年向罗马人求和。罗马人强迫迦太基在五十年内赔款约合现银两千两百万元，所有海军除保留楼船十只外一概交与罗马人。而且迦太基此后非得罗马人的允许，不得对外宣战。实际上迦太基已失去独立国的地位了。汉尼拔自扎马战败后尚留居国中，罗马人知道他的伟大将才，不能听任其留住国中，于是要求迦太基人逐他出国，以绝后患。他当时年已五十岁了，不得已遁走东方，徐图报国。

【第三次腓尼基战争和迦太基的毁灭（公元前146年）】自从第二次腓尼基战争结束以后五十年间，迦太基的商人得到罗马人的允许，照旧在西部地中海上经营商业。但是当时罗马元老院中有一个著名的旧派议员名叫卡多，深信迦太基实为罗马的心腹之患，非毁它不可，所以他每次在元老院中演说之后必以"迦太基非毁灭不可"一句话作为他的结论。于是罗马人就借端再和迦太基开战，三年之内竟把繁盛美丽的迦太基城毁为平地，并把它的领土并入罗马的版图，改为非洲的一个行省。建国八百余年的迦太基就此灭亡。以上所述的就是罗马人怎样用武力在二百年内征服西部地中海的情形，现在继述他们怎样吞并东部地中海。

第二节　东部地中海的征服

【亚历山大帝国旧壤的征服（公元前200年—公元前168年）】当罗马在西部地中海和迦太基争斗时，东部地中海上一班亚历山大的后继者亦在互争雄长。原来当汉尼拔在意大利进攻罗马时，他曾和马其顿人联盟。罗马人知道了，当然存有报复之心，所以他们第二次战胜迦太基后，就于公元前197年向马其顿进攻，大败马其顿人于锡诺斯克法莱（Cynoscephalae），马其顿从此变为罗马的附庸。至于希腊各城市，罗马人仍许以自由，不过要受罗马的监督。到此罗马的势力又和条支国塞琉古族中的名王安条克三世（公元前223年—公元前187年）冲突起来。罗马对付这个亚洲的强敌当然不能不格外谨慎，而且迦太基的名将汉尼拔此时正住在安条克三世的宫中，力谋报复。当公元前190年时，罗马人终于在西部小亚细亚马格尼西亚（Magnesia）大败安条克三世的军队，夺得小亚细亚的地方。罗马人竟能在十二年间（公元前200年—公元前189年）把亚历山大帝国旧壤中的三大国征服了两个，就是马其顿和条支的一部分。又过二十二年，第三个国家埃及亦变成罗马的附属国（公元前168年）。此后东部地中海各地人民虽然战败，但是仍旧常起叛乱，于是罗马人就用严厉的手段去对付他们。迦太基城被毁坏的那一年，罗马人也烧毁了希腊的科林斯（公元前146年）。从前文化极盛的希腊各城邦就变成了罗马的郡县。至于条支一国，仅局守于叙利亚一地，终于公元65年为罗马所灭。

【罗马省政的腐败】罗马人的战斗力很强，所以最终能把全部地中海统一起来。于是他们把大部分的新领土都组成行省，各有一个中央所派的权力无限的省长。省长对于省内的赋税有完全征收的权力，而且可以自由征收政治上和军事上的特捐。他们的任期只有一年，所以往往以乘机聚敛钱财为能事，巧取豪夺，无所不至。元老院虽屡次设法取缔，终属无效。同时各省都有承包税捐的人物，他们贪污起来有时比省长还厉害。

【罗马城中富人阶级的兴起】这班贪官污吏私囊饱满以后，往往回到罗马城中享清福，因此罗马城中就出现了一种富人阶级。他们的购买力很强，输入的商业因此大大发展。从那不勒斯湾起到台伯河口止，罗马商船上的白帆飘扬空际，来去如梭，于是商人亦多变为富户。为钱币流通起见，银行事业亦逐渐兴起。第二次腓尼基战争时，罗马城中的市场已是钱摊林立了。因受这种种经济变化的影响，罗马城中的生活情形为之大变。旧式的住屋只有一间房子，用泥砖造成，非常简陋。现在罗马人已觉得不舒服了。他们早已熟悉南部意大利的希腊人在生活上种种安适的情形，如今就模仿希腊式的住屋，加造走廊和廊外的饭厅、卧室、书室、休息室和厨房等。

【新生活的奢侈】从前简单的房子如今改为一间大客厅，里面往往陈列有许多从东方各城市中夺来的雕像、图画和其他美术品。相传有一个罗马军官从马其顿凯旋时，身边竟带有二百五十大车的希腊美术品！最好的住屋有时装有自来水和其他卫生设备，亦有装置各种土管把火炉中的暖气分送各室的，这和旧时炭盆取暖的方法大不相同了。

【希腊文艺的影响】当时罗马的文人不免羡慕希腊的文艺，遂加以模仿。希腊式的剧场因此风行一时。罗马的戏剧家如普劳图斯（Plautus）和泰伦斯（Terence）这班人都是模仿希腊喜剧的名家。从前罗马人对于儿童的教育没有一定的系统，现在学校开始出现了，往往由希腊学者去主持。学校的课本往往就是一本荷马诗的拉丁文译本，因此罗马的儿童大都熟悉特洛伊和奥德赛之类的故事。后来罗马的著作家亦模仿希腊人创造出罗马城创设时的种种离奇故事。有一个军官把马其顿王宫中的藏书全部搬到罗马城，创设了第一家私人图书馆。有钱的文人开始在住屋中特设读书室，他们不但能读拉丁文，而且能浏览希腊文的著作。

【角斗和赛马】以上所述的新生活都是罗马人征服东部地中海后所产生的结果。当时旧派中人都以为国人醉心于东方的文化大有害于固有的民族性,不免触目伤情,于是他们制定许多法律来限制这种新潮流,但是终究没有结果。在腓尼基战争时期,从伊特鲁里亚人方面传入罗马一种两人角斗的风俗,每遇大人物安葬时往往用犯人或奴隶举行角斗来当作一种奉安的典礼。这种角斗者罗马人叫作角斗士(gladiator)。后来达官巨吏为了取悦民众,希望升迁,亦往往在圆形石造广场中举行这种野蛮流血的游戏。后来除人和人角斗以外,还有人和兽斗的风气。同时罗马人开始大规模建造赛马场,四周设有座位,可容数千观众,这就是西方所谓马戏的起源。

【政治上的腐败】当时罗马的政客差不多都以攫取各省省长的位置为目的,因为他们一旦做了省长,那么在罗马城中所花去的运作费都可以取偿于省中的人民。当时罗马城中的无业游民很多,政府原有分面包给贫民的习惯,于是一班政客就利用面包和马戏去讨好下层社会中的人以谋取选举上的胜利。当时官吏中贿赂横行,不足为怪,虽有种种刑罚,终等同于空文。

【大地主的兴起】罗马富人阶级的作恶在乡间并不亚于城中。罗马贵族认为经商是不正当的事业,所以他们做官发财之后往往广购田地,连成极大的田庄,旧式的小农制就此逐渐消失。大地主既然拥有大片的田地,当然不能尽雇自由民来替他们耕种,于是就专门购买奴隶来做工。原来腓尼基战争结束以后,罗马每次获胜都带回无数的俘虏,卖作奴隶。后来战争停止,俘虏的来源断绝了,于是有贩奴的海盗在爱琴海和东部地中海上大批地掳人。因此意大利和西西里的大田庄中都充满了奴隶,他们生活的困苦程度几乎和禽兽差不多,他们到受不了时就起来作乱。西西里岛中南部的奴隶曾有一次聚集了六万人，杀死他们的地主，攻陷各地的城市，建立了一个王国，罗马政府派了大队人马费了数年光阴才把乱事平定。

【久战的恶影响】奴隶的工作和长期的战争更缩短了意大利小农制的寿命。罗马的武功固然煊赫一时，但是罗马人民所受战争的影响之惨烈恐怕在历史上亦很少见。做父亲的和长子往往出征海外或远戍边疆，留在家中的母亲和妻子孤苦伶仃，眼见家破人亡，却无能为力。幸运的士兵回到故乡，往往已是人物两亡。母亲和妻子早把家产卖给别人，离家而去了。他只有诅咒富人，含悲忍痛地到城市中加入贫民阶级，去领政府分发的面包和政客供给的马戏。

【罗马统一西方世界后所遇到的困难】罗马人虽然能够用武力统一当时的西方世界，但是他们终不能把帝国很严密地组织起来。他们这种政治上的失败几乎把西方上古的文化根本动摇了。当时欧洲阿尔卑斯山以北已经有许多蛮族正在蠢蠢欲动，预备把三千年来的文化一扫而空。我们现在已看到希腊文化日落西山了，而罗马人正在和三种困难作斗争：（一）国内贫富阶级的苦争；（二）内乱纷起中统一政府组织的问题；（三）北方蛮族南下的危险。我们现在再看罗马人在这种困难境遇中怎样组成一个强固的政府，阻止蛮族的南下，再固守北方五百年的边界，做一个古代西方文化的屏藩。

第十一章　罗马的内乱及其和安息争雄

第一节　罗马共和国末年的内乱

【格拉古的改革】罗马自从领土拓展以来，大地主日益增多，小农夫逐渐消失，这种情形我们在上面已经述过。共和国末年，元老院中的贵族对于民生的困苦，始终不肯想救济的方法。到了公元前133年，罗马人民选举格拉古做保民官，于是他们得到一个为民请命的领袖。他平时常常向大众演说一般国民所受的苦痛，淋漓尽致，听者为之动容。他说："你们战死了，徒然使别人发财享福。别人称你们为世界的主人，实际上你们却没有立锥之地！"于是他在国民会议中提出一种法律，想把国内公地重新分配，为农民谋得保障。但是元老院中的人以为他是一个危险分子，竟把他和他的同志刺死在议场中，这是罗马共和国末期一百年间元老院和平民苦斗的一个序幕。十年之后，格拉古的小弟又想替平民出力，努力改革，又在暴动中为元老院中的人所杀。他们两人的改革事业虽然失败，但是为民请命的荣名却永远留在了西方史上。

【马略为平民的领袖】格拉古兄弟的举动暗示民众运动的成功必须有相当的人物去做领袖。因此罗马共和国中渐有一种个人独裁的倾向，成为后来罗马帝制成功的伏线。当时罗马平民又选出一个武人来做他们的领袖，以为要实现他们的主张非用武力不可。这个人就是农夫出身的马略（公元前157年—公元前86年），他于公元前102年曾经在南高卢两次战胜北方的日耳曼蛮族，这是平民领袖出力救国的第一次。他为增加兵力起见，打破了从前财产的限制，允许贫民入伍。这班人逐渐以当兵为专门的职业，从前罗马专靠公民为国防工具的时代就此告终。

【苏拉为贵族的领袖】元老院中的人为抵制马略起见，亦选出一个领袖名叫苏拉（公元前138年—公元前78年），派他率领大军去远征小亚细亚。但是人民不肯同意，而且要求改派马略。苏拉竟不顾民意，召集军队用武力把罗马城占领了。元老院此时总算获胜了，但是苏拉统兵离城以后，平民又起来反抗。马略带军队进城后，就把元老院的党人大肆屠杀。从前元老院中的人刺杀格拉古播下了残忍的种子，现在自食其果了。公元前86年马略虽然去世，但是人民的领袖继续把持政权。苏拉在小亚细亚转战了数年之后凯旋，沿途打败许多人民的军队，直进罗马城。他又于公元前82年用武力强迫人民公举他做总执政。他所做的第一件事情就是屠杀平民的领袖并且没收他们的财产，同时制定出许多法律，把国民议会和保民官的权力大大减少，把最高的行政权交给元老院。

【庞培为平民的领袖】几年之后，这个残忍的贵族党领袖去世，于是人民又起来要求废止他所制定的法律。他们公举苏拉的旧部庞培（公元前106年—公元前48年）做领袖。公元前70年庞培出任执政官，把苏拉所制定的法律一概废止，一时很得民心。他又平定骚扰罗马商船的海盗，声名因此更大。后来他又在小亚细亚和叙利亚一带战胜条支王国的残余军队，改叙利亚和巴勒斯坦为罗马的行省。

【恺撒的崛起】同时罗马城中又有平民党领袖崛起，就是历史上有名的政治家恺撒（公元前100年—公元前44年）。当庞培回国时，恺撒和他联手，而且得到他的帮助当选为公元前59年的执政官。他很想掌握大权,而且很想实现许多必要的改革来博得民众的欢心。但是要达到这两个目的,非取得军权不可,因此他就想要出任高卢的省长。后来他果然于公元前58年到高卢,此后八年间立了许多战功。他征服莱茵河(Rhine)以西到大西洋沿岸的高卢人,甚至渡海入侵不列颠(Britain)直到泰晤士河(Thames),把现代法国和比利时的地方都纳入了罗马的版图。因此拉丁文就传入高卢,为现代法文的起源。恺撒深信罗马应有一个有能力的领袖,有军队做他的后盾,排除一切敌对的人,才有长治久安的希望,因此他的一举一动都以达到这个目的为宗旨。为实现他的主张起见,他在军务倥偬中著成一部征服高卢的始末记,表明他自己任省长时的功绩。这是一本拉丁文中的散文杰作,为现代研究拉丁文必读的一本书。

【庞培的变节和失败】元老院中的人很怕恺撒回国后再被选为执政官,因此他们竭力想要庞培改变态度,加入贵族党拥护的元老院。庞培和恺撒从此由同志一变而为仇人。元老院命恺撒遣散他的军队,恺撒竟不奉命,并且直向罗马进军。当时庞培和元老院中的人毫无准备,不得已退避希腊境内。恺撒于是被选为执政官,负保护罗马反抗庞培的责任。当时庞培据有东方的财源,而且领有海军舰队,实力本来不小。但公元前48年时恺撒竟带领军队经过伊庇鲁斯到帖撒利大败庞培的舰队,庞培遁走埃及,被刺而死。当恺撒追到埃及时,他似乎曾受托勒密王朝最后的女王克里奥帕特拉(Cleopatra)的迷惑。他后来又打败小亚细亚方面的敌人。前后不过四年的光阴,恺撒竟用武力把罗马帝国统一了起来。

【恺撒的政治计划和被杀】恺撒确实是一个大政治家,手段非常稳健而中和,表明他并不是一个残忍好杀的人。他很想做一个大权独揽的亚历山大,但是又不愿取消共和政体的外形。他用合法的手段使自己做了终身的总执政官，并兼任许多重要的职务。他把腐败的元老院和种种害民的弊政加以改革，又计划改建罗马城，修筑国内的大道，废止从前的阴历，引用埃及的阳

恺撒遇刺

历。实际上他是建设罗马帝国的第一人，但是当时罗马人对于个人专制的政体似乎还不太赞成，因此当公元前44年3月15日恺撒正准备远征亚洲时，忽然被刺而死。刺客中如布鲁图（Brutus）和卡西乌斯（Cassius）以为刺死恺撒就可以维持自古以来的民主政体，其实罗马自从用武力征服地中海世界以来，共和政治的精神就早已消失了。恺撒被刺，内乱于是再起。

第二节　罗马帝国的成立

【屋大维的崛起】恺撒在世时曾以侄孙屋大维（公元前63年—公元前14年）为继承人。当恺撒被刺时，屋大维年仅十八岁，正在伊利里亚（Illyria）读书。他的母亲写信通知他，叫他逃到东方去，他竟不听，反归罗马，不久就集合同伴取得兵权，两年后（公元前42年）打败敌人于腓利比（Philippi）。此后十年间，他的势力逐渐增大，到二十八岁时已统一了全国，继他的叔祖做了罗马帝国的首领。

【屋大维战胜安东尼和克里奥帕特拉】当时屋大维有一个同僚

名叫安东尼（公元前83年—公元前30年），本从军于东部地中海，后来和埃及女王克里奥帕特拉通奸，盘踞于亚历山大和安都两大城，俨然一个东方式的君主。屋大维探悉他们两人图谋做罗马皇帝，就指使元老院向克里奥帕特拉宣战，顺便讨伐安东尼。于是罗马东西两大领袖于公元前31年在希腊西岸亚克兴（Actium）大战。屋大维最终大败安东尼。安东尼遁归埃及，忽为克里奥帕特拉所摈弃，屋大维又追踪而至，安东尼进退失据，乃自杀而死。克里奥帕特拉恐被屋大维所掳亦自尽。三百年来统治埃及的托勒密王朝到此绝祚。埃及于公元前30年由附属国变为郡县。屋大维征服了地中海东部，罗马帝国重新统一起来。四百七十年来的共和政体从此倾覆，个人专制的政体从此代兴。共和国末期一百年间的内乱亦从此告终，二百年的太平世界即罗马帝国的极盛时代亦从此开始了。我们应略述罗马和安息开始争雄的情形。

第三节　安息和罗马争雄的开始

【亚美尼亚为安息、罗马的争夺点】罗马的势力怎样于公元前200年以后逐渐侵入地中海的东部，把亚历山大帝国的旧壤先后灭亡，终于公元前1世纪初年插足于亚洲大陆的，我们已述及了。自从罗马人插足亚洲大陆以后，本已有和安息冲突的可能，而夹在两国领土中间的亚美尼亚（Armenia）实为此后两国苦争的焦点。亚美尼亚地处黑海、里海之间的南方，原为黄白两种人杂居之地，本系古代波斯帝国的附属国。当条支衰落时，此地屡服屡叛，号称难治。到公元前150年时此地乃独立，由安息王族中的人为王。此后安息亦常常帮助亚美尼亚的王族。

【罗马的初败】不料到公元前76年后，亚美尼亚忽然反叛，侵夺安息的西北境，一时声势很盛。罗马亦已征服小亚细亚和条支，颇有雄霸西亚的意思。当时安息想联合罗马的庞培夹攻亚美尼亚，而庞培不允。到公元前55年时，罗马的执政官克拉苏（Crassus）受任为亚洲都护使，他就想和安息一决雌雄。他说："庞培在亚洲的战绩，不过是一种儿戏，请看罗马的军队长驱直入大夏和印度。"不料克拉苏心有余而力不足，于公元前53年时竟为安息所败，败后议和时又为安息人所杀。从此罗马人才知安息的力量确实不可轻视，而两国数百年的争雄亦于此开始。

【两国相持不下】 公元前49年时庞培曾想求援于安息以对抗内争。恺撒于公元前44年排除内敌，准备东征，又因被刺而未果。一时安息的声势殊盛。当时罗马内乱，安息曾援助条支的罗马人使之独立。卡西乌斯既刺恺撒，又曾在亚洲募兵以和安东尼及屋大维争权，而安息亦尽力助他。当时罗马的政敌多遁走安息为奸细，而亚洲人民又很不喜欢罗马所派的各都护使的苛虐，所以当时的安息实为西部亚洲的盟主。但由于安息的战术利于平原自守而不利于山国进攻，因此安息于公元前39年被安东尼打败之后，就不复西进。否则当时罗马正在内乱之际，倾覆甚易；15世纪时土耳其人入欧的事迹，早可于此时乘机实现了。

【一百三十年间的国际和平】 安息和罗马初次争雄的结果就是互相敬畏，双方都是自守有余，攻人不足。加以当时的安息皇帝为夫雷阿特四世（Phraates Ⅳ），既擅外交，亦长将略；西对罗马，东对月氏，均能应付裕如，不失国家寸土。而罗马帝国初建后的诸帝又多秉承奥古斯都和平守境的政策，不肯妄动干戈。因此亚欧两洲遂得享一百三十余年的太平幸福，直到2世纪初年方重起干戈。

第十二章　罗马帝国的极盛时代

第一节　奥古斯都时代的罗马

【罗马帝国的起源】当屋大维东征凯旋时，罗马人都觉得百年来的内乱从此可以结束了，而且觉得罗马版图广大，非由一个人去统治它不可。因此此后的四十四年间（公元前30年—公元14年），屋大维就放手去组织一个强固的政府，后来罗马元老院上尊号于屋大维，称他为奥古斯都（Augustus），就是"尊严"的意思。但是他的职位应称作"元首"（Princeps），亦称作"元帅"（Imperator），欧洲史上"皇帝"的称号就是从"元帅"一词孳生而来的。不过形式上屋大维所处的地位还是共和国的元首，由元老院和人民选举出来。此后统治罗马帝国的，虽然名义上有一个元老院和一个元首，但是握有实权的只是一个元首，因为元首统有军队，所以罗马共和国日后终变成武人当国的帝制。历史学家以为这四十四年是奥古斯都组织罗马帝国的时代，所以称之为奥古斯都时代。

【军队和边防】奥古斯都似乎以为罗马的领土已经够大了，所以不主张再行扩充。当时罗马帝国的国境南达撒哈拉沙漠，西达大西洋沿岸，东界幼发拉底河，北界莱茵河和多瑙河，涵盖有南欧、北非、西亚三大块的领土。为巩固国防起见，不能不维持大队的常备军，平均殆有二十二万五千人。军中兵士大都由各省招募而来。此后军队多远驻边疆，国内除皇帝的禁卫军外，已看不见兵士的踪影了。

【帝国组织规模的宏大】当时罗马境内有许多不同的民族,奥古斯都想要组织一个较新较好的政府去统治他们,原本就是一件很困难的事情。他把各省省长的任命权都握在自己的手中,叫他们对自己负责。政绩优秀的省长往往能够久于其任,或者不次升迁,不像从前那样一年一任,任意调迁。因此全部地中海地区都进入一个升平富庶的时期。从前国内各民族间的地域之见,都被太平景象包围了起来。

【罗马城的重建】奥古斯都重建了罗马城,使它成为当时西方世界中最宏丽的首都。他把自己的住屋改为宏大美丽的皇宫,在旧市场的四周又造了许多大理石的建筑,其中最美丽的就是在旧市场北部所造的恺撒市场。后来城中商业日益繁盛,奥古斯都又在近旁添造一个奥古斯都市场。从前庞培曾经造过一个石造的剧场,如今奥古斯都又添造一个,比旧的还要宏大。

【奥古斯都时代的书籍和著作家】在奥古斯都时代,拉丁文的著作才达到了最完美的境地。罗马人对于科学贡献很少,至于他们的美术,完全以希腊的作品为模型。著作家亦多受希腊人的影响,罗马的文人往往到雅典去留学,学成回国后常有说希腊语的风气。在奥古斯都以前,罗马有一个律师、政治家兼雄辩家西塞罗(公元前106年—公元前43年),他的演说大有功于拉丁文的改进。他年老时著了许多关于义务、友谊、神祇等的书籍,如今还很脍炙人口。它们虽然大体模仿希腊人的著作,但是表达得非常优美而富丽,真不愧为拉丁散文的典范。至于罗马的韵文,在西塞罗死后三十年才有作品出现。自从奥古斯都统一帝国、建设和平局面以后,他开始奖励文人来点缀他的事业。贺拉斯(公元前65年—公元前8年)为引用希腊韵律于拉丁文学中的第一人。他所作的小诗往往描写人生的乐趣、恋爱和野心,有时流入悲哀的一路。维吉尔(公元前70年—公元前19年)为罗马最可爱的诗人。他最初描写乡间的生活,后来著了一篇不朽的诗叫作《埃涅阿斯纪》,这是一部续荷马《伊利亚特》的著作,其中描述特洛伊的陷落和恺撒祖先埃涅阿斯迁入意大利的故事。此外还有一个历史学家名叫李维(公元前59年—公元17年),著了一部《罗马自建城以来的历史》,为我们研究罗马古史的主要材料。

第二节　罗马的太平时代

【奥古斯都的后继者】自从奥古斯都建设罗马帝政以后,二百年间国内太平,为罗马帝国的极盛时代。我们在前章中所述的,就是这一时期最初四十四年间开国事业设施的种种情形。现在继续叙述此后一百五十余年间(14年—167年),罗马帝国的政治和文化怎样达到极盛的地步。奥古斯都去世之前,罗马帝位的继承并没有法律的规定。奥古斯都没有儿子,所以他向元老院要求允许他的义子提比略(Tiberius)和他并理国事,而且做他的继承人。提比略本是一个有能力的军官,他即位后(14年—37年),就大权独揽,一切国家大事不再经过国民的公决。从此以后,甚至共和政体的形式亦完全消失了。继提比略而起的君主,有很英明的,亦有很昏暴的,我们不必一一去详述,其中最昏暴的一个就是尼禄(54年—68年在位)。相传他曾杀死自己的皇后、母亲和有名的师父塞涅卡(死于65年);而且为了便于重建罗马城,他放火将全城烧掉。这种传说我们没有凭据可以来证实。不过无论如何,尼禄曾将放火的罪名加到当时一班新起的基督教徒的身上,把他们杀死许多,所以后代的基督教徒非常痛恨他。后来他因军队叛变,自杀而死。罗马帝国最初一百年的升平时代就此结束。

【韦斯帕芗和国防】尼禄死后，国内又因竞争帝位大起骚乱，最后（69年）韦斯帕芗（Vespasian）打败敌人入继大统（70年—79年）。于是罗马帝国再享一百年的太平幸福，为罗马史上最隆盛、最富庶的一个时代。当时帝国的东境和北境因为没有天然屏障，最易受敌，而且北方日耳曼蛮族蠢蠢欲动，帝国随时有覆灭的危险。韦斯帕芗和他的儿子尽力地修筑北方的长城和堡垒，但是他们始终不能战胜多瑙河下游的达西亚人（Dacians）。

【图拉真和他的武功】到了图拉真（Trajan）在位的时代（98年—117年），他的战略很精，武功很盛，把达西亚人根据地一一攻破；并于多瑙河上造一座大桥，将达西亚改为行省，在河北设立许多罗马人的殖民地。这就是现代罗马尼亚（Rumania）的起源。图拉真后来又东征亚洲，把罗马的领土拓展到幼发拉底河上游。但是古代亚述和巴比伦的旧壤，始终为强盛的安息人所占有。图拉真很想步亚历山大的后尘，征服波斯帝国的旧地。

【安息、罗马战端的重起】原来安息自夫雷阿特四世于公元前1世纪末年去世以后，虽仍因和罗马争夺亚美尼亚的主权，常起战争，但是战事都以亚美尼亚为中心，且都以亚美尼亚的向背为进止，两国间实无大规模的战争。而且到1世纪后半期，亚美尼亚再由安息王族收归统治，不过也接受罗马皇帝的加冕，一得其名，一得其实，双方的纷争为之涣然冰释，因此又有五十年的绝对和平。但是当时的安息一面有北方蛮族的入侵，一面有其国内白种民族的叛乱，国势已现瓦解之象了。到2世纪初，两国的战端重起。原来当时安息境内既有犹太教徒的蠢动，又有新起的基督教徒的得势，国内的精诚团结已不如立国初年那么坚固。而且安息初期的政治制度到此已逐渐腐化，不能统一帝国。罗马人知之甚悉，很想乘机实现统一东方的旧梦。加以当时亚美尼亚王为安息的王子，即位时不肯接受罗马皇帝的加冕。而罗马皇帝图拉真本是雄才大略的君主，生平极慕亚历山大的为人。因为这种种原因，自奥古斯都和夫雷阿特四世以来的一百三十年间的太平局面，又为之打破。当时安息的皇帝为科斯罗伊斯（Chosroes），听到图拉真出兵的消息，急派人迎之于雅典，愿修好。罗马皇帝不允，于114年到亚洲，杀亚美尼亚王，并征服美索不达米亚一带，另立安息新王，一时声势甚盛。但自117年图拉真去世后，罗马新帝哈德良（76年—138年）认为深入东方并非上策，遂放弃新得诸地。安息的科斯罗伊斯遂乘机复辟。此后两国又和平五十年。不过，安息的衰败情形已完全暴露出来了。

【哈德良的国防事业】哈德良亦是一个英武的皇帝，他不但知兵，而且长于治国。他不想继续图拉真东征的计划，反把帝国东方的界线移回幼发拉底河。不过他仍旧保留达谢，而且巩固莱茵河和多瑙河的防御。罗马北方长城的完成大部分是他的功劳，他又在不列颠岛上造了一个长城。这两大长城的遗址如今还在，不过没有中国的万里长城这样整齐伟大。图拉真的战功和哈德良的政治手腕，都足以巩固罗马帝国的边防，维持国内人民的安乐。当时罗马的军队由国内各地招募而来，种族很杂。边境上兵房林立，建筑都极宏伟。而且为随时防御外夷起见，军纪亦极严肃。

【内政上的改良】同时帝国的内政亦大有改进。所有要务渐由政务部分头办理，和现代国务院中的各部一样，各部设有部长一人。这种分部办事的制度亦是到了哈德良在位时方才完成，较中国约迟三百年。各种政治改革中尤以取消旧日赋税包征制为最重要。从前各省赋税多由私人包办，上蚀国币，下剥人民，弄得全国人民怨声载道。现在政府把这种恶制度废止了，全国赋税都由中央派人直接去征收，因此廓清了许多害民蠹国的流弊。同时全国的法律亦把它和财政一样统一起来。此时罗马的法学家都是世界史上罕有的天才，他们把罗马城的法律加以变通，使它能够适用于全国。这种法律的精神都极公允中和，大有功于帝国的统一，因为此后国内各民族都同受一种法律的保护，旧日种族上的地域之分从此完全消失了。

第三节　罗马帝国的文化

【帝国中的人民】罗马帝国中的人口我们没有确实的统计，大约有六千五百万至一亿人。其中民族很为复杂，有意大利人、希腊人、高卢人、西班牙人、不列颠人、日耳曼人、北非洲人、埃及人、阿拉伯人、犹太人、腓尼基人、叙利亚人、亚美尼亚人和赫梯人，此外还有许多不重要的小民族。他们各有各的风俗习惯和服装，但是都享有同样的太平和保护。大部分人民都住在城市中，古代乡农的生活到此已变为城市的生活了。

【道路和商业】帝国境内到处有石造的大道，越山渡河，四通八达，河上的石桥有遗址留下来的如今还很多。海上的交通亦很便利。从罗马城寄信到亚历山大费时不过十天。政府中运谷的大船往来于罗马港口和亚历山大间，重达数千吨。海陆的交通既很便利，商业亦就更加发达起来。在印度洋上往来于红海和印度间的商船多达一百二十只。凡东方的货物都先运到亚历山大，再分配到西部各地，所以此时的亚历山大仍旧为西方世界中最大的商业中心。

【帝国西部的文化】在西部地中海一带原来没有所谓的文化，到此时西欧才受罗马建筑家的指导，开始建造城市和种种公共的建筑，如桥梁、剧场、别墅、浴场等，宏大的遗址如今还可以在不列颠、法国南部、德国直到巴尔干半岛等地方看得见。在北部非洲迦太基以西亦有全城遗址的留存,来证明罗马文化的隆盛。

【罗马城中的新建筑】罗马城在哈德良在位的末年,实在是当时西方最宏丽的都会。它的面积、人口和建筑物都已超过亚历山大城了。在旧市场附近的建筑尤为帝国时代精华的所在。韦斯帕芎在此地造了一个极大的圆形角斗场,在旧市场北边又新造了三个新市场,都是古代空前的大建筑。图拉真和哈德良时代各种建筑的伟大和美丽已经达到最高的程度。原来在希腊文化广播的时代,建筑家已经开始利用大量的水泥。哈德良在位时所造的万神殿的穹隆顶直径达一百四十余英尺,纯用水泥造成,距今已有一千八百多年,还是巍然耸立。

【雕刻和绘画】罗马的美术以表现于建筑物上的浮雕为最佳。图拉真的纪功柱就是一例,上面刻有图拉真生平的战绩。罗马的雕像大都以希腊人的杰作为范本。但是罗马人的半身像却刻得非常有精神,使我们可以感受古代罗马人的风采。至于绘画,多是屋中墙上的装饰品,亦大体模仿希腊人的风格,为当时美术品中最可注意的一种。

【庞贝城】罗马外省城市中有一个地方保留到今,为我们研究古代罗马人生活最好的材料,这就是庞贝城。原来在79年时,维苏威火山(Vesuvius)爆发,把附近的庞贝城埋在了岩灰之下,因此无意中把它全部保存了起来。近代发掘之后,所有街道、住屋、商店、市场以及种种建筑物都得重见天日,使我们可以目睹当时人们的生活状况。

【奢侈的生活】当时罗马富人的生活非常奢侈,妇女以印度运来的钻石、珍珠、宝石等为首饰,身上穿的是中国的丝绸。他们吃的水果都是罕见的珍品,如桃、杏等,罗马人叫桃子为"波斯苹果"。此时欧洲才有东方蔗糖的出现，不过蜂蜜的用途当然还是很大。当时一班讽刺诗人如图拉真时代的尤维纳利斯（Juvenal）辈，常有讽刺当时奢侈生活的作品。我们由此可见当时亚洲的特产已传进欧洲了。

【文学、科学的衰落】在帝国时代，罗马人的教育和图书馆虽然都很发达，但是著作家的成绩已经远不如奥古斯都时代那样优秀了。普鲁塔克（46年—120年）用希腊文著成一部《希腊罗马名人传》，如今还不失为一种有趣的读物。塔西佗（约生于54年）著了一部当代史，以文体简练、持论公允闻名，但这是罗马最后一部重要的史书，此后的著作我们就不大见了。罗马人的科学毫无进步。最重要的科学著作家就是大普林尼（约死于79年），他曾经著过一部百科全书叫《自然史》。这是一种类纂，汇集古代希腊人著作中的各种材料而成，其中有真确的消息，亦有神话上人物的故事，以及关于草木鸟兽等魔性的文章。这部书为中古时代欧洲学术上一个绝对的权威。此后罗马人对于科学更是冷淡，他们不但没有新的发明，就是古代原有的发明亦忘却了一大半。

【托勒密的太阳系】亚历山大的最后一个科学家就是托勒密，他大概生在哈德良在位的时代。他著有许多关于天文地理的书籍，很能把希腊人的学说提纲挈领地汇集起来，所以他的书在距今三四百年前还不失为欧洲学术的宝库。他主张太阳围绕地球旋转，这种学说就是通常所谓的托勒密的地心说，直到16世纪哥白尼的学说出世以后，方才被推翻。

【东方宗教的传入】当时许多有思想的罗马人在西塞罗的著作中读到了希腊斯多葛和伊壁鸠鲁等派的哲学学说。不过这些学说唯有受过教育的知识阶级中的人才能赏识，至于大部分普通人则多受到东方诸国玄秘宗教的迷惑。埃及伊西斯女神很受当时人的崇拜，所以各大城市中都建有伊西斯神庙。罗马的军人都崇奉波斯的米士拉斯神。原来罗马的宗教和希腊的宗教一样，在人类的行动上没有密切的关系，对于来世的快乐亦没有很大的希望，所以罗马人后来就不免要受到东方新来的宗教的引诱。犹太人自从耶路撒冷的神庙被罗马人破坏以后，逐渐迁到罗马境内的各城市。罗马人对于犹太人的宗教集会已很习见了，不过因为犹太人除自己所信奉的天神外，不承认其他神祇，所以常受罗马政府的压迫。

【基督教的兴起】此时从东方传来的各种宗教中唯有基督教的发展大有一日千里的形势。基督教原来为生于伯利恒的耶稣基督所创。耶稣生于奥古斯都在位的时代，在犹太各地宣传他那人类博爱和天父仁慈的教义。过了几年之后，他的势力渐大，为旧派中人所忌，所以当提比略在位时他就被犹太人害死了。后来他的使徒保罗由反对耶稣者一变而为主要的传教士，从小亚细亚起，经过雅典，西到罗马，一路宣传耶稣的教义，很有成效。不久罗马城中就开始有基督教的礼拜堂，罗马人亦因为基督教所引起的无穷希望，所以崇奉的人日有增加。但是这班基督教徒和犹太人一样，不但不愿以神礼尊奉皇帝，而且公开宣称罗马帝国不久就要灭亡。因此罗马政府对于宗教虽然一向持宽大主义，但是对于基督教徒，以为他们暗使人民藐视皇帝和政府，很有叛国的嫌疑，所以常常加以严厉地迫害。然而基督教徒的人数却始终有增无减，终成为欧洲社会中一种新的力量。

第四部分
印度佛教的广播和罗马帝国的衰亡

所谓东方文化的中国和印度两源,到此乃合为一大潮流,推波助澜,蔚成特殊的光彩,和同时基督教的西传,加入希腊、罗马文明而合流,成为现代欧洲文明的情形,几乎如出一辙。这真是世界文化史上一件极有关系的事迹,值得我们注意。

第十三章　印度佛教的广播

第一节　孔雀王朝的印度和佛教

【亚历山大东征印度的结果】印度自摩揭陀建国以来，才逐渐现统一之象。但是当时除了摩揭陀等一两个大国，其余各地还是小邦林立、互争雄长。真正的大帝国其实始建于亚历山大东征后的孔雀王朝。亚历山大于公元前326年东征印度，直入旁遮普一带。嗣因军队不肯东进，乃分水陆两道西返巴比伦。亚历山大不久后去世，印度西北境遂不能守，孔雀王朝乃乘机复兴。亚历山大的东征，因为为时很短，对于印度的文化并无直接的影响。后来印度所受影响的希腊文化，其实来自后起的大夏和条支。

【孔雀王朝的建立】孔雀王朝的创始者为旃陀罗笈多（Chandragupta），他于公元前322年率领北方的盗党入侵摩揭陀，自立为王。他的母族以孔雀为氏，故称孔雀王朝，享国到公元前184年为止。他在位凡二十四年，征服北部印度全境，实为统一印度的第一人。至于印度半岛的南部和北部隔绝，所以不在他的治下。公元前305年时条支王曾想收复印度境内亚历山大的故土，终因武力不敌而放弃，且不得不和旃陀罗笈多通婚而还。这可说是希腊人野心的复炽，为一百年后大夏南征的先声。

【孔雀王朝的隆盛和阿育王的即位】孔雀王朝初起时，兵力很强，共有步、骑、车、象等四队，军容很盛。国都及大城市在施政方面都分六部执行，中央政府的组织亦很严密。各地水利尤为受到重视。峻法严刑，国内大治。再传之后而名王阿育王（Asoka）出，即位于公元前269年。相传阿育王曾任总督，年少时很有恶行。即位后东征羯陵伽，眼见杀戮之惨，深为懊悔，乃放弃武力政策，专用和平征服，这就是佛教的传布。

【阿育王提倡佛教】阿育王此后渐信佛教，甚至晚年身着僧衣。相传他在公元前259年召集僧人开一宗教大会，改良僧寺，订正佛经，并将奉佛的命令刊于石柱或山岩之上，通晓全国，劝导民众孝父母、爱生物、说实话、敬师长。他又下令全国植树道旁，凿井置舍以便行旅，广施物品以济贫病，同时又遣派传教士于各地以宣传孝道与佛教。南到锡兰，西达埃及和巴尔干半岛，一时亚、非、欧三洲都有佛教徒的足迹。佛教向来只限于北印度，到此一经提倡，遂广传世界，成为重要宗教之一。此外阿育王还在国中创设佛寺多处，教育青年，因此佛教势力遂得以永久维持。

【孔雀王朝的衰亡】阿育王去世于公元前232年，实为印度史上最伟大的一个人物。此后摩揭陀孔雀王朝的帝国遂分裂而衰落，终于公元前184年绝祚。此后的摩揭陀国虽然还有两朝的国祚，延长了二百年，但是西北外族迭次入侵，已非阿育王时代之旧状了。

【西北外族的入侵】原来在公元前3世纪中叶，阿育王在位时，条支国境内已有大夏和安息两国的独立。大夏因是希腊人，本想收复亚历山大的故土，安息是武力很强大的新国，亦想拓境于东方。加之阿育王死后，印度分裂，已无有能力统一的人，因此大夏人于公元前206年南入印度的西北境，称雄一时，而大夏的希腊人反而因此发生内部分裂的现象而自招覆灭。关于这一点我们曾述过。后来安息亦于公元前140年左右，趁大夏衰亡之际，向东并吞印度旁遮普一带。但是大夏和安息的入侵为时都很短促，对印度的文化影响不大。到了月氏人南下，情形就不同了，所以有详述的必要。

第二节　月氏帝国的护法

【月氏人的西迁】月氏人本为亚洲北部的黄种人，一向居于今中国甘肃省的西北境，武力很为雄厚，公元前2世纪初年匈奴人的势力向西发展时，乃把同族的月氏人逐至中亚。月氏人乃西迁至乌浒河上游，受到大夏希腊文明的影响，更加开化。约二十年后，又被匈奴所逐，乃益向西南而进，于公元前139年左右把大夏灭掉。希腊在中亚的文化根据地到此乃被中国化的黄种人所夺。中国的张骞西通月氏就在此时，目的在于请求月氏夹攻匈奴，亦可见当时月氏的势力并未因西迁而减弱。

【月氏帝国的建立】此后月氏人既代大夏而独霸中亚，他们除深受中国文化的影响外，又备受希腊、波斯两地文化的浸染，而大夏一带又适为中亚最富庶的地方，因此他们此后就成了一个开明强盛的民族。他们的民族当时分为五大支（中国史称为翎侯），其中殆以贵霜一支最为强大，所以波斯、印度人称这个月氏帝国为贵霜。月氏人经过一百多年的生聚教训，终于在1世纪中叶后统一于贵霜王丘就却之下而成为大国。他既统一了五族，征服中亚一带大夏希腊人的后裔，其子阎膏珍（78年—110年）又向南征服了西北两印度的安息人。月氏帝国到此乃完全建立。

【月氏为当时佛教中心的理由】月氏人在世界史上的地位和中古时代的突厥人完全相同，一部分原因固然在于他们的武功很盛，而大部分原因在于亚洲的文化多靠他们而广播。月氏人所传的是印度的佛教，突厥所传的则为阿拉伯的伊斯兰教。原来印度自从孔雀王朝衰落以来，外族入侵，国内分裂，佛教的护法已无其人；而深入印度社会的婆罗门教，根底既厚，自然乘机复起。月氏人既雄霸中亚，对于宗教的态度，和受过中国感化的黄种人一样，极其宽大。这种信仰自由的习惯，从前的安息人和后来的突厥人、蒙古人，凡深受中国文化影响的民族，无不照样仿行。这可说是中国人特性中对于文化有贡献的一点。因当时印度的佛教徒多遁走月氏受其保护，和中古初年东罗马学者遁走波斯求其保护一样，亚洲一地在中古时代以前几乎成为思想自由和信仰自由的乐园。

【迦腻色迦提倡佛教】120年月氏名王迦腻色迦（Kanishka）即位，实为阿育王后提倡佛教的第一人。当时月氏的国都为富楼沙城（Purasapuru）。他到晚年渐信佛教，亦和阿育王一样于150年开第四次佛教大会，编订正本佛经的注释。佛教大乘教教义到此渐渐成熟。而月氏遂成为佛教传布的中心，此后二三百年间，凡到中国传教的高僧多属月氏籍，原因就在于此。同时月氏人的武功东入喀什噶尔、于阗、莎车诸地，因此佛教势力遂随之广播于中亚。

【佛教的分派】相传当迦腻色迦开第四次佛教大会时，各地佛教徒多来参加，独南印度的僧人不到，由是印度佛教徒遂分为南北两派：南派为重智主义的小乘教，以锡兰岛上的狮子国为中心，后来传到南洋诸岛；北派为重情主义的大乘教，以北印度为中心，后来经由中亚传到中国。

【佛教的东传】现代佛教已完全绝迹于印度，但东亚一带如中国、朝鲜、日本等国至今尚不失为世界佛教的中心，这不能不归功于1世纪时月氏人的提倡和传布。佛教传入中国虽始于公元前2世纪末年，但是佛经的大量传入却始于1世纪月氏帝国成立之后。1世纪末年中国东汉的明帝派人到月氏抄佛经，求佛像，并带几位高僧东归，从此印度的佛教和哲学乃盛传于中国。自从4世纪初年印度笈多（Gupta）王朝兴起，印度教逐渐复兴，而月氏帝国不久又完全覆灭，于是中国的地位和从前的月氏一样，继起而成为佛教徒的世外桃源。印度、月氏一带的高僧纷纷来到中国，努力于译经传教的工作。当时中国正当匈奴南下、内部异常混乱的时代，宜于佛教的宣传，因此不但各地帝王多崇佛法，就是一般民众亦靡然向风。向来崇尚儒道的中国，到此乃得到一支生力军，而佛教遂成为中国文化上一个重要的元素。所谓东方文化的中国和印度两源，到此乃合为一大潮流，推波助澜，蔚成特殊的光彩，和同时基督教的西传，加入希腊、罗马文明而合流，成为现代欧洲文明的情形，几乎如出一辙。这真是世界文化史上一件极有关系的事迹，值得我们注意。至于佛教传入中国后所产生的影响怎样宏大，我们留到叙述中古史时再去详述。

【月氏的衰亡和文化】迦腻色迦死于162年，不久月氏遂因分裂而衰落。此后情形已不甚可考。大概因为南方于320年有印度笈多王朝的兴起，北方又于420年有嚈哒人的进攻，月氏民族的势力就此被消灭无余。我们于此不能不总述月氏人对于世界文化的贡献。月氏人的兴起，不仅有功于佛教的东传，而且有功于东西方文化的交流。他们的根本文化来自中国，自西迁后乃受希腊、波斯、罗马、印度等文化的影响。他们的钱币取罗马的形式，用波斯或希腊的文字，他们的佛像大体受希腊的影响，而间有埃及和巴比伦的痕迹。希腊文化虽早由大夏人传入印度，但月氏实为主要的中介，正如佛教虽早已传入中国，但月氏实为主要的导师。又因月氏人能冶希腊、波斯、印度三种思想于一炉，于是佛教中有大乘教义的发扬，婆罗门教中亦有新教义的兴起。迦腻色迦的东征又为佛教传入中国的先声。所以月氏人不但引希腊文化以进印度，而且引印度文化以进中国，其有大功于世界文化就此可见一斑了。

【笈多王朝的兴起和法显的西游】黄种的月氏帝国衰亡以后，

印度人自主的笈多王朝乃兴起于320年，国势很为隆盛。中国东晋时代的高僧法显西游，就在4世纪、5世纪之交（399年—413年）笈多王朝的黄金时代。他说当时的印度"寒暑调和，无霜雪。人民殷乐，无户籍。官法唯耕王地者乃输地利。欲去便去，欲住便住。其国不用刑，有罪但罚其钱，随事轻重"。由此可见5世纪时印度人民安乐的情形。这朝君主，多长寿而有为，提倡学术亦极为努力。天文、算学、文学和雕刻无不盛极一时，实为印度文化史上的黄金时代。当时因佛教徒注重出国传教，印度和中国、罗马交通频繁，结果不但印度人的思想为之大大发皇，就是在世界贸易上亦占一重要的位置。所以上古时代的印度，凡千年间，可称为佛教盛行的时代，亦可称为印度最富强的时代。但自法显西游之后，不久就有中亚黄种嚈哒人的南下，笈多帝国遂于470年后分裂而成嚈哒帝国的行省，情形和从前月氏人得势时相同。同时因笈多诸王提倡梵文的文学，印度教从此逐渐复兴；而佛教因为主张人类平等，和印度向来的社会组织不能相容，亦从此逐渐衰替了。至于嚈哒人怎样忽兴忽灭，印度佛教怎样持续衰落、终归消亡等情形，留待后面再述。

第十四章　罗马的内乱和安息的衰亡

第一节　罗马帝国的内乱

【衰落的征兆】上章所述的，是罗马帝国自奥古斯都以来二百年间比较太平的一个时代。我们现在继述在这二百年中最后四五十年间（138年—180年）罗马帝国的国力怎样开始衰落，终至北方蛮族纷纷南下，国土瓦解。大概关于罗马帝国后半期的史料本来就非常缺乏，而且不很可靠，所以叙述很困难。不过有一部分情形却很明显，我们可以借此窥见一斑。

【农业的衰落】罗马农业的衰替原来在共和时代末期征服全部地中海时已经开始，国内的耕地大都集中于少数富人的手中，小农逐渐减少。这种情形在帝国时代亦毫无改进。此时大规模的耕地叫作田庄，田庄的规模愈弄愈大，因此不但意大利的小农日渐消失，就是非洲、高卢、不列颠、西班牙和其他各省的小农亦渐无立足之地。加以耕种无方的缘故，田地亦日渐荒废。小农一方面既不能和大田庄竞争，一方面又负不起繁重的捐税，不得已只有归服于大田庄的主人，自愿做其"佃户"。佃户和他们的子孙可以世世耕种大田庄主的租田，不过他们和田地要受法律的约束，不许两相分离，遇到田地易主时，他们亦随同易主。他们虽然不是奴隶，但是行动绝不自由，和奴隶差不多，他们其实是中古时代封建制度中佃奴的先驱。从前大田庄中的工人本是奴隶，现在都代以佃户了。至于不愿做佃户的人往往离开家乡迁到城市中去，因此大片的耕地就变成长满茂草的荒墟了。耕地的面积既然日渐减少，帝国的食粮因之逐渐不足，价格亦日渐昂贵，在人口稠密的中心如罗马等城尤其如此。所以小农的消亡殆为罗马帝国衰落的最大原因。

【商业的衰落】同时城市中的商业亦逐渐衰落了。农民的人数既然日少一日，人民的购买能力亦日小一日，城市中工业制造品因此就无法销售，商业大衰。又因商业的衰落，工作的需求量大减，失业的工人较前大增。他们群居于城市中，向政府领取谷物和酒肉来消磨他们那穷苦无聊的岁月。政府为救济这班游民起见，不得不常把赋税增加，而征收的方法亦日苛一日，不结婚的人渐增，帝国的人口亦因此大缩了。

【军人拥戴的皇帝】此时罗马军队中的纪律亦日渐松懈。罗马帝位的继承本来没有一定的规则，此时军队中人渐渐实行拥戴皇帝的规则，以便图私。军队中的士兵大部分是蛮族中人，所以当时握有帝国实权的人，已不是罗马的公民，而是野蛮的民族了。有时各军队各拥戴一人为皇帝，相持不下时，就用武力来解决帝位的继承问题。212年时，凡帝国中的自由人均给以公民资格，因此各省人民亦都加入选举皇帝的竞争中。国内政治上的纷扰情形，因此愈趋愈下。

【马可·奥勒留（161年—180年在位）】当时罗马帝国还有一种危险，就是外族环伺，随时有一拥而进的可能。所以有名的皇帝马可·奥勒留在位时，他不得不用兵于东方去抵御骚扰东境的安息人。不久日耳曼民族又突破北方的界线（167年），二百年来第一回冲破了意大利的北界。马可·奥勒留始终不能把他们尽数驱逐出国，后来不得已只好让他们留住国中，而且叫他们帮助罗马人共做防御的工作。马可·奥勒留是一个斯多葛派的哲学家，他在

马可·奥勒留

军旅中用希腊文著了一本小书叫作《沉思录》,我们现在去读它还是极有感触的。总之罗马帝国到此时已盛极而衰,马可·奥勒留在位的时代就是二百年太平时代的结束,亦是此后一百年内乱的开端。至于中古时代的欧洲很重要的制度如佃奴和基督教会,以及主要的民族如日耳曼人,亦都在此时的罗马帝国中播下了种子。

【一百年内乱的开端】罗马帝国在极盛时代的末年已经有种种衰落的征兆,终至引起一百年的大乱,把古代的文化破坏殆尽。这一百年的内乱始于180年罗马皇帝马可·奥勒留的去世,终于284年皇帝戴克里先的即位。原来马可·奥勒留的儿子康茂德(死于162年)实在不肖,所以很早就被人暗杀了,因此当马可·奥勒留去世时就有许多军人起来争夺帝位。最后获胜的为一个鲁莽的军官名叫塞维鲁(145年—211年)。他即位之后,就派了许多武人去担任政府中的要职,因此罗马的军队和政府中充满了毫无知识的外族。当235年塞维鲁一系绝祚时,内乱再起。各省的蛮族军队都各自拥戴傀儡式的皇帝,起来争夺帝位。诸皇帝往往于即位之后,就被人暗杀了。总之自从康茂德死后的九十年间,罗马帝国竟共有八十个皇帝!

【五十年的大乱】这一百年的后半期为罗马帝国大乱的时代。各地军队各自拥戴皇帝,所谓帝位无异于一种军人赌博的工具,而兵士的横行无忌更难以用笔墨形容。全国人民的生命和财产都常处于危险的境地中,盗贼遍地,暗杀风行,因此国内的商业弄得一塌糊涂,几至全国破产。在3世纪时,西方古代的文化扫地无余,西方人民重回到希腊以前蒙昧和迷信的状态中。国内的军队既然毫无纪律，兵力就此衰弱。北方的蛮族看到罗马人已经没有抵抗的力量，于是纷纷越境南下，深入希腊、意大利、高卢、西班牙诸地，甚至渡过地中海侵入非洲。

第二节　安息的衰亡

【安息的衰亡】罗马皇帝马可·奥勒留在位时，曾遣名将多人东征安息，军事极其顺利。后因大疫而全军皆灭。然安息到此已近于衰亡的末期，民族精神大大退化，内乱时起，国势瓦解。罗马皇帝塞维鲁在位时，罗马内部虽已大乱，亦能侵入安息境内，而安息皇帝不得不逃跑。209年以后，安息国分裂为二，罗马诸帝更常常东侵。217年时安息大胜罗马，本有可为，但波斯忽叛。安息四百余年的国祚，终于226年因内忧外患而亡。而中兴波斯的萨珊王朝（Sassanids）乃取代安息为罗马的劲敌。

【安息的文化】古代安息人的文化程度如何，殊难断定。他们的美术多模仿前人，缺少美的观念。建筑术较为著名，但亦受外人影响为多。至于宗教，亦沿奉波斯的祆教，而掺以中国的崇拜祖先，别无创造。不过他们亦有特长的地方，绝不至如古代西方旧史学家所描述的那样野蛮。（一）他们颇长于外国语，王族中人往往多懂希腊语和犹太语，能读希腊书。他们虽没有文学，但有文字，使用很广。（二）他们善于经商，实为当时亚欧交通的中介，以香料和织物为主要的商品。所产丝毛织物色彩很美，为罗马贵妇人所喜用。（三）他们的态度亦极开明，例如人民信仰的自由，政治制度的宽大，任用客卿，优待俘虏，都是显例。

【安息和罗马的比较】总之，安息的文化大致和现在土耳其的文化相同，显然受了中国文化的影响。他们的民族有将略，有政才，亦有外交的远见。自公元前65年到亡国时止，他们不但为罗马的劲敌，而且和罗马并雄。他们态度的宽阔胜于罗马，制造和物质文明等于罗马，版图的广大和国势的富强亦等于罗马。三百年来始终做罗马的对手，而罗马长期的不衰不腐实是安息刺激之功。只可惜安息史料多已无存，我们除西方古籍外，已不能多参考了。

第十五章　波斯的中兴和罗马帝国的分裂

第一节　波斯的中兴和摩尼教的创立

【亚欧争雄的概说】亚欧两洲民族争雄之局，并不因安息帝国的灭亡而有所改变。波斯萨珊王朝中兴以后，继承了古代波斯和安息的遗志，永远和欧洲相争。其实两洲民族和文化的冲突到如今还在继续。不过上古以来除亚历山大短时间的东进外，大体上是亚洲人和欧洲人相持，或由亚洲人压倒欧洲的民族。自从16世纪以后，这两洲民族的争雄才转变方向，成为西力东渐。但是双方相持不下，到如今还是和古代一样。

【波斯中兴的原因】我们在前面已经述过，条支人治国的政策非常偏狭，而安息人则极为宽大。安息人对于宗教既听任其自由，对于异族亦不加压迫，例如祆教的继续崇奉，波斯旧王的继续自主，都是事实。所以波斯对于安息来说虽属异族，似无叛乱的理由。但是我们细考之后，则波斯独立实有原因。首先，安息立国初年虽信奉祆教，但已掺有中国崇拜祖先和安息人崇拜偶像的成分，这是祆教教士所不能忍受的。其次，安息人是初开化的黄种人，除武力外，文事似不如波斯人，波斯人屈居治下，势难甘心。再次，安息末期的君主多懦弱无能，外为罗马所败，内有各省的叛乱，而王族又常起内争，安息皇帝均已无力应付。加以安息外战多年，武力已竭，波斯人当然要乘机复国。

【阿尔达希尔复国】果然到226年时,波斯旧壤中的酋长阿尔达希尔(Ardashir)举起叛旗,打败安息军而自立为王。因为他的远祖名叫萨珊(Sassan),所以史学家称此朝的波斯为萨珊王朝。阿尔达希尔复国后的事业就是统一全国和复兴祆教。他为收复亚美尼亚,曾于232年打败罗马军。国基既固,乃着手于祆教的复兴。毁安息时代以来的偶像,提高祆教教士的地位,第一次编订祆教的经典而用当代的文字来注释,以期普及。国内除拜火的神庙外,其他一概关闭。此外改安息的志愿军制为常备军制,并努力于公平的法制以保护农民而培养国本。至于其他政治,如中央君主和各省政府,则大致仍依安息之旧制。

【名王沙普尔的功业】波斯中兴后的第二代皇帝为沙普尔一世(Sapor I),实为波斯最英明的君主。他在位时有两件可记的大事:一为战胜罗马的军队,二为波斯摩尼教(Manichaeism)的创立。沙普尔一世于240年即位,正是罗马帝国内部大乱的时候,一面有多人争皇位和互杀,一面有日耳曼民族的南下。沙普尔一世遂乘机攻陷安都,并于258年俘得罗马皇帝瓦勒良(Valerian)为奴。相传当时凡波斯皇帝上马时,必用此皇帝的肩为镫,死后又剥其皮陈列于香火最盛的神庙中来示众。这种传说恐不可信,殆以终身为奴较合情理。不过当时双方恶感之深,由此可想而知。此外沙普尔一世亦从事于都城的建设,立石记功。中国史上的尼沙普尔城(Nishapur)就是他所创建的,借以震慑东方治下的民族。

【摩尼教的创立】当沙普尔一世在位时,亚洲西部产生了一种宗教热忱。波斯的祆教既随萨珊王朝而中兴,基督教此时又广传于西亚,而犹太教亦现复兴的气象,至于佛教亦早已西传。各教教义既多冲突,混合各教为一的理想自当应运而生,摩尼教就是这种理想的结果。摩尼(Mani)为波斯人,生于216年。他喜欢研究哲理，对于当时的祆教、佛教、犹太教、基督教等无不精究。他初信基督教，后来乃采祆教的二宗、佛教的轮回、犹太教的天使魔鬼和基督教的三位一体，合成一种所谓"三际二宗"的新教。"三际"就是过去、现在和未来，"二宗"就是明和暗。这就是中国史上所称的摩尼教，于240年沙普尔一世即位时宣布成立。

【摩尼的被杀和摩尼教的广传】摩尼既创新教，当时曾得国王允许，四处传教。相传他曾亲自到印度、中国诸地宣传。他的属下有十二门徒、七十二主教，教士无数。美索不达米亚一带的基督教徒多受其感化而成为信徒。后来传到欧洲，成为中古时代欧洲史上所谓的异端，法国的阿尔比一派就是其代表，直到13世纪初年才被罗马教皇用武力屠杀一空。关于这件事，我们述中古欧洲史时再去详述。但是摩尼的混合教义，显然违背了当时得势的祆教，祆教教士遂群起反对之。波斯皇帝瓦赫兰一世（Varahran I）不得已于272年把他逮捕。相传由祆教教士活剥其皮，用干草包裹，挂在都城门上示众。基督教徒因此被误杀的为数亦很多。波斯境内的摩尼教就此完全绝迹。至于这个波斯教派后来怎样随同祆教传入唐代的中国，以及怎样传入欧洲成为基督教徒所谓的异端，我们留待后面再去详述。

第二节　罗马帝国的分裂和基督教的胜利

【戴克里先在位时代（284年—305年）】罗马帝国自马可·奥勒留死后大乱了一百年，直到戴克里先于284年即位时，国内的秩序方才恢复。但是此时的罗马和三百年前奥古斯都时代的情形已经大不相同。此时的元老院除管理罗马城中事务外，已经没有别的权力，此后的历史舞台上已不再有它的地位了。至于此时的皇帝则有无上权威，外表上显得非常有尊严，如皇冕，缀以珠宝的锦绣大袍，御座，足凳，都是非常华丽的，凡入觐的人都须下跪。这和开国初年皇帝起居的简朴情形大不相同。罗马的皇帝原来早就以尊神自居，此时竟正式称为"无敌的太阳"。凡遇皇帝的生日那一天，全国人民都要参加公共庆祝的典礼。奋斗了数百年的民主精神到此完全失败了。

【赋税的繁重】戴克里先因为常常要对付东方新起的波斯，所以住在罗马城的时候少，住在小亚细亚的时候多。他为治国便利起见，模仿先例，另派一个皇帝代他专管帝国西部的政务。他这种举动本没有分裂国土为二的意思，不过此后的罗马帝国却有了东西两部逐渐分离的倾向。当时罗马帝国共有二百余省，官吏人数既多，皇室费用和军队粮饷又都很大，因此不得不常常增加赋税以资应付。当时政府习惯于强迫各城市一部分富户负起缴纳该地全部赋税的责任，如有短缺他们必须设法补足，因此他们往往剥削平民以便中饱而资应付。

【人民自由的消亡】其实当时的富人亦已日趋贫困了，因为商业衰落，中产阶级日益减少。戴克里先甚至下令禁止人民停业，而且子孙必须世守祖先的职业。至于物价和工资，亦由政府加以规定。官吏和侦探满布于市场中，侦查谷商或面包师是否改业或停业。向来自由的罗马人如今到处受政府的压迫和干涉，自己已经没有独立自由的生活了。

【君士坦丁（324年—337年在位）】戴克里先去世以后，国内又起帝位之争，最后一个获胜的就是君士坦丁（Constantine）。他是欧洲第一个信奉基督教的皇帝，所以在西方史上很是著名。此时巴尔干半岛的地位已经比意大利重要，此地有繁盛的城市，供给许多军队，而且出了好几个皇帝。君士坦丁决意在此地东境建一新罗马，便择定了旧日希腊人所建的拜占庭（Byzantium），定名为君士坦丁堡（Constantinople）。此地正处于欧亚两洲相交的要冲，极占地势。君士坦丁把许多旧城市中的美术品都搬到新城中。在他去世以前，这座新城已经布置得宏伟美丽，不愧为一个大帝国的东都。

【帝国的分裂】东都的建设更加促进了帝国东西两部的分裂。自君士坦丁以后，罗马帝国遂常有两帝并治的情况，一居罗马，一居君士坦丁堡。不过当时罗马帝国还是一个完整的国家，并没有正式分成两国。所以在理论上，罗马帝国始终是一个统一的国家。

【基督教的胜利】自保罗辈把基督教从犹太传进欧洲后，罗马的信徒日有增加。但是因为基督教徒不肯尊奉皇帝而且预言罗马必亡，所以常受罗马政府的压迫和虐杀。直到戴克里先在位时，他的同僚皇帝伽勒里乌斯（292年即位，311年死）才下令允许基督教徒可以公开崇奉，并准设立礼拜堂，和信仰旧神的人有同样的待遇。此后基督教徒的人数较前更有增加，礼拜堂亦渐成为极有力的组织。君士坦丁和他的后继者开始优待基督教徒，而且尊崇基督教为国教，把其他宗教都废止了，因此基督教徒就反过来去压迫反对的人。基督教教会的势力亦日有增加，竟和中央政府相当。教会中的官吏渐渐自成为一个特殊的阶级叫作"教士"，至于寻常的教徒叫作"俗人"。各城市的教堂有一个总监督叫作"主教"。较大的城中有"大主教"，握有监督一省中附近各城主教的权力。因此本来柔弱且受人藐视的基督教，竟变成一种势力宏大的组织，而教会亦渐渐在政治界占据一个重要的位置了。

第三节　波斯和罗马继续争雄

【4、5世纪时波斯、罗马争雄的形势】罗马帝国虽经3世纪的

百年大乱而日趋分裂,但它与东方的波斯却始终争持不下。戴克里先常驻东方和君士坦丁建立东都,都是为了防止波斯势力西伸所做的工作。这亦可见两洲民族的争雄都各自大有决心。此后双方的战争虽仍互有胜负,但波斯已渐占上风。至于双方所死争的亚美尼亚虽仍向背无常,而波斯已较为得势。现在我们将4、5世纪时两国争雄的史迹再略述一下。

【罗马的初胜】罗马皇帝戴克里先本为图拉真后的雄主,即位之后就有志东征。当时波斯皇帝为纳西斯(Narses),亦正想西进。罗马人既援助亚美尼亚独立,波斯人当然要起来讨伐。双方遂于296年后大起战争。罗马先败而后胜,收亚美尼亚为附属国。波斯不得已遣使向罗马求和,并称两国为世界上的两大光明,既不宜自相残杀,且人事无常,亦宜多留余地。戴克里先亦不愿再战,所以不嫌波斯出言傲慢,允许讲和。波斯遂让底格里斯河东各省和亚美尼亚于罗马,这是发生于297年的事情。此后两国和平了四十年。

【沙普尔二世的西征】自309年后波斯又有名王出而形势一变,这就是沙普尔二世。他在位初年,先和南方的阿拉伯人相斗,继又压迫国内的基督教徒。当时罗马的君士坦丁大概因为争位很忙,无暇东顾,所以不曾代基督教徒鸣不平。罗马自君士坦丁于337年去世以后,再也没有雄主了。当时波斯人既得东北部匈奴遗族的帮助,罗马的西北境又有日耳曼民族的入侵,加以当时罗马宫廷腐败不堪,而罗马的好多人又投靠了波斯,所以沙普尔二世不肯坐失良机,不允罗马的求和,于337年出兵西向。

【波斯的独霸】波斯这次西征的目的当然在于收复297年的失地。双方相持二十多年,终于363年罗马军失利而求和。罗马把底格里斯河东的各地仍旧退还给波斯,并把幼发拉底河上游的尼西比斯城(Nisibis)等商业重镇和边疆要塞交予波斯;此外又约定罗马以后不得再和亚美尼亚往来，干涉它和波斯的关系。罗马共和时代在亚洲大陆上的势力，到此可说已近于衰落了。而波斯此后遂成为亚洲西部的霸主。所以史学家多称沙普尔二世为"大帝"，其在位凡七十年，到380年去世。

【5世纪时波斯、罗马的相同境遇】自此到476年西部罗马灭亡时的一百年间，波斯和罗马的政情大致相同：两国除仍旧在亚美尼亚发生政治的争雄外，又新加入了祆教和基督教的冲突。至于外患方面，罗马帝国有匈奴和日耳曼民族的南下，而波斯帝国有嚈哒人的压境。双方遭遇在这段时期其实大致相同。结果罗马帝国到476年时西部全失，仅局处于欧亚非三洲交接的地方，而波斯则继续维持到7世纪初期才被阿拉伯人所灭。关于亚欧两洲北方蛮族入侵罗马、波斯和印度的情形，我们留待后面再述，现在略述波斯和西罗马未亡前百年间的冲突情形。

【5世纪时两国的宗教冲突】原来363年的波斯、罗马和约，虽把亚美尼亚归入波斯版图，但是罗马人始终心有不服。加以自从300年以后，亚美尼亚人已改奉基督教，倾心于同教的罗马，因此波斯和罗马的冲突更加上了一层宗教的关系。所以两国虽各有外患，但对于亚美尼亚的争持却始终不肯放手。果然双方和好多年后，终于420年因受波斯压迫的基督教徒为罗马所收容而再起战事，相持凡二十年方和。450年后又因波斯强迫亚美尼亚改信祆教而引起亚美尼亚的叛乱，亦相持三十余年方言归于好。此后一百四十年间波斯和东罗马的关系，已入中古史的范围，我们留待后面再述。

【上古史的告终】所谓"上古"的西方史到了罗马帝国衰亡和日耳曼蛮族南下的时候，就算结束了。这一时期的西方史除未有文字以前的先史时代不计外，前后约有四千年之久（公元前34世纪—

公元5世纪）。这一时期的西方高等文化有尼罗河上的陵墓和神庙，有底格里斯和幼发拉底两河上的泥砖，有克里特岛上的皇宫，有希腊人的雕刻和神庙，有罗马的大道和水沟，有基督教教会的组织。这种种遗迹留到如今，来证明西方文化的发展和隆盛。至于亚洲方面，东部中国的文化已经发展到南北朝，正在灌输佛教的文化作为唐代极盛时期的先声。印度的佛教千年来亦已由盛而衰，但因有大月氏人的保护和传布，反而大盛于东亚。波斯则自从亚历山大东征亡国之后，在安息人治下和罗马争霸多年，到上古末期时又有本族萨珊王朝的建设，一时雄霸亚洲的西部，继续和罗马争雄。这就是世界史上古期的大概情形。

【历史分期的不当】其实就人类全部历史来看，这一时期的史迹不过是人类初进文明的第一步，而且是时间上很近的一步。旧日的史学家因为在当时对于先史时代的人类生活情形还不十分明了，所以单单根据文字的记载把历史分为上古、中古、近世等分期，这种办法虽然如今还很风行，其实已经和事实不合了。不过因为我们已习惯于上述的分期方法，所以为便利起见，还是不得不勉强沿用。因此我们姑且把上面所述的事实当作世界史的上古期，下面继述中古史。

第五部分
亚欧北方蛮族的南下和东方文化的发皇

  罗马帝国的灭亡无非把欧洲的文化从南方移到北方,把罗马人在社会上和智慧上的领袖资格移到日耳曼人。而且日耳曼民族的南下并不是山洪的暴发,把一切都扫荡一空,而是河水的泛滥,带了很肥沃的泥土同来。南下的蛮族好像河水退后留下来的一层新土,足以培养比从前还要美丽的花。

第十六章　亚欧北方蛮族的南侵

第一节　欧洲文化的元素

【罗马灭亡和西方史的关系】中古初年，亚洲东部的中国正在启发朝鲜和日本的时候，欧洲南部的罗马亦正在启发日耳曼蛮族。通常以为5世纪时罗马帝国西部的灭亡就是西方史上古文化的破产，中古时代的欧洲人因此不得不把文化重新建设起来。其实并非如此，古代文化上真正有价值的东西并没有受到什么损害，而且不久便成为中古时代人的遗产。罗马帝国的灭亡无非把欧洲的文化从南方移到北方，把罗马人在社会上和智慧上的领袖资格移到日耳曼人。而且日耳曼民族的南下并不是山洪的暴发，把一切都扫荡一空，而是河水的泛滥，带了很肥沃的泥土同来。南下的蛮族好像河水退后留下来的一层新土，足以培养比从前还要美丽的花。我们现在先述北方蛮族怎样南迁，再述亚欧两洲的古文明怎样去开化蛮族，造成现代世界文明的新局面。

【欧洲文化的元素】我们要明了罗马人传给日耳曼人的究竟是一些什么东西，先得要分析欧洲文化的元素。现代欧洲的文化大体是三个元素混合的结果，就是古典的元素、犹太的元素和日耳曼的元素。所谓古典的元素就是希腊人和罗马人在美术上、科学上、文学上、法律上、风俗习惯上、观念上、社会制度上、帝国组织和城市政府上全部的成就，这是中古时代和现代的欧洲人自希腊和罗马两方面得来的一种极有价值的遗产。所谓犹太的遗产就是基督教，这是现代欧洲文化中一种极有势力的因素，罗马帝国末年以来西方人的生活和制度差不多全受它的支配。它的教义最重要的是信仰一神，主张博爱和灵魂不灭。所谓日耳曼的元素就是指日耳曼民族本身。他们未曾南下以前虽然没有美术、科学、哲学或文学，但是他们那种独立自由的精神和无限发展的力量却是他们的特质，所以终究成为欧洲的主人。把这三种文化的元素调和为一，交给近世的欧洲人，这就是日耳曼人的贡献，而中古时代的一千年就是他们做这种调和工作的时期。此外亚洲的穆斯林在中古初期对于保存和传播希腊的文化亦很有贡献，所以可把他们当作欧洲文化上一个次要的元素。

【中古史上其他重要的民族】当罗马帝国灭亡时，欧洲最重要的民族为罗马人和日耳曼人。此外在中古的世界史上占有相当地位的还有西欧白种人中的凯尔特人（Celts）、东欧白种人中的斯拉夫人（Slavs）、亚洲西部白种人中的阿拉伯人，以及东部黄种人中的中国人与中部黄种人中的蒙古人和突厥人。中古初年，凯尔特人已被日耳曼人逼到西欧一带，两族势力不相上下，到如今英格兰人和爱尔兰人的深仇依然不解，就是这两个民族冲突的余波。大概在欧洲西南部的所谓拉丁民族就是凯尔特人的苗裔。住在东欧一带的民族就是白种人中的斯拉夫人，他们在中古时代还不很重要，到了近世却日渐发展起来。阿拉伯人向来藏在亚洲西南的沙漠中，到了7世纪时，他们忽然兴起和欧洲人争雄，所以在中古时代的世界上占有一个很重要的位置。蒙古人和突厥人向来隐伏在亚洲中部，到了10世纪后大部分信奉伊斯兰教，建设了极伟大的国家，才和世界史发生联系。这班黄种的穆斯林后来竟继白种的穆斯林而起，于15世纪时把君士坦丁堡攻陷了，建立了一个大帝国。至于中国人，因不在本书的范围内,所以不去细述。中古时代将要告终时,东西方的交通日繁,又有新大陆被发现,因此世界史的范围亦大大地扩展了。

第二节　亚洲匈奴人的迁徙

【亚洲北部民族的迁徙和世界史的关系】亚洲北部民族向西南两个方向的迁徙,实为世界史上一件极可注意的史迹。他们的一举一动往往发生铜山西崩、洛钟东应的现象。例如上古安息人的西迁,推翻了亚洲西部希腊的势力,阻止了罗马势力的东进。又如月氏人的西迁,传播了印度的文明,把佛教广传于东亚,而且有调和东西方文化的大功。到4世纪以后,又有匈奴遗族西迁事迹的发生,他们对于文化虽无特殊贡献,但是欧洲西罗马帝国的灭亡、亚洲波斯萨珊王朝和印度笈多王朝的衰落,却都受他们的影响。

【亚洲匈奴民族的分支】亚洲北部的匈奴民族怎样于公元前3世纪末和中国争雄,怎样于公元前2世纪时把月氏人逐到中亚,我们述印度史时已叙过。到了1世纪末年,这个庞大的匈奴帝国逐渐分裂而衰落。它的余裔一部分向西迁到亚欧交界的乌拉尔山南,到4世纪末年侵入罗马帝国,进而引起日耳曼民族的迁徙和西罗马帝国的灭亡;另一部分则于5世纪初年迁到亚洲中部,成为波斯和印度的大患。关于欧洲方面的事迹,我们在下一节中去述,现在先述亚洲方面匈奴人活动的情形。

【嚈哒人和波斯、印度的关系】匈奴遗族在5世纪初迁入中部亚洲,中国人称他们为嚈哒,亦是月氏同族,后裔以王姓为国,所以称为嚈哒。他们的风俗和后来的突厥相同,兄弟共一妻。西方史学家则称他们为白匈奴。当嚈哒人西迁时先住在乌浒河外,地处波斯的东北,因此常和波斯为难。他们于420年后侵犯木鹿城而进波斯境，波斯皇帝瓦哈拉五世出其不意率兵于夜间攻之，嚈哒酋长阵亡，其妻被掳。二十年后波斯又打败他们。但到470年波斯竟大败而沦为附庸，484年后波斯皇帝又有阵亡或愿为驸马的事迹。当时嚈哒人的势力真是盛极一时。同时他们于470年南入印度，占领了笈多王朝的领土。他们的酋长多罗摩拿（Toromana）入侵印度的中部。嚈哒人的版图之广，东自于阗，西达波斯东境，北自药杀河起而达于印度北部，俨然大国规模。但到6世纪中叶时，北方有新起的突厥人的压迫，南方有印度诸小王的叛乱，西方又有波斯名王卡斯诺斯一世当国，嚈哒人三面受敌，就此灭亡。

【嚈哒人的文化】嚈哒人和从前的月氏人不同，对于文化的调和既无贡献，又虐待佛教徒。只有他们兄弟共妻的制度到如今①还遗留于喜马拉雅山附近的土人中。他们虽和月氏、突厥为同族，但仍旧和这二族死争，这是因为他们较月氏等族更加勇猛而不善同化，或者因为得势的时间不到百年而未遑同化。不过当时东罗马的史学家却多赞美他们，认为其是文明的民族。这恐怕是因为他们能够夹攻波斯，与东罗马人同调，所以才有这种溢美的论调。

第三节　日耳曼民族的南下和罗马的灭亡

【日耳曼民族的起源】我们现在叙述北欧的蛮族怎样受亚洲匈奴人的压迫，南下割据罗马帝国的西部，建立了许多小王国。这班蛮族就是北欧来的日耳曼人，原来亦是雅利安种的一支。他们自新石器时代以来，文化上没有什么进步，常为南方地中海方面文明区域的外患。他们入侵罗马帝国不止一次了，到戴克里先时代才开始

---

① 指作者撰写本书之时。——编者注

移居帝国的境内，他们是一个黄发碧眼、身高力大的民族。他们生长在北方苦寒的地方，所以勇敢善战，而且喜欢携带全家人四处游动。每一村落各有武士约一百人为保护者，他们都是家长。他们虽然没有受过训练，但是因为血统的关系，所以团结力很强，为罗马人所怕。当时罗马帝国的军队已经不如从前那样威武了。因为罗马本国缺少兵士，历代皇帝往往雇用蛮族来补充，后来竟允许他们全部迁入帝国境内。至于加入罗马军队中的蛮族，则仍旧保留原来的组织，受本族领袖的指挥。

【欧洲匈奴人的出现】匈奴人初见于欧洲史，始于372年，当时他们的酋长巴拉密（Balamir）开始从里海北方西迁，沿途征服各地民族。两年后乃达日耳曼民族中哥特人（Goths）的居地。东哥特人屡战屡败，终于不得不屈服为匈奴人的附庸。于是匈奴人更西向逼迫西哥特人。西哥特人不得已于376年求得罗马皇帝的允许渡多瑙河而南，迁往罗马帝国境内。但是他们和罗马的官吏忽然起了冲突，于是有了378年的一战，大败罗马人而且杀死罗马皇帝瓦林斯（Valens）。这次阿德里安堡（Adrianople）的战争其实是日耳曼人征服罗马帝国的先声。但是此后这班西哥特人仍和罗马媾和，而且有一部分加入罗马的军队中。

【阿拉里克占据罗马城】罗马军队中有一个得势的西哥特蛮族军官，叫作阿拉里克（Alaric），因为不满意皇帝的待遇，他就带领同族的军人西向入侵意大利，最后于410年攻陷罗马城，大肆劫掠。阿拉里克虽然没有把罗马城完全破坏，但是单就罗马城的陷落这件事来说，在罗马史上已是别开生面了。

【西哥特人和汪达尔人的迁居】阿拉里克去世以后，西哥特人就向高卢和西班牙诸地迁移，当时西班牙境内原已有日耳曼民族中的汪达尔人（Vandals）迁居于那个地方，现在为西哥特人所逼，他们就向南渡海迁入北非，建立一个王国。西哥特人既把汪达尔人逐出，就占领了西班牙。他们原已征服南高卢，因此他们的领土就从卢瓦尔河（Loire）起直到直布罗陀海峡（Gibraltar）为止。此外还有许多别的日耳曼民族在5世纪时往来迁徙，我们不必详细去叙述。总而言之，西欧各地都受到了他们的蹂躏，甚至不列颠岛亦有日耳曼民族中的盎格鲁人和撒克逊人的入侵。

【阿提拉的声势】自从西哥特人被迫迁入罗马境内大肆骚扰之后，匈奴人却不立即入侵罗马。凡五十年间，匈奴人一面略定多瑙河北之地，一面力助罗马来抵抗西哥特人。但自432年后，匈奴势力大盛，罗马皇帝狄奥多西二世（Theodosius Ⅱ）竟不得不年贡金币三百五十镑（合现代英镑一万四千镑），而且封匈奴酋长为上将军。不久阿提拉（Attila）继任为匈奴酋长，罗马的贡金竟加至两倍。到447年他应非洲汪达尔人之请，大举东征，兵临君士坦丁堡城下，而罗马贡金乃加至三倍。当时因国库空虚，东部贵人不得不出卖妻女的首饰以供纳贡之用。

【阿提拉的西征和去世】阿提拉自命为古代和中国争雄的匈奴后裔，部下有雄兵七十万人，雄踞欧亚两洲，俨然大国的君主，罗马和波斯两大帝国的命运无不操控在他的手中。当时东罗马皇帝狄奥多西二世的孙女自愿嫁给阿提拉，曾赠一指环给他。后来东罗马皇帝因孙女和宫中侍臣通奸，把她幽禁了起来。450年狄奥多西二世去世后，阿提拉乃借口为情人复仇，于次年西征高卢，再转入意大利北部，想夺得罗马帝国的西部以泄愤。西罗马皇帝急于452年派罗马主教利奥一世（Leo Ⅰ）等北上求和，允诺赔款，并允送嫁妆。阿提拉勉允之，乃东还多瑙河上。次年新娶一日耳曼女子为妃，于新婚的当晚，忽然血管爆裂而死，有人疑是被新妇刺死的。

【匈奴的瓦解】阿提拉死后，匈奴境内诸王子争立，治下各民族纷纷叛离。所谓的匈奴帝国亦和亚洲同族所建的嚈哒帝国一样，得势不到百年便骤然瓦解。他们一部分留居于巴尔干半岛，大部分回到欧亚两洲交界处，和其他民族混成6世纪时迁入巴尔干半岛的保加利亚人和10世纪时迁入匈牙利的马扎尔人（Magyars）。至于阿提拉的英名和逸事，则依稀留存于中古时代北欧日耳曼的传说中。

【罗马帝国西部的灭亡】476年，一般以为是西罗马帝国灭亡的一年，亦是中古时代的开端。其实罗马帝国西部的皇帝大都庸弱无能，所以日耳曼民族早已来往自如，不受什么约束，而且罗马军队中的蛮人亦常常随自己的意思废立皇帝。到了476年，意大利有一个最有势力的日耳曼军官名叫奥多亚塞（Odoacer），竟公然把罗马帝国西部的皇帝驱逐出境，自称国王。这是一种未曾有过的革命举动。

【狄奥多里克建立东哥特王国】奥多亚塞在意大利所建立的王国并没能持久，因为他不久又被东哥特人的领袖狄奥多里克（Theodoric）打败了（493年）。狄奥多里克幼年时曾经在君士坦丁堡住过十年，熟悉罗马的生活，而且和东罗马的皇帝感情很好。他很羡慕罗马的法律和制度，所以当他入主意大利时尽力地去保存它们。旧日的官职一概照旧，哥特人和罗马人享有平等的待遇。境内秩序得到了很好的维持，同时又能奖励学术。他选定罗马附近的拉韦纳（Ravenna）为都城，美丽的建筑如今还有遗址存在。

【查士丁尼的法典】狄奥多里克去世后十年，罗马东部有一个英明的皇帝查士丁尼（Justinian）在君士坦丁堡即位（527年—565年）。他派一个很有学问的法学家把千年来罗马的各种法律编成一部伟大的法典。这部法典中的判例成为后代法律的基础，如今在欧洲大陆诸国的法学上还很有影响。此外查士丁尼还派遣军队去收复非洲和意大利两处汪达尔人和东哥特人所占据的地方。他于534年消灭了北部非洲的汪达尔王国，又于553年大败哥特人，把他们逐出意大利。

【伦巴底人占据意大利】罗马东部皇帝查士丁尼去世以后,又有日耳曼民族中的伦巴底人(Lombards)入侵意大利,这是日耳曼民族入侵罗马帝国境内的最后一支。他们先占据波河以北的地方,这地方后来就叫作伦巴底(Lombardy)。他们后来又逐渐南侵。但是罗马和拉韦纳两城以及南部意大利始终隶属于罗马东部的皇帝,没有被他们征服。他们的王国存在了二百余年,终被日耳曼民族中法兰克人(Franks)的查理曼大帝(Charlemagne)所灭。

【法兰克人和他们的武功】当狄奥多里克在意大利建立东哥特王国时,高卢亦为日耳曼民族中最强的一支所占领,这就是法兰克人。原来日耳曼民族各酋长在罗马帝国境内所建王国的寿命往往都很短,唯有法兰克人所征服的领土比西哥特人、东哥特人、汪达尔人和伦巴底人所占领的更大,所建立的帝国亦比他们的王国更为稳固。法兰克人原住在莱茵河的下游,即从科隆(Cologne)到北海一带的地方。到了5世纪的前半期,他们已经占领现在的比利时。486年时他们跟随他们的领袖克洛维(Clovis)向南战胜了罗马的军队,直到卢瓦尔河为止,因此就和西哥特王国北境接壤了。克洛维后来再向东于496年征服康斯坦斯湖(Constance)、黑森林(Black Forest)一带的日耳曼民族中的阿勒曼尼人(Alemanni)。

【克洛维改奉基督教】496年的战争其实为克洛维平生最重要的一次。原来克洛维本是一个异教徒,但是他的妻子早已改奉基督教。在战争时,他看见他的军队已经不能坚持了,就宣誓倘若他能战胜敌人,当一心改信基督教。后来他的军队果然获胜了,他就和他的三千士兵同时领受洗礼改奉基督教。克洛维于511年死于巴黎。他和他的子孙持续扩充领土,最后竟涵盖了现在的法国、比利时、荷兰和德国的西部。

第十七章　蛮族南下后的欧亚

第一节　蛮族入侵后的欧洲

【日耳曼人和罗马人的同化】当日耳曼蛮族入侵罗马帝国以后，他们就住在文明的环境中了，向来粗鲁的习气当然大为改观，逐渐消失了。他们的领袖在罗马政府中充任要职，所以往往和罗马上流阶级中的人交际往来，而且互通婚嫁。至于蛮族入侵的人数并不是很多。我们只要看他们一入罗马帝国境内就立刻使用罗马的语言，改从罗马的习俗，就可知他们在罗马人中实居少数。加以五百年来日耳曼民族早已陆续南下和罗马人同化了，所以5世纪时他们的南下在罗马的人口上并没有发生骤然的变化。实际上除了宗教，日耳曼人和罗马人的感情始终不坏。法兰克王常派罗马人担任要职，正和从前罗马政府常常重用日耳曼人一样。不过这两个民族间有一点不同，就是各有各的法律。至于亚洲的黄种人，此后竟也在东欧占据了一席。

【蛮族的法律】日耳曼民族中用拉丁文把他们的法律写成文字的，恐怕要以西哥特人为最早。后来法兰克人、勃艮第人（Burgundians）以及伦巴底人都先后去模仿他们，这就是通常所谓"蛮族的法律"。我们要研究当时日耳曼民族的习俗和观念，这种法律就是我们最重要的史料。蛮族法律中所谓的"审判"，当然和我们现代的完全不同。他们审判的方法不用证据，而用下面的方法：（一）当事人可以宣誓他所说的确是实话，而且可以尽量邀请亲友来证明他所说的确是实话，这就是"誓证法"，以为上帝必惩罚宣誓不实的人；（二）两方当事人或他们的代表可以相约角斗，此为上帝必援助直者以使他打倒曲者，这就是"赌力法"；（三）当事人可以用下列各种方法诉诸上帝——他可把自己的手浸入滚水中，或拿一块烧红的铁走一段路，倘使三天以后没有伤损的发现，他就胜诉了，或者他可以赤足在烧红的犁头上行走，倘使没有受伤，就以为这是受上帝援助的缘故。这种审判的方法和《大唐西域记》中所叙述的印度风俗差不多，不过是日耳曼民族文化未开的一例。

【中古时代初期人的愚昧】日耳曼民族中各部落的习俗和性情虽然各不相同，但是他们对于希腊人所创造的和罗马人所沿袭的美术、文学和科学的一无所知，却是一样的。蛮族入侵以后的三百年间，因为时局混乱，几乎没有一个人能够用拉丁文动笔作文。当时的环境处处不利于教育，古代学术的中心如迦太基、罗马、亚历山大等都曾受蛮族的破坏。各地神庙中的藏书，因为是异教的，所以往往连同神庙被基督教徒付之一炬。这班热心基督教的人当然愿意看到异教的书籍能够和异教同归于尽。

【中古的观念多产生于罗马帝国的末期】倘若我们以为罗马的文化自从蛮族入侵后就完全消失了，那就大错特错了。中古时代的观念和状况有许多在蛮族入侵以前已很普遍。就算民智的闭塞和许多奇怪的观念通常被以为是中古时代的特点，亦可以追溯到罗马帝国的末期。美术和文学在蛮族南下前早已衰替，所以一到中古初期就达到那样低下的水平了。

第二节　波斯和东罗马的死斗

【东罗马帝国在世界史上的地位】罗马帝国的西部于476年因匈奴人和日耳曼人先后入侵而完全瓦解，所谓的东罗马帝国从此偏安于欧亚非三洲交接的地方，国势日蹙，远不如15世纪时继起的土耳其帝国。不过它先和波斯苦争，再抵抗阿拉伯人和突厥人的侵略，先后做欧洲的屏藩几达千年之久，才被土耳其人所灭。所以它的内政虽没有特长可述，但它对于欧亚两洲民族和文化的发展却有相当的功绩。6世纪时它的明君查士丁尼的事业我们已述及，现在再述阿拉伯人兴起以前，它和波斯萨珊王朝一百五十年间争斗的情形，看它们是怎样两败俱伤，为阿拉伯人创造一个勃兴的机会的。

【中古初年波斯的国难】当5世纪末年西罗马帝国衰亡时，波斯东部亦有嚈哒人入侵的国难，我们在前面曾述过。同时波斯北部又有突厥的可萨人从高加索山南侵。不料北方蛮族方被打退，国内又有6世纪初年革命的出现，真可谓内忧外患相继而来了。

【马兹达克的平均主义】原来波斯当时的皇帝为可巴德（Kobad），得嚈哒人的帮助于487年即位。当时祆教高级教士中有个名叫马兹达克（Mazdak）的，自命为宗教改革家，宣传一种平均主义。他主张人类应当平等，财产、妻子不得视为私有。凡奸淫盗窃均不得视为犯罪，因为他说这些都是均衡天然定律的必要手段。他亦主张朴素的生活，修养身心，节制人欲。当时信仰这种主义的人很多，青年尤为向往，可巴德亦很信奉。

【平均主义的失败】这种主义既得国王的提倡，遂风行全国，共妻平均的风气盛极一时，富家妻女多被贫民劫去。当时的贵族不得已把国王废掉，并拘禁了马兹达克。501年可巴德得嚈哒人的援助而复辟，虽仍信奉新教，却不再赞助教徒过度的举动。直到531

年名王科斯洛埃斯一世即位后，才把马兹达克和他的信徒杀戮一空。风行四十余年的平均主义，到此乃完全消失。

【6世纪初半期的战争】波斯和亚美尼亚怎样于5世纪末年解决宗教的纠纷，我们已述过。同时波斯和罗马的关系，又因匈奴人的南下，出现了一种新的困难。原来罗马在亚洲的势力虽自363年后已一蹶不振，但是它对于高加索山要塞的维持费自442年后允诺和波斯合力负担。这其实是一种变相的贡金，罗马人当然不愿意。结果就发生了6世纪初三十年的战争，双方互有胜负。直至532年时，波斯皇帝科斯洛埃斯一世即位的次年，罗马皇帝查士丁尼因为急于西征意大利和非洲，双方才又议和，约定高加索山一带的防守，由罗马出资、波斯出力来维持。但是不久后波斯因罗马皇帝西征的胜利，恐怕动摇均势的局面，自540年起又和罗马起衅，直到562年罗马人答应入贡波斯五十年，双方才告罢战。

【科斯洛埃斯一世的功业】科斯洛埃斯一世在6世纪时的功业和二百年前沙普尔二世在4世纪时的功业差不多，亦是波斯萨珊王朝中的英主。他既屡胜东罗马，又东战嚈哒人，嚈哒的亡国一部分就因为他。同时他又干涉阿拉伯的内政，收也门（Yemen）基督教国为附庸。后来中亚新起的突厥人虽和东罗马联合夹攻，亦不能从根本上动摇他。所以波斯在当时，因中国和罗马都各有外患和内忧，终成为世界上唯一的强国。

【科斯洛埃斯一世的内政】科斯洛埃斯一世在位凡四十八年，于579年去世。他的内政改革亦值得一叙。他因领土扩充，分省过多，于是把全国再分为四大行政区，另派督政专员分治之。波斯从前征收农产，数目以产量多少为标准，因此农民多不愿多产。到此乃代以金钱，数各有定。另一方面严惩贪污，有一次曾杀税吏八十人之多。此外他又整顿军队，扶助农民；奖励国民婚姻，以增人口；特别保护行旅，以欢迎外人。王宫中聘有希腊学者多人，把亚里士多德和柏拉图的著作翻译成波斯文。又在苏萨（Susa）建立医科大学，聘请希腊医师担任教师。当时东罗马皇帝查士丁尼有关闭雅典大学之举，希腊学者多遁走波斯。波斯对史学和法律亦大加研究，有名的《波斯历代皇帝本纪》一书就成于此时。所以波斯其实取代了罗马成为当时世界文化的中心。

【景教的盛行和东传】科斯洛埃斯一世虽压迫马兹达克教徒，但他常说这是由于新教徒的行为不当，并非反对他们的教义。他以为国王只能管束人民的行为，不应束缚他们的思想，所以他对人民的信仰任其自由，不加干涉。不过他对于基督教，独尊崇5世纪中叶君士坦丁堡主教聂斯托利（Nestorius）所创的景教，认为"三位一体"的原理无根据。因此景教虽大受欧洲基督教正宗一派的排斥，却于6世纪时因科斯洛埃斯一世的保护和提倡，到如今还盛行于亚洲西部。中国有景教的传入就在7世纪时［唐太宗贞观九年（635年）有景教碑］，尤可见当时这派基督教流行区域之广。

【中国蚕桑方法的西传】当时还有一件和景教东传极有关系的史迹，就是中西交通的日繁和中国丝蚕传入罗马。原来古代中国因西面有匈奴阻隔，和西亚无法交通。自公元前122年中国张骞通西域后，继以汉武帝的成功，中国势力遂深入西域，和安息、印度发生商业上和文化上的关系。中国特产的丝织品，从此就源源西运经印度、安息等处以达罗马。当时重要的丝商大都是中亚一带的粟特人和波斯人，他们把丝织品运到条支以后，再加染紫色或加绣金锦，以高价售给罗马的富人。在奥古斯都时代，罗马的高贵妇女竟以穿着中国的绸缎为荣，因此罗马政府曾经下令禁用，但是朝廷禁令虽严，人民习尚难改。丝织品的贸易仍然日兴月盛，商人获利极厚。罗马数百年来之所以始终和安息、波斯相争，丝织品的商业竞争实为一大原因。到6世纪初年，基督教的景教派已有赴中国传道之事。相传当时有教徒二人久居现在的南京，习知中国人丝蚕的方法，乃于551年左右私将中国的蚕种装入空棒中，携归君士坦丁堡，献给查士丁尼。蚕桑事业从此传入欧洲，不久粟特一带商人皆认为罗马的丝织品已能和中国的相媲美了。所以上古时代中国丝织品贸易在世界史上的重要性，实不亚于中古时代南洋群岛的香料。

【波斯、罗马最后的争雄】6世纪末，波斯一面因罗马不肯照约入贡而起战争，一面又因突厥人的入侵而引起内乱，形势异常危急。但到591年又有名王科斯洛埃斯二世出现（628年死），波斯萨珊王朝的武功之大和变化之多，要以此时为第一。他东败突厥人后，乃于602年起向西进攻罗马，夺得埃及、犹太和小亚细亚诸地，直逼君士坦丁堡，国境之广已和古代波斯一样。当时东罗马皇帝为希拉克略（Heraclius），因困守东都，曾想私携珍宝遁走迦太基，不意为人民所察觉，逼他率残军返攻。他果于623年后联合突厥人连败波斯。到628年时波斯新帝竟不得不乞和于罗马，尽返前王所侵占之地。此后的波斯和罗马两败俱伤，阿拉伯人乃乘机而起，一面于674年把波斯灭亡了，一面又把东罗马帝国在亚非两洲的大部分领土夺去，继而统一西亚、北非和南欧，另建一个世界的大帝国，和唐代的中国遥遥相对。

第三节　突厥民族的初起

【突厥民族在世界史上的重要性】我们在叙述中古时代亚洲东南各民族受中国文化的影响而开化以前，应该先述中古时代世界史上一个重要民族的兴起，看他们怎样运用武力，广播亚洲的文化，维持中西的交通。这个民族就是和古代匈奴同种的突厥人。中古时代的突厥史大概可分为三期：自5世纪中叶到8世纪中叶的三百年间，为他们初兴的时期；自10世纪末年到13世纪初期的二百年间，为他们衰而复兴的时期；自14世纪中叶到15世纪中叶的百年为帖木儿帝国时期。此后直到现代可说是突厥民族势力极盛的时代，欧洲有土耳其帝国的建立，印度有莫卧儿帝国的成立，一时西亚、东欧和北非一带地中海白种人的旧址都成为黄种突厥人治下的领土了。现在我们先述他们第一期的历史。

【突厥民族的起源】突厥人本是古代匈奴的遗族。433年时因为不愿附属于东胡的拓跋魏，他们的酋长阿史那乃率领族人求护于中亚的柔然，住在现在甘肃附近做铁工，称本族为突厥。久居之后，势力渐盛，乃于545年叛灭柔然，向西发展，再败同族的嚈哒人。此后五十年间，突厥民族遂霸中亚，和当时的中国、波斯、罗马三国并驾齐驱，且为劲敌，武力之强，一时无二。

【中古时代亚洲商业上的竞争】到567年时，突厥可汗室点密竟有派使者赴东罗马要求联盟夹攻波斯的举动。原来古代中国和西方的商业贸易以丝织品为大宗，而经营丝业的以中亚粟特一带的商人为最多。当时陆上丝商既不得不通过波斯，海上的丝商亦不得不经过波斯湾，受到波斯商人的剥削。大利所在，势所必争，现在突厥人勃兴于中亚，粟特一带的商人认为时机已到，于是就鼓动突厥人一面和罗马合攻波斯，一面在里海以北另开亚欧两洲通商的大道。我们于此可见中古初年国际商业竞争的厉害。

【突厥和罗马的交欢】当时的东罗马本已衰弱不堪，又怕黄种人的威势，所以一经突厥要求，就派使臣齐马克（Zemark）东赴阿尔泰山下回访。此后双方信使往来，几无虚日，突厥使臣到君士坦丁堡的达百余人。当6世纪末室点密进攻波斯时，罗马人从军的有很多，且地位在波斯使臣之上。当时波斯皇帝科斯洛埃斯二世在位，颇有雄心，突厥和罗马的联络因此更加密切。7世纪初年，东罗马皇帝希拉克略之所以能转败为胜，就是受突厥人夹攻之效。

【初期突厥民族的分裂和衰亡】但突厥人极盛时就已现分裂之象，原来582年时突厥人因争夺汗位分裂为东西两国。东近中国，常和中国为难；西近波斯，常和波斯为敌。中国人用远交近攻政策，特意和西突厥交欢；西突厥亦然，特意和东罗马携手。当时亚欧一带，五国称雄，在世界外交史上已开纵横捭阖之局。后来东突厥终于630年为中国的唐太宗所灭。西突厥亦因有内乱，于三十年后为中国人所吞并；再过百年而唐衰，又为阿拉伯人所征服。中亚突厥民族最初二百年间的活动，不得不因东方中国的强盛和西方阿拉伯人的兴起而暂时停止。

第十八章　中古时代的印度和南洋

第一节　中古初年的印度和佛教

【中古时代亚欧两洲文化状况的比较】世界史上所谓的中古时代，就是从5世纪中叶西罗马帝国灭亡时起，到15世纪时止，前后共约一千年。就欧洲方面讲，中古时代的前半期为社会混乱、文化衰落的一个时期，所以叫作黑暗时代；后半期为文艺复兴、列国形成的一个时期，所以叫作中古近世的过渡时代。至于亚洲方面的状况，在这一千年中则和欧洲相反。当欧洲正在黑暗时代中时，亚洲的东部有唐代中国文化的隆盛，极东有朝鲜和日本的开化，南部有佛教的广播和南洋诸国的兴起，西部有阿拉伯穆斯林大食帝国的建立和文化的发展。所以在中古初期时，亚洲大部分地区差不多都受中国、印度和伊斯兰教三种文化的照耀，光辉灿烂，和当时欧洲的野蛮黑暗大不相同。到中古时代的后半期，欧洲正在分化为列国对峙的局面时，亚洲方面又有突厥人和蒙古人的崛起，统一了欧亚两洲的大部分地区，把亚洲文化的精华陆续传到欧洲，使得西方文化的进步大大得到了促进。这种亚洲大一统的局面亦和欧洲四分五裂的情形不同。总而言之，中古时代的世界其实是亚洲文化的极盛时代，和欧洲的混乱情形刚好相反。因中国史不在本书的范围内，所以我们现在只把中古时代东亚佛教的发展和朝鲜、日本、南洋诸国等逐渐开化的情形大略叙述一下。

【中国玄奘的西游和印度教的复兴】印度自从上古末年笈多王朝衰亡后，到6世纪中叶北印度又有乌阇衍那（Udhyana）王朝的勃兴，逐出嚈哒人，并吞西、北、中三印度，鼓励文学美术，一时文化极盛。7世纪上半叶时戒日王在位，征服五印度，鼓励学术，崇奉佛教，佛教因此复起。中国唐代高僧玄奘西游印度就在此时。后来戒日王去世，阿罗那顺篡立，于648年为中国唐使王玄策所擒，于是印度小国林立，不再能统一了。同时印度的古梵文复兴，研究的人日多。印度教徒就乘机恢复势力，把旧教义加以修改，以迎合潮流而排斥佛教。到8世纪末年商羯罗等出，印度教的新义更明。此后二百年间（8世纪中叶—10世纪中叶），印度西部黄白两种混合而成的拉杰普特族（Rajputs）称霸于印度，建立许多小王国于北方。他们为迎合印度婆罗门阶级中人，竭力毁坏佛教的寺院、僧徒和经典。5世纪以来逐渐中兴的印度教因此再起而独霸印度。印度到此时政治上时起纷争，国外商业亦因婆罗门教徒反对国人出境，以免破坏阶级，从此亦为之衰落。国势文化均渐非昔比，终成为突厥穆斯林和欧洲基督教徒的牺牲品。

【中国佛教的发达】印度境内的佛教在上古时代末年虽已一蹶不振，但是在东亚一带，自从1世纪以来，反而日盛一日，到中古时代的前半期竟达到了极盛的地步。到如今，中国、朝鲜和日本都还不失为世界上佛教信仰的中坚力量。原来自1世纪以来，佛教传入中国以后，中亚方面既有月氏人传播佛教的努力，中国方面又适逢四百年间（220年—589年）魏晋六朝北方民族南下、中原民不聊生的时代，这种主张出世超尘、别寻乐土的宗教当然为民众所欢迎，因此佛教的流行极其迅速。加之当时君主崇佛的很多，而中国高僧西游的为数亦不少。如晋时的法显、梁时的宋云（518年赴印度）都是此中最有名的人。到了唐代玄奘法师西游印度（629年—

645年），更是中印文化交流史上一件最值得纪念的盛事。这许多热心佛教的学者，正和当时的日本人输入中国文化一样，尽量把印度的佛经和文化传入中国，所以印度本国的佛教虽已渐渐衰微，中国的佛教反而发荣滋长，蔚成东方文化的光彩。这和同时犹太的基督教经希腊人和罗马人融会之后，蔚成中古欧洲文化的砥柱，几乎完全一样。这不能不说是世界文化史上两件不约而同、东西相映的奇迹。

【佛教对于中国的影响】佛教传入中国以后，对中国文化产生了许多重大的影响。中国哲学受它的影响而产生了宋代理学上最重要的一派，中国美术亦因此而产生了六朝以来佛洞造像的风气。此外如天文、医学、音乐、文字等无不发生变化。甚至中国最大的文化上的贡献，即印刷术，亦有人以为源于6、7世纪之交隋唐之际僧寺中佛像的像印。至于佛教到了中国之后，经中国人发挥，分门别户、盛极一时的情形，更是无待赘述了。从此以后，所谓东方文化两大渊源——中国的儒家学说和印度的佛教——就合成一大潮流，和西亚与北非的文化汇总于欧洲而成西方一大潮流，成对峙之局，直到伊斯兰教兴起后才成鼎足三分的形势。而印度反而又回到旧境，蛰居于阶级制度之下，不能翻身。中国和印度佛教文化合流的余波，同时传到朝鲜和日本，这两国到此乃完全成为中国化的国家。

第二节　南洋诸国的开化

【中古时代中国文化和印度文化的并峙】亚洲中国以南和印度以东的地方，西方人叫它为后印度或东印度，中国人则叫它为南洋，大概指马来半岛和半岛东南诸岛，为交趾支那民族的居地。它地处热带，物产丰富，山岭重叠，交通不便，故土人性情多流于萎靡不振，而且不能创设统一的国家。此地的东北部在上古时代曾隶属于中国为郡县，故中国文化输入最早。后来印度的佛教勃兴于恒河流域，逐渐向东传布，输入马来半岛的西部。于是中国的文化和印度的文化并峙于其地，土人因之逐渐开化，由部落制度日趋统一，到上古末年先后建立著名的国家。就东北部安南①一带来说，因为和中国接近，所以和中国的关系最密切而成为中国文化的附庸。西部暹罗②和缅甸诸地因为接近印度，所以受印度佛教文化的浸润极深，南洋群岛亦因为离印度较近，所以为佛教和印度教势力所及的地方，直到中古末年，方为伊斯兰教的势力所侵入，变为伊斯兰教文化的所在地。南洋一带在现代还是中国、印度和阿拉伯三种亚洲文化汇集的地方，到近来才稍稍掺进一点西方的文化。

【安南的地势】安南在马来半岛中，因和中国接近，所以虽然曾受印度文化的影响，但是印度文化气息远不如其他各地那么浓厚，我们只能当它为中国文化向南推广的代表。现代的安南包括东京③、安南和交趾支那三部分，但是在16世纪以前，所谓安南专指现代的东京和现代安南的北部，南部为占婆王国所在地。

【中古时代的安南】自上古时代末期到10世纪（公元前111年—公元939年），安南虽然有时独立，称为交趾王国，但是始终可以当作中国的一部分领土。自从1009年后为李氏当国时代，直至1226年止，共二百年，乃改称安南王国。此时安南虽然内乱时起，但是武力很强，始终和占婆王国为敌。李氏之后为陈氏朝（1225

---

① 为越南古名，"安南"这个名称来自唐代的安南都护府。——编者注
② 中国对泰国的古称。——编者注
③ 即河内。——编者注

年—1400年），对于占婆王国的政策和前朝相同。1285年曾被中国所打败，但是未曾亡国。1414年至1418年中国人曾因占婆王国的求救，占据安南五年。自1428年后为黎氏当国时代，名义上直到18世纪末年为止。最初组织行省，战胜占婆王国，国势很盛。但是自从15世纪以后，所谓国王，只拥虚名。国内有郑、阮两大族的纷争，实际上早已分裂为南北两部。1802年后阮氏统一安南，但是仍旧入贡于中国。

【安南的文化纯属中国】照上所述，可见安南虽然独立，但实际上和中国并没有脱离关系，对于中国文化始终加以崇拜。同时安南与占婆王国一直互相攻击，所以占婆王国始终为印度文化东渐的止境。占婆王国的文化纯属印度一系，凡美术、语言、印度教中的阶级制度和佛教都和印度一样。至于安南的语言、文字、美术、习惯、制度等，大都模仿中国，它的佛教亦从中国传入，和道教混杂不分，而且绝对没有印度教的痕迹。

【占婆王国的兴亡】占婆王国自3世纪到15世纪虽然国势不弱，国内文化的状况和柬埔寨一样，但是占婆人的文化程度不如柬埔寨高棉人那样高。占婆人的立国始于150年到200年印度王朝的建立。不过占婆人系马来种，而非印度种，所以印度文化的输入究竟在印度人入侵前还是入侵后无从断定。至于占婆人的文化程度之所以较柬埔寨人为低，是因为占婆人所处地位低，常受外国侵凌。占婆在中国史上最初见于192年，叫作林邑，当时和印度交往很密。5世纪中叶和6世纪初期曾两次遭受中国人的入侵。8世纪中叶以后中国改叫它为环王。10世纪后常受柬埔寨人的压迫。12世纪末年分裂为二，为柬埔寨人的纳贡国。终于15世纪中叶为安南所灭。

【柬埔寨的起源】现代的柬埔寨在古代为高棉族（Khmers）的居地，和下缅甸的蒙人（Mons）同种。在7世纪以前，中国人叫它为扶南王国,至于中国史上的真腊恐怕就是扶南的一部分。此地的文化和宗教都受印度的影响。大概自1世纪以来,印度的势力就已经波及柬埔寨。6世纪以前的柬埔寨历史,我们全靠中国正史上的纪事做根据。6世纪以后才有本地的石刻可考。

【印度文化的输入】照中国史《晋书》上所述,265年以后扶南常入贡于中国,并说"文字有类于胡"。此地所谓胡,恐指字母制度而言,显然源出印度。又说其国旧为女王所治,后来有外国人名混溃征服其地且娶女王为妃。5世纪末年,天竺婆罗门憍陈如入王其国,改变风俗,使同印度一样。后来于6世纪时为真腊所征服。以上中国史中所说的话,大致均已由柬埔寨石刻证实其正确。据中国人所记,外族入侵扶南显有两次:一为2世纪时的混溃(《梁书》曰混填,西方人以为混填之名较正确),一为400年左右的憍陈如。此足以证明印度文化输入扶南至少在400年以前,其来源似为南洋群岛,而混溃似乎就是建立第一个印度王朝的人。印度教和佛教并行国中,互相消长。

【中古时代的柬埔寨】自6世纪到13世纪,我们有梵文和高棉文的石刻可考。第一个重要国王为500年左右的拔婆跋摩(Bhavavarman),一时武功很盛。但是此后直到802年绝无史迹可考。802年到869年间阇耶跋摩二世(Jayavarman Ⅱ)在位,为柬埔寨名王。12世纪时国势很盛。14世纪以后此地常受暹罗人和安南人的侵略,终于19世纪时变作法国的被保护国。

【柬埔寨文化的两期】柬埔寨的文化和印度有极密的关系,可以分为两期。第一期为中古时代,从400年到1400年,文化盛极一时,为建筑宏大寺院和印度教与大乘佛教并峙国中的时代。第二期因受暹罗的影响,为小乘佛教兴起和印度教大衰的时代。唯伊斯兰教的势力始终未尝波及柬埔寨、暹罗和缅甸诸地,这是马来半岛诸国和南洋群岛最不同的一点。

【暹罗的起源】暹罗人原和中国西南的苗族同种，且原居于中国的西南境，后来被中国人不断压迫而南迁。他们自称为泰（Thai）人，相传为自由的意思，在脱离柬埔寨人的统治以后得名。他们南迁后的居地叫作暹（Siem），恐怕就是梵文中"黑"字本音的转音。罗斛人和塔伊人同种，在塔伊人移入暹罗以前，罗斛人居住在现代的老挝。塔伊人的南迁是逐渐而来的，直到12世纪时所建立的还都是小王国，其中以湄公河（Mekong）西支的南奔（Lamphun）为最大，逐渐侵入柬埔寨。13世纪时又有一班塔伊人被元人压迫自北方南迁，势力益盛。当时虽隶属于柬埔寨人，但是终于13世纪脱离高棉人而独立，定都于素可泰（Sukhothai），这就是暹罗立国的第一次，亦可说是中国西南苗族正式建立现代国家的第一次。

【暹罗史的三期】暹罗的历史和印度文化的东渐有极密切的关系。暹罗史可分为三个时期来讲，即建都于素可泰、阿犹地亚（Ajuthia）和曼谷的三个朝代。素可泰王朝建立的年代已不可考。据1300年时的碑文所记，当时有名王叫作拉玛甘亨（Rama Khomheng），他的势力东到湄公河，西到勃固（Pegu）。暹罗本没有文字，拉玛甘亨始创一种字母。朝廷和国民都深信佛教，都城中佛像佛寺很多。照此碑文所述，当时暹罗的佛教和现代一样同属小乘。这种佛教大概最初由北方中国边地云南一带传来，后来又从西方缅甸输入，所以暹罗人亦可说是曾受中国文化卵翼的民族。

【暹罗第二朝】1350年时有一塔伊古王子的后裔名叫拉玛蒂菩提（Ramadhipati）另建一王国于阿犹地亚，和素可泰王国对垒。到了15世纪乃灭素可泰王国，统一了暹罗。但是兴起的新朝对于佛教仍旧继续尊奉。

1568年国王曾为缅甸人所俘，但是16世纪末年暹罗国势极盛，和中国人与日本人都有外交的关系，而且曾经自愿帮助中国抵抗日本。至于欧洲人东来，自1511年后已有葡萄牙人占据马六甲。不过暹罗人对于西方的教士和商人都能和平相待。

【暹罗第三朝】1767年暹罗为缅甸人所灭，阿犹地亚亦被毁。同年中国人郑昭举兵驱逐缅甸人，建都曼谷，但是不久就因改革佛教过于激烈而被废。1782年部将昭披耶·却克里（Chao Phaya Chakkri）入继王位，这就是中国清高宗所封的暹罗王郑华，为现代暹罗开国的始祖。至于暹罗怎样能够幸存于英法两强国领土的中间而为一个独立的王国，我们留待现代史中再述。

【缅甸的地位和人种】缅甸虽然北方有中国，西方有印度，东方有暹罗，但是它和外界的关系在马来半岛诸国中实为最少。不过境内人种混杂，所以内乱时起。缅甸人从西北方来；蒙人居于下缅甸，似和柬埔寨的高棉人同种，小乘佛教好像就由他们传入；暹罗人则居于缅甸、云南和老挝三地的中间，中国的佛教就由他们传入。此外还有第四种人叫作骠，在11世纪时居于缅甸人和蒙人中间一带，恐怕就是直接从印度传入佛教的人。不过现在我们对于这一种人在缅甸文化上的影响，还没有充分地研究。

【缅甸文化的起源】缅甸境内虽然包含三个民族，但是他们的文化都深受印度佛教的影响，大致相同。缅甸的政治史就是三个民族的流血争雄史，它的文化史就是佛教的盛衰消长史。古代的缅甸在中国史上叫作骠，起源已不可考。大概在6世纪以前，下缅甸已经和南印度交流，传入印度的佛教；至于上缅甸的佛教则含有中国的成分。相传8世纪中叶以后，缅甸的政治中心为蒲甘（Pagan）。蒲甘诸王中以11世纪时的阿奴律陀（Anawrata）最为有名，他既统一了缅甸，又有改革佛教的运动。以后二百年间，蒲甘的佛教建筑和佛教学术都是极其发达的，所以当时蒲甘不但为缅甸佛教文化的中心，而且为东方佛教文化的中心。后来逐渐衰替，到13世纪末年为中国元人所征服。

【缅甸的衰亡】14世纪初，暹罗人曾在缅甸建立两个小王国，这两个小王国都于1364年为建都于阿瓦（Ava）的王朝所灭。阿瓦王朝末年（16世纪）曾有压迫佛教的举动，国人多怨，所以不久就亡了。14世纪中叶时，下缅甸的洞吾（Toungoo）又有一个王国兴起，出现了缅甸第二个名王莽应龙（Bayin Naung，1551年—1581年在位）。莽应龙死后，国势即衰；加之葡萄牙人卷入国内政潮中，国事益坏。直到18世纪才有第三个名王阿龙普罗（Alompra）出现，统一缅甸，一时称盛。缅甸终于1886年为英国人所占领。莽应龙和阿龙普罗都是提倡佛教不遗余力的人，所以缅甸人的生活到如今还浸润于佛教的空气中。

【中古时代的南洋群岛】在南洋诸国中除安南完全受中国文化的影响外，其他诸国的文化都源于印度，到如今还没有改变。独有南洋群岛的文化，经过了三期的变化：初期是本地的文化，中期是印度的文化，最后又变成伊斯兰教的文化且掺有中国的成分。这三期的变化，在爪哇岛上最为显著。至于苏门答腊和婆罗洲，则本地文化始终没有完全消失。大概南洋群岛的命运和文化，差不多随着印度人、阿拉伯人和欧洲人的武力和商业的消长而转移。半岛上唯缅甸和暹罗因为地位关系，不太受到这种变动的影响。至于阿拉伯人，因为在中古初年直接从阿拉伯东来，所以南洋群岛上伊斯兰教文化的输入和后来印度的穆斯林并没有什么关系。

【爪哇文化的起源】5世纪以前，爪哇已经有印度文化的国家。在中古时代前半期（600年—1000年），印度的文化逐渐由岛的西部向东普及于全岛。岛上国王虽然多属土人，但是一切制度和风俗差不多纯仿印度，如字母、称号，以及种种迷信，都很显著。

10世纪以后，商业和文化都逐渐兴盛。中古时代后半期中国元人曾经远征一次，无功而返。爪哇境内的各国常起纷争，所以亦就衰替了。至于伊斯兰教的势力，在7世纪时已逐渐伸入爪哇。穆斯林先布教于上流阶级，逐渐普及于下流社会，直到15世纪时，爪哇岛上的印度王国才完全消失。

【苏门答腊和婆罗洲的文化】至于苏门答腊一岛，因为气候不好，丛林太密，所以印度和阿拉伯势力的侵入不如在爪哇那样彻底。苏门答腊在古代所受印度和阿拉伯文化影响的经过与情形，已不可考。就中国史上所记的推测来看，大概和爪哇差不多，自上古直至中古为印度文化输入的时代，到中古末年，伊斯兰教文化乃代兴了。婆罗洲的文化状况亦和爪哇、苏门答腊的一样，不过印度文化的遗迹留存到今的，不如其他两岛那样多。

第十九章　朝鲜和日本的开化

第一节　朝鲜的开化

【上古时代的朝鲜、日本】中古时代的前半期为亚洲文化的极盛时代。当时印度佛教盛传于中国以及印度文化输入南洋各国的情形，我们在前面已经述过了。极东的朝鲜人和日本人本来在上古时代是政治混乱、文化未开的民族，到此时亦因受中国文化和佛教文化的影响而变成开化的国家。我们要明了这两国开化的情形，不能不先追述它们最初立国的经过。

【箕氏朝鲜】朝鲜半岛在古代原为黄种人中韩民族的居地。自公元前5世纪后，北方有通古斯族的濊貊诸部落和中国的汉族先后侵入，成为三族鼎立的局面。至于朝鲜立国的起源，神话中相传在公元前2300年时有神人降临，建设国家而自立为王，叫作檀君，国号朝鲜，定都平壤，为朝鲜的始祖。后来据中国秦汉时人的传说，周武王于公元前11世纪封殷王族箕子于朝鲜，定都平壤，以为这是中国人移居朝鲜的第一次，亦是中国文化输入朝鲜的第一次。箕氏一族相传传国凡四十多代，到西汉初年箕准在位时，千年来的箕氏朝鲜方为中国燕人卫满所灭。以上所述，恐怕都是传说，我们不能当作信史。朝鲜的信史似乎开始于卫氏。

【卫氏朝鲜】中国在秦汉之际，国内多乱，东北部燕、齐、赵诸地的中国人往往避难于朝鲜，数以万计。其中有燕人卫满聚集一千余人袭破朝鲜，于公元前194年（汉惠帝元年）自立为王。箕准逃往马韩，于是所谓的卫氏朝鲜乃代箕氏而起。卫满建国之后，称臣于汉；汉初诸皇帝又取保守的政策，所以中国和朝鲜相安了八十多年。后来到卫满的孙子卫右渠在位时，因为汉人逃往的很多，国势日盛，他就恃势不朝贡，而且阻止真番、辰诸国朝汉。汉武帝本来英明有大志，用兵国外，到处成功，所以遣人谕卫右渠入贡；卫右渠不听，于是汉武帝发兵由海陆两方进攻朝鲜。不到一年，就于公元前108年（汉武帝元封三年）征服朝鲜，而卫氏朝鲜八十多年的国祚就三传而断。

【中国文化直接输入朝鲜半岛】汉武帝既然征服朝鲜，就把朝鲜半岛的北部和现在辽宁省的东部分作乐浪、临屯、玄菟、真番四郡，直接隶属于中国，先后达数百年。于是中国的文化直接输入朝鲜半岛、濊貊诸部落，半岛南部的韩民族亦受到汉族的同化。

【南部三韩的兴起】至于朝鲜半岛的南部原为韩族据守的地方。在中国人移居北部时，南部韩族还在部落时代，后来逐渐发达，并成为三个小王国：西部的马韩、东部的辰韩和南部的弁韩，史家合叫它们三韩。在中国秦汉之际，秦人由中国迁入辰韩和弁韩各建王国，西汉初年马韩亦为箕准所攻破，代王其地，因此三韩民族从秦汉以来就受中国人的支配了。

【朝鲜的三国时代】自从公元前1世纪以后，东胡的乌桓、鲜卑诸族骚扰中国的东北部，中国通朝鲜的陆路因此被隔断。于是朝鲜境内有高句丽、百济和新罗三国同时兴起，在半岛上鼎立了六七百年。封内①时常互相用兵，对外却都谨事于中国，冀借中国的威灵以壮声势。在3世纪至6世纪时（中国的魏晋六朝时代），中

---

① 指国内或辖境之内。——编者注

国的文化大大地输入。中国的佛像和经文都在4世纪的后半期先后传入高句丽、百济和新罗诸地；同时他们创设学校、颁布法律，逐渐成为东亚开化的国家。

【朝鲜的极盛时代】中古初期的三百年间（6世纪中叶到9世纪中叶）为朝鲜的大一统时代，亦是朝鲜输入中国文化的极盛时代。最初一百年间，高句丽和百济联合以进攻新罗，新罗常常向中国的隋唐诸帝请求援助。但是直到唐高宗时（7世纪后半期），中国人才先后把百济和高句丽灭掉，收为中国的领土，因此新罗一国就独霸了二百年。此时中国唐代的文化和佛教刚好都在极盛的时代，朝鲜既然是中国的附庸，中国的文化当然完全输入了朝鲜半岛。定官制，创年号，编订法律，改设郡县，所有政治上的制度全和中国一样。适遇中国佛教的极盛时代，余波及于朝鲜，朝鲜人的思想和文艺亦完全受中国人的支配。朝鲜到此时在文化上已成为中国的别子，为东亚第一个中国化的国家。此后的朝鲜在文化上保留唐代的遗风，在政治上内部则分合不定，对中国则时向时背，其中详细情形因为和世界文化没有密切的关系，所以我们不去多述。

第二节　日本文化的起源

【日本民族的起源】日本的位置在亚洲东方的太平洋中，合五大岛和两千多小岛而成。据日本现代学者研究神话的结果，断定日本民族实由亚洲大陆经由朝鲜半岛移入。日本史学家以为日本建国于公元前660年，自九州向东征大和的神武天皇为现代日本天皇一系的始祖。但是现代学者多不信日本的起源有这样早。大概在公元前1世纪以前，日本半岛中已经有亚洲大陆的民族移居其地，生活野蛮，还处在家族部落的环境中。

【中国文化间接输入的时代】自公元前1世纪到2世纪三百年间，为中国文化间接由朝鲜半岛输入日本的时代。原来自从公元前2世纪末年中国汉武帝征服卫氏朝鲜改置郡县以后，中国人移居朝鲜的很多，中国文化亦随之输入。日本九州的倭人因为接近朝鲜，渡海很方便，所以就把朝鲜的中国文化第一次输入本国。此后三百年间，日本的倭奴国或倭面土国亦常常和后汉的中国相通，但是日本最初的开化其实是朝鲜半岛上的中国人的功绩，所以我们可称这个时代为中国文化间接输入日本的时代，亦是日本民族进于文明的第一步。

【中国文化的直接输入和日本统一的趋势】从3世纪到6世纪四百年间，日本和中国才有直接繁密的交流。3世纪前半期，倭奴国的女王卑弥呼曾经和中国的魏国通聘四次。中国本是东亚古文化的母国，洛阳又是中国古文化的中心，政治统一，生活繁华，倭人目睹种种情形，当然大受刺激。因此日本自古以来的部落制度逐渐衰替，统一的趋势逐渐萌芽。到4世纪初年，日本所谓的大和朝廷就因此成为统一的政府。（有人以为和就是倭。日本史学家因为倭国是中国的纳贡国，所以另造一个大和国出来代替它。此说殊有趣，附此备考。）

【朝鲜中国人的移居和南朝文化的输入】4世纪时，朝鲜北部的高句丽和百济两国并吞汉郡，国势很盛，因此诸郡中的中国人多退归中国或移入日本。移入日本的在日本叫作秦人或汉人，有时人数多到数千，后来成为日本民族中极重要的元素。4世纪时秦人和汉人的移居在日本文化史上为一件很重要的事迹，因为自从这班中国人移入之后，日本人在精神生活上和物质生活上都大受影响。中国儒、道两家的思想都在此时开始传入。中国《论语》和《千字文》两书由朝鲜的王仁传进日本，相传就在此时。中国汉字从此传入日本，为日本有文字时代的开始。至于物质文化方面亦有所增益，而中国养蚕和丝织方法的传入尤为重要，至20世纪30年代还是日本人最重要的一种工业。后来又有所谓新汉人的移入，开始传入陶业和佛像绘画等美术。此后日本政府中的要职亦多由汉人去充任。5、6世纪时，日本又常常和中国的南朝通聘，南朝的寺观建筑和服装亦先后传入日本。日本自古以来简陋的缝纫法为之一变，从此宫廷贵族的服装都仿中国的样式。日本经过这三百年间中国文化间接和直接的输入，文化程度上因此更进了一步。

【中古时代初期的日本】以上所述的为公元前1世纪到6世纪七百年间日本受中国文化的影响，由野蛮民族进于开化国家的一个时代。凡政治的统一、汉字的应用、服色的制定，以及丝蚕、陶业、佛像、绘画等艺术的发展都起源于此时，所以日本的开化差不多完全是中国人的功绩。但是当时中国人和日本人把中国文化由中国本部或朝鲜半岛输入日本，大概都是三三五五，纯听其自然，中国人和日本人好像都不曾有过故意的努力。

所以日本文化的进步很缓。到了中古时代，情形就大不相同了。日本人到此时好像有一种特殊的觉悟，对于中国文化的输入非常努力、非常热心，而且输入之后往往立即见诸行事。日本人这种特性到了19世纪以后又运用于西方文化输入的努力上，这不能不说是日本民族的优点。日本在中古初期的完全开化就是由这种向上的努力而来的。

【遣隋使和遣唐使的动机】日本人接受中国文化最努力的时代就是607年到894年中国隋唐两代，先后共约三百年。这种对于他国文化加以有系统的介绍，恐怕除中国人在两晋六朝隋唐时代吸取印度佛教的文化外，在世界史上要以日本这时期的运动最可注意了。这种运动就是日本史上所谓遣隋使和遣唐使的派遣。原来日本的知识阶级自从上古末年读到中国的书籍、理解中国的文化之后,对于中国的文化非常羡慕,很想把它直接从中国移过去。这就是中古时代日本遣隋使和遣唐使的动机,从而书写了世界文化史上很灿烂的一页。

【遣使的两期】日本在中国隋唐时遣使的运动可以分为两个时期:从607年到687年为第一期,遣使规模较小,航路取道北方,可以称为遣使的初盛时代;从688年到894年为第二期,遣使规模极大,航路横断黄海以西到达中国的长江口,可以称为遣使的极盛时代。日本经过这三百年的努力就成了一个完全中国化的东方国家。

【初期的遣隋使和遣唐使】607年,日本推古天皇遣小野妹子和鞍作福利等经由朝鲜的百济渡海,沿辽东半岛东岸,再向南穿过渤海,到山东北角登岸入隋,这是日本遣使入隋的第一次。两年后小野妹子乃偕同隋使裴世清等十三人归国。这次遣使的目的当然在于中国文化的输入,而佛教尤为主要的目标。充任使臣的多是了解中国语言和国情的汉人和新汉人。不久隋亡唐兴,日本仍继续遣派大使到中国来。不过唐初六十年间的遣使目的和航路大概和隋时差不多,所以可归入遣使的第一期。而且适当唐人征服高句丽、百济威震东海的时候,所以日本的遣使含有输诚的性质,不全是为了文化。日本使臣目睹唐初宫廷仪容的严整和政府、法制等组织的完备后,当然大受震动。所以他们回国之后,就有模仿唐制初定年号、制定税法,以及其他种种改革政治的举动,出现了日本史上所谓孝德天皇时代一个"大化革新"的时期。这是隋唐年间日本遣使到中国最初一百年间的情形。

【遣唐使的第二期】自688年以后到唐亡为止,为中国文化的极盛时代,当时亚洲各地的文化都汇集于中国,冶于一炉,而印度的佛教在中国尤为发达。这个时代亦是中国文化输入日本的极盛时代，是我们上面所说的日本遣唐使二百年间的第二期。这个时期遣唐使的规模很大，航路渐取横断黄海的南道以达中国东部的明州①、越州②、苏州和扬州。到中国的人除使臣外，还有留学生、学问僧和商人等。现在把他们输入文化的事业，略述如下。

【使臣】日本派遣唐使在唐代至少有十九次，每次人数有时多达五六百人。为输入文化起见，凡遣唐使必选择深通中国经史文艺和中国国情的人，所以被派遣的人大都是汉人和新汉人。使臣归国之后往往位列公卿，把中国的典章制度实施于国中，影响很大。由使臣输入的文化有唐时的官制、法律、甲胄、服制、医药、阴阳术、音乐、绘画、文学等，以及彩帛、柑子、香料、药品等。当时的使臣亦带有官式贸易的性质，把日本的沙金、水银、锡、绵、绢等商品和中国的经卷、佛像、佛画、佛具、文集、诗集、药品、香料等物品相交换。因此日本上流社会的生活骤然丰富起来，日本原有的文化亦因之大受刺激、大为促进了。

【留学生】当时和使臣同到中国的还有留学生和学问僧两种人，前一种为输入中国一般文化的媒介，后一种为输入中国佛教文化的媒介，关系的重大程度其实和遣唐使相同。日本留唐的学生久居中国达二三十年的很多，他们的生活完全被中国人同化了。所以当他们回国时差不多把中国的学问、宗教、风俗、习惯等完全输入了本国，在日本人民的一般生活上产生了极大的影响。例如朝服的制度、饮食的烹调、吃茶的风气，以及住屋、宫殿、寺观、庙宇、衙署、陵墓等建筑，一概模仿中国的样式。此外如中国风俗中正月初一的屠苏酒、上巳的曲水宴、端午的菖蒲酒、七月七日的乞巧、

---

① 今宁波一带。——编者注
② 今绍兴一带。——编者注

七月十五的盂兰盆会、重九的菊酒、除夕的大傩等盛节，都由这时的留学生传进日本，留存到今。这班留学生又在中国学习中国的经史、法律、文学、阴阳术和医学等，植下现代日本汉学的基础，成为日本文化中的要素。他们又因为4世纪以来虽然应用汉字，但是字义过于艰深，运用终究不便，所以就用中国楷书的偏旁创造了片假名，草书的偏旁创造了平假名，来代表日本的土音，从此日本才有了自己的文字，为现代所谓和文的起源。

【学问僧】纯粹来中国研究佛教的僧人，就是日本史上所谓的学问僧。他们把中国佛教中一切重要的元素如佛宗、佛经、佛艺等，都尽量输入本国，把日本变成一个完全中国佛化的国家。他们最初到中国学习中国佛教的三论宗和法相宗，后来华严宗、天台宗、禅宗，以及其他各宗都一一传到日本。他们到天台山和五台山等地去进香，归国后就于城市佛教外仿造出一种新的山岳佛教。他们又仿唐制遍建龙兴寺于全国各地，以便为国王和人民随时祈福，又仿中国唐制造东大寺的大佛。他们模仿唐代的千秋节创设日本的天长节。中国唐代的历法亦由他们传进日本。同时中国的僧人也陆续前往日本把中国的佛教和学术带过去，其中如扬州僧人鉴真等尤为著名，他们把中国的雕版术、医术、本草学等传给日本人。他们讲经时都用汉语，这在日本语音的发展上关系极大。此后的日本因为有这三百年间遣唐使、留学生和学问僧的努力，再加以中国商人和僧人的东往，中国发展了数千年的儒家文化和发展了数百年的佛教文化都移植到日本去了。日本此后已经成为一个中国化的国家，直到19世纪时受西方文化的刺激才另换一种局面，于是又进一步成为世界上一个重要的强国。

第二十章　基督教教会的起源和事业

第一节　基督教教会的起源

【教会代行政府职权的开始】自从罗马帝国末期基督教从东方传入欧洲以后,最初常受罗马皇帝的压迫。自4世纪时受皇帝君士坦丁崇奉之后,基督教在罗马帝国中的地位日益重要,教会的组织亦日益巩固;到了中古时代,基督教会竟取代罗马帝国成为维持欧洲秩序的一个重要机关。所以我们研究中古以来的西方文化史,不能不特别注意基督教的教义和组织,因为在中古时代,它是一个兼有宗教和政治两种性质的机关。倘若中央政府自己有强大的力量,当然用不着教士来代政府负政治上的责任。但是自从罗马帝国衰替以后,基督教会逐渐起来代行政府职权。后来各蛮族虽然各建王国,但是亦因境内大地主各霸一方,以战争为他们唯一的职业,中央政府既无维持秩序的能力,又不能援助国内被压迫的人民。在这种情形下,教会当然不能不用恫吓或劝告来维持境内的秩序,监督契约和遗嘱的履行,主持婚姻的成立。此外孤儿寡妇必须加以保护,人民教育必须加以提倡。欧洲基督教会的势力因此日有扩充,直到后来竟发展到和政府无异了。

【罗马教皇权力的来源】中古时代西部欧洲的基督教会中有一个教皇,住在罗马城中,他的权力很大,声势威赫,还在其他各国帝王之上。自从罗马帝国衰亡时起直到16世纪时德国的路德

(Luther)改革宗教时止,前后一千余年,教皇差不多就是统一全部西欧的大皇帝。现在我们稍述一下教皇的权力是怎样起源、怎样发展的。原来当初欧洲各城市中都有一个主教,主管全城各教堂的教务。罗马城本是帝国的首都,首都主教的威势当然要比别处为大。

自2世纪中叶以后,西欧人相传耶稣大弟子彼得(Peter)曾经做过罗马城中的第一个主教。彼得在耶稣的门徒中是大众认为得耶稣真传的一个人,因此罗马城中的主教就自命为耶稣的唯一代表,地位和权力都应该在其他各地的主教之上。罗马城中的主教后来之所以渐渐变成教皇,主要的原因就在于此。

【罗马的教会成为基督教的主脑】因此在中古初年时,罗马城中的教会早已被一般人当作教会中的领袖看待。大家都以为其所主张的教义是耶稣的真传,最为纯正。各地教徒对于教义上如有争持,往往诉诸罗马的主教,请他加以释义。自6世纪以后,教皇的称呼就渐渐为罗马城中的主教所专用。罗马教皇利奥一世死后不久,奥多阿克就把西罗马的皇帝废掉了。此后意大利又有东哥特人和伦巴底人相继入境,大肆蹂躏。在这混乱不堪的时期,不但罗马城中的人民仰仗教皇的保护,就是全部意大利的人民亦仰仗教皇的指导。罗马帝国的皇帝又远处东都,他的官吏虽然领有罗马城附近的地方,终因离东都太远,亦不得不接受罗马教皇的管理和指导。

【格雷戈里一世[①](590年—604年在位)】格雷戈里一世任罗马教皇时所做的种种事业,很可以证明教皇在当时政治上和宗教上所占地位的重要。他原来是一个大政治家,罗马城的政权经他一番发展之后,差不多全握在教皇的手中了,直到1870年意大利王国

---

① 今通译为"格里高利一世"。——编者注

统一时才完全失去。而且他又守护中部意大利，反抗伦巴底人的侵犯。这都纯属于政治方面的职务，现在格雷戈里一世既然都负起责任来，他就成为担任宗教首领兼掌管政权的第一个教皇了。

【格雷戈里一世的传道事业】格雷戈里一世在教会史上最重要的功绩，就是他那大规模的传道事业。因为他能够努力于这种事业，所以英国、法国、德国诸地都逐渐进入罗马教会的势力范围，受教皇的管辖。格雷戈里一世本是修道士出身，所以他的传道事业大部分都托一班修道士代他去进行。因此我们在叙述传道事业以前，不能不略述中古时代占有很大势力的修道士究竟是一种什么样的人。

第二节　清修制度和传道的事业

【修道士的重要性】修道士和其他僧团自中古时代以来在欧洲史上的影响力之大，真是一言难尽。在圣本尼狄克会（Benedictines）、方济会、多明我会（Dominicans）和耶稣会等僧团的编年史上包含许多名人，其中有哲学家、史学家、美术家和大诗人，都是各种人类活动中和知识上的伟大领袖。

【清修主义深得人心】原来修道院中的生活很得各种人民的欢心。修道院不但为笃信宗教者的乐土，而且是一班沉潜好学逃避世乱者安身的地方。此外穷困无告和落魄无聊的人往往亦遁入这种寺院中求得出世超尘的生活。所以入院清修的动机不一而足。当时的君主和贵人为修福起见，往往捐助土地和金钱作为建造寺院之用，深入丛林之中清静无尘之地，凡厌弃人间烦恼的人往往投身其间，度他们幽静安闲的岁月。

【圣本尼狄克会的清规】修道院制度最初发源于4世纪时的埃

及。到6世纪时，西欧一带的修道院大大增加，因此不得不定出一种清规来作为修道院生活的标准。526年时，南部意大利蒙特卡西诺山（Monte Cassino）修道院中的住持圣本尼狄克制定了一种规则，这就是有名的《圣本尼狄克清规》。因为这种清规很适合西欧修道士的生活，所以它就成为西欧各修道院清规的模范。

【清规的内容】《圣本尼狄克清规》的重要性，差不多和世界各国的宪法一样。其中规定，凡院中的修道士，应公举院长一人，主持院务，叫作住持。修道士每天除做祷告和静默沉思以外，须亲做烹饪洗衣和种植蔬菜的工作，如有余暇，须诵读《圣经》或教人读书。凡修道士肢体残废不能担任繁重工作的，就专做抄书一类轻易的工作。而且修道士都要宣誓抱定三种宗旨：服从、安贫和贞洁。他要绝对服从住持，不得有丝毫反抗。他要永远自安于绝对的清贫生活中，无论什么东西，甚至笔墨书籍等亦绝对不许私有。他绝对不得娶妻，这是因为单身鳏居的生活普遍被认为较家庭生活纯洁，实际上如果修道士都娶妻成家，修道院的制度就要从根本上动摇了。

【修道院的内容】修道士所住的地方叫作修道院，或叫作寺。院的中部有一块露天的空地，空地的四周有许多建筑环绕而起，叫作廊房。廊房的四边都有盖瓦的走廊，由此可以往来各室，不致受到阳光的直射或大雨的倾注。廊房的北部为礼拜堂，往往西向，这是修道院中最主要的建筑，通常造得非常美丽而宏大。西为库房，南为膳堂和客厅，东为修道士的寝室。《圣本尼狄克清规》规定凡修道院生活都应力谋自给，不要取偿于外人，因此院中廊房的外边往往有花园、果子园、磨坊、鱼池和种菜的圃。此外还有病房一处和客舍一间，为医治疾病和招待香客或贫人的地方。

【修道士对于文化的贡献】当日耳曼蛮族南下时，各地的图书馆大都被破坏无余，一般人对于读书亦没有很大的兴趣，抄书的工作当然就非常重要了。罗马人所有的著作到中古时代差不多全都散失了；各地的修道士却能设法把古籍用手抄录下来，因此拉丁文中重要著作的一部分能够流传到现代。当时修道士都以为辛苦做工可以帮助他们自己得救，所以他们对于院里园圃中的工作非常用心，因此较好的耕种方法亦逐渐推行于附近一带。当时各地的客店原来很少，但是因为修道院往往愿意招待过客，商人旅客都可以安然来往，所以西欧各地的交流逐渐繁密。凡此种种，都是修道士和修道院对于欧洲文化的贡献。

【修道士传道的事业】修道士第一件重大的事业就是感化日耳曼民族，使他们改信基督教。他们在这一件事业上非常成功，罗马教会的势力因此大为增加。日耳曼民族中首先引起他们注意的，就是入侵不列颠岛的盎格鲁人和撒克逊人。英格兰、苏格兰和爱尔兰在公元元年原为凯尔特民族所占据，他们的习惯和宗教怎么样现在已不可考。罗马的恺撒虽然在公元前55年时已经开始征服不列颠岛，但是罗马人的势力始终只限于南部。当5世纪初年蛮族南下时，罗马人不得不把不列颠岛的驻防兵调归大陆防守北境。住在丹麦以南的盎格鲁和撒克逊两支日耳曼民族就乘虚侵入不列颠岛。他们在格雷戈里一世任罗马教皇时建立了七八个小王国，格雷戈里一世做修道士时就有前往不列颠岛去传道的愿望，后来他升任罗马教皇，就派奥古斯丁率领修道士四十人前往传道，全岛人因此就逐渐改奉基督教。不久罗马教皇又派人去感化欧洲大陆上的日耳曼人，于是西欧都收在教皇的势力下了。

第二十一章　伊斯兰教的兴起和哈里发帝国

第一节　穆罕默德和伊斯兰教的教义

【阿拉伯人】罗马帝国西部备受北方日耳曼民族的蹂躏和波斯怎样继续和东罗马相争等情形，我们在前面已经述明了。现在我们再述阿拉伯人怎样趁他们两败俱伤之际东灭波斯、西夺罗马，在亚非两洲领土上另建一个绝大的国家。阿拉伯人在中古时代的世界史上占有一个很重要的位置，他们是白种闪族人中除犹太人和腓尼基人外最重要的民族。他们可分为两个阶级，就是住在城市中的市民和住在帐幕中的牧人。后一种阿拉伯人就是通常所谓的贝都因人（Bedouins）。他们住在波斯西南的沙漠中，外族不易侵入，所以阿拉伯半岛虽有一部分屡受他族的侵凌，但阿拉伯人始终未曾被外族征服过。

【穆罕默德以前阿拉伯宗教的状况】阿拉伯人在穆罕默德（Mohammed）改革宗教以前本来崇拜偶像。他们的圣地为麦加城（Mecca），城中有一个古老且尊贵的神庙内藏一立方黑石，相传这是天使给予亚伯拉罕（Abraham）的纪念品。阿拉伯人叫立方黑石为克尔白（Kaaba），所以这个神庙就叫作克尔白神庙。阿拉伯各地人民来此进香的不计其数。阿拉伯人虽然信仰多神教，国内的异教徒却亦不少。犹太人因为逃避罗马人的压迫，从巴勒斯坦移居阿拉伯的人数尤多。阿拉伯的教士渐从犹太人那里得到了一神的观念，他们又从基督教徒那里得到一部分耶稣的教义，所以穆罕默德所创的伊斯兰教大体上源于犹太教和基督教。

【穆罕默德】伊斯兰教的创始人穆罕默德大约在570年生于麦加城。他的出身很高贵，因为他的家庭本是克尔白神庙的保管者。他在幼年时从事畜牧，和古代宗教大家如摩西、大卫等一样，经常在晚上看守羊群；后来改营商业，做了一个骆驼商队中的人。穆罕默德禀有一种宗教的灵性，喜欢潜思默想。后来他宣称看见过一个天使给以种种启示，叫他宣示国人。他的主要信条就是：宇宙中只有一个神，而穆罕默德就是神的先知者。他最初专用劝告的方法叫他人信仰他；但是当时信他的人很少，努力了三年只得到信徒四十个人。

【伊斯兰教的大迁徙（622年）】穆罕默德的教义到后来竟引起了一班克尔白神庙管理者的愤恨，他们于是开始压迫他和他的同伴。穆罕默德为避祸起见，不得已迁移到麦地那城（Medina），这次大迁徙是在622年。在穆斯林看来，这是一件非常重要的事迹，所以他们就以这一年为伊斯兰历纪元的元年，这种历法如今还风行于全部伊斯兰教的世界。

【穆斯林神圣战争的开始】此时的麦地那不过是阿拉伯沙漠中的一个小村落，村中各家族意见很深，常起内讧。穆罕默德来到此地以后就做起了公断人。他定下一种宪章，把各族联合成一个小规模的共和国，为后来阿拉伯帝国即中国史上所谓大食帝国的核心。他的政府是一种神权政治，和古代的犹太人差不多。穆罕默德此时已不单是一个先知，而且是立法者、司法者和国王。于是他开始用武力去征服附近各地，他于逃亡后一年就派出军队去中途袭击麦加城中反对党的商队。这是一种很合阿拉伯风俗的举动，因为麦加城中的贵族既然想要杀死穆罕默德，双方当然处于战争的状态中了。又过一年（624年）麦加人和穆罕默德正式大战了一次，穆斯林大获胜利。这次战争可以说是穆斯林神圣战争的开始。

【麦加的陷落和穆罕默德的去世】伊斯兰历十年时,麦加人违背停战条约,于是穆罕默德率领一万贝都因人长驱直入攻陷麦加城。阿拉伯人从此一致承认穆罕默德为一个真正的先知,他们自己亦从此联合成一个伟大的民族。麦加城陷落不久后,穆罕默德就去世了。他的同伴把他葬在麦地那城,到如今那里依然为世界上穆斯林顶礼膜拜的圣地。

【《古兰经》的起源】我们在叙述穆斯林的武功以前,不能不先行略述伊斯兰教的教义。"伊斯兰"原是"服从上帝"的意思。穆斯林自称为穆斯林,他们的圣经叫作《古兰经》(Koran),相传其中所含的教义都是从天上的碑上抄下来的。穆罕默德时常把"天经"中的道理通过梦中或幻想中得来的方式讲给他的信徒听。这种道理或印在人的心中,或写在骨上、陶器的碎片上、椰树的叶上。穆罕默德去世以后,穆斯林就把它们很谨慎地搜集起来,再加上传说的补充,编纂成书。这就是《古兰经》的起源了。

【《古兰经》中的要义】伊斯兰教中根本的信条就是一神。贯彻《古兰经》的就是两句话:"安拉(Allah)以外别无他主。而穆罕默德就是安拉的使者。"《古兰经》以四种主要的德行教人:第一,祈祷,凡教徒必须面向麦加祈祷五次;第二,赈济穷人;第三,每年遵行斋戒一个月;第四,须亲赴麦加进香。凡笃信伊斯兰教的人将来可望升天,享受看花吃果、美女侍奉的快乐。如为非作恶就要进到烈火烧人和鬼怪百出的地狱中。

【伊斯兰教的宗派】穆罕默德去世以后,他的岳父阿布伯克(Abubekr)承继教统,号称教皇或哈里发(Caliph),纂修《古兰经》,并且将父老口头的传说加入经中,叫作逊尼派(Sunnite)。反对这派的人尊奉教祖的外甥阿里(Ali)为教祖的嫡系,主张经文中就应该如此规定，这就是什叶派（Shiites）。伊斯兰教的宗派实起源于此。现在的伊斯兰教国家中，土耳其属逊尼派，波斯和印度则属什叶派。

第二节　哈里发帝国的建立

【西亚和中亚的征服】自从穆罕默德去世以后，穆斯林继续努力于武力传教的事业。第二代哈里发奥玛（Omar）在位时（634年—640年），先于635年遣兵征服叙利亚、巴勒斯坦和腓尼基等地，侵入东罗马帝国的东境。基督教的发祥地从此落到了穆斯林的手中。又于633年到641年间东攻波斯。波斯王伊嗣俟三世出奔被杀；他的儿子卑路斯（Piruz）向中国唐王朝投降，唐王朝不能救。波斯萨珊王朝四百四十多年的国祚，终于674年为穆斯林所倾覆。

【波斯祆教的东传】萨珊王朝于3世纪初年奉祆教为国教，祆教逐渐盛行于东方，同时波斯境内新创的摩尼教的教徒，又因骤受压迫而向东逃遁，所以中部亚洲一带，自3世纪末叶以后，本已有这两派波斯新旧教的风行。到5、6世纪之交，即南梁北魏的时代，中国人才知道有祆教，当时北朝的皇后有奉事祆神的，称它为"胡天"。但到7世纪初年阿拉伯的穆斯林灭波斯后，波斯的祆教无法自存，它的教徒除一部分逃到印度的孟买成为帕西人（Parsees）外，还有一部分逃到了中国。当时中国的唐太宗（在位时间为626年—649年）本是一个宽宏大量足以代表中国民族性中最优一点的人，对于外来各教无不优待有加，因此中国两京和西部诸州都建有祆祠，而中国的"祆"字亦起源于此时。这可说是祆教正式传入中国的开始。

【摩尼教传入中国及其衰落】至于摩尼教，虽和祆教同时东传入中亚，但到7世纪末年唐武后时（延载元年，即694年）才传入中国。这班教徒殆因中亚一带受阿拉伯人势力向东发展的影响，不得不追随旧敌袄教徒之后跟进中国境内，希望受中国的保护。不过摩尼教徒在中国的情形似乎和袄教徒不同。首先，因为他们通晓天文，自命能够呼风唤雨，故较袄教徒更能引起朝野的信仰。其次，就是在8世纪后半期，中亚突厥民族中的回鹘人声势甚盛，公然引兵深入洛阳，干涉中国的内政，摩尼教徒竟乘机去感化回鹘的可汗，使其变成他们的护法。因此当时的摩尼教徒亦和回鹘人一样，在中国的势力有点炙手可热，所谓的大云光明寺就此林立于中国各地。但自9世纪中叶回鹘帝国完全瓦解以后，当时的唐武宗又因深信本国固有的道教，大排一切外来的宗教。一时不但佛教被毁，就是景教、袄教和摩尼教的势力亦骤然被破坏无余。其中佛教因根深蒂固，不久即死灰复燃。波斯这两派宗教，则只好依附于道佛两教的教义而改为秘密的"明教"或"明尊教"。虽能苟延残喘到宋明时代，但已非本来面目。至于景教，则直到13世纪元代统一亚欧两洲后，才又以"也里可温"的名义暂时盛传于中国，但不久就被佛教徒所排斥而消失了。

【倭马亚王朝的武功极盛】自641年后，穆斯林西向非洲北部而进，征服埃及。埃及自古以来原和地中海对岸的欧洲关系极密，此后乃转入东方穆斯林的势力范围了。自661年以后，穆罕默德的正统中断，于是穆阿威叶（Muawiya）继为哈里发，迁都于大马士革（Damascus），建立了有名的倭马亚王朝（Omayyads），享国几达一百年。他东征中部亚洲，直入天山南路和印度河流域；西围君士坦丁堡，征服北非洲全岸，直达大西洋沿岸；再渡直布罗陀海峡进逼西班牙，建立一个中古时代极大的哈里发大帝国。711年得内应而攻入西班牙，大败西哥特人的军队，此后西班牙隶属于伊斯兰教治下凡八百年。阿拉伯人纷纷迁入境内，西班牙各地受到阿拉伯文化的影响，一切风俗、习惯、服饰、语言、宗教都和穆斯林一样。

【图尔之战】穆斯林在征服西班牙后的四十五年，又越过北方比利牛斯山（Pyrenees），进占高卢南部一带。西欧的基督教徒大为震惊，好像欧洲不久将为穆斯林所灭一样。732年法兰克国王的宫中执政查理·马特（Charles Martel）率领法兰克人和同盟军队在高卢中部图尔（Tours）大败阿拉伯人。阿拉伯人于是退到比利牛斯山外，守在西班牙境内。自从穆罕默德死后到此约一百年间，大食帝国的国境已经东到亚洲中部的葱岭和中国相接，西到欧洲西部的西班牙和法兰克王国为邻，南占北非洲沿岸全部的地方。版图的广大远在罗马帝国之上，国势的强盛和中国当时的唐代可以并驾。

【大食帝国的分裂】当倭马亚王朝武功极盛的时候，亦是大食帝国逐渐分裂的时代。原来当倭马亚王朝于661年创立时，教祖嫡系外甥阿里的子孙多逃到波斯，创立法蒂玛（Fatima）派，崇尚绿色。同时教祖的叔父阿拔斯（Abbas）（中国《唐书》旧译阿蒲罗拔）的子孙亦因反对倭马亚王朝而创立阿拔斯派，分布于呼罗珊（Khorasan），崇尚黑色。至于倭马亚王朝直系多盛行于叙利亚，崇尚白色。这三派在倭马亚王朝时代始终互相倾轧，不肯相让，这就是中国史上所谓绿衣大食、黑衣大食和白衣大食的分别。倭马亚王朝武功极盛时代亦是白衣大食得势的时代。

【伊斯兰教文化的黄金时代】750年以后阿拔斯派起兵攻破大马士革，倾覆了倭马亚王朝，于756年建新都于巴格达（Bagdad），叫作阿拔斯朝。这就是黑衣大食得势的时代，享国凡三百多年。这一朝的最初一百年间，为大食帝国文化上的黄金时代。阿拉伯的学者就在此时把古代希腊的名著译成阿拉伯文以供国人研究。凡占星学、算学、医学、地理、历史、文学等，莫不极其发达。同时阿拉伯的商人东到中国、印度和南洋群岛诸地，西到北非洲的西部，北到俄国南境，南到非洲南部，差不多把当时全世界的商业都操控在他们的手中，凡里海、地中海、红海、波斯湾、印度洋和中国的南海，处处都可以看见阿拉伯人的商船。巴格达城一时为世界学术的中心和工商业的枢纽。当时穆斯林生活的繁华和中国唐代差不多，与当时西欧各国的简陋野蛮恰成对比。

【伊斯兰教东传中国】至于伊斯兰教传入中国，据阿拉伯史学家所记，以为是在715年阿拉伯名将穆斯林东征喀什噶尔的时候。当时中国的唐玄宗曾遣使向他询明伊斯兰教的教义究竟怎么样。四十年后，唐玄宗因安禄山反叛而西奔时，巴格达的哈里发又曾派穆斯林四千人东来中国，帮助唐肃宗平乱。中国《唐书》亦说：至德初（肃宗时），代宗时为元帅，亦用大食国兵以收两都，就是指此。据阿拉伯史学家说，中国人为酬劳起见，乃令他们留居中国境内，准娶中国女人。伊斯兰教从此大盛于中国。到13世纪以后，元人统一西亚，阿拉伯人东来益便而多，伊斯兰教的传布亦更加便利。东亚一带，除佛教外，又加上了一个西来的伊斯兰教。从此以后，文明世界中遂成为中国佛教、阿拉伯伊斯兰教和欧洲基督教三大宗教鼎足三分的局面。

【伊斯兰教的优点】伊斯兰教之所以风行和阿拉伯大帝国之所以成立，当然有相当的原因。阿拉伯的穆斯林对于波斯的祆教徒、非洲和欧洲的基督教徒、中亚一带的佛教徒，态度都和从前安息人一样十分宽大。所以勃兴之后，在最短期内就能统一当时亚、非、欧三洲异族异教的人民，而成为中古时代极大的国家。而且当时新起的伊斯兰教掺有各教的成分，却又比祆教的组织单纯，比犹太教的民族主义宽大，比基督教的迷信合理，因此风声所播，信众日多。加以伊斯兰教不尚鳏居和苦修，其习惯亦较为适合人类的常情。而它的"清渠中溉，永居不迁，且获洁侣，以博主眷"的乐园亦足以打动当时一般饱尝世患的人心。所以当时波斯、罗马两大帝国境内的人民无不受其感化，靡然向风。此外据中国史书（《新唐书·西域传》）所记，大食国王每七日必高坐礼堂对下说："死敌者生天上，杀敌受福。"所以民众勇于斗争，而教义日行，领土大展。

【大食帝国的三分和衰替】当阿拔斯朝成立时，倭马亚王朝的余裔逃到了西班牙，于755年建立大食西帝国，定都于科尔多瓦（Cordova）城，西部文化的发达和东方的阿拔斯朝一样，而科尔多瓦实为阿拉伯文化输入西欧的一个大本营。阿里的后裔亦因反对阿拔斯朝逃到埃及，一步步经营，于969年建立法提玛朝于埃及的开罗。此后的大食帝国乃成鼎足三分的局面。法提玛朝兴起后，在当时国势最强，而文化的发达亦和其他两处一样。自从9世纪中叶以来，大食东帝国逐渐衰替，中央政权渐入新起的突厥人手中，波斯诸地渐渐独立。东部阿拔斯朝诸帝此后已经徒拥虚名，变成了突厥人的傀儡。至于西部帝国，兵威还是很盛，于9世纪中叶出兵征服地中海西西里诸岛，直到15世纪末年方为西班牙的基督教徒所驱逐。

第三节　伊斯兰教的文化

【亚洲为当时世界上的文化中心】大食帝国的极盛时代，亦是中国唐朝势力的极盛时代。当时世界上中华文明和伊斯兰教文明并峙于亚洲，一时东西方海上和陆上的交通都繁密异常。阿拉伯商人到中国广州、泉州和杭州等地的人数非常多。波斯的袄教和摩尼教、亚美尼亚的基督教中景教一派，以及阿拉伯人的伊斯兰教都在此时传入东亚的中国。此时的佛教在印度虽然早已衰替，在中国却盛极一时，并从中国再传入朝鲜和日本。

【阿拉伯伊斯兰教的文化】阿拉伯的穆斯林和日耳曼民族一样，同受上古文化的影响。阿拉伯人尤其能够把古代科学上的成就积聚起来，加以发扬，再传给欧洲的基督教徒。他们把这种文化中的元素引入他们所征服的领土上，在巴格达和西班牙两处尤为发达，当时这两地的文明程度较其他西方各处都高。穆斯林的法律制度以《古兰经》为根据，为世界文化史中势力最大、风行最广的一种。这种制度实含有宗教的性质，所以和基督教中的摩西律法很相似。至于阿拉伯的文学，则以传奇和诗两种为最好。《天方夜谭》一书不但可以使我们窥见巴格达极盛时代一般生活和习俗的情形，而且为世界文学史上一部不朽的杰作。阿拉伯人对于科学的研究尤为热心，而且成就很高。他们从波斯人、希腊人和印度人那里引进天文、几何、算术、医学、植物学等科学的种子。他们对于这些科学都能加以发挥，加以改进，再传给欧洲的学者。医学能够成为一门真正独立的科学，就是阿拉伯人的功劳。十进制的记数法亦由他们发明①之后传进欧洲，风行世界。至于阿拉伯的数字，实际上是从印度传来的。

【教育和美术】阿拉伯人的文学和科学极其发达，所以学校和图书馆亦到处设立起来。在各大城市中如巴格达、开罗、科尔多瓦诸地都有规模宏大的大学，四方负笈来学的青年真是不计其数，因此当时伊斯兰教领土上很有一种文雅和学术的气氛。当时西欧一带的基督教徒只有一种简陋的教会教育，和阿拉伯人比起来真有天渊

---

① 该说法目前尚存争议。——编者注

之别，所以当时基督徒留学阿拉伯大学中的为数很多。阿拉伯人所建造的清真寺和其他各种大建筑自成风格，为欧洲基督教建筑家学习的典范。有一部分极美丽的建筑物在西班牙各地如今还有遗址留存，供后人欣赏。

【世界商业的发展】阿拉伯人不但发展国内的文化有功于世界，而且能发展当时世界的商业，促进欧洲中古时代以来经济的复兴。原来上古时代的商业多由亚洲中部的陆路往西达于欧洲，粟特商人实为中介。中古初年亚欧两洲交通的孔道渐由陆路移到南部的海洋，波斯人实握有霸权。但自8世纪以后到15世纪末年地理上的新发现为止，凡八百年间，亚欧两洲的商业因有阿拉伯帝国的成立而大大发展。东自中国的东南，西达非洲北岸以至西班牙，北自中亚往南达于印度和南洋，几乎都成为阿拉伯商人的活动区域。因此唐代的中国有"市舶提举司"（即现代的海关）的设置，以增加中国的财源；欧洲南部意大利的城市亦渐受转运东方商品的影响而日趋繁盛。这都是阿拉伯人活动的功绩。

【中国造纸术的西传】但是穆斯林最有功于欧洲文化的一点，就是把中国的造纸术传到欧洲去了。原来中国自从2世纪初年蔡伦改进造纸术且公开发表之后，中国纸就传到了西部新疆一带。到5世纪末年遍及中部亚洲，从前木板作书的习惯从此渐歇。8世纪初年阿拉伯穆斯林征服中部亚洲，中国的唐玄宗亦想征服西域。中国将领高仙芝于751年被大食兵大败于怛罗斯。没想到这次战争竟产生一件文化上极重要的事迹，就是中国造纸术的西传。因为中国俘虏中有能造纸的工人，阿拉伯人就叫他们在中亚的撒马尔罕（Samarkand）造纸。中国的造纸术于是就从撒马尔罕向西经波斯、阿拉伯、非洲的埃及和摩洛哥，然后传入欧洲的西班牙。11世纪时，古代埃及的草纸和欧洲的羊皮纸都渐被淘汰。12世纪以前欧洲造纸的事业差不多全操控在阿拉伯人的手中，12世纪末年法国虽然已有基督教徒所设的造纸厂，但是欧洲人所用的纸仍旧仰赖于大马士革和西班牙的穆斯林。自从中国蔡伦改进造纸术后，中国人垄断造纸业凡六百年，然后由撒马尔罕的中国俘虏传给阿拉伯人；阿拉伯人又独占了五百年，才传给西班牙的基督教徒。后来中国的印刷术亦于13、14世纪时传入欧洲，纸的用途更广，欧洲原有的羊皮纸价贵而难造，就此大衰；而印刷术亦因纸的出产很多，而成一日千里的发展局势，于是欧洲文化进步的速度空前地加快，进而开创出一个近世文明的新局面。

第六部分
欧洲的混乱和亚洲北方民族的兴起

　　成千上万的法国人、英国人、德国人由海陆两路往东方去，他们向来蛰居于西欧的乡僻地方，没有出过本村或本省一步，一旦置身于大城市中目睹奇异的民族和习惯，当然要留下很深的印象，产生许多感想和观念带回故乡去。所以十字军的远征差不多是一种民众教育的大运动。

第二十二章　查理曼帝国和封建制度的起源

第一节　查理曼的功业

【丕平做法兰克人的国王（751年）】我们在前面曾经述过法兰克人怎样征服了一块很大的领土，包括现在法国的全境和德国的西部。后来国王的权力逐渐旁落于所谓"宫中执政"的手中。732年时在图尔战胜穆斯林的查理·马特就是西法兰克国王的执政。他的儿子丕平（Pippin）果然篡位，把旧王废掉，由自己来取代。丕平在废王以前，曾与罗马教皇相商，而且得到了教皇的同意，所以丕平即位时受到了教士的涂油和教皇的祝福。

【君权神授的开端】日耳曼民族中的国王向来由武功很强大的人去担任，而且即位为王必须得到人民的同意，所以国王的选择和教会绝无关系。但是丕平在即位以前既然征求教皇的意见，即位时又遵照一种犹太人的旧习，由教士把圣油涂在他的头上，所以他即位为王最终受到了教皇的祝福和同意。因此教会方面就把国王当作上帝在人世间的代表，人民服从国王亦变为一种宗教上的义务。此后欧洲的君主往往以"奉天承运"自命，不许人民有反抗的举动，后来"君权神授"的理论其实就起源于此。

【查理曼（742年—814年）】中古时代最有名的国王就是丕平的儿子查理曼（Charlemagne），他于771年即位。在当时他算是一个受过教育的人，而且很能尽力去提倡学术。他自己亦很好学，每顿饭时必叫人读书给他听，对于历史尤为爱好。当时能动笔作文的人除教士外本就很难得，查理曼亦很热心于著作，但是因为开始学习得太迟，所以只学到能够签名为止。他曾邀请四方有名的学者到他的宫中，而且设立了许多学校。当时人对于查理曼的印象原本很深，他死后对他更是恋恋不舍，因此他便成为中古时代许多传奇小说中的英雄。实际上查理曼是一个伟人、世界史上的一个天才，不愧为中古时代的主要角色。

【查理曼的帝国观念】查理曼的理想在于把所有日耳曼民族联合起来，组成一个大规模的基督教帝国。当时在他的领土西北境外有撒克逊人常常来骚扰他的国境，所以他最先注意到他们。撒克逊人所居住的地方既没有城市，亦没有道路，他们的生活又很野蛮，胜则南下，败则退入森林，所以要征服他们非常困难。查理曼平生的武功以征服撒克逊人最为费力，而且费时。他提倡基督教亦极为尽力，凡信奉异教而不遵行洗礼的人常常加以重罚。773年时查理曼为保护罗马教皇起见而侵入伦巴底，且自立为伦巴底王。同时除日耳曼民族外，他又要应付东欧的斯拉夫人和西班牙的阿拉伯人。789年时他大败波希米亚（Bohemia）的斯拉夫人。不久又应西班牙基督教徒的请求，逐渐从穆斯林方面夺回埃布罗河（Ebro）以北的地方。这是欧洲基督教徒驱逐西班牙穆斯林的开始，直到1492年穆斯林最后的根据地格拉纳达（Granada）失去以后，穆斯林才完全绝迹于西班牙半岛。

【查理曼加冕为皇帝】查理曼一生最大的功业就是他在800年重新恢复了西部的罗马帝国，这一年他为了解决教皇利奥三世的困难而到罗马城中去。困难解决后，罗马教皇就于耶稣圣诞日在宫中圣彼得礼拜堂举行庆典。当查理曼跪在神坛前行礼时，教皇手捧帝冕加在他的头上，尊称他为"罗马人的皇帝"，因此西部的罗马帝国总算复兴了,但是此时的罗马皇帝当然和从前的大不相同。第一,当时东部的罗马帝国仍然存在,与西部的皇帝始终没有任何关系;第二,查理曼以后的日耳曼诸帝往往懦弱无能,不能治理这样一个大帝国,结果反而弄得日耳曼和意大利两方都陷入混乱的状况中,为他日德国和意大利迟迟无法统一的远因。

第二节 查理曼去世后的混乱

【查理曼帝国的分裂】查理曼所建立的帝国版图很大,统治很难,所以在他814年去世以后,他的子孙就屡起领土的争夺。直到870年,大家才同意订约把帝国分为三部分:西法兰克王国、东法兰克王国和意大利王国。西法兰克王国包括现在的法国和比利时,人民所用的语言是一种拉丁的方言。东法兰克王国包括现在德国的地方,人民所用的语言是日耳曼语。现代的德国、法国和意大利三国的雏形就此出现了。

【维持秩序的困难】自从870年订立和约以后,西部欧洲一带大乱了数百年,到处以战争为事。原来当时要维持秩序困难很多:第一,从前罗马人所造的大道和桥梁早已年久失修,交通不便,国王要想平定各地方的叛乱非常困难;第二,当时国家的经济非常困窘,西欧的金银矿原本就很少,又因商业衰落,所以外来的贵金属亦非常有限,因此国王往往没有充足的经费来应付行政上的开支,于是不得不用封地来代替现金分给国内的官吏当作薪俸。做官吏的人就此逐渐独霸一方,造成尾大不掉的局面。

【新生的外患】而且帝国各部分常受新起的外族侵略。穆斯林于查理曼死后不久就占据了西西里岛,常常骚扰意大利和法兰克王国的南部。东方的斯拉夫人也常常入侵,同时亚洲的蛮族马扎尔人亦深入法兰克王国的境内，后来被逐东返，住在了现代匈牙利的地方。还有一班从丹麦、瑞典、挪威方面南来的北方人，他们不但沿途劫掠法兰克王国的西岸，而且沿河而上直攻入巴黎城。当时查理曼帝国的各部分无论内外都常处于极其混乱的状态中，国内有贵族的内讧，国外又有外族的侵凌，因此各地的贵族无不建造城堡以便自守，各城市亦建造城墙以资防护。

【中古时代的私人城堡】因为当时的国王没有组织严密的军队，只好让各地方自己去谋划自保的方法，而一般人民的安乐亦只能仰仗各地方贵族的保护。从前罗马人有在营房四周建筑墙壁的习惯，但这是政府的机关，不是私人的住屋。自从蛮族南下秩序大乱之后，各地贵族和大地主就开始建造私有的城堡，为中古时代欧洲史上的一个小特点。各地的城堡往往建于险峻的山崖上，使敌人无法接近。若在平地，则城堡四周往往掘有一道壕沟，沟上有吊桥可以随时吊起，以便断绝敌人的进路。城堡的进口处有厚木板的吊门。城堡内部有谯楼，楼四周开有小窗，以便放箭或者倒下火热的沥青和铅类等熔液以击退敌人。有时还有宏大的厅堂作为城堡主人的内室。此外亦有库房、军器房和小礼拜堂等。

第三节　封建制度的兴起

【封建制度的发展】当时拥有广大田庄的地主往往愿意把自己的土地分给别人，不过接受土地的人要承担下述的义务：随同地主出战，防守地主的城堡，捐助地主的非常费用。封建制度中封主和附庸的关系就是这样建立起来的。接受封土的附庸誓忠于封主，封主则不仅把土地给予附庸，而且负有保护附庸的责任。这种封主和附庸间的种种关系构成了西方中古时代的封建制度。封建制度的产生既不出于国王的命令，亦不一定出于封主的意愿，其实是因为当时的环境利于这种制度的存在。所以封建制度的兴起极其缓慢且极不规则。根据上述的条件而分给附庸的土地叫作封土。接受封土的附庸亦可把自己的封土依同样条件再分给别人，而自己就因此兼做封主。接受附庸的封土的人是附庸的附庸，所以叫作再封的附庸。

【忠顺的仪式】凡接受封土的人必须跪在封主的面前，把自己的手放在封主的手中，宣誓对于某一块封土愿做封主的"顺民"。于是封主吻他的前额表示和好的意思，叫他立起身来。附庸再手捧《圣经》或其他圣物宣誓对于封主愿尽一切义务。这种忠顺仪式的举行为附庸第一种且最重要的义务。

【封建的义务】附庸的义务种类极不一致。凡封主有远方的军事，附庸必须自备资斧去参加，不过每年以四十天为限。遇附庸间有争执时，他必须应封主召集的命令，前往参与审判。此外附庸负有种种金钱上的义务，如封主的长子成年行骑士礼时、封主嫁女时，以及封主被掳取赎时，附庸均须缴纳相当的金钱。最后凡封主经过附庸的居住地时，附庸有招待食宿的义务。

【封土的种类】封土的大小极不相同，所以重要的程度亦各不相等。大的如公爵、伯爵的封土直接受自国王，权力的宏大几乎和国王无异。小的如普通骑士的封土，一年的收入有时还不够维持自己的生活和养马的费用。我们要知道封土总是由子孙世代相传下去的。只要附庸和他的继承人能够一心忠顺，尽他的义务，那么封主和其子孙就不能随意把封土收回。因此封主除课税和要求附庸服务外，对于封土几乎别无权力。所谓的封土差不多已变为附庸的产业，封主所享有的只是一点占有权的影子罢了。

【国王和人民的关系】直接隶属于国王的附庸一旦受封之后，往往就和独立的君主无异了。他们自己的附庸既然不曾直接向国王行忠顺的仪式，对于国王的命令往往也不去理会。因此从9世纪到13世纪，西欧各地的君主虽然可以用封主的资格向其管制下的附庸要求忠顺和服务，但是对于一般人民却没有直接的管辖权，因为一般人民都生活于其封主的封土上，当然只知道有封主，不知道有国王。

【强权就是公理】我们随便翻读一本当时的编年史，就可以看出当时除教会外，处处以武力作为解决一切问题的工具。除非封主有相当的实力，否则绝难望附庸履行封建的义务。忠顺的誓言往往等于空文，封主和附庸都常常有违反信义的举动。因此封建时代的法律就是战争，战争渐成为贵族间的主要职业。原想用封建的关系来维持秩序，到后来反而成为冲突和纷乱的主因。无论什么人都以欺凌弱小为事。理论上凡附庸间的争执，原可由封主用和平方式去解决，但是封主往往心有余而力不足，而且不愿意这样去做，因为即使法院判决下来，亦往往没有执行的方法。所以各附庸间只有诉诸武力这一法，好像这种方法就是他们生活中的主要乐趣。

【上帝停战条约】这种持续不断的战争弄得国内秩序不安，民生痛苦，因此引起了教会中人的注意，很想设法停止它。约在1000年时，法国南部的宗教大会曾经决议凡战斗者不许攻击教堂、修道院、教士、香客、商人、妇女和农夫。后来宗教大会又开始颁布所谓的"上帝停战条约"，规定凡在四旬期以及各种圣节和每周中的星期四、五、六、日等均须停止战争。在停战期间无论什么人都不许攻击别人。凡围攻城堡的人亦须停止攻击，所有人民得以自由往来而不受兵士的留难。倘使不遵条约，教会就可把他逐出教会之外，病时无人探问，死时无人祈祷，死后的灵魂必入地狱。这种停战条约的成效究竟怎样，实在难说。当时好勇斗狠以强权为公理的武人对于每周只有三天的自由当然不能满意，那就可想而知了。

【国王终得胜利】不过我们不能以为在查理曼帝国分裂以后的数百年间,西部欧洲绝对没有国家的存在,或者绝对分裂为无数独立的小国家。国王既然曾受教士的涂油,终究不只是一个封建的封主而已。所以后来英国、法国、西班牙以及意大利和德国诸国的国王,都先后制服国内的诸侯,建立强有力的中央政府,把自己的领土变成现代民族的国家。

第二十三章　欧洲政教冲突的开始

第一节　神圣罗马帝国的起源

【奥托大帝（912年—973年）】查理曼帝国东部的日耳曼，自查理曼死后，就分裂成许多大小不等的封土，各封土中的公爵和伯爵间一面常常起纷争，一面又常常和国王宣战，真是混乱得不可名状。查理曼之后西欧第一个有名的君主就是936年即位的奥托大帝（Otto the Great）。他把经常入侵的马扎尔人逼归东欧，使他们从此定居下来，组成现代的匈牙利。日耳曼境内虽然有附庸的纷争，但是他竟把意大利的北部收入自己的版图，由自己去兼领意大利的王位。后来罗马教皇需要他的保护，便请他到罗马来。教皇为酬功起见，就在962年替他加冕为皇帝，当作查理曼的继承人。奥托这次称帝，对于后来德国的国运极有影响。因为从此以后，德国的皇帝一面要解决国内诸侯的纷争，一面又要维持意大利的领土，分心于阿尔卑斯山南北两方面，结果弄得顾此失彼，两败俱伤。

【神圣罗马帝国】奥托大帝之后的东法兰克国王往往在罗马经教皇加冕称帝以后，就弃王号而不用，自称为"罗马人的尊严皇帝"。他们所统治的国家后来亦叫作神圣罗马帝国，这个帝国的寿命在名义上竟维持了八百多年，但是这个帝国和从前的罗马帝国完全不同。皇帝的称号固然尊严，但是因帝号而得来的权利，只有参与教皇选举这一种，而这种选举的参与反而引起了后来的许多困难。所以他们不但不能组成一个强大的国家，而且因为和教皇争雄，反而枉费了许多精力，结果只是把这个帝国弄成一个有名无实的空影罢了。

【教会的领土卷入封建制度的旋涡】我们要了解日耳曼诸帝和罗马教皇间长期的争雄，须知道当时的王公贵族常把大片土地捐给教会，以便维持各主教区或修道院的生活。教会既然拥有广大的土地，当然不得不卷入风行一时的封建制度中。教会的主教往往兼做国王或诸侯的附庸，而修道院的住持亦可接受封主的封土。但是教士依教规是不许婚娶的，所以他们的封土不能世代相传。因此拥有封土的主教或住持一旦去世，就不能不另选他人来继承。依教会的规则，凡主教须由主教区中的教士选举出来，修道院的住持须由院中的修道士选举出来。主教和住持既然同时是封建制度中的附庸，他们的封主当然亦要求参加他们的选举。实际上自从奥托大帝以后，所有主教和住持的选举差不多全受到皇帝或其他封主暗中的操纵。

【授职问题】当主教或住持正式被选中之后，封主就举行授职的典礼。新主教或住持先向封主行忠顺的仪式，声明愿为封主的顺民，封主才把封土和权力给他。当时人们对于财产和宗教的权力好像并不清楚。封主往往同时把宗教上的仪仗如指环和手杖递给新任的主教。当时的封主多半是鲁莽的武人，他们竟能主持教会中人员的选举已是一种奇闻，而他们能把代表宗教权力的标记传给新选的教士更是怪事了。

【教士的婚娶】当时教会的资产和财富也有一种逐渐消失的危险。10世纪和11世纪时，教会中禁止教士婚娶的规定，在意大利、日耳曼、法国和英国诸地，差不多都未被严格遵守。倘使教士可以婚娶，那么他们一定要替自己的儿女筹划生计，教会的财产亦要和普通的封土一样，就此变为私人的产业了。

【教皇的事业】自从奥托大帝去世一百年之后，欧洲的教会因为富有财产，好像一定要卷入封建制度的旋涡中。但是当时的教皇很努力地想把教会组成一个国际的大帝国，而以罗马城作为首都。他们设法把封建诸侯所享的选举教士的权利剥夺了，把教士婚娶的习惯禁止了，把教会种种腐化的情形改革了。教皇方面最重要的举动就是1059年的命令，规定此后罗马教皇应由代表罗马城中教士的枢机主教（亦叫作红衣主教）选举出来，皇帝不得过问。因此从前日耳曼皇帝所要求的选举教皇权就被绝对地剥夺了。

【格雷戈里七世】1073年，欧洲中古时代最伟大的教皇格雷戈里七世（Gregory Ⅶ）被选为罗马教皇。他曾经著过一篇短文，把上帝赋予教皇的权力一一叙明，他说唯教皇有任免任何主教的权力。凡宗教大会的决议案，没有经过教皇的批准，不能代表基督教全体的意思。凡宗教书籍，没有他的认同，不算纯正。凡不服从罗马教皇的人，不能被当作正统的基督教徒。而且他更进一步主张，唯有罗马教皇可以接受各国君主的顶礼，唯有他可以废立皇帝，唯有他可以解除人民忠顺于君主的义务。凡上诉于教皇的法案，别人不可以定罪。教皇可以宣布国王的命令为无效的，而世间别人不可以撤销教皇的命令。教皇的行为没有人可以加以批评。

第二节　教皇和皇帝的争雄

【亨利四世和格雷戈里七世】格雷戈里七世以前，诸教皇曾经屡次提及教士不得再由俗人方面接受职位。格雷戈里七世于1075年时重新下令禁止俗人授职予教士。他这种举动其实和革命无异。原来当时日耳曼和意大利两处的主教和住持往往兼任政府的官职，他们的地位和权力与普通的诸侯差不多。皇帝不但在施行政务方面要依赖他们，就是对于国内诸侯的制服，亦要靠他们的帮助。如果皇帝对于教士的任职不能过问，那么自己的地位和政治上的措施都要出现问题。所以格雷戈里七世的这次举动引起了日耳曼皇帝和教皇间长期的争斗，先后达二百年之久。当时格雷戈里七世的代表对日耳曼国王亨利四世（Henry Ⅳ）大加侮辱，所以亨利四世竟破口大骂教皇为恶人，宣言要把他废掉（1076年）。格雷戈里七世就以圣彼得的代表自命，要把抗命的亨利四世废掉，而且下令日耳曼和意大利的人民不必再以国王待他，不必再服从他的命令。自从教皇宣布废立以后，亨利四世的附庸都起来反叛他，全国骚动。亨利四世因此神气沮丧，不得已于1077年的冬日，赤了双脚，穿了香客的衣服，走过阿尔卑斯山，亲自到教皇所住的卡诺沙（Canossa），向教皇求和。在门外候了三天，教皇才许他入见谢罪。一个统有广大领土的君主，竟不得不含泪向一个自命为"上帝诸仆之仆"的人哀求请罪！我们看到这种情形，可以想见教皇的威势在当时是怎样煊赫了吧。

【沃尔姆斯宗教条约（1122年）】但是这次卡诺沙的两雄会见并不能解决双方的争斗。格雷戈里七世和亨利四世去世以后，教皇和皇帝间还在继续地争持。直到1122年教士的授职问题才在沃尔姆斯（Worms）城中开会解决。此后凡主教和住持应由教士选举，宗教权力亦由教会中人授予。至于日耳曼的国王或皇帝，只许以笏略触教士的头，授以封土和政府中的职位。

【霍亨斯陶芬族的皇帝】沃尔姆斯宗教条约制定后三十年，日耳曼又出了一个极著名的皇帝，即腓特烈一世（Frederick I）。他想恢复罗马帝国先前的光荣和威势，但是始终不能成功。后来因率领十字军（Crusades）东征，死在途中。他多才的孙子腓特烈二世娶那不勒斯和西西里两王国的嗣位女王为后,因此就在意大利南部组成了一个强大的新国。罗马教皇以为这个大国于己不利,所以当腓特烈二世死后不久就另召一个法国人来统治这块领土。

【日耳曼和意大利的一般状况】自从1250年腓特烈二世去世以后,中古时代的日耳曼帝国可算告终了。1273年哈布斯堡(Hapsburg)王朝的鲁道夫(Rudolph)即王位时,日耳曼已经不是一个国家,而是一个侯国、伯国、大主教区、主教区、住持区和自由城市的混合物。他们的国王虽然仍旧自命为皇帝,但是已经没有人去理会他。至于意大利,在当时亦是四分五裂的局面:伦巴底人占据北部,教皇的领土横贯中部,那不勒斯隶属于法国,而西西里王国则分离出来而被纳入西班牙的版图。

第三节 中古教会的权势

【中古教会的性质】我们在上面曾经屡次提及教会和教士。在欧洲中古时代,教会是一个最重要的机关,教皇、主教和住持是各种事业的领袖,所以西方的古史中倘若没有教会和教士,就要成为一张白纸了。至于中古时代的教会,和现代欧洲各新旧教会的性质都不相同。(一)当时无论什么人出世,都隶属于教会,同我们现在人人都必须隶属于某一个国家一样。西欧变成了一个绝大的宗教团体,无论什么人都不能反抗。凡反抗教会或怀疑教会权力的人就是反对上帝,应处死刑。(二)中古教会不像现代教会专靠教徒的捐助来维持生活。它除享有自己领土中的赋税和种种捐费外,还征收一种什一的教税,凡教徒应把自己每年收入的十分之一交给教会。(三)中古教会不只是一个宗教机关。它除维持教堂、领导礼拜、培养宗教生活外,还负有许多别的责任。实际上中古教会本身就是一个国家,有复杂的法制和司法的机关。它不但对于教士的法案有管辖权,就是对于和教会有关系或受教会保护的人如修道士、学生、十字军人、孤儿、寡妇,以及贫苦无告的人亦有管辖权。此外,关于教会仪式或禁令上的事情如婚姻、遗嘱、契约、借贷、渎神、巫觋、异端等都要受到教会的节制。甚至教会中自有监狱,可以判处教徒终身监禁的罪名。教会权力之大由此可以窥见一斑。

(四)中古教会不但行使国家的职权,而且有一个国家的组织。教士和教会都隶属于一个住在罗马的教皇。教皇对于各国的教士握有绝对统治的权力。西欧的教会一律以拉丁文作为正式通用的文字,凡公文往来和礼拜仪式一概不得用别种文字。罗马教皇深居宫中,至于西欧各国就分遣教使办理一切教务。教使的权力往往非常大,气焰熏天。同时为处理一切教务起见,罗马城中设有许多官职。枢机主教和各种官吏组成所谓教皇的朝廷。教廷中的费用浩大可想而知,都由教皇在各种收入中筹划分配。

【教士势力大的原因】在中古时代的欧洲,唯有教士为曾经受过教育的人,所以他们的势力更加大了。原来自从罗马帝国分裂后的六七百年间,教士以外很少有人能够读书或执笔。即使在13世纪时,凡犯罪的人要证明自己是一个教士,只要能够读《圣经》中的一行文字,就可满足法官的意思;因为当时的法官总以为不是教士绝不识字,既然识字,必是教士无疑。因此当时的教师全由教会中人去担任,所有书籍亦几乎全出自教士的手笔,而教士就在理智上、美术上和文学上享有极大的权威。而且当时各国的政府多靠教士代其拟定公文书牍,教士就是国王的秘书。凡国务会议往往有教士列席参加,当时政务的施行大部分都靠教士的能力。

【驱逐出教和停止教务】我们就上文所述的来看,教士实为中古时代欧洲最有势力的阶级。他们拥有巨大的财富,受过最高等的教育，握有可以帮助世人升天的天国钥匙。他们可以将反抗教会的人驱逐出教，禁止诸色人等和出教者往来。倘使城市或国家反抗教会，他们可以下令全城或全国的教堂把大门关闭，停止执行一切宗教上的职务，使全城或全国的教徒对于婚姻契约等民事和洗礼送葬等教务一概无法进行。

【教会和国家的冲突】当封建制度衰落以后，国王逐渐制服了国内的诸侯，建立强固的中央政府，他们开始感觉到教会的权力未免过大、财富未免过多，因此国家和教会间就产生了许多问题。（一）主教和住持的权力究竟应归什么人享有？国王和教皇当然都想援引自己的亲友。而且教皇对于被任命的人原可征收一大宗捐款。（二）国王究竟能否征收教会产业的赋税？教会的资产既然日有增加，他们对于政府的费用是否可以不负责任？教会中人往往以为他们办理教务、维持教堂、建设学校、救济贫民等事业费用都很浩大，没有余力可以帮助政府。不过教会规定凡国王有急用时，教士可以酌量捐助。（三）什么类型的法案应受教会法院的管辖？教徒犯罪是否只有教会法院才有审判的权力？这都是国家和教会权力冲突的要点。而且当时凡案件都可上诉于教皇，教皇法院可以推翻一切法院的审判。这种大权独揽的情形尤为国王所忌讳。（四）最后一个困难问题，就是教皇干涉各国的内政究竟可以达到什么程度？关于这一点，我们在前面叙述教皇和皇帝争雄时，已可窥见一斑了。

【教会大分离】到1300年时，英法两国君主的地位都已比较强固，他们就先后起来和教皇争权。罗马教皇的威势此时因为内部的腐化和外部的攻击大大衰落。法国的君主竟设法把教皇的宫廷由罗马移往法国南境的阿维尼翁（Avignon）。教皇在此受法国政府的卵翼先后达七十多年（1305年—1377年）。此后又继以一个教皇选举纷争的时期，往往两三个教皇同时被选出，真伪相持，不相上下，互相诋毁，信誉扫地，这就是西方史上所谓教会的"大分裂"。直到15世纪时，教皇才逐渐恢复从前所拥有的一部分权力，迁回罗马的旧都。但是教会本身的信誉却从根本上被动摇了，最终发生了马丁·路德的宗教革命运动。

第二十四章　突厥民族的再起和十字军东征

第一节　突厥民族的再起和伊斯兰教的广传

【突厥民族的再起和伊斯兰教的关系】当欧洲人正在厚植基督教的势力时，亚洲方面亦有突厥民族的再起，努力做广传阿拉伯伊斯兰教的工作。这个民族在5世纪时怎样兴起，后来怎样分裂，终于7世纪时被中国唐代所灭的情形，我们已经述过。现在我们再述他们的后裔，所谓昭武九姓的突厥人，在10世纪以后中兴的情形，看他们怎样一面取代阿拉伯人雄霸西亚，引起欧洲十字军的东征；一面取代拉其普特族统治印度北部，广传伊斯兰教于南亚。这是中古时代突厥民族活动的第二期，为近代欧洲土耳其帝国和印度莫卧儿帝国建立的先声，并为伊斯兰教广播的一个重要时代。

【波斯的政情】波斯自7世纪中叶为阿拉伯人所灭后，凡二百年间屈服于巴格达城中哈里发的统治下。全国人民因受武力的威胁或免税的利诱，全部改奉伊斯兰教了。千余年来风行全国的袄教亦和印度的佛教一样，完全被伊斯兰教所淹没，不能再起了。9世纪后半期后，阿拉伯人势力渐衰，波斯各地多纷纷独立，形成割据。波斯方面的势力已渐入黄种民族的手中，其中只有900年后萨马尼在波斯北部创立了王朝，名义上算是波斯本族的后裔，但亦只有百年的寿命。此后继起的就是黄种的突厥人。

【突厥人复兴的原因】原来阿拉伯人于673年东征中亚达于乌

浒河时曾携归二千突厥人西返为奴,这是突厥民族进入阿拉伯帝国军政两界的开始。840年以后阿拔斯王朝开始衰落,巴格达的哈里发招募中亚的突厥人入国充当警卫兵。此后突厥人的人数日有增加,他们的势力亦日有进展。哈里发废立的大权就全操控在他们的手中了。

【加兹尼朝的创立】到10世纪末年,突厥人不但握有当时伊斯兰教帝国的实权,而且在波斯东部自建了独立的国家,这就是加兹尼朝(Ghazni)。这朝的创建人为阿尔普特勤(Alptagin),本为波斯萨满朝的奴隶,因触怒国王,乃遁走东部呼罗珊,于961年南征加兹尼城而自立为王,这是加兹尼朝立国的开始。但是直到977年另一突厥奴隶取代他为王时,才扩充领土,巩固国基,正式成为中亚的一个大国。亚洲西部的政治中心,到此乃从巴格达移往东部。

【马哈茂德的功绩】加兹尼朝的隆盛始于977年名王马哈茂德(Mahmud)的即位。他即位后,就以传播伊斯兰教为己任,杀戮甚惨。他于1002年起约三十年间迭征印度,凡印度河流域之地几乎尽入他的手中。他又毁佛像和佛寺,屠杀佛教徒,印度残余的佛教到此乃完全绝迹。但是同时他亦提倡学术,奖励商业,一面把伊斯兰教文化输入印度,一面又把印度的算学、占星学等输入亚洲西部,所以加兹尼朝的突厥人对于世界文化的调和,不无功绩。波斯大诗人费尔多西(Firdousi),以三十年的心血,撰成了六万字的波斯咏史诗,就是奉加兹尼王的命令而成的著作。他的著作不愿用阿拉伯文而独用波斯语,亦足见当时波斯民族精神尚在。

【塞尔柱人的继起】加兹尼朝虽享有二百年的国祚,亡于1187年,但实际上自马哈茂德于1028年死后,就因北方有同族塞尔柱王朝(Seljuk)的继起,南方有古尔王朝(Ghor)的代兴,日渐衰微了。原来塞尔柱本以勇武著称,曾任加兹尼朝的省长。马哈茂德死后十年，塞尔柱的孙子图格里勒·贝格（Togrul Beg）渡乌浒河而南，征服莫夫、尼沙普尔诸重镇，大败加兹尼军，乃令全军信奉伊斯兰教。此后十八年间向西征服波斯全境，于1055年直入巴格达城，伊斯兰教哈里发遂受其保护。波斯割据多年的局面，到此又统一于塞尔柱帝国之下。

【塞尔柱人的隆盛】塞尔柱人的兴起，实为现代土耳其帝国建立的先声。因为他们进占巴格达之后，又向西征服东罗马、小亚细亚一带的领土。不久图格里勒·贝格之侄阿尔普·阿尔斯兰（Alp Arslan）即位，得名相尼扎姆（Nizam）为助，武功文治均盛极一时。他既征服了叙利亚一带，又于1063年大败东罗马而掳其皇帝，并取得小亚细亚的全部领土，因此引起了欧洲十字军的东征。他在位时，常居东方木鹿城，治国有方，从事建设，波斯人大受其利。1073年马立克沙（Malik Shah）继立，遣将西征埃及，东征撒马尔罕一带，领土之广，和萨珊朝时相仿。他又提倡学术，集全国天文学者改良历法，其精确度在西方历法之上。著名的天文学家兼诗人欧马尔·海亚姆（Omarel Khayyam）就是这个时代的光彩。所以塞尔柱帝国最初三位君主在位的五十余年间，文治武功，无不盛极一时，实为突厥民族最发皇的一个时代。

【暗杀派的兴起和塞尔柱人的衰落】1092年名相尼扎姆和名王马立克沙都被刺死，这是此后亚洲史上所谓的"暗杀派"或称木刺夷（Molahid）最初的出现。这派穆斯林的创始者为哈桑（Hasan），本是尼扎姆和欧马尔·海亚姆两人在尼沙普尔的同学。他看两个同学都已各自成名，乃求官于尼扎姆。嗣因阴谋卖友而被逐，于是合伊斯兰教天堂和印度教轮回之说，创一专以暗杀手段谋登乐园的教派。他于1090年后占据里海南部的山寨为土酋，因此当时人多称他为"山中老人"。一时西亚一带人闻其名者无不栗栗危惧。塞尔柱人自马立克沙死后，因国内多乱，各地族人纷纷独立，终于享国一百五十年后，到1193年为继起的花剌子模所灭。至于塞尔柱人的衰亡，虽一部分由于暗杀派的活动，但是一部分亦由于政治组织的不固。因为他们立国纯以武力为基础，武将跋扈，则转而信任奴隶，殊不知奴隶亦不可恃，所以各地独立的小王国亦不多久而奴隶秉政，终至灭亡。

【花剌子模的建国】我们到此还要一述另一突厥奴隶所建的花剌子模国，它是代塞尔柱朝而兴的大国。它的创始人为努什特勤（Anushtagin）的后代。努什特勤本为马立克沙的侍奴，于1077年任花剌子模总督。三传之后到阿即思（Atsiz）时，乃于1138年叛塞尔柱朝而自立。此后东征撒马尔罕，南征加兹尼灭古尔朝，西征波斯全境。前后凡八十年间，国势甚盛，倘使元代蒙古人不起，花剌子模国在13世纪初年雄君札兰丁（Jelal Uddin）的治下，正方兴未艾。但是蒙古人不久又代兴了，札兰丁挣扎多年，终于1221年被逐而亡。

【印度境内突厥人的初进】印度半岛西北部的霸权自8世纪以后，原在拉其普特族的手中。但是他们纷纷建立小国，互争雄长，不能和从前笈多王朝一样，统一北部而成为大国。因此新奉伊斯兰教的突厥人就迭次入侵，终于把印度西北部变成突厥民族统治的国家。加兹尼朝的突厥人实为最初传伊斯兰教于印度河东的先驱。这一点我们在前面已经述过。不过当时伊斯兰教的势力还仅限于西北部旁遮普一带，印度内地还是拉其普特小王国争雄的局面。到了1186年后，阿富汗境内古尔的突厥酋长穆罕默德兴起，他的武力深入印度内地，伊斯兰教势力从此更进一层。但是，他于1206年返加兹尼途中被暗杀派刺死了。

【印度境内突厥王朝的建立】不过上述的加兹尼和古尔，这两个突厥民族所建的伊斯兰教王朝，都和从前的月氏和嚈哒一样，他们的大本营在阿富汗而不在印度。最初在印度境内建立王朝的实为古尔大将库特布丁（Kutbuddin）。原来古尔王穆罕默德征服印度，本是库特布丁的功绩。他亦是突厥人，出身奴隶，以军功很大，代穆罕默德为印度总督。穆罕默德被刺后，他就称王于印度的德里而建立所谓的"奴隶王朝"。名义上享国凡三百余年，才被同族的巴卑尔所灭。这朝统治印度的时代，有两件值得注意的事迹：其一是伊斯兰教的广传，其二是所谓"乌尔都语"（Urdu Language）的出现。因为伊斯兰教虽自8世纪后已侵入印度西北部，但是广传境内实始于12世纪末年。奴隶诸王又加以提倡，从此印度境内的伊斯兰教遂和印度教并峙国中，而佛教则从此绝迹。又因突厥人入主印度之后，突厥语就和印度语合成一种"帐语"。所谓"帐语"，意即突厥君王在帐幕中的用语，实即我国人所谓的"官话"。印度境内的这种官话，经现代英国人的提倡，到如今还在通行。

【**突厥人对于文化的贡献**】总而言之，西部亚洲自阿拉伯帝国瓦解之后，直到元人兴起时止，实为黄种突厥民族最活跃的时代。波斯一带名义上虽隶属于巴格达城中的伊斯兰哈里发，而政治实权完全操控于加兹尼、塞尔柱、古尔和花剌子模诸突厥王朝之手。至于印度则自加兹尼入侵和奴隶王朝建立之后，北部一带亦均变成黄种穆斯林的领土了。此后虽有元人的继起，在政治上发生了变化，但是阿拉伯人所创的伊斯兰教已靠黄种的突厥民族代为广播而风行于亚洲的中西南部。所以突厥人对于世界文化的贡献，就以广播阿拉伯的伊斯兰教一事为最大。他们的地位正和古代月氏人广播印度的佛教、近代欧洲人广播犹太的基督教相同，都是世界文化史上值得注意的史迹。

第二节　欧洲十字军的东征

【十字军的性质】在欧洲的中古时代要以十字军的战役最富有浪漫性。所谓十字军东征就是一班欧洲人因为巴勒斯坦被突厥人占据了，想把圣地恢复的一种大运动。在12、13世纪时，几乎每隔二三十年总有一次远征的军队从西欧各地出发向东方而去。至于小团体的香客和兵士向东行进的更是不计其数。英、法、德、西、意诸国的君主、贵族、骑士、兵士、修道士、市民、农民等各色人物接踵东往，持续不断，先后凡二百年之久。不过阿拉伯人对于和耶稣生平有关的各圣地很能表示尊敬的态度，他们对于西欧方面来的香客亦很宽待。但自从11世纪以后，即亚洲西部为塞尔柱族突厥人所占领以后，情形就不同了。原来突厥人自从1055年攻入巴格达后，实际上就占领了亚洲西部的领土，他们对于西欧的香客不免有所虐待。这种消息传到西欧各地之后，最终引起了西欧基督教徒恢复圣地的热忱。加以东罗马于1071年为塞尔柱突厥人所战败，丧失了小亚细亚的领土，皇帝阿雷克修（Alexius）知道自己实力很小，亦向罗马教皇乌尔班二世（Urban Ⅱ）求援。

【第一次十字军的召集】教皇乌尔班二世得此信后，就于1095年在法国克勒芒（Clermont）召集西欧各国的君主、骑士、军人开了一个宗教大会，劝他们不要在自己的国中互相残杀，应该到东方去援救同教的同胞。他说倘使不去阻遏这班残忍成性的突厥人，他们一定要来制服我们基督教徒了。他这种劝告激起了许多人远征的心。不但笃信的人、浪漫的人和冒险的人大受感动，就是一班野心勃勃的贵族亦想在东方得到一块领土，唯利是图的意大利商人更想在东方扩充他们的商业，没有职业的游民亦想到东方去逃避国内的债务，甚至犯罪的人也想到东方去逃避国内的刑罚，此外犯有罪过的人想到东方去从军以期望上帝的赦宥。

【彼得和他的十字军】乌尔班二世召集大会后不到几个月，就有许多农人、工人、流氓、妇女、小孩聚集起来，由所谓的隐士彼得（Peter the Hermit）和不名一钱的沃尔特（Walter the Penniless）率领东去。这班人深信这次二千里的远征一定可以得到上帝的保佑，立刻战胜异教徒而恢复耶稣的圣地。不料到了中途就散亡了一大半，其余的走到小亚细亚时被突厥人杀戮殆尽。

【第一次十字军东征（1096年）】在这次长期远征中最出色的是当时一班身披甲胄的骑士。克勒芒大会后一年，西欧一带聚集了三十万大军，由许多有名贵族统率东去。东罗马皇帝原想他们能够代他恢复亚洲的失地，不料他们把小亚细亚的失地恢复以后，就大家瓜分起来，建立了几个小王国；至于耶路撒冷圣城的恢复反而被置于脑后了。直到1099年才有二万人继续南下进攻耶路撒冷城。此城有坚厚的城墙，攻击极其困难，连攻了两三个月才把它攻陷。十字军人因为久攻不下，迁怒于无辜的市民，竟把他们屠杀一空。

【十字军人在叙利亚所建的王国】当时亚洲的穆斯林总称西欧人为"佛朗机人"。这班佛朗机人在叙利亚建立了四个小王国。当十字军获胜的消息传到西欧之后，西欧各地人又于1101年成群结队地到东方去。但是大部分人在前往小亚细亚的途中死了，能够走到圣地的很少。因此东方各小王国中的西欧人孤立无援，只好自己努力去维持自己的征服地。而且十字军人思乡返国的非常多，所以西欧人想要保持亚洲的领土更加困难。

【各种骑士团的兴起】十字军运动所产生的结果中有一种很奇特的制度出现，这就是各种骑士团体的兴起。这种团体中最重要的有所谓的医院骑士团（Hospitalers）和圣殿骑士团（Templars）。这种团体其实是把当时两种主要的兴趣——修道士和骑士——合而为一，使得一个人可同时做两种不同的工作。他们的服装就是甲胄之外加上一件僧衣。医院骑士团原来是一种救济贫病的团体。至于圣殿骑士团后来拥有巨大的财富和势力，因此引起了各国君主和教会要人的猜忌。所以到了14世纪初年，罗马教皇和法国国王合力用极严酷的方法把这个团体解散了。

【第二次十字军东征】第一次十字军东征后五十年，埃德萨王国又被穆斯林攻陷了（1144年），于是又引起了第二次的大军东征。这次十字军是由大神学家圣伯纳德（St. Bernard）鼓动起来的。当时法国国王和日耳曼皇帝都亲自参加。至于十字军队伍的混杂，我们在伯纳德的演说中可以看得出来。他说："在那无数的人群中，大部分是穷凶极恶不信宗教的人、渎神的人、杀人的人和伪誓的人，他们的远离其实是一件两利的事情。欧洲欢送他们去，巴勒斯坦欢迎他们来。一面以他们离开为利，一面以他们到来为利，就两方面说起来，真是一举两得了。"行军的情形我们不必详述，总而言之，就军事上来讲，这一次十字军东征可以说是完全失败的。

【第三次十字军东征】再过四十年，即1187年时，耶路撒冷城又为埃及的伊斯兰教名王萨拉丁（Saladin）所攻陷。圣城的失守又引起了一次最有名的十字军东征，参加的人有日耳曼皇帝腓特烈一世、英国国王理查一世、法国国王腓力·奥古斯都（Philip Augustus）等名人。但是军事上始终没有成绩。1192年时理查一世和萨拉丁订立条约，允许基督教徒自由地赴圣地进香。第三次十字军东征就此结束。

【第四次以后的十字军东征】13世纪时，十字军人因为埃及已变成伊斯兰教势力的中心，所以多向此地进攻。13世纪中的第一次军事行动竟因受意大利商人的指使，反而去征服罗马东都君士坦丁堡，真是奇事。此后几次十字军东征我们不必细述。耶路撒冷虽然曾经一时恢复，终于1244年永远失去了。后来西欧人虽然继续希望恢复耶路撒冷圣城，但是十字军的战役在13世纪末年可谓告终了。

【意大利商人的移居】欧洲至少有一个阶级对于圣地始终抱有兴趣，这就是意大利半岛上热那亚、威尼斯和比萨诸大城市中的商人。十字军之所以能够远征圣地，就是因为受了他们的怂恿，而且得到了他们运输的帮助。这班商人当然以谋利为目的，他们既然援助行军，当然希望酬报。所以十字军在东方攻陷一个城市，意大利人就在那个城市中占据一块地方，以备经商居住之用。这就是现在所谓租借地和领事裁判权最早的实例。

【东方奢侈风气的传入】这种新兴的商业在东西两方的关系上影响极大。东方中国和印度诸地的特产如丝织品、香料、樟脑、麝香、珍珠和象牙等，都由穆斯林输入巴勒斯坦和叙利亚的诸城市中，再由意大利商人从此地转运到德法诸国去。从前西欧人所梦想不到的奢侈观念从此进入了欧洲。

【十字军在战术上所产生的影响】自从西欧兵士到过东方以后，他们就从君士坦丁堡方面学到从前罗马人制造攻城机的方法，因此在西欧的战术上产生了一种很大的变化，开始出现石造堡垒式的建筑。这种圆形石堡如今在德、法、英诸地还有遗址留存下来。此外欧洲的纹章学（heraldry），因为十字军人各有徽章以便识别，亦从此产生。

【其他的结果】至于十字军东征在西欧方面所产生的其他影响，我们大体上可想而知。成千上万的法国人、英国人、德国人由海陆两路往东方去，他们向来蛰居于西欧的乡僻地方，没有出过本村或本省一步，一旦置身于大城市中目睹奇异的民族和习惯，当然要留下很深的印象，产生许多感想和观念带回故乡去。所以十字军的远征差不多是一种民众教育的大运动。十字军人和文化程度很高的阿拉伯人接触之后，就把东方生活上安适和奢侈的新观念传到欧洲去了。因此不但衰落多年的亚欧两洲间的商业为之中兴，就是欧洲人向往亚洲文化的热忱亦为之激起，终于引出了15世纪末地理上的新发现。

第三节　欧洲所谓异端和托钵僧的兴起

【异端的兴起】在十字军兴起时代，基督教会在西欧方面又遇到了一种危险。当时有一班人起来攻击教会的制度和信仰，而且鼓动一班人起来革命。凡反抗教会的人当时都被当作异端，应得死罪。我们身处信教自由的时代，要了解中古时代欧洲人对于异端的痛恨竟达到如此地步，确实很困难。不过我们想到当时罗马的教会，既然大众都相信它是上帝在世间的代表，何等尊严，所以在纯正的教徒看来，反抗教会就是反抗上帝。而且教会在当时确实是一个极重要的社会组织，所以反抗教会不但是渎神，而且是叛国。

【华尔多派异端】当时的异端有两派最为著名：华尔多派（Waldensians）和阿尔比派（Albigensians）。华尔多派为1175年时法国里昂（Lyons）人华尔多（Waldo）所创。他们信奉基督教的教义而反对基督教的教士。他们往往放弃自己的财产，专心过一种清苦的生活；到各处向民众宣讲福音，而且把拉丁文的《圣经》译成方言以便大众研究。

【阿尔比派异端】另外一派因为发源于法国南部的阿尔比（Albi）镇，所以叫作阿尔比派。他们受到波斯摩尼教的影响，以为基督教本身就是一种虚伪的东西。他们深信宇宙中有善和恶两种原理永远互争雄长，基督教《旧约全书》中的耶和华（Jehovah）其实是一种恶势力,所以基督教徒所崇拜的就是一种恶势力。这两派的异端在法国南部的图卢兹(Toulouse)人数最多。罗马教皇英诺森三世于1028年召集了一次十字军东征,用极残酷的方法把他们屠杀一空。图卢兹一带原是法国文化最发达、实业最繁盛的地方,自这次屠杀之后,元气就大伤了。

【宗教裁判所】压制异端最长久的机关就是罗马教皇治下的一种司法制度,目的在于侦探异端,加以重惩,这就是所谓的"宗教裁判所",它逐渐形成于阿尔比十字军东征之后。凡信奉异端的嫌疑犯往往受到长期的监禁和残酷的刑罚,宗教裁判所希望借此可以强迫他们招认自己的罪恶和同党。嫌疑犯招认之后,乃赦免他们的罪名,许他们重新加入教会做教徒;但是要他们做一种忏悔的苦行——有时甚至终身监禁——以便洗尽他们的罪恶。倘使他们不肯认罪,始终信奉异端,因为教会自身不许有流血的举动,就把他们交诸"俗人的手中",不必再加讯问,把他们活活地烧死。不过当时宗教裁判所的法官往往是忠厚笃实的人,而他们所用的刑罚亦不一定比当时寻常法院中所用的更为残酷。

【托钵僧团的创设】压服异端的方法中还有一种更平和且更有力的,就是意大利阿西西(Assisi)的圣方济(St. Francis)所提出的方法。他那高尚的主义和美丽的生活,大大地感动了当时的人心,使大众继续忠爱罗马的教会,所以他的影响力比宗教裁判所的严刑还要大。圣方济和圣多明我(St. Dominic)两人深知当时宗教生活上的需要,所以就发明了一种新式的教士去应付。这种新式的教士就是以乞丐生活而到处传道的托钵僧(mendicant friars)。托钵僧的事业就在于补充当时主教和牧师所没有做到的工作:牺牲自己,保护教会,反对异端,为民众的宗教生活另辟一个新途径。这种托钵僧团的创设真是欧洲中古时代一件最为有趣的史迹。

【圣方济（1182年—1226年）和他的僧团】圣方济的为人在基督教徒中是最可爱的。他大约于1182年生于意大利中部阿西西的小镇中。他的父亲本是一个富商，所以他在青年时代过的是一种奢华浪漫的生活。后来他在二十岁时忽然生了一场大病，此后他就放弃快乐的生活，专门和一班乞丐往来，对于有癞病的人尤其加以爱护。不久他就开始做传道的事业，同志渐多。他们赤足往来于意大利中部各地方，身边不带一钱，专以激起大众的宗教热忱为事。罗马教皇英诺森三世本来很怀疑这班乞丐的行动，到1210年时才决定赞助他们。七年之后，圣方济会的人数大增，于是开始进行大规模的传道工作，分派同志前往德国、匈牙利、法国、西班牙，甚至叙利亚等地。圣方济本来不想他的同志变成富有的团体，但是当时的人极愿为他们捐筑寺院，所以圣方济去世不久后，圣方济会就日渐退化，和别的僧团差不多了。

【圣多明我会的创设】圣多明我是西班牙人，约生于1170年，为圣多明我会的创始者。他和圣方济不同，并不是俗人出身，他原是一个教士，而且曾经在大学中研究过多年的神学。他觉得当时异端蜂起，实为教会的隐忧，于是就决心去扑灭它们。后来他竟得到了教皇英诺森三世的赞助，亦仿圣方济的先例，派遣同志分头宣扬基督教的教义。到1221年时，圣多明我会已经组织成功，西欧一带有寺院六十处。圣多明我会的会员通常亦叫作"传道僧"，他们都受过一种神学的训练，以便和异端辩难。罗马教皇特任他们去主持宗教裁判所的事务。他们在各大学中的势力亦比别派中人为大。中古时代基督教会的中兴其实大部分不能不归功于这两种托钵僧团的创设和努力。

第二十五章　蒙古人的西征和土耳其的建国

第一节　蒙古人的勃兴

【入侵欧洲的黄种人】亚洲黄种人向西入侵欧洲，自上古时代到现代，有匈奴人、马扎尔人、塞尔柱族突厥人、蒙古人、奥斯曼族突厥人。其中要以罗马帝国末期的匈奴人为最早。其次为9世纪的马扎尔人，深入欧洲创立了一个重要的王国，但是他们和别的黄种人不同，不久就采取当地人民的风俗习惯和宗教，逐渐地被欧化了，到后来反而变成欧洲人的外藩，阻止同种突厥人的入侵。此后又有蒙古人和奥斯曼突厥人的西进，这两个民族在世界文化史上的关系亦都很重大，所以有详述的必要。

【成吉思汗的武功】当亚洲西部的阿拉伯人和突厥人都逐渐衰落的时候，亚洲中部和东部又有一个强悍的民族兴起，这就是13世纪的蒙古人，即中国史上的元人。他们的大酋长就是元太祖铁木真，其武功的伟大其实在亚历山大之上。他先用武力统一了蒙古的内部，把四邻各部落先后攻破，然后于1206年会集各部落酋长于蒙古的斡难河上，自称为成吉思汗。

成吉思汗

不久又向南征服西夏和金。东方既无强大的敌国，成吉思汗乃于1218年大举西征，蒙古军队所到之地无不攻克。几乎灭花剌子模（1221年），蹂躏波斯、印度和钦察①诸地。西征前后总共八年，蒙古人的领土已包含亚洲的大部分。

【钦察等部和俄罗斯的征服】同时成吉思汗又遣哲别等西征钦察部。钦察部原系突厥族，游牧于乌拉山西和里海、黑海以北一带。当时居住于高加索山以北的各黄种人民族，都于1222年前后为蒙古人所征服。欧洲的俄罗斯此时正在封建时代，国内分裂成几十个小国，常起内乱。哲别等于次年进征俄罗斯，大败各诸侯的联军，直到诺夫哥罗德（Novgorod）城，乃大掠而还。

【绰马尔罕的西征】1227年成吉思汗去世，元太宗窝阔台即位（1241年卒），蒙古领土更加扩大。他即位的那一年蒙古人灭夏，1234年又灭金。他又于1231年叫绰马尔罕西征花剌子模，更进而征服亚洲的西部。当地十字军人所建的小王国以及崇奉基督教的小亚美尼亚（Little Armenia）、格鲁吉亚（Georgia）等，都先后归附。

【拔都的西征和钦察汗国的建立】1235年窝阔台又命大将拔都西征，次年灭里海北部的黄种人所建的保加利亚（Bulgaria）。至于居住于黑海以西的保加利亚人，后来到19世纪时独立而成现代的保加利亚王国。拔都又向西北攻陷莫斯科（Moscow），向南败钦察兵，乃进取孛烈儿（今日的波兰）和马扎尔（今日的匈牙利），于1242年直入波希米亚（Bohemia）。当时德国皇帝和罗马教皇正在互争雄长，不能相救。西欧各国莫不惊慌失措。此时窝阔台的讣闻恰到欧洲，拔都等不得已东归。归途中又征服了钦察部，于1243年

---

① 钦察人的领地西起第聂伯河，东北为伏尔加河中游地区直抵不里阿耳，东南到乌拉尔河。——编者注

建钦察汗国于南俄。

【旭烈兀的西征和伊儿汗国的建立】1252年蒙古将领旭烈兀又统兵征西域,先平定木乃奚,再进兵向西,于1258年攻陷巴格达,五百年来东大食帝国的阿拔斯朝就此灭亡。于是旭烈兀再向西征服小亚细亚,打败巴尔干半岛的联军。东罗马帝国和西欧各国都遣使东来请和。此次西征,前后凡七年,拓地几达万里。蒙古人就以此次所得的领土封给旭烈兀,叫作伊儿汗国,为蒙古封国中最重要的一个。旭烈兀的兄长忽必烈于1260年被举为大可汗,逐渐征服了宋朝(1279年),为创建中国元朝的元世祖。

【蒙古极盛时代的版图】蒙古人自从成吉思汗开基到忽必烈灭宋,共计七十四年(1206年—1279年),竟建成了当时世界上最大的帝国,横贯亚洲大陆,深入东部欧洲,真是人类史上罕有的规模。其时帝国各地多封给宗室诸王,叫作汗国,最大的有四个,就是亚洲西北欧洲东北的钦察汗国、亚洲西南的伊儿汗国、亚洲中部的察合台汗国和窝阔台汗国,至于帝国的中坚则为中国和蒙古[①]。这就是元朝极盛时代的版图。

【蒙古人和世界文化的关系】我们普遍对于蒙古人的战争屠杀都很熟知;而对于他们开辟交通、提倡学术的热心往往不去注意。其实蒙古人的武功远在亚历山大之上,就是他们传布东西方文化的功绩至少亦和亚历山大的相等。当蒙古人统一欧亚两洲时,东西方的交通平安无阻。原来当窝阔台在位时,凡各宗王封国的境内都设置驿站。驿站各有夫二十人,备有驿马和使者廪饩及车牛等。西自东欧,东达东亚,彼此商贩互通,行旅无阻,遂在东西方交通史上开一崭新的局面。陆道经由天山南北路,海道则经由波斯湾和印度

[①] 原著如此表述,实则应改为元朝本部。——编者注

洋以达中国南部的泉州、福州诸港。意大利威尼斯人马可·波罗（Marco Polo）和非洲北部阿拉伯人巴图达（Ibn Batuta）两人东游中国，就在此时。加以蒙古诸大汗对于各国人士都能一视同仁，因此罗马教皇的使臣、印度的佛教徒、法国和意大利的美术家、东罗马和阿拉伯的商人、波斯和印度的学者，都会集于元朝的宫廷中。中国的印刷术、火药和指南针等文化进步的必需品都于此时陆续传进欧洲，引起欧洲中古末年文化上的大变动。而且蒙古诸汗对于当时的各种宗教，亦和上古的安息、月氏以及中古的中国唐代诸帝一样，尤能表现出宽大的态度。罗马教皇英诺森四世曾于1245年派遣普兰诺·卡尔平尼（Piano Carpini），法国国王路易九世（Louis Ⅸ）亦曾于1253年派遣卢布鲁克（Rubruck）东赴中国，想约蒙古人加入十字军以压服穆斯林。但是蒙古人对于基督教徒固然欢迎，而对于穆斯林亦始终不肯压迫。1294年忽必烈又请罗马教皇派科尔维诺（Corvino）到中国传教。不过当时欧洲的基督教会正日趋腐败，所以对于传教一事实在没有能力。不久蒙古帝国瓦解，东西方交通遂一时终止。

【蒙古大帝国的瓦解和衰亡】因为蒙古帝国版图广大，种族复杂，所以元初不得不分封宗室，以便制服异族，巩固大汗的国基，因此有四大汗国的建立。中央集权的制度就此遭到破坏，为帝国内乱的一个原因。加以蒙古大汗的继承全由宗室诸王大臣和诸藩联合开大会选举出来，不用父子相承的制度，因此汗位继承常出问题，为帝国内乱的又一原因。所以蒙古帝国自从1248年元定宗库裕克①死后，就发生了第一次争汗位的内乱，1259年元宪宗莽赉扣②去世

---

① 现通译为"贵由"。——编者注
② 现通译为"蒙哥"。——编者注

时，又发生了第二次争位的内乱。当元世祖入主中原时，蒙古帝国本已成瓦解的局势。各汗国一面和大汗冲突，一面又有相互间的纷争。14世纪初年以后中央大汗多为权臣所拥立，内乱时起，无暇外顾。蒙古帝国从此日渐衰落，到1367年中国的元代遂亡，其他诸汗国亦先后为突厥人帖木儿（Timur）所灭。蒙古故土则于17世纪后并入中国，中亚及南俄一带元人的余裔则先后被俄国所灭。

第二节　帖木儿的继起和印度帝国

【帖木儿】帖木儿本是突厥人，于1333年生于中亚。于元朝亡后二年（1369年）占领察合台汗国旧地，定都撒马尔罕，建立塞尔柱人以后的突厥大帝国，然后向西征服花剌子模。当时伊儿汗国常起内乱，国势大衰，帖木儿又于1386年征服伊儿汗国，波斯全境都入其版图。同时他又迭次深入钦察汗国境内，钦察汗国从此瓦解，为俄罗斯诸侯15世纪时复兴的先声。帖木儿既然盘踞察合台汗国旧地，又灭伊儿汗国，蹂躏钦察汗国，从前成吉思汗所建的藩国，此时都变为他的领土了。接着他又乘印度内乱，于1398年率兵向南侵入印度。当时奥斯曼突厥人正立国于小亚细亚，进逼欧洲的东南部。帖木儿因东罗马皇帝派人前来求救，于是退出印度，向西进兵，于1402年大败突厥人于小亚细亚的安卡拉。突厥人的势力因此中衰，直到五十年后，才再次把东罗马都城君士坦丁堡攻陷。帖木儿既然平定了西部亚洲，又想乘中国明代惠帝和成祖争位的时候率兵东进。相传当时中国给他的国书措辞非常傲慢，他就于1405年决计东征。不料行到中途忽然病死，享年六十九岁，东征计划就此中断。

【突厥民族文学的黄金时代】自帖木儿统一西部亚洲后到巴卑

尔征服印度止，凡百年间，实为突厥民族文学的黄金时代。历代皇帝多提倡文学，鼓励察合台汗国中突厥语的发展，同时又熟习《古兰经》和波斯文。突厥语一时大盛，实为突厥民族的光荣。帖木儿本身除武功甚盛外，亦长于文事。他曾著有《札记》和《制度》等书。我们就他的著作看来，他虽不是一个伟大的改革家，但他那救民于水火的深心却跃然纸上，大有东方式贤主之风。他的知识和眼光似乎都在成吉思汗之上。他的后代亦多力推伊斯兰教，压迫印度教，所以伊斯兰教的广传实拜突厥人所赐，而波斯和阿拉伯两种文化由冲突渐趋调和，亦是他们的大功。

【帖木儿帝国的后继者】帖木儿死后，他的帝国名义上还享有一百年的国祚。但是他的幼子沙哈鲁（Shah Rokh）因和本族人争位，致劳中国明成祖的调解。不过沙哈鲁和他的父亲一样，勇武而有学问。他一面从撒马尔罕迁都于赫拉特（Herat），一面和中国通好。西亚一带的文人学士多会集于国中。他在位凡四十年，实为帖木儿帝国继武功之后而入于承平的时代。他的儿子兀鲁伯（Ulugh Beg）亦好学术，对于天文学尤肯尽力提倡。但自1450年兀鲁伯被其子所杀后，国家就从此大乱而终至衰亡了。

【月即别人①的兴起和帝国的瓦解】原来当帖木儿反叛察合台汗国而取代元人统一中亚时，元人月即别（Uzbeg）的后裔亦逐渐复兴于药杀河上，很有待时南下复仇的神气。果然到1450年时，帖木儿的曾孙卜撒因不得不借助月即别族的力量去平定内乱，这是月即别人的势力侵入帖木儿帝国境内的开始。卜撒因不久后去世，国内遂分裂为数区，而月即别人更得以乘机侵入，终于1501年把中亚的帖木儿帝国灭掉。月即别人此后就在花剌子模旧址上建立希瓦

---

① 现译为乌兹别克人。——编者注

（Khiva）王国，直到1873年方成为俄国的附庸。第一次世界大战后，国王被废，其国土亦被并于苏联的乌兹别克共和国。

【印度的突厥大帝国】帖木儿在中亚所建的帝国虽在1501年被月即别人所灭，但他却造就了印度史上最隆盛的时代，这就是所谓的莫卧儿王朝（Mogul）。不过"莫卧儿"一词实出于阿拉伯人对于"蒙古"一词的误译。建立这个王朝的并非元人，而是突厥人。这班突厥人和同时在欧洲建立帝国的同族很有并驾齐驱的气概。我们为便利起见，先述中亚的突厥人怎样南入印度，再述西亚的突厥人怎样西入欧洲。

【巴卑尔的败逃】创立印度突厥王朝的始祖实为查希尔丁（Zahiruddin），他是卜撒因的孙子，1483年生，绰号"巴卑尔"（Baber），其意为"虎"。他的父亲向来统有药杀河流域的拔汗那（Berghana），巴卑尔自1492年才继其父为汗。当时中亚一带的突厥民族文学处于黄金时代，巴卑尔又能推波助澜，力加提倡，诗词、文学、天文、算学无不盛极一时。倘使没有内乱和外患，帖木儿帝国本大有中兴的希望。但是1497年后国内既有内乱，1501年后北方又有月即别人的入侵，巴卑尔竟不得不携其老母，彷徨于中亚一带。

【巴卑尔南征印度】他最初想逃往中国，后来因为东行道上有月即别人作梗，遂作罢。刚巧当时南方的高跗发生内乱，他于是转向，越大雪山夺取高跗为复国的根据地。当时印度一面有北部穆斯林所建的小国，一面有南方印度教徒所建的小国，四分五裂，常起内争。巴卑尔乃于1505年开始渡印度河而入侵印度。此后十年间他常常南北奔驰，力谋复国，终为月即别人所败。自1514年后乃专心于印度的征服，最终于1526年征服印度北部，即位于德里（Delhi）。印度莫卧儿帝国就此正式成立。巴卑尔既精战术，又长诗文,其恢宏大度不亚于帖木儿。他建立的印度帝国,不但为突厥民族的光荣,亦为伊斯兰教兴起以来最伟大的护法。

【莫卧儿王朝的隆盛和衰亡】莫卧儿王朝诸王以第三代的阿克巴(1542年—1605年)最为英明。他一面征服突厥人所建的伊斯兰教诸国,一面又招抚印度人所建的印度教诸国;凡法院法官都由两教中人共同担任。因此印度境内向来在种族上、宗教上和阶级上的地域观念完全消失,四分五裂的印度至此竟变为升平统一的国家。文化大进,工商业亦盛极一时。阿克巴去世以后,他的子孙虽然三代相继征服南印度,统一半岛的全部,但是穆斯林和印度教徒相继叛乱,英法诸国又相继入侵,莫卧儿帝国逐渐衰落,终于19世纪为英国人所倾覆。

第三节　土耳其帝国的建立

【奥斯曼土耳其的起源】黄种人在欧洲方面所建立的国家要以奥斯曼土耳其(Ottoman Turks)帝国为最后起、最久远的,而且是最重要的,这就是现代的土耳其(Turkey)。奥斯曼土耳其本是突厥族中所谓昭武九姓的小部落,向来住在中亚阿尔泰山下,受中国文化的影响很深。1225年被蒙古人所逼,向西移居亚美尼亚,隶属于塞尔柱突厥人。后来蒙古人西进时,他们再向西避到黑海南岸小亚细亚的安卡拉附近。到奥斯曼(1288年—1326年)做酋长时,逐渐侵略东罗马帝国的领土,势力日强,于1292年建国称王,这就是现代土耳其帝国的起源。

【巴尔干半岛的征服】自1327年到1402年,凡七十几年间,土耳其人的武功很盛,先并吞东罗马帝国在亚洲的领土,再渡海征服欧洲东南部巴尔干半岛上色雷斯、塞尔维亚(Serbia)、保加利亚诸地，不久又征服马其顿、希腊和爱琴海诸岛，把东罗马帝都的水陆交通要道完全截断。居于君士坦丁堡的罗马皇帝四面都被土耳其人包围，朝不保夕。西欧各国的基督教徒见这班黄种的穆斯林来势汹汹，非常慌惧，于是德法各国的骑士效仿从前对待塞尔柱突厥人的方法，又组织了东征的十字军，而且公推匈牙利国王西吉斯蒙德（Sigismund）为元帅。1396年土耳其人大破西欧的十字军，他们乃乘胜进攻君士坦丁堡。东罗马皇帝不得已派人偷渡到印度求救于帖木儿。1402年帖木儿大败土耳其人于小亚细亚的安卡拉，因此君士坦丁堡遂得以苟延残喘五十年。

【东罗马帝国的灭亡】土耳其人自从被帖木儿战败之后，经过二十年才恢复原有的力量，于是重新向欧洲方面去发展。后来又遭匈牙利人的阻击，但是终究打败了他们。1453年，土耳其国王穆罕默德二世即位，他雄才大略，尽全力于对君士坦丁堡的围攻。海陆军队预备了二年，终于1453年把它攻下。千年来的东罗马帝国就此灭亡，土耳其人从此建立了一个横跨欧、亚、非三洲的新帝国。

【土耳其帝国的隆盛时代】土耳其人自把东罗马帝国灭亡之后，就定都于君士坦丁堡。此后一百年间，土耳其诸帝都能开拓领土，整顿内治，帝国版图涵盖欧、亚、非三洲的一部分，国势之隆盛独步一时，实为土耳其帝国的极盛时代。16世纪中叶苏莱曼大帝（Suleiman the Magnificent）在位时，土耳其已由野蛮民族一跃而为开化的国家，国内不但法制井然，府库充裕，就算文学和教育亦发达异常，同时海陆军力声势浩大，所向无前，为当时西欧各国所敬畏。

【土耳其帝国的衰落】土耳其帝国自从1566年苏莱曼大帝去世以后，继位的人往往庸懦无能，国势日趋衰落。加之土耳其人的民族性很强，不愿和匈牙利人一样，受欧洲文明的同化，因此欧洲人亦抱一种种族之见，始终想把土耳其人逐出欧洲境外。自17世纪以后，土耳其人不但不能再向国外发展，就是固有的国土亦有朝不保夕的形势。西方现代史上所谓的"近东问题"从此成为欧洲各国外交的焦点，目的就在于怎样去瓜分黄种人所建立的土耳其。19世纪和20世纪时欧洲许多战争就是为解决这个问题而起的。但是第一次世界大战之后，土耳其人又中兴起来。其中经过情形，我们在后面再述。

第七部分
中古欧洲的生活和世界形势的转变

中古时代商业上的障碍还有苛税和海盗。当时凡商品经过各封地时必须缴一种通过税，沿途关卡真是不计其数。不但过桥有税，过路有税，渡河有税，就是沿河而进时，对于两岸各城堡中的诸侯，亦必须纳相应的赋税才得前进无阻。至于海上商业，除风浪暗礁种种危险外，北海一带海盗充斥，他们往往有极严密的组织，由上级社会中人主持一切，以劫掠商旅为正当的营生。

第二十六章　中古时代欧洲人的生活

第一节　农奴和地主

【中古初年城市生活的衰落】在12世纪以前，西部欧洲一带和同时期的亚洲的情形刚好相反，几乎已无城市的生活。从前罗马帝国的城市，在日耳曼民族南下以前，已经是人口日减。到蛮族入侵时，时局混乱，城市日益衰落，有一部分就完全消失了。其余留存的和新起的城市，在中古初年的西方文化上差不多都没有地位。大概从狄奥多里起到十字军兴时止，前后凡六百年间，英、德、法诸国的人民大体上都住在乡间各诸侯、主教和住持的封土上，过一种半奴隶式的农民生活。

【庄主的领地】当时城堡的主人当然不得不设法供给他的家庭仆役和兵士的需要。倘使他没有大片的领地，他就无法可想了。所以在查理曼时代，西欧一带差不多都划成了大块的封土或领地。这种中古时代的封土或领地通常叫作"庄主领地"，它的性质其实和数百年前罗马人的田庄差不多。耕种领地的人叫作"庄农"。领地的一部分归庄主自用，其余则分给庄农去耕种。

【农奴的境况】庄农的地位大概就是农奴，自己并无地产，不过倘使他能够继续代庄主工作，而且照例缴纳相应的赋税，那么庄主就不能把田地随意收回。但是农奴绝对不能和他的耕地分离，耕地一旦更换主人，他就跟着更换主人。农奴对于庄主自用的田地要代为耕种，代为收获。农奴的婚娶须先得庄主的允许，农奴的妻女亦须帮助庄主处理家务和其他生产的工作，如纺纱、织布、缝纫、烘面包、酿酒等事。

【钱币的无用】庄主领地上最重要的特点就是生活上的独立，和外界几乎无经济上的往来。领地的出产基本上可供给领地中庄主和农奴生活上的一切需要，不必再仰仗外人，真有"家给人足安居乐业"和"老死不相往来"的神气。因此在庄主领地上，农奴缴纳给庄主的物品，就是人工和农产品，所以钱币的使用很少。而且在农奴方面，守望相助，患病后相扶持，所以买卖和交易的机会都极少。当时农奴的境况几乎没有改进的希望，他们的生活不但非常单调，而且非常困苦。食物很差劲，食物的种类亦很少，因为他们往往不愿辛苦工作、种植园蔬。他们的住屋通常只有一间房子、一个小窗，光线黑暗，空气不流通，而且没有烟筒。起居饮食都在这一个地方，人畜杂处，烟臭熏人，当然谈不上所谓舒适的生活了。

【农奴制的衰落】12、13世纪时，欧洲的工业和商业逐渐复兴，钱币的用途亦逐渐推广，庄主领地的制度就此逐渐被破坏。从前物物交换的习惯，亦就此逐渐衰落。日久之后，庄主和农奴对于旧制都觉得不满意。农奴开始往市场上去售卖物产获得现钱，然后他们就用现钱缴给庄主以代替旧日的徭役，进而得以专心工作。庄主亦渐觉收受现钱比从前的人工或农产远为便利。庄主既有现钱，就可以用来雇用农夫和购买奢侈品。庄主对于农奴的约束因此逐渐放松。农奴亦脱离领地，逃到城市中去了；倘使过了一年零一日，庄主还不能寻到他，他就成为自由民了。

第二节　城市和同业公会

【城市生活的重要】欧洲直到中古后半期，城市生活才重新发展为欧洲中古文化史上一件极重要的事。古代希腊和罗马的文化都以城市为中心。就是现代，世界上的生活、文化和工商业亦都以城市为枢纽。倘使现代西方的城市消失，乡间生活就一定会大受影响，回到查理曼时代去了。

【中古城市的起源】中古时代的城市大部分起源于封建诸侯的庄地或修道院和城堡的附近。城市的周围往往筑有一道城墙，以便附近的人民在各诸侯互相争斗时可以入城避难。因此当时城市内部的居民非常稠密，房屋非常拥挤，没有古代罗马的城市那样华丽，没有圆形剧场，亦没有公共浴场。除市场外，空旷的地方很少。所谓的街道都是小巷，两旁房屋的上层往往突出街上，几乎相接。城墙又高又厚，所以不能和现代的城市一样，便于向外扩充。

【市民的来历】11、12世纪时的西欧城市，除意大利外，规模都很小，而且对于外界的商业亦很有限。本城的出产往往足以供应本城居民生活上的需要，只有农产品才由附近的乡间运来。倘使城市的位置是在封主的领地上，那么发展的希望更小，因为市民虽然住在城中从事于商工各业，但是他们的地位实际上和农奴差不多，他们还要继续向庄主缴纳繁重的租税。自从商业发达之后，市民开始渴望较大的自由，因为新商品从欧洲东部和南部输入之后，西欧的市民就努力生产以便交换远地的商品，但是当时他们在对外交易上负有种种苛税，而且处处受限制，所以发展很难。因此12世纪时，市民常起而反抗地主，而且常常要求地主颁布一种规定双方权利的宪章。这种城市宪章就是市政府和地主间的成文契约。

【同业公会】中古时代的商民其实兼有商人和工人两种资格。

所有商品都由他们自己制造，亦由他们自己发售。凡行业相同的人如面包师、屠夫等，往往组织一种同业公会来保护本行业的利益。同业公会中最早的章程是1061年巴黎烛业制定的。各城市行业的多寡各不相同，不过所有同业公会的宗旨都是一样的，就是阻止非同业中人来从事本行的职业。一个青年要想学成一种行业需时很久，学习时必须住在业师的家中做他的徒弟，没有工资。出师之后，才做工匠，领有工资，不过必须继续帮助业师工作。普通的行业要学三年，但是如金匠之类的竟非得先做十年的徒弟不可。至于各工头所收徒弟的数目限制极严，以免工匠人数过多。各行营业的方法和每天工作的时间亦都有极详密的规定，不许违犯。这种同业公会的制度很妨碍大规模营业的发展，但是他们能维持当时各地方商品上一致的标准。倘使没有这种组织，由农奴出身的市民恐怕永远得不到个人的自由和城市的独立了。

第三节　中古末期的商业

【**商业的复活**】西欧一带城市的发达和繁盛，最主要的原因就是商业的复活。西欧方面自从罗马道路失修、日耳曼民族南下扰乱之后，商业几乎消失了。中古初年，各处道路桥梁已经没有官吏负责修筑的事务了，欧洲已成四分五裂的局面，从前东自波斯西到不列颠的许多通衢大道亦被截成数段，不便交通。当时一般人既没有奢侈品的要求，又没有充足的钱币来做交易，所有商业就此衰歇无余。就是当时所谓贵族的起居饮食亦非常简陋。

【**意大利诸城市的商业独盛**】不过在意大利半岛上，各种商业好像并未完全消失。威尼斯、热那亚和阿马尔菲（Amalfi）诸城在十字军兴起以前就已有一种地中海上商业的发展。凡东方各国，如波斯、印度、中国等的物产，先由阿拉伯的骆驼商队运到地中海的东岸，再转售给意大利人，然后输入西欧各地。当时西欧各地的人民初次见到东方的奢侈品，如丝织品、地毯、宝石、香粉、药品、中国的瓷器、印度的香料和埃及的棉布等，当然又惊又喜。后来威尼斯人效仿东方的方法，才有了丝绸业和玻璃业的发展，如今还很有名。此后丝绒麻棉的纺织业亦渐由东方传入欧洲了。所以中古时代后半期西欧商业的复活，不但促进了欧洲旧有制造业的发展，而且传入了许多东方的制造法，为现代欧洲工业发达的先声。

【重要的商业中心】北部欧洲的商民大都和威尼斯交易，把商品运过阿尔卑斯山中的布伦纳岭（Brenner Pass）以达莱茵河，或由海道以达佛兰德斯（Flanders）。到13世纪时欧洲西部的商业中心逐渐出现，有一部分如今还是世界上的大市场。汉堡（Hamburg）、不来梅（Bremen）和吕贝克诸城，掌握着波罗的海（Baltic）和英国的商业；布鲁日（Bruges）和根特（Ghent）的制造品亦运销于西欧各地。至于英国的商业在当时并不重要。

【商业的障碍】中古时代有种种原因导致商业上的大规模发展非常困难。当时钱币为数很少，交易往来当然有诸多不便。而且当时人都以为，凡商品都有一个"公平的"价格，以能抵偿材料的成本和工作的酬金为度，除此以外，就不问一般需要是否急迫，一概视为剥削人民的举动而加以攻击。凡制造家必须自己开设商铺门市出售。住在附近的人可把货物运到城中市场上去售卖，不过要以直接售给消费者为条件，他们的商品不得批发给别人，以免出现垄断居奇的危险。因为有这种观念，所以批发的商业几乎无法进行。此外，当时人也有反对借款取利的成见。他们以为钱币是一种死物，不能生产，无论什么人都不应该享有借款取利的权利。至于利金，是富人向贫人勒索而来的，其实是一种赃物，所以当时教会禁止教徒经营借款取利的事业。

【犹太人的钱币】放款取利为经营大规模的工商业必要的一种事业。当时唯有犹太人因为不是基督教徒可以不遵守教会规则，所以就独占了放款取利的行当。他们对于欧洲经济的发展贡献很大，但是欧洲人以为他们从前杀死了耶稣，罪大恶极，所以常常虐待他们。不过欧洲人虐待犹太人实开端于13世纪。当时凡是犹太人必须戴一种奇特的小帽或别一种徽章以便识别，因此常引起注意，受人侮辱。后来他们的居处在城市中亦有一定的区域，叫作"犹太区"。他们既然不能加入各业公会做会员，当然只能从事基督教徒所不能做的职业。但是放款取利容易招怨，因此更引起了欧洲基督教徒的痛恨。当时各国君主因为需钱甚急时往往可向犹太人通融，所以特许他们取得高到四分六厘的利息。因此直到现在，世界上金融的霸权大部分还操控在犹太人的手中。

【苛税和海盗】此外，中古时代商业上的障碍还有苛税和海盗。当时凡商品经过各封地时必须缴一种通过税，沿途关卡真是不计其数。不但过桥有税，过路有税，渡河有税，就是沿河而进时，对于两岸各城堡中的诸侯，亦必须纳相应的赋税才得前进无阻。至于海上商业，除风浪暗礁种种危险外，北海一带海盗充斥，他们往往有极严密的组织，由上级社会中人主持一切，以劫掠商旅为正当的营生。海岸航行因为没有灯塔和浮标的设备，所以非常危险。

【汉萨同盟】当时各城市为减少这种种危险起见，开始组织同盟以便互相防御。其中最有名的一个，就是日耳曼各城市所组织的汉萨同盟（Hanseatic League）。同盟的城市共有七十个，以吕贝克为盟主，此外如科隆（Cologne）、但泽（Danzig）等名城都是会员。他们在英国的伦敦、挪威的卑尔根（Bergen）和俄罗斯的诺夫哥罗德（Novgorod）诸地都设有大规模的商场。北海和波罗的海中的商业几乎全在同盟的手中,势力很大,俨同强国。同盟的海军常和海盗宣战,商业上的危险因此减少了许多。他们的商船往往结队而行,有战船随同保护。

【中古时代的商人】不过我们须知,13、14、15世纪时的商业是一种城市间的商业,不是国际间的商业。至于商人的地位,是同业公会的会员,而不是独立经营的个人。这和现代商人的自由独立,大不相同。商人的财富增加之后,地位当然会提高,生活上会比较安适,而东方的奢侈品因此畅销于西欧各地。他们对于儿女的教育亦逐渐加以注意。此后读书人不再限于教士,所以14世纪初期西欧方面有许多书籍的出版,专以供给商界中人的阅读为目的。而且13世纪以后,英法诸国国王因为不得不向商民筹款,所以往往会召集商人代表参与国务会议。商人的地位竟能和从前的教士和贵族抗衡,这真是13世纪时一个最重要的变化。

第四节 哥特式建筑

【中古时代的建筑物】欧洲各地所有中古时代的建筑到现在差不多都已消失了,高厚的城墙早已拆去改筑马路,旧式的房屋亦早已拆毁以便扩充街道。其中唯有各处的教堂,一直遗留到现代受我们游览者的赞叹。12、13世纪时城市的规模很小,市民财富又不多,竟能造出这样伟大美丽的建筑,实在出乎我们的意料。这种建筑表现出中古时代民众对宗教的热忱和市民爱城的心理。当时建造一个大礼拜堂往往要费二三百年的工夫,而且建筑费都是逐渐积聚起来的。当时所有人都隶属于一个大礼拜堂,所以大家对于礼拜堂的建造都很热心,乐意捐助。

【罗马式建筑】12世纪以前礼拜堂的形式和古代罗马坚实的

建筑一样，所以叫作罗马式（Romanesque）建筑。罗马式礼拜堂的天花板都用石料造成，所以不得不筑坚厚的墙壁去支撑它。礼拜堂中部有一个主要的庑间，叫作本堂。本堂两旁各有一个较狭的庑间，中间用粗大的石柱隔开，石柱的上端有石拱连起来。石造小窗的上部都是圆拱形，这是罗马式建筑上最特殊的一点，亦是和哥特式建筑最不相同的地方。因为担心墙壁不能支撑，所以门窗都开得很小。

哥特式风格的建筑

【**哥特式建筑**】到12世纪时，法国的建筑家发明了一种新的建筑法，能够不用厚墙而造出较宽较高较美的窗户。16世纪时的意大利建筑家很藐视这种新建筑，以为唯有日耳曼的蛮族才会去赏识它，因此叫它为哥特式（Gothic）建筑。这班新建筑家最初发现石造的拱顶可用肋拱去扶持它，而这种肋拱又可聚集于石柱的上端。但是他们亦知道，倘使石柱和肋拱的外部没有别的东西去支撑，那么拱顶重量过大，它们一定会向外倾倒。因此他们于礼拜堂的墙外另造了许多控壁，把它们再用控壁连到柱头和肋拱等最容易向外倾倒的各点，石造的拱顶因此可以不用过厚的墙壁去支撑了。这种控壁的利用就是哥特式建筑的特点。这完全是中古时代建筑家发明出来的新方法。墙壁的地位不很重要，只是用来间隔内部的房间，而且窗户的大小可以自由伸缩。因为窗拱不用圆形而用尖形，所以窗户和拱顶的式样可以较为繁复。尖拱的应用因此日广,所以哥特式建筑亦叫作尖形的建筑。其实它的特点并不在此,而在于肋拱和控壁的应用。

【礼拜堂的窗户和雕刻】哥特式礼拜堂的窗户往往很大很高(有高到五十五尺的),光线当然会很强,但是当时有一种彩色的玻璃足以救济这种流弊。中古时代大礼拜堂中的彩色玻璃真是精美极了,为中古美术史上的一种光荣,法国出品的尤为著名。此外哥特式礼拜堂中的雕刻亦非常精美。墙壁内外往往附有圣人、君主和圣迹等石刻,和礼拜堂本身非常协调。有时也掺以怪异的雕刻,以免过于板滞。到14、15世纪时,哥特式建筑应用到礼拜堂以外的建筑物上去了,最重要的就是商人所造的同业公会大厅和市民所造的市政厅。但是这种建筑高耸入云,容易使人产生"仰之弥高"的感想,所以用来建造礼拜堂最为相宜。

第二十七章　中古时代的书籍和科学

第一节　欧洲各国语言的起源

【中古时代拉丁文的通行】我们要了解中古时代西欧的文化，不能不进一步去研究它们的思想、书籍和它们对于当时世界的观念。中古时代13世纪以前所用的文字和语言，一直通行于罗马帝国的国语，就是所谓的拉丁语。凡大学教授的讲义，政府的公文、条约和契约，都用这一种文字写成。当时各地的交通不便，方言纷起，所以懂得拉丁文的人拥有很多便利。罗马教皇之所以能够统治西欧各国的教士、学生、商人和僧侣之所以能够自由往来于各地，就是因为他们懂得拉丁语。后来各地方言逐渐兴起，终至代替了古代的拉丁语，这是欧洲文化史上一次重要的革命，亦是欧洲此后不能统一的一个原因。

【日耳曼语】我们要想了解中古时代西部欧洲一带拉丁语和各地方言并行不悖的情形，不能不先述现代欧洲各国语言的起源。现代的欧洲语可以分为两大系，就是日耳曼语系和罗马语系。住在罗马帝国境外的日耳曼民族，当然继续保持他们的祖先传下来的古语。现代的英语、荷兰语、德语、瑞典语、挪威语和丹麦语，总之，欧洲西北部各国的语言，都是由日耳曼语孳乳而来的，所以我们叫它们为日耳曼语系。

【罗马语】另外一系形成于罗马帝国境内，包括现代的法语、意大利语、西班牙语和葡萄牙语等南部欧洲语。它们大概都由拉丁语演化而来。日久之后，口中的语言和笔下的文字愈离愈远，各种方言就此产生。不过在日耳曼民族入侵后数百年，各地人民才用本地的方言写成文字，去代替从前统一各地的拉丁文。

【英语和法语】最古老的英语，就是日耳曼民族中的盎格鲁-撒克逊语，和现代很不相同，这种古语一直通行到13世纪中叶。此后的英语，已掺有11世纪时法国西北部诺曼底（Normandy）语的成分，渐渐成为现代的英语。现代的世界虽然以英语最为通行，但在中古时代法语其实是西欧各国方言中最重要的一种。12、13世纪时，法国有许多方言文学的兴起，对意大利、西班牙、日耳曼和英国的著作都产生了很大的影响。当时的法语虽然从罗马帝国时代的拉丁语脱胎而来，但是后来逐渐演变成北部法语和南部法语两种不同的方言。1100年以前的法国古文现在留存极少。西部法兰克人当然早已吟颂古代英雄如克罗维斯和查理·马特的丰功伟业了。但是这班人的事业后来都被查理曼的武功比下去了，而查理曼就变成了中古诗歌和传奇中唯一的英雄，许多不合事理的奇闻和逸事都归于他一身。

【亚瑟王传奇和圆桌骑士】中古时代最有名的《罗兰之歌》（*Song of Roland*）大概作于第一次十字军东征以前，其中主要的人物就是一个叫查理曼的军官。到12世纪后半期，亚瑟王（King Arthur）和他的圆桌骑士（Knights of the Round Table）等传奇开始出现，在西欧一带风行了数百年，到如今还流传未绝。当时除长篇叙事诗和韵文或散文的传奇之外，还有无数韵文的短篇小说，大都描写日常生活中的逸事，尤以含有滑稽性质的为多。

第二节　西欧文学和侠义精神

【行吟诗人】当时法国南部有一班歌人的兴起,通常叫作行吟诗人。他们用南部法国的方言编成美丽的歌曲,描述当时封建诸侯宫中的快乐生活,其情节的生动和音韵的悠扬真可做南部法语的模范。这班诗人不但往来于法国各地的宫廷,而且把南部法国的诗歌和风俗带到意大利和日耳曼诸地去。这类文学上的作品1100年前的旧作遗留极少,至于那以后的歌曲就很多了。

【侠义精神】在研究史学的人眼中,北部法国长篇的诗歌和南部法国的歌曲中最可注意的一点,就是它们能够把中古封建时代骑士的理想全部表达出来。这种骑士的理想可用一个名词来概括,就是所谓的"侠义精神"(chivalry)。在所有中古时代的传奇中差不多都以骑士为主要人物,因为行吟诗人大都是骑士出身,他们当然要把骑士的生活作为歌曲的主旨。原来中古时代的骑士制度并不是在某一时间正式建立起来的,它是封建制度的副产物,所以它的产生亦和封建制度一样,自然而然产生以应付当时环境的需要和欲望。上流社会的子弟经过骑马、试剑和放鹰等训练以后,就由别的骑士为他举行一种仪式,授以骑士的资格,而且有教士参与其间。

【骑士的理想】骑士其实是一种基督教的军人,他们自成一个团体,抱有一种高尚的理想。不过这个团体并没有一定的组织和规程,只是一种理想上的结合,有时甚至国王和诸侯亦极愿兼有骑士的资格。因为贵族子弟可以生为公侯,但不一定就可兼做骑士,出身微贱的人或许因为建功立业,而置身于骑士团体中,所以骑士身份往往比王侯还要名贵,还要难以取得。至于骑士的理想,首先,要服从且保护基督教会;其次,对于弱小和无助的人必须尽力尊重且保护他们,对于穆斯林要始终努力地去扑灭他们,对于敌人要始终不屈，对于自己的情人要始终不变初心，而且要牺牲一切去维护她的身体和荣誉；最后，凡骑士要处处以抑强扶弱、主持公道为自己的责任。

【抒情诗人】日耳曼的诗人对于骑士制度和侠义精神的发扬亦大有贡献。13世纪的日耳曼诗人通常叫作"抒情诗人"，这是因为他们所吟的诗歌，亦和行吟诗人一样，大都是关于情侣恋爱的。

第三节　中古欧洲的学术

【中古欧洲人历史知识的浅薄】中古时代不懂拉丁文的人基本上没有办法去研究历史，因为希腊和罗马名人的杰作，如荷马的诗篇、柏拉图的哲学、西塞罗的演说和李维的历史，在当时都还没有方言的译本。他们的历史知识大都从各种不合事理的传奇中得来，至于传奇中所述的亚历山大、埃涅阿斯和恺撒诸人的事迹往往颠倒错乱，莫可究诘。至于他们自己的历史，亦往往把法国的古代史和其他欧洲各地的事迹混杂不分，毫无条理可言。

【科学】至于我们现代所谓科学的著作，在当时基本上也一无所有。当时虽然有一种用韵文编辑的类书，但是内容极其简陋。他们对于龙、凤、麒麟等特异动物，仍旧和古代希腊人或罗马人一样，深信不疑，而对于实有的动物，亦往往以为含有离奇的特性。不可能的事情往往世代相传，以讹传讹，竟没有一个人起来加以实验和纠正。我们现在引一段13世纪时欧洲类书中的文字，就可窥见当时一般人的见识究竟怎样了："半人半羊神有点像人，他有弯鼻，且有角在他的额上，他的足像山羊……此外又有头如猎犬的人，形象和兽较近。又有所谓的独眼人，因为他们各有一眼在前额上，所以有这个名称。又有无头无鼻的人，眼在肩上。又有面平无鼻腔的人，下唇很长，向上展开，可以全盖面部以避太阳的热气。"

【占星学】自从13世纪以来，欧洲方面有两种古学的复兴，这就是占星学和炼丹术。占星学起源于古代的巴比伦，它的根据在于深信天上的行星与我们人体的构成极有关系，因此对于我们的命运亦极有影响。希腊时代以后的欧洲人又依照希腊哲学家的学说，尤其是亚里士多德的学说，以为宇宙中的万物都由土、水、火、空气四种元素混合而成，无论什么人都是这四种元素的特殊混合物。当我们出世时，行星所在的方位大有影响于我们的气质。我们如果知道一个人出世时行星的方位，就可推知他的气质怎样，而且可以预断他的终生、应该从事什么样的工作。例如命属金星的人应该避开热烈的恋爱，而且应该从事裁缝或装饰等职业；倘使命属火星，他就应该专心从事制造军械的工作，而且可以当兵。当时各大学中亦往往有占星学的讲授，因为医科学生懂得这门科学，将来学成之后，就可以选择良辰吉日出去诊病，而不致误医杀人。这和我国的五行学说大致相同，而且一样无稽。

【炼丹术】至于欧洲的炼丹术，开始于古代的希腊人。直到13世纪时才由穆斯林从希腊古书中得来，传到欧洲，因此炼丹术就复兴起来了。炼丹家的目的，是想在实验室中把铅铜等贱金属炼成金银等贵金属，同时他们想炼出一种长生不老的仙丹，这和中国汉代以来道家的行径差不多。不过欧洲的炼丹家虽然始终未得到仙丹，现代的化学却从这种荒唐的炼丹术中蜕演而来。

第四节　中古欧洲的大学和学科

【欧洲大学的起源】现代欧洲各国都有很完备的学校和大学。它们的起源大都在中古时代的后半期。原来自日耳曼民族南下、罗马帝国瓦解之后，欧洲的教育就扫地无余；数百年间，除意大利和西班牙外，绝无所谓的大学和专门学校。直到12世纪末年，法国巴黎城中教师的人数渐多，于是他们开始组织一种同业公会，这就是巴黎大学的雏形。当时国王和罗马教皇都赞助了大学的建立，将教士所享有的特权给予大学教授和学生，因为大学中的人既然都富有学问，当然应该以教士的待遇优待他们。当巴黎大学兴起时，博洛尼亚（Bologna）亦有一个大学逐渐发展起来。不过巴黎大学注重神学的研究，而博洛尼亚大学则注重罗马法和教会法。英国的牛津大学亦起源于12世纪末年，大概由一班不满意巴黎大学的英国教授和学生回国组织而成。至于剑桥大学和法国、意大利、西班牙诸国的大学，都兴起于13世纪。德国的大学兴起较晚，大部分在14世纪的后半期和15世纪。大学学生研究几年之后，须经教授的考核，考核及格，就可以加入教授的团体中担当教师。现在欧洲各大学中所谓的博士、硕士、学士等学位本来都只是教师的意思。不过自13世纪以来，已经有一种人虽然不一定担当教师，亦想得到博士或硕士等荣耀的头衔了。

【教学法的简单】当时的大学大都没有固定的校舍，如巴黎大学的讲演就在拉丁区（Latin Quarter）举行。大学中没有实验的科目，所以没有实验室，凡学生只要有一本教科书就好了。教师把教科书中的文字逐句讲解，学生则坐听讲演，有时亦做笔记。中古时代的大学教学上最特殊的一点就是对于亚里士多德的尊崇，大部分大学的科目无非解释他的各种著作。13世纪时的学者对于他的逻辑学极感兴趣，对于他的学问亦非常佩服，所以当时有名的神学家如马格努斯（Magnus）和阿奎那（Aquinas），都曾费了许多工夫去注解他的著作。当时人以为亚里士多德是世间唯一的哲人，人类的各种知识都应该由他来折中，所以他的权威在当时和基督教的《圣经》一样大。

【经院哲学】通常对于欧洲中古时代的大学中所用的学理和讨论学理的方法，总称为"经院哲学"（scholasticism）。在现代学问渊博的学者看来，这种教育一面专重于理论和独尊亚里士多德，一面对于希腊和罗马的文学又置之不顾，其实是一种劳而无功、博而寡要的办法。但是平心而论，学校中逻辑学上的训练虽然不能增加人类知识的总和，但是可以培养学生辨别事理和讨论学术的习惯。

【科目的简陋】中古时代对于史学一科毫不注意，亦不讲授希腊文。为学习科目便利起见，学生不得不稍习拉丁文，但是对于罗马名贵的文学却并不注重。至于各地新起的方言，当时学者都不屑于研究。不过我们现代用英语、法语、西班牙语或意大利语所写成的名著，在当时还没有出现，当时学者轻视这些方言亦是不足为怪的。

【彼特拉克的出世】中古时代大学中的教师虽然极其尊崇希腊大哲学家亚里士多德，而且把他的著作译成拉丁文，当作教学的根据，但是他们能读懂希腊文的仍旧很少，对于荷马、柏拉图或希腊的悲剧家和史学家，更是一无所知。到14世纪时意大利才有一个名家出来，专心致志地去搜集古代希腊人和罗马人的著作，为学术界开了一个好读古书的风气。这就是文艺复兴时期的一个中坚人物彼特拉克（1304年—1374年）。在他以前，意大利虽然已经有一个文学名家但丁（1265年—1321年），抱有独立研究和尊重自身种种新学者的态度，但是他的神学和哲学始终没有脱离中古经院哲学的窠臼，所以我们只能称他为文艺复兴的先驱。至于彼特拉克的态度就和他大不相同了，他一面鼓吹打倒盲从师说的旧习，一面竭力提倡独立考证的精神。他常用柏拉图的学说去攻击亚里士多德，而且公言当时的大学其实是愚人的渊薮。这种革命性的论调差不多把欧洲中古时代的学术界抱残守缺的陋习从根本上动摇了。西方史学家之所以尊他为第一个现代式的学者,就是因为这一点。

【克莱索洛拉斯】彼特拉克自己虽然始终没有耐心和机会去精通希腊文,但是在他去世二十年后,君士坦丁堡的希腊教士克莱索洛拉斯(Chrysoloras)于1396年从东方迁到意大利的佛罗伦萨开始教授希腊文时,意大利境内已有许多年轻人来跟他学习希腊文,而且非常热心。不久,意大利的学者纷纷往君士坦丁堡去留学以求深造,这和西塞罗时代罗马的学生多到雅典去留学一样。他们学成之后,往往把希腊的古籍带回国内。到1430年时,已经埋没了一千年的希腊书籍重新出现于欧洲的西部。

【人文学家】因此西部欧洲的学者得以再次拾起古代学术的余绪。他们不但知道古代希腊人和罗马人已知道的事物,而且能够诵读古代各种学术名著的原本了。凡终生研究希腊、罗马学术的人就是历史上所谓的"人文学家"。后来各大学亦不以研究亚里士多德为唯一要务了,而是兼习希腊和罗马的文学。现代欧洲学校中所谓"古典的"科目,专指希腊和罗马的古籍,就是起源于此时。

第五节　现代科学发明的开端

【罗吉尔·培根】倘若知识阶级中的人始终以研究希腊和罗马的古书为目的,那么他们翻来覆去也离不开故纸堆的生活,跳不出希腊人和罗马人的知识范围。但是欧洲在13世纪时,已经有少数学者起来攻击当时专靠亚里士多德来求知识的旧习惯。当时最有名的批评家就是英国方济派的修道士罗吉尔·培根(约死于1294年)。

他说即使亚里士多德是一个很聪明的人，也不过种了一棵知识的树，这棵树既没有抽枝，亦没有结果。倘使我们人类能够继续生存下去，断难希望完全了解宇宙中所有的秘藏。他又说倘使我们专去研究寻常的事物，不去死读古人的书籍，那么科学的成就一定可以胜过当代的魔术。他说将来的人类一定能够无翼而飞，一定能造无马自动的车、无橹自行的船和没有桥脚的桥。他当时所说的预言现在都一一成为事实了。然而现代的科学家和发明家并没有受到希腊和罗马古书的恩惠，因为希腊的哲学家虽然曾经注意自然科学，但是他们始终没有做过长时间精密的实验，亦没有发明显微镜和望远镜这类科学发现必需的工具。亚里士多德始终以为日月星辰环绕地球而旋转，重物下落比轻物快得多，水、火、土、气四种元素可以支配宇宙间的万物。希腊人和罗马人不曾知道指南针、火药、印刷术和蒸汽的应用，实际上他们也没有所谓的机器。这可见现代西方的文化绝不是从故纸堆中得来的。

【13世纪的发现】13世纪时，欧洲有几种绝对的新发现。指南针自从元人统一欧亚时由东方传入之后，应用日广，因此航海事业亦日有进步。透镜的发明亦在此时，不久就有了眼镜的制造。有了透镜的发明，现代重要的科学工具如望远镜、显微镜、分光器和照相机等才有出世的可能。阿拉伯数字亦开始代替从前罗马简陋的数字，罗吉尔·培根已经知道硫、硝、碳三种物质的混合物有爆炸性。他去世三十年后，欧洲人开始在小炮中运用火药了，这恐怕亦是从东方传过去的。到1350年，西欧一带已有火药制造局。不过要再过一百五十年，火药才真正代替从前弓箭斧钺等旧式的战具。到1500年时，欧洲人才明白旧式的石堡已经不能抵挡大炮的攻击了。所以自从火药从东方传入以后，中古欧洲封建时代的武器和防御工程都失其效力了。

【中古的抄书事业和中国印刷术的西传】自从指南针、透镜和火药等由东方传入或欧洲人自己发明之后，欧洲人的习惯因此大变。此外印刷术的传入在普及教育上亦产生了很大的影响。此前欧洲人书籍的流传专靠抄手的抄录。当时抄手用毛管抄书，手法极其工细，几乎和现代的印刷品差不多。抄手抄好之后，往往交给工匠，工匠把起首的字母和书页的四周以珠宝、珐琅等加以装饰，五光十色，非常悦目。不过因为书籍全靠手抄，所以出书极慢，书价很贵，有时抄手四五十人以两年的时间，只能抄好二百部书。而且抄录的书籍往往形式不能一致，抄手如果马虎一点，就要错误百出。自从中国的印刷术由穆斯林传入欧洲之后，欧洲人就能在短时间内制造出很多同样的书本，而且同版书籍的错误被改正之后，全版的书都可以准确无误了。

【中国造纸术的西传】自从中古初期埃及被穆斯林征服之后，欧洲人自希腊以来沿用的草纸的来源就断绝了，于是他们改用羊皮制造的羊皮纸。但是这种纸的价格非常昂贵，所以即使有印刷术传来亦属无用。13世纪以后，中国人发明的造纸术亦由穆斯林传入欧洲，因此中国式的纸就代替了羊皮纸，而印刷术的优势到此才彰显出来。欧洲的印刷业到15世纪时大为发达。1500年时，德国、法国、意大利、荷兰和英国的各城市中至少已有四十部印刷机，印成书籍达八百万卷。旧书再没有散佚的风险，新书亦有日增的趋势。书籍日多，史料日富，欧洲文化的进步亦因此一日千里。这是中国人间接对于西方现代文化的一个大贡献。

第二十八章　中古时代的英国和法国

第一节　诺曼底人入侵英国

【诺曼底人入侵以前的英国】盎格鲁人和撒克逊人征服不列颠，以及他们改信基督教的情形，我们已经述及了。到9世纪时又有北蛮屡次侵入，为撒克逊阿尔弗雷德大帝（Alfred the Great）所败，后来北蛮又于1017年入统英国，但是其王位不久后仍由撒克逊人爱德华（Edward）所继承。当爱德华去世时，法国国王治下一个最有势力的诸侯渡过英吉利海峡征服了英国，自立为王，这在英国史上为一件极重要的事迹，入侵的领袖就是法国诺曼底（Normandy）公爵威廉一世。

【中古时代的法国】法国在中古时代原是西法兰克王国的领土，国内分成许多公国和伯国，各有城堡和军队，心目中绝无所谓的国王。10世纪时有一部分大封土如诺曼底、法兰西、勃艮第等，往往能人辈出，几乎如同独立的国家。其中以911年时北蛮民族所建立的诺曼底公国最为强大和重要。北蛮由北欧南下定居于法国西北部以后，就改信基督教且受法国文明的同化，成为法国最开明的区域。入侵英国的威廉一世就是此地的公爵。

【黑斯廷斯战争】诺曼底公爵威廉究竟为什么入侵英国，已不可考。我们所能知道的就是在1066年时他率领军队渡过英吉利海峡，和英国的军队大战于黑斯廷斯（Hastings）。诺曼底的骑兵和弓箭手大败英国人，于是英国一部分有势力的贵族和主教承认威廉为王。这一年的圣诞节，伦敦城（London）开门投降，由贵族公举他做正式的国王，称威廉一世。

【威廉一世的政策】威廉一世即英国王位后，宣称凡在黑斯廷斯战争前不愿和他联合的贵族所拥有的领地一概没收；不过倘使他们能够承认他为国王且愿做附庸，那么他们仍可以保有从前的领地。至于在战场上曾经和他为敌的人，所拥有的领地绝对没收，再分给诺曼底和英国的盟友。威廉一世又宣称不欲改变英国向来的习惯，凡事都照爱德华旧例办理。他也继续维持从前撒克逊诸王所设立的贤人会议（witenagemot），以贵族和主教充当议员。他分配封土时故意把封地分散开来，不使其集于一处，以免产生尾大不掉的流弊。最后他为获得小地主的拥护起见，下令国内所有的大小地主都应直接向他宣誓尽忠，免得国内大权由少数大诸侯把持。

【诺曼底人入侵的结果】威廉一世入侵英国不只是王朝的变更，还为英国加进了一种新元素。诺曼底人移民英国的数目虽然不得而知，但是一定不少。他们的加入在英国的习惯上和政治上确曾产生了很大的影响。过了一百年，不但英国的贵族和主教多属诺曼底人，就是建筑家、商人和纺织工人亦多是从诺曼底渡海迁来的，他们逐渐和英国人同化，因此英国的民族较从前更有精神且更加活泼了。

第二节　金雀花王朝的英国

【亨利二世（1154年—1189年在位）】自从威廉一世去世以后，英国国内的秩序混乱了六十年。所以当1154年金雀花王朝（Plantagenets）的第一个君主亨利二世（Henry Ⅱ）即位时，国内的境况很坏。他一面要尽力恢复国内的秩序，一面又因为祖产和婚姻的关系，在法国拥有很大的领土，不得不分心去维持它。他为消弭国内的纷争起见，乃创设法院，命法官定期巡行各地审理案件。并制定了大陪审官的制度，以便对刑事犯和扰乱和平的人提起公诉。不过现代英美法制中十二个陪审官制度却是百年后才兴起的。当时法官的判决书往往以英国的习惯为根据，而不以罗马法律为根据，现代英国普通法的基础就此建立起来了。

【金雀花王朝的法国领土】亨利二世费了大部分的时间去治理法国的领土，实际上英国国王在法国所拥有的领土比法国国王所拥有的面积还要大。亨利二世的父亲喜欢戴金雀花，所以他建立的王朝就叫作金雀花王朝。亨利二世即英国的王位后，为人精明强悍，很能努力于国外领土的整顿，这在法国君主看来当然难以容忍。所以腓力·奥古斯都（Philip Augustus）即法国王位后，就一意以制服国内诸侯为事，对于金雀花王族的领土尤加注意。

【法国领土的丧失】亨利二世去世以后，其子理查德一世继位（1189年—1199年在位），为人勇而无谋，长于用兵而短于治国；曾经统率过一次十字军，回欧后就和法国开战，战事未了而死。理查德一世死后，他的弟弟约翰继位（1199年—1216年在位）。约翰为英国史上著名的昏君。法国国王腓力·奥古斯都就乘机行使封主的职权，把英国所拥有的法国领土除西南一隅外全部收回。

【《大宪章》（1215年）】约翰在位时最重要的事迹就是颁布了《大宪章》。原来约翰很想招募新军前往法国去恢复领土，但是国内的诸侯极恨他的暴虐，所以借口不负国外战争的责任，反对出兵。最后一部分贵族于1215年在伦敦附近强迫约翰颁布了一种宪章，以便一面限制国王非法的行动，一面规定人民应享的权利。约翰所颁布的《大宪章》为世界政治史上最有名的一种史料。其中规定国王应该尊重诸侯的权利，诸侯亦应该尊重附庸的权利，国王不得再有压迫城市的举动；对于商人和农民，亦不得因微小的罪名就夺取他们的商品和农具；国王不得大会议的同意不许征税；大会议议员应由高级教士和贵族充任。《大宪章》中尤其重要的一条，就是国王对于自由民除非立即交给法院加以审讯，否则不得任意逮捕、监禁或剥夺其财产。这是现代民权最重要的一种保障，亦是现代所谓立宪政体最主要的精义，所以《大宪章》到如今还是英国宪法上最重要的一部分。

【威尔士和苏格兰并入英国】13世纪以前，英国国王在国内所拥有的领土只是大不列颠岛的一部分。西部的威尔士和北部的苏格兰当时还各自独立，不附属于英国。直到英国国王爱德华一世在位时代（1272年—1307年），才于1282年把威尔士收入版图。至于苏格兰，则自爱德华一世以后和英国争持了三百年，直到1603年苏格兰国王詹姆斯一世（James I）入为英国国王以后，两国才言归于好；再过一百年，两国乃正式合并。不过苏格兰人的姓氏和习惯到如今还自成一家，和英国人不很相同。

【国会的起源】自13世纪末年以后的一百多年间（1272年—1377年），为英国国会制度逐渐兴起的一个时代，这是现代立宪国家最重要的一种代议机关，亦是现代世界各国立法机关的模范。原来英国在撒克逊时代就已有一种贤人会议，由国王时时召集国内的贵族、主教和住持聚集一处商议国家大事。诺曼底人入侵以后，贤人会议乃蜕演为大会议。爱德华一世的父亲在位时，英国才有第一次国会的召开，而且第一次有平民的代表参加。平民议员通常代表多数人民的利益和意见，所以国会的地位更加重要。当时国会议员除贵族和教士外，每郡选出绅士两人，每城选出公民两人参与讨论。

【模范国会】爱德华一世即位之后,他就继续实行这种办法,因为当时的市民逐渐富有,国王为筹集政费起见,不得不请教他们。而且英国国王对于国家大事的决定,亦很想征得国内各阶级的同意。所以自从1295年"模范国会"(Model Parliament)召开以后,英国平民的代表就始终和教士及贵族两个阶级共同列席于国会。

【国会权力的发展】英国国会最初就主张在允许纳税以前,国王必须先把民众的痛苦解除了才可。从前国会的会场没有固定的地点,由国王随地召集起来。自从爱德华一世以后,国会就确定在威斯敏斯特(Westminster)城中召开,现在此城已成为伦敦城的一部分。爱德华二世在位时,国会于1322年宣布,凡关于国王、王储、国家和人民等的重要事件,必须由国王得"教士、贵族和国内平民的同意"后加以考虑,才得决定。五年后国会竟决议,把无能的爱德华二世废掉,而立爱德华三世为国王。新王即位之后,因为常和法国发生战争,军费浩大,所以不得不年年召开国会商量筹款的办法;而且为便于得款起见,国王对于国会的请求往往应允。他亦宣称不得教士、贵族和平民的同意,绝不颁布新法。从此英国国会的权力逐渐扩大,最终凌驾于国王之上。

【上下两院的制度】同时英国国会亦逐渐分为上下两院。上院为贵族院,以主教和贵族充任议员;下院为平民院,由各乡绅士和各城市民代表组成。此后英国的国会已由中古式的机关变为现代式的机关了。

第三节　英法两国间的百年战争

【英国国王爱德华三世要求法国王位】在金雀花王朝时代,英法两国因争夺领土曾有长期的冲突,结果英国在法国的领土丧失了一大部分。关于这一点，我们在前面已经述过。此后两国相安无事了许多年。但是到英国国王爱德华三世在位时（1327年—1377年），法国的旧王朝忽告绝嗣，于是爱德华三世就以法国国王外甥的身份要求兼领法国的王位，因此又引起了两国间长期的战争，就是历史上所谓的"百年战争"。

【克雷西之战】法国人不允英国国王的要求，自己另立国王，于是1346年爱德华三世就统率军队渡海在诺曼底登岸，沿途蹂躏，溯塞纳河（Seine）向巴黎而进。最后两军大战于克雷西（Gressy），法国的骑兵竟大败英国的弓手。十年后英国军队又侵入法国，大败法国的骑兵。法国国王约翰二世被掳到伦敦。

【英国国王始终不能征服法国】但是爱德华三世始终不能征服法国。法国国王查理五世在爱德华三世去世（1377年）以前，已经把英国人所占领的地方恢复了一大部分。爱德华三世死后三十年，两国的战事几乎完全中断。但是法国所受的损失比英国大，因为所有战事都是在法国境内进行的，而且所有士兵在战事停止时往往成群结队专以劫掠为事。

【瘟疫（1348年—1349年）】战争的危害本已很大，到1348年又有一种瘟疫出现于欧洲一带。瘟疫所到之处，死亡枕藉。是年4月瘟疫传到佛罗伦萨，8月间又传到法国和德国，再到英国。次年瘟疫已遍及各地。这种可怕的瘟疫和天花、霍乱等一样，据传是从亚洲传到欧洲的。凡染疫的人往往两三天内就死。相传英国的人民因染疫而死的竟达人口的一半。欧洲各地的死亡人数亦和英国差不多。这就是西方史上所谓的"黑死病"。

【英国农民的叛乱（1381年）和农奴的消失】当时英国的农民阶级亦颇露不满的意思。原来此前英国的农民都是农奴，而且国内亦有新工可雇。自从黑死病爆发后，农民人数大减，工价因之日高，而农民工作的需要亦因之加大，因此国内的农奴渐觉从前地主所要求的徭役和税捐实在太不公允。于是1381年，各地农民都起来反抗过重的苛税，把教士和贵族的别墅和庄屋烧毁了不少。这次农民的叛乱虽然没有什么成绩，但是农奴制度却从此日渐消失了。此后农奴都逐渐用金钱去代替从前的徭役。再过六七十年，英国的农民逐渐解放，完全变成自由民了。

【威克利夫（1325年—1384年）】农民叛乱的主使人当时以威克利夫（Wycliffe）为首。他本是牛津大学的教师，曾经努力于教会的改革，组织一种"简朴牧师"的团体，专向民众去宣传教义。他为宣传便利起见，把拉丁文的《圣经》译为英文。后来他因为受到罗马教皇和教士的反对，竟进一步宣称教皇并不是教会中合法的领袖。他其实是宗教改革的一个先驱，为一百五十年后路德改革宗教的启发者。

【百年战争的重起（1415年）】自从英国国王爱德华三世死后，英法两国间的战事差不多停止了四十年。到1415年时战端再起，英国国王亨利五世统率弓手又大败法国的骑兵于阿金库尔（Agincourt）。十五年后英国人竟征服了罗亚尔河以北的领土。至于河以南的领土，虽然大部分仍在懦弱无能的法国国王查理七世的手中，但是英国人的势力很有向南拓展的趋势。

【贞德（1412年—1431年）】当英军正在围攻奥尔良（Orleans）时，法国忽有一个笃信宗教的农家女子名叫贞德，宣称曾经听到一个声音叫她负起救国的责任。她于是穿上军装，骑一匹马，得法国国王的允许，带领一万士兵去解奥尔良的围。她果然大败英国人，并于1429年拥护法国国王查理七世到兰斯（Rheims）去行加冕礼。她本想就此回家，因法国国王不许，于是再战英军，屡得胜利。但是法国士兵终以受女人的统率为耻，因此故意让她落入英国人

法国民族英雄——圣女贞德

的手中。英国人乃加以信奉巫术的罪名，于1431年把她烧死于鲁昂（Rouen）。

【英国丧失在欧陆上的领土】贞德虽死，但是激起了法国人同仇敌忾的精神。加以英国国会明知这次战争难以获胜，所以对于军费的供给不很热心，因此英国的实力大为削弱，不断失败。英国军队终于1450年退出诺曼底；三年之后，法国南部一带亦重返法国国王的手中，百年战争就此告终。而自从诺曼底人侵入英国以来，英国能否兼领法国土地的问题，亦就此得到解答了。

第四节　百年战争后的英国和法国

【英国的玫瑰战争和都铎王朝】百年战争终了之后，英国国内又有两大王族因争夺王位而引发了三十年的内乱（1455年—1485年），这就是爱德华三世的后裔兰开斯特（Lancaster）和约克（York）两大族间争夺英国王位的战争。因为这两族的人一用红玫瑰、一用白玫瑰做徽章，所以亦叫作"玫瑰战争"（the Wars of the Roses）。当时两方都各得一班有财力的大族加入战争，所以两方都是阴谋百出，暗杀横行，我们在此不细述了。两方的苦争直到1485年爱德华三世母族方面的亨利七世即王位之后，才告终了。亨利七世为都铎（Tudors）族人，所以他创立的英国王朝就叫作都铎王朝。自从玫瑰战争以后，英国国内的贵族或阵亡或被杀，减少了一大半，因此国王的权力大大增加，而亨利七世以后的百余年间，都铎诸王的势力往往凌驾于国会之上，从前爱德华所建的自由政府就此暂时消亡了。

【法国的三级会议】当英国的国会正在发展的时候，法国人亦组织了一个国会叫作"三级会议"（Estates General），由市民、教士和贵族三级的代表组成。在百年战争时，三级会议亦常常召开，但是法国的三级会议始终和英国的国会不同，不能强迫法国国王承认在征税以前应得到三级会议的同意。

【法国始设常备军（1439年）】法国国王在百年战争将结束时，因有常备军的设置，所以势力大增。法国封建时代的军制早已消失，就在百年战争以前，国内的贵族亦早已用金钱代替出兵的义务，军队的供给已经不是封建时代的条件了。不过兵士因为军饷无定，往往对国人和仇敌都加以同样的劫掠。1439年时，三级会议议决，国王为维持军队防守边疆起见，得以征收一种国税，叫作人头税。这是各级会议一个很大的失策，因为此后法国君主不但统有军队，而且拥有永远征税的权力，税率可以任意提高。他和英国国王不同，不必每年召集国会议员决定征税的数目。

【路易十一扩张王权】法国君主想要建立一个强有力的国家，当然不得不先削减贵族的权力。法国贵族虽然早已不许铸造钱币、自置军队或者直接征税，但是当百年战争告终时，有一部分贵族的势力还是很大的。路易十一在位时（1461年—1483年），才用精明阴险的手段把国内贵族的势力设法削减。从此法国的主权大为扩张，直到三百年后大革命时方才瓦解。

【英法两国各建强有力的政府】总而言之，英法两国自从百年战争终了之后，反而都变成了更强盛的国家。两国的君主都能把国内的贵族势力设法破坏，把封建制度的危险设法消除，因此国王的权力常有增加。加之工商各业逐渐发达，人民财富日增，政府的岁入亦足以应付政费和军费，国内的秩序既然有相当的军队去维持，国王的权力就不再和从前一样，要靠诸侯的拥护了。总之，英国和法国至此都变成了现代的国家。

第二十九章 欧洲的文艺复兴和商业的复盛

第一节 文艺复兴时期的意大利

【意大利的城市和文艺复兴】12、13世纪时北部欧洲城市生活的发达,我们在前面已经述及。此后二百年间,英法两国有百年战争的纷扰,南欧方面,意大利诸城市在建筑和美术上都有特殊的发展。诸城市中的人文学家把久已失传的希腊和罗马的知识重新恢复,学问、绘画、雕刻、建筑等都有很大的进步,所以后代史学家就叫这一时期的欧洲史为"文艺复兴",而意大利就是文艺复兴的发源地。原来意大利的城市和古代希腊的城市一样,都各自独立为一种小城邦,各有其特殊的生活和制度。其中有一部分如罗马、米兰、比萨诸城在罗马帝国时代本已很重要,其余如威尼斯、佛罗伦萨、热那亚诸城直到十字军时代方才兴起。14世纪时的意大利大致可以分为三个区域:南部为那不勒斯王国;中部横贯意大利半岛的为教皇的领土;北部和西部为许多城邦所在地,这就是文艺复兴的中枢。

【威尼斯和东方的关系】意大利北部各城市中以威尼斯最为有名,它在欧洲文化史上和法国的巴黎或英国的伦敦一样重要。它的位置在亚得里亚海的西北端,离大陆约二里的许多小岛上,岛外有一条狭长的沙洲足以阻挡海上的风浪。它在十字军兴起以前已经从事国际贸易,后来向东发展,在东方亚洲西岸一带占有领土,同时向西扩充势力于意大利的大陆上。威尼斯的势力在1400年时最为庞大，总计有人口二十万，在当时确实算很大了，往来于地中海上以运输东西方产品的商船共计三百只，有战船四十五只、水兵一万一千人，声势浩大，一时无两。但是自从15世纪土耳其人攻陷君士坦丁堡和东印度航路被发现之后，威尼斯就不能继续垄断东方的商业了。它的地位虽然仍很重要，但是势力已大不如前。威尼斯常常和意大利其他各城市互争雄长，和热那亚的争持尤为激烈。城中有一个上议院、一个十人会议和一个公爵，组成一种共和式的政府，实权操控在一班富商的手中。

【意大利的专制君主】当时意大利诸城市间不但有互相争斗的情形，而且各城市的政府往往落入专制君主的手中，专为自身和亲友谋利益。文艺复兴时期的专制君主有许多祸国殃民、滥施淫威的故事流传下来。因为这班专制君主大多不是正统王族出身，所以为了维持自己的地位，对于国内的叛乱和邻邦的觊觎都不得不格外注意。因为有这种环境，所以当时政界中人都以钩心斗角和纵横捭阖为能事。不过也有许多专制君主努力于整顿吏治和提倡文艺等事业。

【佛罗伦萨】佛罗伦萨的历史和威尼斯大不相同。它是一个共和政府，城内各阶级中的人都享有参政权，因此城邦的宪法常常变更，各党的争斗亦非常激烈。一党得势，其他党中的人在国内就没有立足的余地，此盛彼衰，循环不息。到15世纪中叶时，城中政权操控在大族美第奇（Medici）的手中，凡议员的选举和官吏的任免基本上都由这族人暗中操纵。这一族中最有名的一个就是洛伦佐（1448年—1492年），在他执政时，佛罗伦萨的形势非常隆盛，美术和文学的发展独步一时。

【罗马】在威尼斯和佛罗伦萨极盛时代，罗马教皇所居的罗马城亦经历了一次大变化。原来罗马教皇曾移居于法国阿维尼翁多年，随后四十年间阿维尼翁和罗马两地各选教皇，有了互争正统的纠纷，这种环境当然不利于罗马城的改良。后来到佛罗伦萨极盛时代，教皇才有余力去恢复罗马城的光荣。他们召集各处的建筑家、美术家和文学家来建造宏大美丽的宫殿和图书馆，拆毁旧式的圣彼得礼拜堂，另造一个穹隆顶的新建筑。从前旧式的拉特兰宫（Lateran）本是千年来罗马教皇的公署，教皇自阿维尼翁移归罗马后亦逐渐废弃不用，另于圣彼得礼拜堂右侧造一新宫，这就是现代罗马教皇所居的梵蒂冈（Vatican）。宫中大小房间无数，墙壁上都装饰有文艺复兴时期名家的绘画和雕刻，为世界上罕见的精品。

第二节　文艺复兴时期的美术

【意大利美术的发达】中古时代欧洲建筑家的作品和哥特式大礼拜堂中种种惊人的雕刻，以及光耀夺目的彩色玻璃窗等，我们在上面都已述过。但是到14、15世纪时，意大利的美术非常发达，散发出了一种空前的异彩，到如今还不失为世界美术的标准。15世纪时佛罗伦萨为美术活动的中心，当时所有伟大的雕刻家、绘画家和建筑家都是佛罗伦萨人或者在此地完成了他们的杰作。自从洛伦佐于1492年去世之后，因为无人鼓励，美术活动的中心就从佛罗伦萨移到罗马了。

【达·芬奇、米开朗基罗[①]、拉斐尔】文艺复兴时期的美术到16世纪时乃达到最高点。当时美术名家很多，最著名的为达·芬奇（1452年—1519年）、米开朗基罗（1475年—1564年）和拉斐尔（1483年—1520年）三个人。达·芬奇和米开朗基罗两人对于建

---

① 现通译为"米开朗琪罗"。——编者注

文艺复兴三杰：拉斐尔（左），达·芬奇（中），米开朗基罗（右）

筑、雕刻、绘画无一不能且无一不精，他们的作品的伟大和优美真是难以用言语形容。拉斐尔和米开朗基罗各有绘画、雕刻和壁画等作品保留下来，我们一望便可知他们在世界美术史上所处的地位何等重要。至于达·芬奇的作品，留传下来的较少，但是因为他的多才多艺，长于创作和新法的应用，所以他在当时美术界的声誉比拉斐尔和米开朗基罗两人还要大。16世纪时美术中心除罗马以外，要算威尼斯了。此地的美术以绘画最为著名，而绘画中以热烈的色彩为其特点。威尼斯最有名的绘画家就是享寿很长的提香（约1489年—1576年）。

【北欧的绘画】北部欧洲的美术家震撼于意大利美术的威名，往往南来留学，学成后就归国成为名家。意大利绘画发达一百年后，佛兰德斯的凡·艾克（Van Eyck）兄弟（约生于14世纪末年，死于15世纪中叶）不但画得和意大利人一样精美，而且他们发现了一种新的混色法，比意大利人所用的还要好。16世纪时，德国亦有丢勒（Dürer）和贺尔拜因（Holbein）两大绘画家，他们的作品与拉斐尔和米开朗基罗的作品不相上下。

第三节　亚欧商业的复兴

【中古时代亚欧商业的比较】亚欧两洲的商业贸易，自从中国张骞西通月氏以后，就已由中亚粟特一带的商人为媒介，开始往来了。当时商品以中国的丝织品和东方的香料为主。上古时代以来安息和波斯之所以始终和罗马相争，一部分是由于领土和宗教的冲突，一部分亦由于中亚商人从中作祟。关于这几点我们在前面已经述过。到了中古初年，亚欧两洲各有北方蛮族的南下，不久又各有阿拉伯人的兴起为难，此后千年间又有突厥人和蒙古人的屡次西进，一直把东亚和西欧的交通隔绝起来了。当时国际商业多操控在阿拉伯人的手中，而欧洲人又因中古初期社会混乱，无力购买东方的奢侈品，所以当时中国和西亚的商业虽因有水陆两道而盛极一时，但欧洲的商业却只限于本地的各城市之间。

【欧洲商业的复兴】到了10世纪时，亚洲的伊斯兰教帝国虽已衰落，但阿拉伯人的商业却因为有北非和南欧一带做他们的市场，所以继续发展。同时欧洲南部意大利的商人亦因地处转运中心，受阿拉伯商人之赐，而大得其利。欧洲的商业到此乃逐渐复兴。后来意大利商人之所以竭力资助十字军的东征，目的就是想夺取阿拉伯人在亚欧两洲商业上的垄断地位。目的虽未达到，但是从此地中海东部的商业霸权，已渐渐握于意大利各城市商人的手中了。加以十字军士兵自东方回去之后，往往带回东方华美的物品，并宣传东方一带富裕奢侈的情形，欧洲人的生活在当时本极简陋，至此自然神往。因此不但他们的需求为之增加，就是东游的兴致亦为之激起了。

【当时的商品】当时欧洲人最需要的商品莫过于东方的香料，如胡椒、生姜、豆蔻之类；凡是富贵人家，酒肉之中都非加入香料不可。而胡椒必须向埃及的阿拉伯人购买。还有就是东方的宝石，当时欧洲人认为宝石除装饰外亦有强身防病的特效，所以非常珍贵。此外如樟脑、麝香、蔗糖、檀木之类都是亚洲东南部的特产，为欧洲人所需要。总之，中古时代以前，亚洲实为世界的宝藏。到如今英文中还是叫瓷器为"支那"、细纱为"大马士革"，可见欧洲人非常倾心东方物品。至于丝织品，自中古初年中国蚕桑方法传到欧洲以后，地位已不如古代那样重要了。

【当时的商道】当时亚欧两洲通商的大道大概有三条：北道自中国西部和印度北部由陆路会于撒马尔罕和蒲华①，再分沿里海南北岸以达黑海或波罗的海；中道由中国、南洋群岛和印度沿印度洋以达波斯湾，再溯底格里斯河以达巴格达，接着由巴格达经陆路以达地中海；南道则先由印度洋以达红海，再由陆路以达埃及北岸的开罗和亚历山大城。欧洲意大利人就通过这几处地方贩运货物卖给欧洲人。中古末年意大利诸城之所以盛极一时，原因就在于此。但是意大利的商业霸权，到15世纪末年时，因为地中海西部有劲敌的兴起，意大利另寻通商新路之后，就此一蹶不振了。现在让我们再述这种探险事业的经过和这种事业所产生的影响。

第四节　地理上的发现

【马可·波罗】在东西方交流史上最早且最有名的，除中国汉代的张骞外，要推马可·波罗了，这个人我们在前面已经提及过。马可·波罗原来是威尼斯的商人，他的父亲约于1260年东游中国，很受元人的优待。马可·波罗伴同他的父亲第二次游中国时，曾任元朝的要职。他1295年回到威尼斯，就把他东游二十年的经历写成

---

① 今译布哈拉，属乌兹别克斯坦。——编者注

游记,其中描述日本的黄金怎样丰富、马六甲和锡兰岛的香料市场怎样繁盛,欧洲读者无不拍案惊奇,寻找东方航路的热忱因之大为激起。

【中国郑和的西航】当15世纪初年西欧各国人士开始探险东方时,中国的明成祖亦有派遣郑和西航的举动,为中国人移居南洋诸岛的先声。原来明成祖篡夺了惠帝的帝位,心中很疑惠帝逃亡海外,于是分遣许多官员到南洋和西域诸地去寻找他,各外使中以郑和的游踪最广、最有名,而且在中国人的移民事业上亦最有影响。他的西航自1405年(明成祖永乐三年)起到1433年(明宣宗宣德八年)止,前后共计二十八年,凡西航七次,所到的地方东从马来半岛起,经由马六甲、苏门答腊、印度、阿拉伯,直到非洲的东岸。当时和他同航的有阿拉伯人和中国福建、广东诸省人。中国人多留居南洋诸岛自立为王。之后南洋群岛的政权虽然陆续为葡萄牙、荷兰和英国等所夺,但是各岛工商业上的经济权仍旧操控在中国人的手中。

【葡萄牙人的发现】同时欧洲西南部的葡萄牙人亦开始努力于东方航路的发现。原来在14世纪中叶时,他们已经发现了大西洋的加那利群岛(Canary Islands)、马德拉群岛(Madeira)和亚速尔群岛(Azores)。至于非洲西部海岸一带,此前欧洲人只走到撒哈拉沙漠为止,以为自此而南是一片穷荒的大地,不宜居人。自从15世纪初年以后,因为有亨利亲王的奖励,葡萄牙人的航海事业大有进步。但是直到1445年,才有几个冒险家在沙漠之外看见一个海角,角上草木繁茂,苍翠满目,因此他们就叫它为绿角(Cape Verde)(或译为佛得角)。自从绿角被发现之后,从前欧洲人以为非洲南部纯属沙漠的旧观念完全被打破了。此后三十年间,葡萄牙人渐向南方冒险前进,希望可以发现一条直通印度的航路。最后迪亚士(Diaz)于1486年环航到非洲南端的好望角(The Cape of Good Hope）。再过十二年（1498年），达·伽马因受到哥伦布（Golumbus）发现美洲的影响，竟向南绕过好望角，再向北以达桑给巴尔（Zanzibar），然后由阿拉伯的领港引导他横渡印度洋直达印度西南岸的卡利卡特（Calicut）。

【葡萄牙人的东进】葡萄牙人于是和印度各酋长缔结通商条约，并于1510年在果阿（Goa）诸地建设商站。1512年葡萄牙人再东到爪哇和马六甲诸地建筑炮台。当时南洋诸岛上的中国商人已经为数很多，逐渐和葡萄牙人进行交易，因此葡萄牙人更向东北而进。他们于1517年第一次来到中国的广东，再北上到厦门、宁波等地进行交易，后于1563年（明世宗嘉靖四十二年）向中国租借广东南部的澳门作为他们东方商业的根据地。同时又东到日本肥前平户等地建设商站。西方人在亚洲东部各国如印度、中国和日本等创立租借地，就在此时由葡萄牙人开端。自从1515年后凡一百五十年间，东方的商权几乎全为葡萄牙人所独霸，葡萄牙就成了当时欧洲的强国。

【意大利诸城市商业的衰落】当时欧洲人对于东方航路的发现非常热心，他们最主要的动机就是想取得亚洲东南部各地所出产的香料。他们纷纷向各个方向进发，有向南环航非洲的，有向西希望直达印度的，有向欧洲东北而进希望环航亚洲北部的，自从美洲被发现以后，又有向美洲极北和极南两端以寻求直通东方的航路的，前赴后继，真是盛极一时。我们现代人对于当时欧洲人这样热心于东方香料的获得，确实有点难以理解。大概当时各地运输不便，冰的用途还未被发现，所以要想保存食品全依赖香料，而且腐烂的食品加上香料亦比较可口。这恐怕就是中古末年欧洲人珍视香料的最大原因吧。自从葡萄牙人直接把东方的香料由海道运到西欧各地以后，僻处地中海中部的意大利诸城，如威尼斯和热那亚等，都因为不能再垄断东方的商业，就此一蹶不振；而大西洋海岸诸城市从此代兴了。

【哥伦布发现美洲】原来在中古时代,凡是有知识的人都已经相信地球是圆的了,所以他们就断定向西航行一定可以直达东方的印度。不过他们对于地球的大小,还是以150年时的天文学家托勒密的学说为标准。他所计算的地球较现代我们所知道的约小六分之一,加之马可·波罗夸大了他的东游路程,故意说得很远,欧洲人当时又不知道有美洲的存在,所以欧洲人都以为从欧洲向西横渡大西洋以达日本,路程一定不远,于是到1492年时,意大利热那亚城的哥伦布(1452年—1506年)果然得到西班牙国王的赞助,而有了西航的举动。他本从事航业多年,海上经验极其丰富,这时他就置备三只海船,希望在五周之内向西到达黄金满地的日本。航行三十二天之后,他竟到了圣萨尔瓦多(San Salvador)岛,他以为已经走到东印度了;从此再向西发现了古巴(Cuba)岛,他以为这就是亚洲的大陆;后来再到海地(Haiti)岛,他以为这就是日本。此后哥伦布在大西洋上还有三次航行,而且曾经向南沿南美洲东岸航行到奥里诺科(Orinoco)河口。但是直到他去世时,他还不知道自己所发现的是一个新世界,并不是意想中的亚洲。后来意大利人亚美利哥(Amerigo)屡到南美北境,归作游记,于是欧洲人就以他的名字为新大陆命名。

【麦哲伦环航地球】自从达·伽马和哥伦布诸人的航海伟业大告成功之后,又有葡萄牙人麦哲伦(1480年—1521年)的船只于1519年到1522年间环航地球一周。他受西班牙国王查理五世的资助,于1519年8月向西渡过大西洋,再沿南美洲东岸绕过南端麦哲伦海峡转入太平洋,1521年3月抵达菲律宾群岛(The Philippines),和土人战斗而死,他的船只于1522年9月安然回到西班牙。麦哲伦的这次航行,其实比哥伦布的功劳还要大。此后欧洲人对于各处新地形逐渐熟悉,北美洲沿岸一带探险的事业以英国人最为努力,前后凡一百多年，他们始终想寻出一条西北航道以达香料群岛。

【西班牙人征服美洲】西班牙自哥伦布寻得美洲和麦哲伦环航世界以后，就于16世纪初年，和葡萄牙人分道扬镳，专向西从事于对美洲的征服。当时美洲方面原已有两个开化的民族：一个是中美洲墨西哥的阿兹特克人，一个是南美洲秘鲁的印加人。阿兹特克人所建的帝国于1519年为西班牙的科尔特斯（Cortes）所征服；印加人所建的帝国于1530年为西班牙的皮萨罗（Pizarro）所征服。我们在前面说过，移居美洲的西班牙人当时多是不学无术的商人和热心传道的教士，专门以获得金银和传播宗教为目的，对于土人的文化未尝加以科学的研究；而且他们对于土人，屠杀摧残不遗余力，因此土人的语言和文化就完全消失了，西班牙的语言和宗教就代兴于美洲。此后西班牙的势力满布北、中、南美洲各地，美洲的金银财宝源源不断流入西班牙；西班牙就于16世纪中叶以后，继葡萄牙成为世界强国。后来西班牙人又于1569年从墨西哥西渡太平洋，占据菲律宾群岛，把美洲的芋草和银币带到远东，在中国明代末年传进中国。16世纪末年，南美洲北岸一带常有欧洲各国海商往来于其间，他们除经营商业外亦贩卖奴隶或劫掠商旅，其中英国人最多，西班牙自美洲运回的金银常在途中被他们劫掠，这是英国后来压倒西班牙雄霸大西洋的开始。

【荷兰和英国势力的东渐】16世纪末，荷兰作为新起的国家而努力于东方商业的发展。17世纪初年创建东印度公司以经营南洋群岛中的苏门答腊和爪哇诸岛，以爪哇的巴达维亚（Batavia）为他们活动的中心。不久又占领非洲的好望角、印度的锡兰和南洋的西里伯斯岛（Celebes），而且和中国与日本通商。到17世纪末年，葡萄牙人在东方的商业霸权已尽被荷兰人夺去。同时英国人亦于17世纪初年创立东印度公司，以经营东亚的商业，和葡萄牙人与荷兰人竞争。

但是在中国、日本和南洋诸地,英国人常受葡萄牙人和荷兰人的排挤,不很得手。后来他们专心在印度经营发展,为覆灭印度的开端。

【基督教的广传】自16世纪初年东方航路开通之后,东西方文化的交流因此又开了一个新局面。首先就是天主教的广传。当时欧洲适有改革基督教会的运动发生,新旧两派教徒竞争很激烈。旧教徒为了维持旧教、扩充势力,纷纷向西方的美洲和东方的亚洲努力传教,基督教中的旧教(就是中国人所谓的天主教)在美洲和亚洲诸地势力远比新教(就是中国人所谓的耶稣教)为大,就是因为这个。旧教徒到东方来传教的要以耶稣会中人为最早且最努力。最初想到中国来的是圣弗朗西斯(St. Francis),他于1542年到1552年间东游印度和日本,后来在来中国的途中去世。

【天主教传入中国】1579年,又有意大利人利玛窦(Mattea Ricci)东来中国传教,往来中国南方各地多年,直到1600年(明万历二十八年)才到北京传教。从前唐代传入的景教和元代传入的也里可温教,虽然都是基督教,但不是正宗的。真正基督教正宗一派的东传要以这次为开端。不久又有迭戈·德·潘托加(Diego de Pantoja)和熊三拔(Sabuthius de Ursis)等相继东来传教,当时有名的官吏如李之藻、徐光启、杨廷筠等都靡然向风,天主教的势力一时很盛。到了17世纪中叶的清朝初年,又有汤若望、南怀仁诸人东来,供职于北京的钦天监,颇得清帝的信用。一时南部各地,天主教很是盛行。这是现代中国天主教的起源。

【东西方学术思想的交换】东西方贸易复兴后的影响,除天主教广传外,还有东西方学术思想的交换。利玛窦等既把西方的地理学、舆图学、天文学、算学、光学、人体学等,经中国学者李之藻等合作翻译,输入中国,亦把西方的艺术如音乐、绘画、建筑等,以及应用的物理器械如报时钟、千里镜、西琴和西洋大炮等携到东方。至于哲学思想方面，他们所介绍给中国的，始终没有脱离中古时代欧洲经院哲学的窠臼。其实当时的欧洲，除亚里士多德的哲学和基督教的神学以外，原亦没有现代所谓的新思想，因此当时中国人多以为西方人只有物质文明，而没有和印度佛教同样的高尚理想，很看轻他们。同时中国的学术亦渐由这班教士传入欧洲，耶稣会中人所译的《四书》等著作达四百余种之多。中国的庭园风格亦多传入欧洲。所以18世纪时的欧洲自由思想家如法国的伏尔泰和孟德斯鸠诸人的著作中常有受中国思想影响的言论，这是东方哲理西传的开端。这种东西方文化的交流，虽然规模不如各种宗教的传播来得宏大，但亦是研究世界文化史者所不可不注意的史迹。不过因为当时中国学者接受西学多是间接得来，不能彻底，而一般教士又把中国的敬孔祀天当作异端，不肯通融，所以这次东西方文化的交流到了18世纪初年，就因双方的冲突而暂告停顿，直到19世纪中叶以后才又复兴。

【世界大势的剧变】15世纪末年地理上的发现，除产生上述在世界文化上有关系的结果外，恐怕要以上古时代以来亚洲黄种民族继续向西压迫的进程从此告终这一点最可注意了。此后不但欧洲人的势力逐渐向东方的亚洲侵入，而且向西侵入美洲，向南侵入非洲，几乎全世界都有被欧洲白种民族蹂躏压迫的危险。之后亚洲各古国多因欧洲人的侵略而逐渐衰亡；至于美非各洲文化落后的民族，亦渐趋消亡而成为欧洲民族的奴隶，他们的领土多归入欧洲各国的版图。欧洲人因为势力日强，遂以先进国自命，认为有开化其他有色民族的责任。现代所谓"白人的负担"这句话，就成为帝国主义侵略退化民族的豪语。世界史到此已由中古时代而转入近世了。不过我们在叙述近世史以前，还不得不先述中古与近世过渡期间欧洲方面的宗教革命和战争。

第八部分
欧洲的宗教革命和战争

  科学研究所的设立要以意大利为最早,后来英国有皇家学会的设立,法国有法兰西学院的设立,其他各国如日耳曼和美国等亦先后设立同样的机关。这真是世界史上空前的创举。他们的目的和希腊的学校或中古的大学都不相同,主要目的在于新知的获得,不在于旧学的讨论。

第三十章 查理五世和路德

第一节 意大利的衰落和西班牙的隆盛

【法国国王查理八世入侵意大利】法国经路易十一一番经营之后,中央政权极为巩固。他去世后其子查理八世(1483年—1498年在位)即位时因为国力已强,很想扩充领土于国外,意大利就成了他的目标。当查理八世统率军队侵入意大利时,意大利诸城市未尽力抵抗,因此法国军队曾一时占领那不勒斯。但是法国士兵走到意大利南部以后,很为当地的妇人、醇酒陶醉,军纪荡然无存,加之法国的仇敌正想联合起来抵抗法国,因此查理八世一败之后就退归法国,再过三年就去世了。

【入侵的结果】此次法国国王查理八世入侵意大利,好像是一种很无所谓的举动,但产生的结果却很重要。第一,自此次法军入侵之后,意大利的弱点完全暴露出来了,境内诸城市并不能联合成一个国家去抵抗外侮。因此法国、西班牙、奥地利和德国等常常侵入意大利,想把它收入自己的版图。其中西班牙和奥地利尤为成功,而意大利半岛的大部分亦始终附庸于他国,直到19世纪后半期,才由意大利人自己统一起来而成为独立的国家。第二,法国侵入意大利时,对于意大利的文化和艺术非常羡慕,因此法国的贵族就把中古时代的城堡改为宽敞舒适的别墅,意大利的新文艺亦逐渐传入法国、英国和德国,而希腊文的研究亦风行于北部的欧洲。此后，意大利不但在政治上成为外国侵略的目标，就是在西方学术上亦失去领袖的地位了。

【西班牙的阿拉伯文明】 阿拉伯穆斯林侵入西班牙和建立西大食帝国的情形，我们在前面已经述及。最重要的结果就是西班牙的居民大部分都改奉伊斯兰教。10世纪时，欧洲各地正处于极混乱、极黑暗的境况中，独有西班牙的伊斯兰教文化盛极一时，影响及于北欧基督教诸国。格拉纳达一城有居民五十万人，有宏大的宫殿，有宏大的大学，有礼拜寺三千处，有公共浴场三百处，在当时恐怕为世界上唯一的文化中心了。

【西班牙基督教的兴起】 欧洲的基督教徒因在种族上和宗教上抱有种种成见，始终不愿穆斯林占领西班牙。原来自1000年以来，基督教徒就已在西班牙北部建立了几个小王国，即卡斯提尔（Castile）、阿拉贡（Aragon）和纳瓦拉（Navarre）。其中以卡斯提尔为最强，排挤穆斯林亦以它最为有力且最早。1085年时它已收复托莱多（Toledo），此后西班牙的历史几乎全是基督教徒和穆斯林血战的陈迹。到1250年时，卡斯提尔的领土已扩充到西班牙半岛的南岸，而且包括格拉纳达和塞维尔诸大城。至于基督教徒所建的葡萄牙在当时已和现在差不多。西班牙的穆斯林此后又困守半岛南端格拉纳达二百年。直到1492年时，经过长期的围攻，格拉纳达才落入基督教徒之手，阿拉伯人在西班牙半岛残余的势力到此乃完全消失。

【西班牙成为欧洲的强国】 西班牙立国后第一个名王就是卡斯提尔女王伊莎贝拉（Isabella），她于1469年和阿拉贡国王的太子斐迪南（Ferdinand）结婚，这两国的合并实为西班牙隆盛的开端。此后一百年间，它的武力和国势在西欧要算第一。原来西班牙半岛完全被基督教徒收复的那一年，也就是哥伦布受女王伊莎贝拉资助发现美洲的那一年，西班牙的海外富源骤然开辟。凡墨西哥和秘鲁诸城中的财物以及中美洲的银矿，都被西班牙的官吏和商民劫掠一空而运归母国，因此西班牙竟成为16世纪时欧洲最强最富的国家。

【宗教裁判所的复活】西班牙的基督教徒对于穆斯林和犹太教徒都加以极严厉的压迫，阿拉伯人和犹太人纷纷逃到国外，西班牙反而因此失去国中最勤俭的一部分国民，元气大伤，伊莎贝拉为排斥异教徒起见，甚至恢复了宗教裁判所。数十年间被拘被烧的人数以千计，在西方史上留下一个虐待异教徒的恶名。

第二节　查理五世治下的日耳曼

【查理五世的帝国】查理五世于1500年生于根特城，20岁时即位称皇帝，治下领土的广大为查理曼以后的第一人。他的领土并不是用武力征服而来的，而是祖上种种王室婚姻所遗下的巨产。这种种婚姻原都是出于查理五世的祖父马克西米利安一世（Maximilian I）的主张，他是哈布斯堡族（Hapsburg）中人。我们要了解1500年后的欧洲史，不能不略述马克西米利安一世和哈布斯堡族诸帝的事业。

【日耳曼诸王不能建立强国的理由】日耳曼历代诸王始终不能建立一个强盛的国家，这和中古时代法国和英国发展的情形相反。他们虽然自称皇帝，但是为了维持这个称号反而引发了许多困难，关于这一层我们在前面已经述及了。他们因为要维持意大利和日耳曼两处的领土已经虚耗了不少精神，加以意大利的罗马教皇常常怀有猜忌的意思，组织同盟以阻碍日耳曼势力的发展，因此日耳曼的元气反而大受损伤。而且日耳曼帝位的继承不用世袭制而用选举制，皇帝的权势因此更加衰弱。原来日耳曼的帝位虽然多是父子相继，但是凡新帝即位必须经过一番选举的程序。国内握有选举权的诸侯，往往在选举之前，要求皇帝当选后，不得干涉他们特权的享有和领土的独立，因此当时日耳曼境内四分五裂，成了许多小国各据一方的局面。

【16世纪时的日耳曼】所以16世纪时的日耳曼和现在的德国大不相同，计有小国二三百个之多，大小不等，性质各殊，大的为公爵、伯爵、主教和住持的封土，还有独立的城市，最小的为骑士的领地。骑士的领地往往只有一座城堡和附近的小树林，一年的收入不足以维持骑士一家的生活，因此骑士往往以劫掠商民和行旅为谋生的方法。日耳曼既然小国林立，当然常起纷争；而所谓的皇帝亦无实力维持国内的秩序。

【皇帝的称号由奥地利王室世袭】当时日耳曼的诸侯以奥地利的公爵最为重要，他们是哈布斯堡族中人，而日耳曼的选侯（就是有选举皇帝权利的诸侯）亦往往选举他们为皇帝，因此皇帝的称号实际上渐由哈布斯堡族中人世袭起来。但是哈布斯堡族中人大都注意于本族领土的扩充，而不热心于日耳曼帝国的统治，所谓神圣罗马帝国事实上早已徒有虚名了。

【查理五世的领土】马克西米利安一世的儿子腓力于生下查理五世后六年就去世了（1506年），他的王后因忧愁成病不能治国，因此查理五世就继承了许多重要且复杂的领土。查理五世的岳父为阿拉贡的斐迪南。斐迪南于1516年去世，查理五世因此就在16岁时做了第一个"西班牙国王"。但是当他还没到20岁时，又有许多困难的问题需要他去解决。原来马克西米利安一世很想他的孙子能够继承他的帝位，1519年马克西米利安一世去世，日耳曼的选侯就选查理五世为皇帝，因此查理五世就以西班牙国王兼任了日耳曼的皇帝。

【沃尔姆斯公会】日耳曼向来有一个国会叫作公会，开会没有确定的日期，亦没有确定的地点，因为日耳曼原来是没有都城的。公会由各邦诸侯、主教和城市选出来的代表组成。查理五世于1520年第一次到日耳曼时，他在莱茵河上沃尔姆斯城（Worms）所召开的会议，就是这个公会。公会中最重要的事务，就是讨论怎样处置马丁·路德反叛基督教会的举动。

第三节　基督教会的腐化

【基督教会的分裂】查理五世在位时，最重要的事情就是西部欧洲各国对于罗马教皇的反叛。中古时代的教会因此瓦解，而新教徒亦从此出现于欧洲各国，他们宣布脱离教皇而独立，而且排斥中古教会所主张的许多信条。大概除英国以外，凡是罗马帝国旧壤中的国家，如意大利、法国、西班牙、葡萄牙以及日耳曼和奥地利的南部都继续忠于罗马教皇和教会。至于日耳曼北部诸邦以及英国、荷兰、丹麦、挪威和瑞典等国都先后变为信奉新教的国家。从此以后，欧洲的教徒分成两派：旧派自名为"正宗派"（Catholic），就是我国所谓的"天主教"；新派叫作"抗议者"（Protestant），就是我国所谓的"耶稣教"。这次宗教的分裂在欧洲方面引起了16、17世纪时许多残酷的战争和虐杀。

【当时人不满教会的原因】欧洲人反抗教会的运动其实开始于日耳曼。当时日耳曼人仍旧笃信基督教，但是他们看到罗马教皇差不多全由意大利人来担任，而且教皇在日耳曼所征收的税款数目这样巨大，他们总觉得有些不甘心。加之日耳曼境内所有重要的宗教职务全由罗马教皇一个人去分配，任职的人又往往是意大利人，他们住在意大利坐享巨大的收入，而对于职务置之不顾。此外，还有的一人兼任许多职务，专以增加个人收入为目的。这种种情形当然都是日耳曼人所不能容忍的，但是他们仍旧不想脱离罗马的教会或打倒罗马的教皇。他们所希望的就是流入罗马的款项应该减少，教会中人应该尽职尽责。

【伊拉斯谟】查理五世在位初年，抨击教会的人本已不一而足，其中最有名且最有影响力的就是伊拉斯谟（1465年—1536年）。他本是荷兰人，不过曾经居住在法国、英国、意大利和日耳曼诸地多年。他的著作很多，最有名的一部叫作《愚人颂》，书中对于当时一般的信仰和习惯抨击甚力。他以为人民的教育改良以后，一切迷信自然会消失。倘使人人都能够自己去读《圣经》，那一定大有益处。而且他以为欧洲到了此时，宗教改革的时机已经成熟了。他看到当时各国的君主都竭力奖励有文化的人，所以他以为和平的改革极有希望。不料当他年老时，日耳曼的路德忽然用激烈的手段来改革教会，这是他很痛心的一件事。

第四节　路德和他的主张

【路德的少年时代】路德生于1483年，本是一个穷苦矿工的儿子。他的父亲希望他将来能够成为一名律师，所以送他到大学中去研究法律。不料他在大学毕业后，忽然自己改变初衷，决定出家去做修道士。他当时对于自己的性灵常抱一种忧虑，以为自己已经没有办法可以逃出地狱。最后他忽然想到，我们唯有笃信上帝才能得救，如果仅仅想做一个好人绝对是不够的。路德为人纯笃，因此得到了修道院中住持的尊敬。后来萨克森大公创办威滕伯格（Wittenberg）大学物色教授人选时，就有人举荐路德担任哲学的讲席，路德因此成为大学的教授。后来他对于大学中所讲授的一部分学理渐渐怀疑。他的重要主张是认为人性极恶，无论怎样绝不能满足上帝的意思，我们只有悔过这一途，而且要笃信上帝。因此路德对于教会中人所主张的种种"善事"（good works），如参与瞻礼（mass）、常做祷告、圣地进香和崇拜圣物等，都以为是不必要且有流弊的举动。他的种种主张当时并没有人去注意。直到1517年他三十四岁时，忽然做了一件惊人的事情，在西方史中竟书写了新的一页。

【赎罪券论文】我们在前面曾经提及，中古末年罗马教皇有重建圣彼得礼拜堂的举动，因为工程浩大，所需费用很多，所以教皇利奥十世为了筹集巨款，设法推销一种赎罪券（indulgence）于日耳曼。所谓赎罪券就是一种由教皇颁发的执照，凡领有这种执照的人，将来死后他的灵魂在炼狱（purgatory）中可以免除一部分或全部的苦痛。1517年10月，教皇派多明我会中的修道士台彻尔（Tetzel）在威滕伯格附近一带宣传这种赎罪券的功用。路德听到他的议论，觉得和基督教的真义实在不合。他就仿照当时流行的习惯，把他自己对于赎罪券所抱的意见写成九十五条的论文，贴在礼拜堂的门上请大众和他讨论。他当时本来没有攻击教会的意思，而且也料不到会有惊世骇俗的结果。他的论文是用拉丁文写成的，这可见他的目的只是希望知识阶级中的人能够加以注意。

【致日耳曼贵族的通告】路德的短篇著作中，最有名的就是他那篇《致日耳曼贵族书》（Address to the German Nobility，1520年）。他在这篇通告中竭力劝导日耳曼的诸侯和骑士应该努力于教会的改革，因为我们要等教皇和主教来做这种事情，那是无望的了。他说教士阶级并没有什么神圣的性质，如果做教士的人不能尽职，那么国王当然可以给予免职的处分。而且路德还说，对于为非作歹的教士应该视同常人一样加以惩罚，这是国王的权力，亦是国王的义务。通告的后面还列举了当时教会中种种腐化的情形，他以为要希望日耳曼隆盛，非将这种腐化的情形廓清不可。他亦明白自己对于宗教所抱的见解其实包含一种社会的革命。他主张修道院的数目应该减少到当时的十分之一，院中的僧侣如果对于清修的工作已经失望，可以自由还俗。他还指出远地进香和圣节假日太多所引发的种种流弊，以为大有碍于一般人民的日常工作。他也竭力主张所有教士都应该和常人一样婚娶成家；国内各大学都应当加以改良，至于亚里士多德亦应该摈弃于校门之外。

【路德被逐出教】路德抨击教会的信仰如此严厉，所以被逐出教早在他的意料之中。但是直到1520年的秋季，罗马教皇才下令痛责路德的主张为离经叛道，将其驱逐出教，并限令他于六十天之内自行纠正。路德到此乃决定提出公开的抗议，于是召集学生来参观一种所谓"虔诚的宗教盛典"。他在威滕伯格大学的墙外堆了一大堆木柴，用火烧起来，然后把教皇的谕旨、一本教会的法律册子和一本中古时代神学的书全部放在火中烧掉了。

【路德赴沃尔姆斯公会】查理五世于1520年第一次到日耳曼去召开公会时，教皇的代表竭力恳求他立即以异端的罪名惩罚路德。查理五世虽然明知路德有罪，但是他觉得如果处置过于急切，确实有些危险。因为路德在当时差不多已经成为一个民族的英雄，而且受到萨克森选侯有力的拥护。其他日耳曼城邦的诸侯对于路德虽然没有特殊的感情，但是对于他能够揭穿教会中种种腐化的情形都引以为快事。经再三商酌之后，查理五世决定召路德到沃尔姆斯公会中，面见教皇的代表和皇帝，声明他是否是许多异端文字的著作人，对于教皇所禁止的见解是否还要坚持到底。路德到会之后，承认会中所举出的书都出自他的手笔，而且有的不免过于激烈。不过他说教皇所颁布的命令有时确实违反了纯正基督教徒的良心，而且日耳曼人民所受教会官吏的掠夺确实最甚，这是没有人会否认的。倘使公会中人能够从《圣经》中寻出证据来反驳他的主张，他一定欣然接受，否则他就只好坚持原来的主张了。

【沃尔姆斯的决议案】 路德的态度如此强硬，沃尔姆斯公会不得不议决驱逐路德于教会之外（1521年）。决议的理由就是路德藐视且诽谤教皇、藐视教士，而且怂恿俗人浸其手于教士的血液中，否认自由意志、教人放纵、藐视权力、鼓吹禽兽生活，实为教会和国家的大蠹。此后无论什么人都不许诵读或出版路德的著作，亦不许把食物、饮料或住处给他，而且下令通缉皆由皇帝究办。但是当时人们都不赞成这个决议，所以没有人想去执行它。查理五世又于会后就离开了日耳曼，前后差不多十年之久，专心于西班牙的政务和战争的进行。

第三十一章　西欧各地的宗教革命

第一节　日耳曼的宗教革命

【路德翻译《圣经》】路德从沃尔姆斯公会退出归家，在途中由他的至交好友把他秘密地带到萨克森选侯的瓦尔特堡（Wartburg）中，以避免皇帝或公会的加害。他在此地住了好几个月，专心把拉丁文的《圣经》翻译成德文，以方便一般研究《圣经》的人诵习。

【宗教革命的开端】此前欧洲的知识阶级虽然常常讨论教会的改革，但是始终没有什么切实的举动。主张改革的人中有稳健的，亦有激烈的，他们的界限原不十分清楚。他们都以为教会确实有改良的必要，但是他们又各有各的目的。各邦的君主很赞成路德的主张，因为他们可以借口改良以获得教会资产和收入的管理权。各地的农民亦很赞成路德的主张，因为他们读过德文本的《圣经》以后，才知道《圣经》中并没有农奴应该继续缴纳旧日赋税给地主的话。当路德正在瓦尔特堡中翻译《圣经》时，一般人民就开始去实现他的主张。一部分修道院中的僧人和女尼竟违背誓言还俗，而且分别婚嫁了，这在旧派信徒的眼中真是一种罪大恶极的举动。各地的学生和民众纷纷打毁礼拜堂中的神像，有的甚至反对弥撒礼的举行。所谓弥撒礼为旧派基督教会中一种最隆重的仪节，其性质和佛家的水陆道场差不多。路德听到这种纷扰的情形，心中极感不安，他不赞成这种骤然而激烈的举动。于是他在威滕伯格公开演讲，凡属宗教仪节的变更应该由政府主持,民众不应该自由行动。但是此时的民众已经很激昂了,没办法缓和了。

【农民的战争】1525年时,各地的农奴多以"上帝公平"的名义纷纷起来复仇。他们所提出的要求一部分很是合理。他们所表示的意见要以所谓的《十二条》(Twelve Articles)最为有名。他们声明,《圣经》对于地主让农奴服种种徭役并没有明文规定,既然大家同是基督教徒,他们此后不应该再受到农奴的待遇。但是当时有一部分比较激烈的分子主张打倒为非作歹的教士和贵族,因此有许多城堡和修道院被农民烧掉,有一部分贵族被他们杀死。路德最初对他们很表同情,不过力劝他们不要轻举妄动。后来因为他们不听他的话,他就改变态度竭力反对他们了。他宣称这班暴民罪大恶极,请政府用武力去平定他们。果然各邦政府分头用极残酷的手段对付乱党,而贵族阶级中人亦乘机大肆报复。1525年的夏季,叛党的领袖阵亡,农民被杀死的竟达万余人。

【日耳曼南北两部宗教上的分裂】日耳曼在当时原是一个四分五裂的国家,查理五世又正和法国相争,无暇执行沃尔姆斯公会的决议案。自这次农民的叛乱之后,境内各邦的大小诸侯对于改革教会的意见更是难以一致。后来南部各邦决定仍旧忠顺于教皇而崇奉旧教;至于北部各邦的君主则采用路德的主张,脱离教皇而改奉新教。这种宗教分裂的情形在20世纪30年代的德国还是如此。当时日耳曼因为没有一个中心的权力机构可以决定全国的信仰问题,所以当1526年施派尔(Speyer)公会开会时只能议决,由各邦的君主凭良心去决定。到1529年时,查理五世在第二次施派尔公会中要求大家执行沃尔姆斯公会的决议案,日耳曼北部改信新教的诸侯和城市提出抗议。这就是新教徒之所以被叫作"抗议者"的原因。

【奥格斯堡公会和信条】自从沃尔姆斯公会闭会以后,查理五世就始终住在西班牙主持对于法国的战争。直到1530年他才回到日耳曼，在奥格斯堡（Augsburg）再开公会，希望解决宗教的问题。他叫新教徒把他们的信条书面提出来作为讨论的根据，这篇文章的起草者为路德的至交好友梅兰希顿（Melanchthon）。这是历史上一篇很重要的文章，叫作《奥格斯堡信条》（*Augsburg Confession*）。梅兰希顿秉性谦和，所以他在这篇文章中把新旧教的异点说得极其细微。他说双方对于基督教的见解根本上完全相同，不过罗马旧教徒所遵行的习惯如教士鳏居和种种斋期，实在不近人情，应该打倒。

【查理五世的调和运动】同时查理五世叫反对新教最有力的神学家对于新教徒的见解加以反驳。他以为旧教徒的论调非常允当，下令新教徒一律接受。他又下令此后新教徒不得再和旧教徒为难，新教徒从旧教徒手中夺去的修道院和财产均应物归原主。不过他许诺在一年之内必劝罗马教皇召开一次宗教大会，以便大家开诚相见，徐图改进的方法。

【奥格斯堡和约】奥格斯堡公会后的十年间，查理五世又因忙于南欧的战争而无暇北顾。他为获得新教徒的助力起见，对于宗教方面不得不采取放任的态度。同时日耳曼各邦赞成路德主张的君主又日有增加。最后查理五世和新教的诸侯有过一次短期的战争，但实际上并不怎么激烈。到1555年时乃有奥格斯堡和约的缔结，规定日耳曼皇帝治下的各邦君主、各城市和各骑士，都可以自由决定本地的信仰；不过教会中人如大主教、主教或住持等一旦改奉新教，就必须交出各人管理下的所有财产；至于一般民众，必须遵奉本邦所定的宗教，否则只有迁地一法；当时他们亦只有两种信仰——罗马旧教和路德派新教——可以选择，此外就别无其他宗教可以崇奉了。

【信仰自由的缺乏】我们于此可以明白奥格斯堡和约的结果，除各邦君主外，对于一般民众来说并没有得到信仰的自由。原来自罗马帝国末期以来，教会和国家的关系就非常密切，所以这种办法在当时其实是很自然的。当时人确实想不到信教是可以自由的而且可以不受政府干涉的。以上所述的就是四十年间日耳曼宗教改革运动的经过。

第二节　瑞士的宗教革命

【瑞士同盟的起源】路德去世以后的一百年间，西部欧洲各国除意大利和西班牙两地绝对不受影响外，其他各国的新旧教之争都是历史上的主要问题。瑞士、英国、法国和荷兰诸国都有过一种宗教的革命，因此产生纷扰、战争和变化。我们要了解这几国后来的发展，不能不先述它们宗教革命的经过。现在先述瑞士。瑞士立国于欧洲中部阿尔卑斯山的中间，在中古时代原是神圣罗马帝国的一部分。13世纪时，卢塞恩（Lucern）湖畔的三个森林州已经组织一种同盟去抵抗哈布斯堡族的侵略，这个小同盟就是瑞士立国的起点。后来其他各州相继加入同盟，势力渐大，所以哈布斯堡族并吞瑞士的野心始终不能实现。日久之后，瑞士各州和帝国的关系逐渐疏远起来，终于1499年脱离日耳曼皇帝的管辖，自成独立的国家。瑞士同盟最初虽然由日耳曼民族组成，但是后来同盟的领土扩大之后，国内亦有许多意大利人和法国人。所以瑞士人并不是一个界限分明的民族，瑞士同盟的力量和组织也不十分雄厚而严密。

【茨温利的改革宗教运动】瑞士宗教改革运动的第一个领袖为少年牧师茨温利（Zwingli）。他比路德小一岁，于1516年时就在苏黎世（Zurich）湖滨宣传基督的福音。但是卢塞恩湖畔的诸州深恐失去它们原有的势力，所以竭力去拥护罗马的旧教。瑞士的新旧两派教徒在1531年第一次战于卡佩尔（Kappel），茨温利阵亡。各州对于宗教的意见始终不能一致，所以瑞士境内到如今还保持着新旧两派并峙的局面。

加尔文

【加尔文和长老会的起源】瑞士的宗教改革家中，除茨温利外，还有一个更重要的人物，他的主张在英美两国的宗教上影响尤大，这就是加尔文（1509年—1564年）。他的运动以日内瓦为中心，现在新教中所谓长老会（Presbyterian Church）一派的组织和主张就是他的成绩。他本是法国人，少年时就很受路德主义的影响，笃信新教，后来因为法国政府有压迫新教徒的举动，不得已逃往瑞士。不久著了一本《基督教原理》（Institute of Christianity），为阐明新教教义的第一部有条理的著作。他于1540年应聘到日内瓦从事于改良城市的工作，就把教会的事务委托给一班长老去办理，因此这派的新教徒就有了"长老会"的名称。后来传入法国和苏格兰的新教都属于这一派。

第三节　英国的宗教革命

【沃尔西的均势观念】英国国王亨利八世于1509年即位时，年仅十八岁。当时主持国事的为枢机主教沃尔西（Wolsey），他深信要谋国势强盛，在于和平而不在于战争，要得到和平莫过于维持欧洲大陆上均势的局面，以免互相侵凌、互相冲突的危险，所以他竭力劝阻英国国王不要参与欧洲大陆上的战争。这种均势观念为以后欧洲各国外交政策上一个最重要的立足点。

【亨利八世的离婚案】亨利八世初娶阿拉贡的凯瑟琳（Catherine of Aragon）为后，王后只有一女而无子，而且年龄又比英国国王大，所以英国国王由于王储关系早已有离婚再娶的意思。后来宫女中有一年仅十六岁的安妮·博林（Anne Beleyn），容貌艳丽，英国国王极其爱慕，很想娶她为后，因此离婚的想法更加坚决了。亨利八世命沃尔西劝罗马教皇准他离婚，教皇不许。于是英国国王大怒，于1529年下令免去沃尔西的官职，又令国会把英国应缴教皇的一部分赋税取消，同时秘密和安妮·博林结婚，国会亦宣称此次结婚为合法的。这是英国公开反抗罗马教皇的第一步。

【英国叛离教皇的经过】英国的国会又于1534年议决，国内所有教士的职务，应该由国王派人处理，不再隶属于罗马教皇；国内所有教会的收入亦概归国王享有。不久又宣布英国国王为英国教会的唯一首领。因有这种种决议案，英国的教会就完全和罗马教皇脱离关系了。不过我们要注意，亨利八世并不是一个新教徒。他虽然因为婚姻的关系和罗马教皇绝交了，但是他并不承认当时新教徒的教义，事实上他曾经压迫过新教徒。所以英国的宗教改革最初的动机并不在于教义，而在于英国国王的婚姻问题。

【爱德华六世和新教】亨利八世娶安妮·博林之后，又只生一女而无子，于是他又和新后离婚，再娶简·西摩（Jane Seymour）为后，乃生爱德华六世。亨利八世当时决定将来去世后应先由爱德华六世继位。如爱德华六世无后，那么由第一个王后凯瑟琳的女儿玛丽（Mary）和第二个王后安妮·博林的女儿伊丽莎白（Elizabeth）两人依次去继承他为英国的女王。1547年亨利八世去世，爱德华六世即位。幼王在位不过六年（1553年卒），政府中人大都赞成新教的教义，所以他们从欧洲大陆请许多新教徒来英国宣传新教。国内教堂中的神像和彩色玻璃多被打毁。教会中高级的位置亦多由新教徒来担任，凡教士均可自由婚娶。这些举动为英国真正改信新教的开端，引发了此后国内新旧教徒间的许多纷扰。

【玛丽和旧教】1553年爱德华六世去世，传位于他的姐姐玛丽。玛丽从小就受旧教的教育，极其信仰旧教。原来当时的英国人大多数还是倾向于旧教的，所以玛丽要想和罗马教皇言归于好并不是一件十分违反民意的事情。后来玛丽又和西班牙国王查理五世的儿子腓力二世结婚，腓力二世原来是一个笃信旧教的人，因此英国旧教的势力很有恢复原状的希望。1554年英国的国会和罗马教皇的教使果然在形式上恢复了原来的关系。此后四年间，玛丽就尽力去压迫国内的新教徒，杀死二百七十余人，其中以工匠和农民居多，这是英国史上宗教压迫最残酷的一次。但是当时被杀的新教徒往往视死如归，反而使得许多态度不明的人改信新教。玛丽死后，伊丽莎白和詹姆斯一世相继即位，一反前王的政策，专以压迫旧教徒为事，终使英国变为信奉新教的国家。

第三十二章　欧洲的宗教战争和科学时代的开始

第一节　旧教的改良和耶稣会

【特伦特公会的议案】我们在前面已经述及北部日耳曼、英国和瑞士之一部分怎样叛离罗马教皇改奉新教的情形，但是西部欧洲的大部分地方还是爱戴罗马教皇且笃信旧教。罗马教皇为了自动改良教会并解决教义上的异同，于1545年在日耳曼和意大利交界的特伦特（Trent）召开了一次宗教大会。这次大会差不多开了二十年才告终了（1545年—1563年）。当时议决凡是违反正宗教义的信仰一概禁止，凡是罗马教会所许可的原理一概尊崇。教皇应尊为教会的元首。凡教徒果能奉行善事，一定可以增加得救的希望；所以倘使和路德一样单单主张笃信上帝，那就要永受诅咒。古拉丁文本的《圣经》应视为最纯正的本子，其他一概不许出版。大会中有人又提议请罗马教皇编订一种《禁书目录》，把旧教徒不应该诵读的书籍——著录，以免误入歧途。这种目录屡有增订，直到20世纪30年代还在继续发行，为这次大会中一件最有名的议案。

【旧教改良的结果】特伦特公会虽然不能调和新旧教的争执，但是新旧教徒对于教会种种不满意的地方亦改良了不少。大会议决，此后凡主教都应该以身作则亲自讲道，不得再和从前一样，深居简出，置一切教务于不顾；凡主教委任境内的牧师都应该慎选贤能，不得滥竽充数。自这次会议以后，教会中人果然比从前改进很多，教会中从前许多腐化的习惯亦因此革除了不少。

【罗耀拉】当时又有一个强有力的团体诞生，专以拥护罗马教皇和旧教教义为职责，因此旧教教会的势力更加为之一振，大有中兴的气象。这个团体就是西班牙人罗耀拉（1491年—1556年）所创设的耶稣会（Society of Jesuits）。罗耀拉于1538年召集同志到罗马城，组成正式的团体，并得到教皇的承认。罗耀拉原是行伍出身，所以对于绝对服从这一层非常注重。凡是耶稣会中人不但对于罗马教皇应该视同上帝在人间的代表绝对服从，就是对于上级的会员亦应该视同传达上帝命令的人绝对尊重。教皇若有驱遣，那么无论道路怎样遥远、怎样困难，亦要冒险前去。现代耶稣会的势力之所以非常雄厚，就是因为它的组织和训练都非常严密。

【耶稣会的活动】凡是耶稣会中人都绝对以清贫和笃诚的生活自守。他们大部分是牧师，到处宣扬教义、提倡崇拜、感化民众、代人忏悔。同时他们看到了感化青年的重要性，所以广设学校，提倡研究，以便培养一班笃信正教的信徒。不久他们的势力就扩散于欧洲各国的学术界。他们的教授法非常得宜，所以当时就是新教中人，亦往往叫他们的子弟就学于旧教徒所设的学校。他们不但厚植势力于欧洲各国，而且对于世界各地的传教事业，亦远较新教徒活跃。东方的印度、南洋群岛、中国和日本，美洲的巴西、秘鲁、墨西哥和北美洲，都是他们活动的范围。我们在前面提及的圣弗朗西斯就是罗耀拉最初的一个同志。新教徒看到耶稣会对于传道的事业这样努力，非常慌惧，于是他们就把耶稣会中人看作最危险的劲敌，加以种种极不堪的恶名。其实耶稣会创设的宗旨原本很高尚，会中人的德行亦有可敬的地方，所以新教徒所说的话很不公允。后来耶稣会中人在18世纪时往往兼营大规模的商业，和各国政府发生冲突，遂于1773年为教皇所解散。但是1814年以后这个团体又恢复起来了。

第二节　腓力二世和荷兰的独立

【尼德兰的起源】当时辅助罗马教皇和耶稣会以阻止新教发展的人，要以查理五世的儿子、西班牙的国王腓力二世最为有力。查理五世因为患痛风的病症，所以人虽然未老，亦不能再处理政务了。他就把哈布斯堡族在日耳曼原有的领土传给了他的弟弟，把西班牙、米兰、两西西里王国①（Kingdom of the Two Sicilies）和尼德兰（Netherlands）诸地传给了儿子。腓力二世于1556年即位之后，拥有西班牙在美洲的财源，声势本极煊赫，意料不到国内的困难反而从尼德兰方面发生了。尼德兰在当时原分为十七省，涵盖现代的荷兰和比利时两国。北部的居民勇敢耐苦，长于务农，他们因为地势低下，所以建筑石堤，防止海水灌入，开垦了许多沙地。南部的居民长于货殖，所以南方一带数百年来工商业都非常发达。这就是荷兰、比利时两国未曾分裂以前的情形。

【腓力二世对于尼德兰的态度】腓力二世在尼德兰境内的种种措施都很不得当，因此尼德兰的居民对于西班牙人极其不满，大有叛离自立的心思。后来腓力二世又主张整顿宗教裁判所的工作，想把反对旧教的教徒完全扑灭了。腓力二世的虐政持续施行了十年，尼德兰人忍无可忍，于是1566年时有贵族约五百人联名向腓力二世提出抗议，要求改良。

【阿尔瓦公爵的苛虐】不料腓力二世不但不肯顺从民意，反而派以手腕残酷著称的阿尔瓦公爵（Duke of Alva）前往统治，希望乱事不至于发生。阿尔瓦公爵自1567年到1573年间统治尼德兰，非常苛虐，他的军队又极其蛮横无礼，所以尼德兰在当时已成为一个

---

① 由历史上的那不勒斯王国和西西里王国组成。——编者注

恐怖的世界。于是尼德兰人就拥护一个民族英雄来做他们革命的领袖，这就是奥兰治亲王威廉（1533年—1584年）。在西班牙人的眼中，威廉不过是一个潦倒不堪的贵族，哪能带领一班未经训练的农夫和渔民来和强大的西班牙对抗呢？

【奥兰治亲王威廉的起事】当威廉兴兵起事时，他很得尼德兰北部诸省的拥护，其中最主要的一省就是荷兰（现在荷兰人仍自称为尼德兰，但是英国人仍用荷兰省的名称去概括尼德兰的北部，我国通常就沿用英文名称）。尼德兰北部的居民纯属日耳曼族，多信新教，从事于农渔两业的为数较多；南部的居民和法国人同种，多信旧教，从事于工商两业的为数较多。这是南北两部后来之所以分裂的主因。战事初起时，威廉本来失利，后来荷兰的水手竟战胜了西班牙的海军，夺得战船卖给信奉新教的英国。因此荷兰和西兰（Zealand）两省中的城市都拥戴威廉做总督，为后来荷兰立国的起点。

【荷兰共和国的起源】阿尔瓦公爵克复了一部分城市，把市民屠杀了很多，甚至妇女和儿童亦不能幸免，这反而激起了南部旧教徒的公愤，亦起来叛乱。但是这次乱事是暂时的，因为腓力二世改派态度较为平和的总督前来处理时，南部信奉旧教的诸省亦就俯首就范了。因此北部诸省继续在威廉的领导之下，不愿再承认腓力二世为王。1579年北部七省重新组成了一个强固的乌得勒支联邦（Union of Utrecht），这个联邦的公约就是后来荷兰共和国宪法的蓝本。两年之后，荷兰乃正式宣布脱离西班牙而独立。不久荷兰人选举威廉为世袭的总统。腓力二世深觉威廉其实是荷兰叛乱的戎首，以为把他扑灭了，乱事自然可以平定，所以西班牙政府宣称若有人能刺杀威廉，国王一定给以巨额的赏银和高级的爵位。威廉果然于1584年被人刺死。

【荷兰的独立】荷兰人原来心想英国人或法国人能够加以援

助,但是最终失望了。不过后来英国女王伊丽莎白派兵援助荷兰,腓力二世大恨,于1588年派遣有名的"无敌舰队"去攻打英国。这个舰队在途中被英国人和大风浪击沉了一大半,因此西班牙人就再没有余力去征服荷兰了。加以西班牙当时虽然财源很大,但是因为军费浩大,国家几乎落到破产的境地,所以西班牙想要恢复荷兰的领土,可说已经无望了。不过西班牙对于荷兰的独立,直到1648年才正式承认。

第三节　法国的宗教战争

【法国新教的起源】16世纪后半期的法国史,几乎全是新旧教徒流血纷争的事迹。法国国王弗朗西斯一世(1494年—1547年)对于宗教的事情原来不很关心,但是他对于新教徒那么放纵恣肆,以为是亵渎神明,罪不可赦,因此他就下令禁止新教书籍的流通。约在1535年时新教徒被焚而死的不少,加尔文逃往瑞士就在这个时候。后来弗朗西斯一世的宗教专制日趋极端,竟把住在阿尔卑斯山麓的异端农民杀死了三千多人。弗朗西斯一世的儿子亨利二世(1547年—1559年在位)对于新教尤其反对,因此被焚而死的新教徒计有数百人之多。亨利二世死后,他的第二个儿子查理九世(1560年—1574年在位)即位,年仅十岁,因此意大利佛罗伦萨城中望族出身的母后——美第奇的凯瑟琳出来摄行国政。

【胡格诺派教徒和他们的目的】当时新教徒在法国境内已成为一个有力的团体,他们在法国史上被叫作胡格诺派(Huguenots),这个名词的原意已不可考了。他们所主张的教义和加尔文一样。他们的首领为科里尼(Coligny),他是一个有势力的贵族。同时法国南部纳瓦尔(Navare)小王国的国王亦赞助他们,这个国王就是日后法国有名的波旁王朝（Bourbons）的始祖。新教徒中既然贵族居多，他们当然免不了想要获得政治上的权力，因此法国的新教徒不但是一种宗教的团体，而且是一种政治的团体，他们往往以取得政权为主要目的。

【胡格诺战争的开端（1562年）】当时旧教徒的首领为吉斯公爵（Duke of Guise），亦是一个有势力的贵族。他于1562年的某礼拜日经过瓦西镇（Vassy），看见新教徒千余人聚会于谷仓中正在做礼拜，他的军队进去干涉，双方大起冲突，徒手的新教徒因此被杀的很多。这次惨杀的消息传到各处以后，新教徒都愤激起来，因此引发了法国国内三十多年的战争和纷扰。双方手段的残忍和人心受累的重大，与中古时代英法两国百年战争时的情形差不多。

【圣巴塞洛缪节的惨杀（1572年）】当时法国国王查理九世与母后凯瑟琳和新教徒都很交好，新教首领科里尼亦很得政府的信任，掌握的政权几乎和内阁总理一样。查理九世很想把新旧教徒联合成一个团体，同心协力去抵抗西班牙人。不料他的这个联合计划竟被旧教首领吉斯公爵用一种极可怕的手段破坏了。旧教徒故意向凯瑟琳进言科里尼包藏祸心，应该扑灭。于是他们派人去暗杀他，结果科里尼仅被刺伤而未死。凯瑟琳因为知道法国国王和科里尼友谊很深厚，深恐科里尼把她参与暗杀的事情告诉法国国王，于是用先发制人的手段向法国国王谎称新教徒有阴谋起事的举动。当时政府和旧教徒决定于1572年8月23日圣巴塞洛缪节（St. Bartholomew's Day）大举杀戮国内的新教徒。果然两天之内巴黎新教徒被杀死的竟达两千人。各省的旧教徒亦闻风而起，又杀死新教徒万余人。这真是人类文化史上罕有的惨案。

【亨利四世改奉旧教】惨杀事件发生之后，法国的内乱再起，加以当时又有争夺王位的纷争，国内的情势更加混乱。最后信奉新教的纳瓦尔国王亨利于1589年即法国的王位，称亨利四世（1589年—1610年在位）。新王即位之后国内敌人很多，加以战争经年，国力异常疲惫。他觉得为迎合人心起见，非改奉多数人民所信仰的宗教不可，因此他就于1593年改奉旧教。但是他对于新教徒亦不忘旧情，所以1598年在南特（Nantes）颁布了所谓的《南特敕令》（Edict of Nantes），用法律去保护他们。

【《南特敕令》】根据《南特敕令》的规定，凡加尔文派的新教徒在从前有过新教徒的村镇，仍可照旧举行新教的仪式，唯巴黎和一部分市镇除外。新教徒和旧教徒一样同享政治上的权利，而且可担任政府中的官职。新教徒也可保留一部分市镇建造的炮台，以防御别人的攻击。

【黎塞留】亨利四世措置有方，国势渐振，不幸亦和荷兰的威廉一样，正在为国操劳的时候被刺而死。他的儿子路易十三在位时（1610年—1643年），法国的政治家黎塞留（Richelieu）掌握政权，把法国治理成一个极其强盛的国家。他是一个旧教徒，而且由罗马教皇任命为枢机主教。他为扩张王权、免除危险起见，取消了《南特敕令》中特许新教徒在市镇筑有炮台的规定，以便削减新教徒的实力。此外，他在欧洲国际政治上亦获得了胜利，关于这一层我们在后面叙述三十年战争时再述。

第四节　伊丽莎白时代的英国

【伊丽莎白治下的英国】法国在16世纪时因为国内新旧教徒间有长期流血的战争，所以弄得国力非常疲惫。至于当时的英国，正处于女王伊丽莎白在位的时代（1558年—1603年），不但国内太平，而且外来的忧患亦设法排除了。国内的畜牧工商等业莫不称盛一时，产生一个富有资财的中产阶级。海上商业尤其发达，英国的海商足迹几乎遍于世界，寻找航路，劫掠西班牙的商船和殖民地，有时亦经营贩奴的事业，把非洲的黑人卖到美洲去。人民的起居饮食都比从前舒适多了。欧洲的酒和美洲的烟都风行一时。不过吃饭的器具虽然有盘、匙和刀，但还是以手指为主要的工具，因为当时他们还不知道用叉。伊丽莎白时代亦出现了许多著名的著作家，如莎士比亚、培根、斯宾塞等都是英国学术史上的冠冕；诗歌、戏剧和科学都非常发达。关于这一点我们在后面再详加叙述。

【英国国教的成立】1558年女王玛丽去世时，英国的政府又成为一个新教的政府。伊丽莎白原极倾心于新教，但是她不赞成加尔文所主张的长老会组织，而仍旧保留许多旧教的特点，例如旧教中主教和大主教等的制度仍旧保持着。这就是现代新教中所谓圣公会（Anglican Church）一派，它的地位刚好介于新教的路德派、加尔文派和旧教中间，简单地说，就是一种兼有新教精神和旧教形式的基督教。至于苏格兰的新教则纯属于长老会一派。

【旧教徒的反叛】当时英国国内仍旧有许多旧教徒希望把伊丽莎白推翻，把旧教重新恢复起来。他们暗中拥戴苏格兰的女王玛丽·斯图亚特（Mary Stuart）。后来苏格兰人因为玛丽的行为不正，有杀夫的嫌疑，就把她驱逐出国。她逃到英国求救于伊丽莎白，伊丽莎白就把她软禁了起来。但是旧教徒的活动并没有停止，他们于1569年在英国的北部大举起事，目的在于释放玛丽去继承苏格兰的王位。同时罗马教皇亦下令驱逐伊丽莎白于教会之外。幸而当时旧教徒所盼望的法国和西班牙的援助都不能实现，法国国王查理九世正和国内新教的首领科里尼交欢，西班牙的腓力二世也正在应付尼德兰的乱事，都无暇来对付英国，因此英国的内乱不久就平定了。后来旧教徒又想以爱尔兰（Ireland）为大本营，派兵前去占领，结果仍被伊丽莎白的军队打败。

【**英国和西班牙的破裂**】旧教徒的起事虽然屡次失败，但是他们仍旧一面希望得到西班牙的援助，一面希望玛丽能够继承苏格兰的王位。伊丽莎白为铲除祸根起见，于1587年把玛丽杀死。西班牙的腓力二世为了贯彻他那光复旧教的政策，于1588年派他的"无敌舰队"进攻英国。这支舰队驶进英吉利海峡以后，忽遇暴风，英国的海军又随后追去，结果西班牙一百二十艘战船中只有五十四艘能够逃回本国。

【**腓力二世政策的失败**】西班牙国王腓力二世于1598年去世，他恢复旧教的政策可谓完全失败。英国自从打败无敌舰队以后，即成了新教的国家。法国国内宗教战争终了之后，新国王又很宽待新教徒，不愿再容西班牙的干涉。腓力二世的领土中又有信奉新教的荷兰从此立国于欧洲西部而为强盛的国家。至于西班牙本国，亦因为腓力二世措施失当、连年战争，国势大大衰落。美洲的金矿开发已尽，所以海外的财源亦日益枯竭。因此自从腓力二世去世之后，西班牙就由第一等的强国降为第二等的国家了。

第五节　三十年战争

【**三十年战争的开始**】新旧教徒间最后一次大冲突，就是17世纪上半叶在日耳曼境内所进行的"三十年战争"（1618年—1648年）。原来日耳曼境内自从1555年的奥格斯堡和约缔结以来，新教徒的人数日有增加，新教诸侯对于教会财产的劫夺又持续不止。波希米亚甚至奥地利境内亦有不少新教徒，这在哈布斯堡族诸皇帝和耶稣会中人看来，确实有点危险。波希米亚于1618决定，欢迎由巴拉丁伯爵的领地上一位笃信加尔文教义的诸侯来即王位。但是新王入国仅过了一个冬季就被日耳曼的皇帝逐出国外。这个举动在新教徒看来是一个很大的失败，于是信奉新教的丹麦国王就出来干涉，他在日耳曼境内转战了四年，终于1629年为日耳曼皇帝的名将华伦斯坦（Wallenstein）所败，逃归国中。

【交还教产的命令】日耳曼的皇帝看到旧教徒的军队迭次战胜波希米亚和丹麦的军队，胆气因此大壮，乃于1629年下达一个交还教产的命令，规定凡日耳曼境内的新教徒在奥格斯堡和约以后从旧教徒那里夺来的资产一概交还给旧教徒，而且新教徒中唯有路德一派可以举行礼拜的仪式，其他各派一律禁止活动。当华伦斯坦正想实施这个命令的时候，瑞典国王南下干涉，国内的政局忽然为之一变。

【瑞典王国的起源】欧洲北部斯堪的纳维亚半岛上日耳曼民族所建立的挪威、瑞典以及日耳曼以北的丹麦三个小王国，大概都立国于中古初期查理曼在位的时代，为时已经很久。不过它们向来与欧洲大陆的政局没有很大的关系，所以我们在前面没有去提及。直到1397年这三个王国联合成一个卡尔马同盟（Union of Calmar），同奉一个君主。当日耳曼境内宗教革命将要发动的时候，卡尔马同盟因为瑞典脱离而忽然破裂。瑞典独立运动的领袖为古斯塔夫，他本是贵族出身。瑞典独立之后，他就于1523年被选为瑞典的国王，同年新教被引入瑞典。于是政府中人没收教会的领土，压服国内的贵族，因此瑞典就逐渐成为一个极其隆盛的国家。

【古斯塔夫二世入侵日耳曼】当旧教徒正在三十年战争中战胜新教徒时，瑞典国王古斯塔夫二世忽然带领军队南侵日耳曼，他一面想解放日耳曼境内的新教徒，一面亦想在日耳曼境内得到一块领土。他在莱比锡（Leipzig）附近果然大败日耳曼旧教同盟的军队。此时华伦斯坦再行招募新军，于1632年和瑞典国王大战于吕岑

（Lützen），瑞典军又大胜日耳曼军。但是古斯塔夫二世却因为深入敌军战线，竟为敌兵所杀。不过瑞典的军队并没有撤退，仍旧在日耳曼境内到处骚扰。至于以残忍著称的华伦斯坦亦于1634年被部下刺死。

【黎塞留的加入】此次战争到此本可以结束了，但是法国名相黎塞留为扩张法国的势力，竟又派遣法国军队前往日耳曼和哈布斯堡族的皇帝为难，于是1635年时战端重起。法国、瑞典、西班牙和日耳曼的军队因此又纷争了十余年，日耳曼的元气因之更是大受损伤。

【威斯特伐利亚和约】参加这次战争的人很多，他们的目的又各不相同且互相冲突，所以和约的缔结非常困难。各国的代表差不多磋商了四年之久，才于1648年在威斯特伐利亚签订和约。和约中规定奥格斯堡和约中所特许的信教自由，应该包括日耳曼境内的加尔文派。凡新教诸侯在1624年以前所占有的领土均得照旧保留，各邦的宗教亦仍由各邦君主自行决定。日耳曼境内各邦都得和境内或境外的各国缔结条约，这种规定实际上把神圣罗马帝国解散了。日耳曼北境的一部分地方割给瑞典，不过在名义上仍旧为日耳曼帝国的一部分，因为瑞典此后在日耳曼公会中享有三个表决权。日耳曼皇帝把梅斯（Metz）、凡尔登（Verdun）、图勒（Toul）和阿尔萨斯（Alsace）的权利割让于法国。最后和约中正式承认荷兰和瑞士的独立。

【日耳曼所受战争的影响】日耳曼在这次战争中受到的坏影响真是一言难尽。乡村完全被毁的数以千计，各地人口有减少二分之一或三分之一的，一般人民因饥饿或军人肆虐而死于非命的或流为匪盗的不计其数。因此日耳曼直到18世纪末年，还是一个民穷财尽、文化贫瘠的国家。

第六节　科学时代的开始

【新科学】当三十年战争正在进行的时候，欧洲西部亦有一部分人埋头于实验室中，专心致志地从事于科学研究。他们研究所得的结果竟把我们的世界完全改造了，他们的力量真比自古以来所有战争的力量要大很多倍，所以虽然我们现在对于三十年战争中的英雄早已忘却了，但对于这少数的学者仍旧念念不忘，加以崇拜。这一班学者之所以能够改造世界，就是因为他们能够用一种新方法来研究宇宙中的事物。他们觉得欧洲中古以来各大学所有的书籍中，往往含有未经证实的学说，不可置信。他们以为要谋学术的进步，绝不可钻在故纸堆中去做古人的奴隶，必须亲自动手去实验，加以思考和调查，然后去寻出自然的规律。他们的这种方法就是我们现在所谓的科学方法，用这种新方法得到的结果就是我们现在所谓的新科学。

【哥白尼的发现】波兰的天文学家哥白尼（1473年—1543年）于1543年出版了一部著作，其中他反驳当时各大学中太阳和恒星围绕地球旋转的主张。他说太阳其实是宇宙的中心，地球和行星都围绕它而旋转；至于恒星之所以好像环绕地球，是地球在地轴上自动旋转的缘故。他的这个学说就是现代举世公认为正确的日心说，但是在当时，无论是新教徒还是旧教徒，都以为这是违反《圣经》的邪说，非打倒它不可。

【伽利略】不久又有一个意大利的科学家名叫伽利略（1564年—1642年）于1610年用一个小小的望远镜看到了太阳表面的黑点，他以为这些黑点足以证明亚里士多德主张太阳完全不变的学说其实是不对的；而且证明了太阳亦有自转的运动。他又在比萨斜塔上掷下物体，证明亚里士多德关于百磅重的物体落下时比一磅重的物体落下时要快一百倍的话其实是无稽之谈。当时大学中人和教会中人都以为他的新说离经叛道、贻误青年，所以叫宗教裁判所把他监禁起来，而且禁止他的学说。

【培根的理想国】同时英国亦有一个极伟大的新学者弗朗西斯·培根（1561年—1626年），他常常于公务之余，著书立说，以说明人类怎样能够增进他们的知识。他对于推翻师说和依据实验的新科学最为主张。他

伽利略实验所在地比萨斜塔

说："我们就是古人，并不是那班生活在世界尚幼、人类尚愚的时代的人。"他晚年著了一本未完成的书叫作《新亚特兰蒂斯》（New Atlantis），书中描写了欧洲的航海家在太平洋上所发现的一个理想的新亚特兰蒂斯岛。岛上有一个理想的国家，这个理想国中最主要的机关为所罗门院，这是一个大规模的科学研究院，以研究学术、改良人类状况为宗旨。培根死后五十年，英国政府在伦敦所建立的皇家学会，就是培根这种理想的实现，到如今还不失为英国学术研究的中枢。

【科学研究所的建立】科学研究所的设立要以意大利为最早，后来英国有皇家学会的设立，法国有法兰西学院的设立，其他各国如日耳曼和美国等亦先后设立同样的机关。这真是世界史上空前的创举。他们的目的和希腊的学校或中古的大学都不相同，主要目的在于新知的获得，不在于旧学的讨论。从此以后，欧洲学术的进步一日千里，因此而产生一种改革的精神，为现代西方文化日有进境的原动力。

下 卷

第九部分
世界列强的形成和殖民事业的发展

　　意大利境内各城市如米兰、热那亚、佛罗伦萨、罗马等自中古季年以来本已著名,城中往往有许多宏大美丽的宫殿,但是大部分还局限于中古的城墙内,街道亦多狭窄而弯曲,和现代西方城市的宏伟壮观大不相同。

第三十三章　英国国王和国会的争权

第一节　斯图亚特王朝和君权神授的原理

【当时有名的学者】詹姆斯一世在位时英国出现了几个极伟大的学者，他们的光辉足以照耀世界的人类史。莎士比亚现在已经被公认为世界上最伟大的戏剧家了，他的剧本虽然多成于伊丽莎白时代，但是他的杰作到此时方才写出。培根尽力宣扬新科学的研究亦在此时。同时又有一个外科医生哈维（Harvey）研究人体非常精细，结果发现了人体中血液循环的道理，这对于医学的进步贡献很大。

【詹姆斯一世即英国王位】英国女王伊丽莎白于1601年去世，詹姆斯一世（1566年—1625年）继承王位。詹姆斯一世本是苏格兰女王玛丽·斯图亚特的儿子，在苏格兰时称詹姆斯六世，入英之后乃改称一世，因此英国和苏格兰两个王国就同受一个人的统治。詹姆斯一世即位到他的孙子詹姆斯二世被逐出国，前后共八十五年，为英国史上的斯图亚特王朝，这个王朝主要的特点为国王和国会的争权。原来詹姆斯一世深信"君权神授"的原理，这个原理认为国王是上帝在世间的代表，享有绝对的统治权，他是人民的父母，人民必须服从他，反对国王就是反对上帝，罪不可赦，国王只对上帝负有责任，所以他的一切举动不必得到人民的同意。

【查理一世和《权利请愿书》】詹姆斯一世治国极其专制，国人颇为不满，他于1625年去世。查理一世（1625年—1649年在位）

继承王位，其专制手段竟和他的父亲一样，因此不久后就和国会发生争执。他因为国会不肯供给经费听其滥用，就用不正规的方法向人民强取捐税，例如摊派公债、拘禁反对公债的人等举动都足以激起国民的愤恨。国会中人忍无可忍，乃于1628年提出一个极有名的法案叫作《权利请愿书》（*Petition of Right*），其中请求国王此后不经国会同意不得强行向人民摊派捐款或公债；凡国民除非依照大宪章的规定办理不得被拘。这篇请愿书为英国宪法上对于人民权利的第二个大保障，所以为近代民权发展史上一件极重要的公牍。查理一世因为众怒难犯，只得勉强应允。

【宗教的争执】查理一世和国会的矛盾本已很深，不久又因为宗教上意见的不同而争执更烈。当时查理一世娶一法国旧教的公主为王后，而欧洲大陆上的旧教教会又正有恢复旧日势力的趋势。英国的国民都怕新教的势力会有一朝扫地的危险，英国国王和国会的关系因此更趋破裂。查理一世果然于1629年把国会解散了，此后的十一年间为英国国王不用国会统治国家的一个时代。国王的专制和官吏的贪污都足以增加国民的愤恨，进而促进内乱的爆发。

【长期国会和大抗议书】1640年时查理一世因为苏格兰人必欲信奉长老会而不肯改奉圣公会的教义，派遣军队前去强迫他们。不料英国的士兵多不愿应命，查理一世不得已再行召集一个新国会。世人因为这个国会的会期很长，所以叫它为"长期国会"。国会中人于是提出一种所谓的"大抗议书"（Grand Remonstrance），其中把查理一世的种种措置失当的地方列举出来要求加以纠正，而且要求所有国务大臣此后应对国会负责。

【内乱的开始：骑士党和圆颅党】此时英国政治上的局势渐趋紧张，国王和国会都招募军队预备诉诸武力。到1642年时战事果然爆发了。其时国内人民亦明显分为两党：拥护国王的叫作"骑士党"（Cavaliers），党人为大部分的贵族、旧教徒和一部分反对长老会而赞成圣公会的国会议员；至于国会方面的党人，因为反对贵族中人的长发后垂，所以把自己的头发剪得很短，因此就得到一个"圆颅党"（Roundheads）的名称。骑士党人亦因圆颅党人过于礼貌拘谨而骂他们为乡愿。

【克伦威尔】不久圆颅党人得到一个领袖，名叫克伦威尔（1599年—1658年），他本是一个乡绅兼任国会的议员。他被举为圆颅党的首领后，就着手组织一个极严密的军队，专选一班笃诚的人来充当兵士。凡遇行军的时候，兵士都要口唱赞美诗，不得和寻常兵士一样口出猥亵的言语。此次内乱长达四五年之久，第一年骑士党人稍稍得胜，之后他们就连连失败。查理一世终于1646年为国会的军队所俘获。

【查理一世被杀】当时国会中的骑士党分子都已被逐出会，因此国会的权力全在圆颅党人手上。查理一世被国会中人所拘禁，圆颅党人乃宣称国会中的平民院既然由国民的代表组成，它的权力当然在国内一切其他政治机关之上，所以国王和贵族院都不是必要的机关。于是平民院指派几个反对国王最力的人组织一个最高法院去审理查理一世的罪状。他们判他有罪，乃于1649年把他杀死于伦敦的白金汉宫中。

第二节 共和时代的英国

【英国改为共和政体】英国国会处查理一世死刑后，乃宣布此后的政体当改为共和政体，不再设国王和贵族院。实际上克伦威尔手握军权，无异于英国的元首。他的力量就在于他善于处理政务而且有五万纪律严明的军队能够做他的后盾。

【对爱尔兰和苏格兰的征服】克伦威尔当国初年，境况非常恶劣。原来当时的不列颠岛分裂成了三个王国，不相统一。爱尔兰的贵族和旧教徒拥戴查理二世为王，并且招募爱尔兰的旧教徒和英格兰的骑士党新教徒组成勤王军，希望推翻新起的共和政府。克伦威尔乃统率军队渡海入爱尔兰，沿途征服了所有叛乱的城市，到1652年时全岛的乱事竟完全平定了。他于是没收爱尔兰岛上的大部分土地分给英国的同僚，然后把岛上信奉旧教的地主都驱逐到山中去。从此爱尔兰和英格兰的仇怨更深了，到如今还没有完全解释清楚。查理二世在他的父亲被杀后逃居法国，1650年又回到苏格兰希望复辟，但是不久后克伦威尔又把苏格兰征服了。

【长期国会的解散和护国时代】克伦威尔的战功虽然很大，但他和国会的关系亦和查理一世一样并不美满。原来长期国会中的议员本来早已不足额，而且残余的议员又往往假公济私、收受贿赂，大受国人的指责。克伦威尔忍无可忍，乃于1653年统率军队把国会议员全数逐走，十四年来的长期国会到此乃告结束。克伦威尔另行召集一班"畏天敬神"的人组织了一个新国会，不料这班新议员大都是顽固分子，往往能言而不能行。少数明白事理的议员知道自己的前途无望，就于1653年冬季宣布解散国会，而且公推克伦威尔为"护国公"（Lord Protector），给以最高的统治权。

【护国政府的外交】克伦威尔任"护国公"的职务先后共计五年，掌握军政大权，其实和专制君主无异，这就是英国史上所谓的"护国政府"（Protectorate）。他在国内的政治组织上虽然没有成功，但是他的外交政策却很有成绩。他和法国联盟，并以军队援助法国战胜了西班牙，因此英国获得了欧洲大陆上的敦刻尔克（Dunkirk）和西印度群岛上的牙买加。克伦威尔于1658年5月染病去世。在他去世的那一天，英国全境出现了狂风暴雨的现象，骑士党人以为这是逆贼幽魂被魔鬼所捉的一种象征。

第三节　复辟和革命

【查理二世的复辟】克伦威尔死后，他的儿子理查德（Richard）自知庸懦无能，所以不久后就退位了。当时国内人心厌乱，大家渴望和平，因此很欢迎查理二世的复辟（1660年—1685年）。新国会开会时仍旧恢复从前的政体，宣布"依据本王国古传的且根本的法律，本国政府应该由国王、贵族和平民组合而成"。克伦威尔等一班清教徒（Puritans）所建立的共和政府就此倾覆，而斯图亚特王朝的君主就此复辟了。查理二世和他的父亲一样，性喜专制，不过他的能力比他的父亲大。他虽然不愿受国会的约束，但是亦不肯开罪全国的国民。

【国会的宗教政策】当时国会中人很想把圣公会一派的新教定为国教，凡是不肯信奉国教的新教徒如长老会、清教派、浸礼会、兄弟会等一概不许充任官吏或教士。但是查理二世对于各派宗教很宽容，而且心中很倾向于旧教。国会中人深恐将来罗马教皇的势力在英国境内死灰复燃，所以制定出一种格外严密的法规，规定唯有信奉国教的教士可以充任官吏。这种规定直到19世纪时方才被废去。

【英荷的战争】克伦威尔当国时，英国已经和荷兰开始竞争海上的霸权。查理二世为了增加英国的海外商业和殖民地，乃和荷兰重起战端。他想用武力去打倒荷兰的航海业，以增进英国的贸易。当时两国的海军本势均力敌，不容易骤分胜负。但是到1664年时，英国人竟从西印度群岛和北美大陆东部夺得一部分荷兰的属地，这是英国的势力散布于北美洲的开端。1667年荷兰和英国订约，割让这几处属地给英国。

【詹姆斯二世】查理二世死后，他的弟弟詹姆斯二世继承王位（1685年—1688年在位），在位只有三四年，就引起了英国史上所谓的"光荣革命"（Glorious Revolution）。原来詹姆斯二世和他的王后都是旧教徒，而且对于宗教极其笃信，很想把罗马旧教恢复起来。不过詹姆斯二世的前王后所生的女儿玛丽嫁给荷兰的国王威廉三世为王后，他们两人都是信奉新教的人，英国人以为他们将来一定可以即英国的王位，所以对于詹姆斯二世的反动本可容忍。但是不久后英国国王的新王后竟生一子，而且英国国王自己又明白表示出优待旧教的意思。于是国内的新教徒派人前往荷兰，要求威廉三世即英国的王位。

【光荣革命】威廉三世果然于1688年统率军队渡海入英，直向伦敦而进。英国各派新教徒无不表示欢迎，一致起来拥护。詹姆斯二世正想出兵去抵抗，不料部下军队不肯应命；同时宫廷官吏遁走一空。詹姆斯二世知道大势已去，无可挽回，于是逃往法国。英国的新国会乃宣布把他废掉。这次革命因为没有流血就成功了，所以后人称它为"光荣革命"。

【《权利法案》】国会中人于1689年编订一种法案，规定由威廉三世和玛丽两人共治英国。此外将《大宪章》和《权利请愿书》中所规定的民权保障和君权限制重新列举一番，要求新王遵守。这就是《权利法案》（Bill of Rights），为英国宪法史上第三种极重要的公牍。自这次和平革命之后，斯图亚特王朝的国祚和君权神授的原理就此绝对被推翻了，国会的权力就此复盛，旧教复兴的问题亦就此解决了。这次革命确实无愧于"光荣"两个字。不久国会又通过信教自由的议案，使国内新旧各派教徒都能享有信仰自由的权利。现在西方各国宗教上的纠纷要以英国为最少，就是这个缘故。

【宗教和政治两大问题的解决】总而言之，英国五十年来纠缠不清的两大问题到1688年威廉三世和玛丽即位时差不多就解决了。第一，英国人改信新教，绝不再恢复旧教了；第二，国王的权力要受国会的限制，从此专制的政体不再出现于英国。

【英格兰与苏格兰的合并】1702年威廉三世去世，他的妻妹安妮（Anne）继为英国女王。安妮在位时的大事除因为西班牙王位继承问题英法两国间大起战争以外，要以英格兰和苏格兰的合并一事最为重要。原来这两个王国虽然自詹姆斯一世以来已经同受一个君主的统治，但是仍旧各有独立的国会和政府。直到1707年两国才共同议定把两个政府合成一个。此后苏格兰人在英国国会中得占下院议员四十五人、上院议员十六人，两国间的争执因此大减。

【乔治一世】安妮女王去世时，她没有儿子，所以没有继位的人。于是英国人就请詹姆斯一世甥女的儿子乔治一世（1714年—1727年在位）入继王统，他本是日耳曼境内汉诺威（Hanover）一邦的选侯，现在即英国王位，为英国汉诺威王朝的始祖。

第三十四章　路易十四时代的法国

第一节　路易十四的地位和性情

【路易十四即位时的法国】法国在路易十四在位时代（1643年—1715年）为西方最隆盛的国家。自宗教战争之后，凭着亨利四世和黎塞留诸人的努力，法国的王权逐渐恢复了旧观。路易十四即位时，他以一个青年君王的身份统治一个庞大的国家。国中的贵族经黎塞留加以摧残之后，已经由封建的诸侯变成宫廷的近侍，不能再和国王争雄了。至于胡格诺派新教徒到此时亦已人数大减而没有反抗的能力了。加之三十年战争的结果，法国的领土大增。所以当时的法国对内王权大张，对外国威大振，竟变为欧洲大陆上最强的国家了。

【法国君权神授的原理】法国的路易十四和英国的詹姆斯一世一样亦竭力主张君权神授的原理。他以为国王是代天行道的人，所以臣民应该绝对服从君主，对于君主不许有所批评，因为服从君主就是服从上帝。假使君主英明仁爱，那么臣民就应该感谢上帝的厚恩；假使君主昏庸残忍，这是因为人民犯有罪恶，所以示惩，臣民都应该俯首忍受。无论如何，国民绝不能限制国王的权力或者起来反抗他。

【法国人对于专制君主的态度】路易十四所处的地位有两点胜过詹姆斯一世。第一，英国的国民和法国的国民不同，极不愿把绝对的权力交到国王一个人的手中。英国人因为有国会、法院和种种法典，无意中养成了一种传统的习惯，足以阻止国王的专制。至于法国方面，既没有保障民权的宪章，而三级会议又没有权力限制君主课税，所以法国国王的行动远较英国国王自由。第二，法国所处的位置刚好介于各大国的中间，有四面受敌的危险，所以法国国民对于强有力的国王格外富有依赖的心理，因此法国的君主就可以利用国民的这种心理去扩大个人的权力。

【路易十四的特性】路易十四丰姿秀逸，举止大方，颇具大国君主的风度；而且英明果断，办事极其敏捷；每天必亲理政务几小时，始终未尝稍懈，他确实是一个勤于国事的英主。这亦是法国强盛的一个主要原因。

【凡尔赛宫殿】路易十四为表示君主的尊严起见，在巴黎城外的凡尔赛（Versailles）大兴土木，建造了一座宏大美丽的宫殿，后面辟有一个极大的花园，崇楼杰阁为西欧各国王宫的冠冕。宫殿的四周围以市镇为宫廷近侍的住室和普通商民的坊肆所在地。当时国内的农民和士兵尽管有入不敷出的痛苦，但是凡尔赛宫殿的建筑费竟高达银币约二亿元。此后百余年间，凡尔赛宫都是法国王室和政府发号施令的中心。

【宫廷的生活】当时法国的贵族看到宫廷的生活这样奢侈，非常羡慕，所以都愿意离开他们本来荒凉寂寞的城堡，移居凡尔赛过一种快乐舒适的生活。宫廷的仪节非常繁复，国王的饮食起居都各有一种隆重的仪式，各贵族无不以能够参与为荣。中古以来负隅反抗、各霸一方的强藩，此时竟变为侍候国王的近臣了。

【路易十四时代的学术】路易十四在欧洲史上之所以这样著名，就是因为他能够竭力提倡文学和美术。法国最伟大的喜剧家莫里哀（1622年—1673年）就是这个时代的人物。当时所有文学家都可向政府领取巨额的年金。法国国王又创办一种杂志以提倡科学的研究，建造天文台于巴黎以利于天文学的进步。此外皇家图书馆本只藏书一万六千卷，此时亦开始扩充，到现在已有书二百五十万卷，为世界上藏书最丰富的学术机关。法国的文化之所以能够在现代的世界上占有一个重要的位置，我们确实不得不溯源于路易十四的奖励和提倡。

第二节　路易十四的武功

【路易十四的野心】路易十四的兴趣并不专注于文治方面，实际上他是一个好大喜功的人，这真是法国的不幸。他既有一支组织严密的军队，又有一班擅长战术的军官，因此就用武力去压迫他的四邻，引发了好几次无理的战争。到后来竟弄得国库空虚、民穷财尽，为将来大起革命的一个远因。

【侵略尼德兰（1667年）】路易十四最先注意到西班牙所占领的尼德兰，他以为自己既然是西班牙国王查理二世的姐夫，当然应该继承这部分领土。他为贯彻自己的主张起见，派遣军队去攻陷尼德兰边疆上的一部分城市。欧洲各国政府看到这种情形，都不免惊骇起来，其中荷兰因为和尼德兰有唇齿的关系，尤其惶恐万状。因此荷兰就和英国、瑞典组成一个三国同盟，强迫路易十四罢战媾和，把占领地交还给西班牙。但是不久后路易十四设法和英国联手，相约夹攻荷兰，三国同盟亦因此瓦解了。

【侵略荷兰（1672年）】路易十四以为荷兰地小国弱，胆敢出来和法国对抗，实在可恶，因此就于1672年统率十万大军渡过莱茵河，直入荷兰的南部。不料荷兰人把海堤水闸放开，境内顿成泽国，法国军队亦因此不能北进。同时日耳曼的皇帝出兵进攻法国，而英国又反过来与荷兰媾和，路易十四此时竟处于四面楚歌的形势。六年后各国乃相约罢兵，法国虽然增加了一小部分的领土，但终究得不偿失。

【路易十四和新教徒的关系】路易十四的武力政策固然到处失败，他的宗教政策亦极为愚拙。原来法国的新教徒自从军权和政权被政府剥夺之后，就专心从事于工商和银行各业，多数成为富人。当时法国人口约有一千五百万人，新教徒约占十五分之一，为国内最勤俭干练的一班人。但是法国的旧教徒始终主张把新教徒完全扑灭。所以当路易十四即位的时候，旧教徒对于新教徒的压迫日趋严重。新教徒的礼拜堂常常被毁，凡年达7岁的儿童准其改信旧教。政府又分遣鲁莽的军队屯驻于新教徒聚居的地方，任意骚扰，想用恐吓的手段使他们改信旧教。最后路易十四竟于1685年把从前亨利四世所颁布的《南特敕令》撤销了，凡信奉新教的人从此都被当作罪犯看待，凡充当新教牧师的人都要被判处死刑。法国的新教徒因此纷纷逃到国外去，有的逃到英国，有的逃到普鲁士，有的逃到美洲。他们原是法国民族中的优秀分子，所以他们的出逃其实是法国很大的损失。这是西部欧洲宗教压迫史上最后且最悲惨的一个实例。

【侵略莱茵河的普法尔茨】当时西欧各国对于路易十四撤销《南特敕令》本来已不满意，不久又听到他想兴兵征服信奉新教的莱茵河的普法尔茨（Pfalz），更是惊慌，因此荷兰就组织同盟去反抗法国的武力政策。路易十四果于1688年出兵侵入普法尔茨境内，焚毁了许多城市和堡垒。但是十年之后，路易十四和其他各国媾和时，他仍旧得不到什么东西。不过路易十四的野心并不因此而稍敛，他此后反而专心准备进行他平生最后且最大的一次战争。

【西班牙王位的继承问题】西班牙国王查理二世既没有子女，

亦没有兄弟。路易十四和日耳曼皇帝利奥波德一世（Leopold I）都是查理二世的姐夫，他们早已考虑将来怎样去瓜分西班牙的领土。但是当1700年查理二世去世时，他的遗嘱中规定把自己的王位传给路易十四的孙子腓力，不过以法国和西班牙两国永远不得合并为条件。这个遗嘱如果实行起来，那么欧洲的西南部以及美洲的大部分地方都要掌握在路易十四一家人的手中了，法国的势力一定会比从前查理五世的日耳曼帝国还要强大。这种情形当然是日耳曼和英国所不能容许的。但是路易十四不顾一切，接受了西班牙国王的遗嘱。

【西班牙王位的继承战争】英国国王威廉三世果然于1701年邀请荷兰、日耳曼等国组成一个新的大同盟，兴兵和法国开战。战事迁延十年之久；战争的范围比三十年战争还要大，甚至英法两国的北美洲殖民地亦大起兵戈。法国终因寡不敌众屡次为联军所败，加之国内已到民穷财尽的地步，路易十四不得已于1713年在乌德勒支和联军讲和。

【乌德勒支条约】乌德勒支和约缔结以后，欧洲的版图发生了一次空前的大变动，凡参与这次战争的各国都能得到一部分西班牙的领土。奥地利所得的为西班牙在西欧所占领的尼德兰和在意大利所占领的那不勒斯与米兰，从此奥地利的势力深入意大利半岛，直到1866年才告终止。荷兰亦从西班牙方面得到一部分要塞。英国从法国方面得到北美洲的新斯科舍、纽芬兰（Newfoundland）和哈得孙湾（Hudson Bay）一带，这是北美洲的法国势力日渐消失和英国的势力日渐扩张的一个大转机。此外英国亦从西班牙方面得到直布罗陀要塞，此为从大西洋走进地中海的咽喉。至于法国的腓力五世，和约中允许他即西班牙的王位，不过法国和西班牙永远不得由一个人兼领。

【国际法的发展】西方所谓的国际法虽然在上古希腊和罗马时代已经有一种雏形,但是现代的国际法其实源于17世纪。原来自三十年战争开衅以来,欧洲已有一部分人思考怎样能够不用武力去解决国际的纷争。其结果就是西方第一个伟大的国际法学家格劳秀斯(Grotius)的出世,他于1625年著成现代世界上第一部有系统的国际法,其中详叙了国际上平时和战时大家都应遵守的法则。到了路易十四时代,欧洲各国连年战争,国际法的重要性愈加明显,国际法的发展亦愈加迅速,因此国际法就成为现代西方法学中一项重要的科目;它的发展虽然不能绝对阻止国际间的战争,但是在国际间的谅解上却大有贡献。

【法国的衰落】路易十四于1715年去世,他的曾孙路易十五(1715年—1774年在位)即位,年仅五岁。当时的法国因为连年战争,国库空虚,人口大减,人民的生活非常困苦,军队的实力亦大不如前。这就是法国大革命将起以前的国势。

第三十五章　东部欧洲各国的发展

第一节　俄罗斯和彼得大帝

【欧洲两个新强国的兴起】欧洲自从中古末期列国成立以来，直到17世纪时止，所有政治、学术、经济、教育等活动，差不多都以西部各国为中心，而英法两国的地位尤其重要。至于东部欧洲的各民族，不但在世界史上没有相当的地位，就是在欧洲史上亦没有提及的必要，所以近世初期的西方史其实就是西部欧洲史。到了17世纪时，东部欧洲忽然有两个新强国出现。在最近二百年来的欧洲史和世界史上，它们的地位都日渐重要。这就是俄罗斯和普鲁士。第一次世界大战以后，俄罗斯为世界上共产革命的大本营。第一次世界大战将起以前的普鲁士为世界上武力最强的国家，战后的普鲁士亦不失为世界上科学界和实业界的领袖。我们要明白它们现在在世界史上的地位，不能不研究它们怎样在东部欧洲逐渐兴起的情形。

【斯拉夫民族】我们在前面曾经说过，住在东欧一带的民族就是白种人中的斯拉夫人，他们在中古时代还不很重要，到了近世却日渐发展起来了。所谓斯拉夫民族包括东部欧洲的俄罗斯人、波兰人、波希米亚人、塞尔维亚人和其他东欧许多小民族。就人口而论，他们其实是欧洲最大的民族，但是他们的历史到近世才和世界史混合起来。斯拉夫民族原为印度欧洲民族的一支，远在公元前就定居于俄罗斯的南部。5世纪时日耳曼民族侵入罗马帝国境内，斯拉夫民族亦模仿他们的行动，自东向西，迁入巴尔干半岛直到亚得里亚海为止，现代的塞尔维亚人就是这班西迁者的苗裔。有一部分人向西迁入日耳曼境内，日耳曼历朝诸皇帝自从查理曼以来都能用武力去阻止他们，但是其中波希米亚人和摩拉维亚人（Moravians）始终在日耳曼东境维持他们的地位。这就是上古时代斯拉夫民族分布于东欧一带的情形。

【俄罗斯的起源】9世纪时，欧洲的北方原始部落一方面向西南去骚扰法国和英国，一方面向东渡过波罗的海侵入现在的俄罗斯。相传北方原始部落中有一个酋长名叫留里克（Rurik），于862年在诺弗哥罗附近建立了一个斯拉夫王国，为现代俄罗斯的起源。到10世纪将终时，基督教中的希腊一派（就是我国所谓的东正教，它是和西方罗马一派相对峙的教会）传入国中定为国教。"俄罗斯"这个名词恐怕是中国人从北方通古斯族人方面传过来的译音（《元史》叫阿罗思，清初叫鄂罗斯），西方人则叫它为露西亚。

【蒙古人西征的影响】就地理上而论，俄罗斯其实是亚洲北部大平原的一部分，所以当13世纪蒙古人崛起横扫欧亚时，俄罗斯就不得不大受他们的蹂躏。当时俄罗斯境内正处在封建时代，小国林立，所以蒙古人能够长驱直入，建立了一个钦察汗国，不过他们对于俄罗斯人原有的法律和宗教却不十分去干涉。后来蒙古人的势力逐渐衰落，俄罗斯的势力逐渐强盛，到1480年俄罗斯的君主竟敢杀死蒙古的使臣宣布复国。但是蒙古人的这次入侵在俄罗斯的文化上影响很大，因为此后俄罗斯上自君主下至民众都已经深染蒙古人的习惯，一时不能革除。到1547年时，俄罗斯的国王开始用"察"（我国旧译为"察罕汗"，见《圣武记》）的名义，就是我们所谓的皇帝。

【彼得大帝的两大政策】原来蒙古化的俄罗斯到18世纪初年

忽然变成了欧洲化的国家，这不得不归功于彼得大帝（1672年—1725年）。1682年彼得即位为俄罗斯的沙皇时，俄罗斯的文化和国势都不像西欧各国那样发达和强盛，因为当时它的风俗、习惯、政治以及人民的生活状况差不多都和蒙古人一样。它又没有出海的港口和海军可以和西欧各国争雄，所以彼得即位以后就努力去做两项重要的工作：输入西欧的文化和建立出海的港口。这两项工作后来都被他做成功了，所以西方史学家特称他为"大帝"。

彼得大帝

【彼得的西游】彼得为预备改革起见，特于1697年到1698年间亲往西欧游历，以便实地考察。他曾经到过日耳曼、荷兰、英国等地，考察他们的科学、艺术以及其他各种制造的方法。他在荷兰船厂中穿上工人的衣服做了一个星期的工作，同时延请英国、荷兰、日耳曼诸国的艺术家、科学家、建筑家、军事家到俄罗斯去帮他实行改革的事业。

【欧化的工作】彼得归国以后，就下令全国人民剃去东方式的长胡，脱去蒙古式的长袍，一律改穿欧式的衣服。同时竭力提倡男女社交的公开，打破从前男女不能见面的旧习。他又奖励外国人移住俄罗斯，而且派了许多青年到外国去留学。此外亦模仿西欧的制度去改组政府和军队。这都是彼得改革内政的措施。

【圣彼得堡的建设】俄罗斯的都城向来在中部的莫斯科，彼得以为旧都的积习太深，不容易改革，所以决意另建新都。于是他选定波罗的海东岸的一块地方作为新都的地址，这就是第一次世界大战以前的圣彼得堡，他花了很多的经费才把它建设成功。俄罗斯到此时竟成为一个欧洲的强国了。

【俄罗斯领土的扩充】彼得建设新都以后的问题就是怎样去夺取波罗的海东岸瑞典的领土，使得俄罗斯和波罗的海不至于隔绝不通。后来经过长期的战争，他竟从瑞典方面夺得爱沙尼亚（Esthonia）、拉脱维亚（Latvia）和其他诸地。彼得所抱的"开窗"政策到此乃告成功。彼得死后的三四十年间，俄罗斯的沙皇多是庸懦无能的人。但是自从1762年女皇叶卡捷琳娜二世（Catherine Ⅱ）即位以后，俄罗斯的势力又盛极一时，为西欧各国所注意。此后欧洲国际的政治界又添了一个重要的角色。

第二节　普鲁士和腓特烈大帝

【普鲁士王国的起源】当俄罗斯实行改革变成强国的时候，日耳曼北部亦有一个新强国兴起，为现代西方世界中最重要的一分子，这就是普鲁士王国。普鲁士的起源原来很微小，15世纪初年时，日耳曼皇帝把北部一小块不重要的勃兰登堡（Brandenburg）的领土卖给了霍亨索伦族（Hohenzollern），这块领土就是后来普鲁士王国的核心。17世纪初年，霍亨索伦族又得到东方普鲁士的领土，勃兰登堡的领土因此增加了不少。直到1700年勃兰登堡选侯请求日耳曼皇帝允许他改称"普鲁士国王"，现代的普鲁士王国从此正式出现于欧洲的地图上。

【腓特烈·威廉一世的军国主义】普鲁士军力的强盛在第一次世界大战以前在全世界可称第一，这当然不是一朝一夕能够办到的事情。我们要追溯它的起源，不能不回到普鲁士第二代国王腓特烈·威廉一世（Frederick William I）在位时代。腓特烈·威廉一世是一个鲁莽的武人，性喜练兵、狩猎和吸烟。他自小就爱好军队的生活，他组织且训练成功了一支新而且强的军队，规模几乎和法国或者奥地利的军队相同。他又用辛勤刻苦的方法积聚了一笔巨大的财富，国库因此非常充实。后来他的儿子腓特烈二世（Frederick II）之所以能够在西欧的国际政治中崭露头角，确实不得不归功于他的这种惨淡经营。

【腓特烈二世的幼年时代】腓特烈二世（1740年—1786年在位）幼时极喜欢读书和音乐，而不喜欢军人的生活，这和他父亲的志趣完全不同。他对于法国人最是仰慕，甚至排斥本国的语言而用法语。但是即位为王之后，他的尚武精神忽然焕发起来，做出了许多惊人的事业，终把普鲁士变成一个令人敬畏的国家，所以他和俄罗斯的彼得一样，被人尊称为"大帝"。

【奥地利王位的继承战争】腓特烈二世的战略最初表现于奥地利王位的继承战争中。原来在腓特烈二世即位的那一年，日耳曼的皇帝兼奥地利国王查理六世去世。查理六世为哈布斯堡族直系中最后一个皇帝，他没有儿子，所以他和西欧其他各国商定把自己广大的领土传给女儿玛丽亚·特蕾莎（Maria Theresa）。但是玛丽亚·特蕾莎即位为女王以后，四邻各国的君主都欺她年少无知，想侵夺她的领土，其中野心最大的就是腓特烈二世。腓特烈二世于1740年冬日竟无端地率领军队侵入勃兰登堡东南的西里西亚（Silesia）。法国人亦乘机兴兵想夺取奥地利所占领的尼德兰。玛丽亚·特蕾莎四面受敌几乎不能支撑，后来因为国民的爱戴竟打败了法国人，但是最终不得不把西里西亚割让给腓特烈二世，求他休战。不久英国和荷兰为维持均势的局面起见，出来组成同盟反抗法国，形势因此大变。到了1748年，各国的军队都感到疲乏了才罢兵讲和。这就是西方史上所谓奥地利王位的继承战争。

【七年战争】奥地利女王玛丽亚·特蕾莎对于西里西亚的损失当然不能甘心，所以始终想把腓特烈二世的驻军驱逐出境，因此就引发了西方史上一次很重要的战争。参与这次战争的不但有欧洲大部分的国家，而且有北美洲和印度的殖民地，规模很大。战事起于1756年，止于1763年，前后共计七年，所以西方史学家叫这次战事为"七年战争"。这次战事的其他方面我们在下一章详述，现在先述和普鲁士有关的部分。

【腓特烈二世的战略】法国和奥地利原来是二百年来的宿敌，但是因为玛丽亚·特蕾莎外交手腕的高超，所以1756年时奥法两国竟缔结了一个对普的同盟。同时俄国、瑞典、萨克森诸国亦相约联合去攻击普鲁士。普鲁士国王腓特烈二世到此时好像面临四面楚歌的局面，但是他后来竟能以少数的军队大败法国和日耳曼的联军于罗斯巴赫（Rossbach），不久又大败奥地利的军队。欧洲人佩服他的战略，所以此后就尊称他为"大帝"。

【战争的告终】腓特烈二世的战略虽然高明，终究四面受敌，势难持久。幸而当时英国政府以充足的军费供给他，使他支撑下去。加之俄国的新帝向来很佩服他的战略，所以即位之后，就下令罢兵。奥地利女王看到这种情形，知道自己已没有打倒敌人的希望，不得已只好停止战争。不久英法两国亦言归于好。因此各国政府于1763年在巴黎缔结了一个和约，七年战争就此告终。至于这次和约的详细内容我们留在下章再述。

第三节　波兰的瓜分

【波兰的弱点——民族和宗教的复杂】波兰王国最初建立于10

世纪，为当时欧洲除俄国外最大的国家。在近世初年的宗教改革时代，它的工商业都很发达，势力很大，在东欧要算第一个强国，但同时它有许多弱点。它的位置在东部欧洲的一块平原上，四面没有高山大河做它的天然屏障，而且它的国民种族很复杂，人口又很稀少，且非常散漫。境内除属于斯拉夫民族的波兰人外，在西普鲁士的城市中则有日耳曼人，在立陶宛（Lithuania）则有俄罗斯人，此外还有犹太人，在一部分城市中几乎占人口的二分之一。境内的民族很杂，各民族所信仰的宗教亦不相同。波兰人多信奉罗马派的基督教，俄国人多信奉希腊派的基督教，日耳曼人多信奉新的耶稣教，而犹太人始终信奉犹太教。因为人种和宗教信仰的不同，就引起了无数的困难和无穷的纠纷。这是波兰从前衰亡的原因，亦是第一次世界大战后波兰建立共和政府非常困难的缘故。

【君主的无权】波兰政治制度的恶劣在世界上真是罕见的。它不但不能和它的邻国——普鲁士、俄罗斯和奥地利——一样组成一个强有力的中央政府，而且它的贵族始终要维持他们的特权，使国家永远处于一种封建的混乱状态中。他们用种种方法把君主的权力限制到极小的范围内，使得他既不能维持国内的秩序，亦不能抵抗外力的侵入。原来波兰王位不用世袭制而用选举制，各代新王的即位都是由贵族选举出来的。每遇选举国王时，一面国内的贵族互相竞争，一面外国的政府暗中操纵。纷扰一番之后，被选的人往往是一个外国人而且是外国政府的傀儡。

【贵族的骄横】由于君主没有相当的实力，所以国内的贵族就各霸一方，非常骄纵。贵族的人数亦非常多，据说竟多达一百五十万，凡是有一块极小土地的人都可以贵族自命。贵族阶级以外就只有农奴，没有所谓的中流社会。农奴的生活极其困苦，他们的生命财产完全操控在贵族地主的手中，所以他们的地位和奴隶完全一样。

【第一次瓜分（1772年）】 波兰王国内部的政情如此腐败，而它的邻国普、俄、奥三国的君主又都是野心勃勃的政治家，所以波兰的亡国在当时并不是一件出乎意料的事情。当时俄国的君主就是有名的女皇叶卡捷琳娜二世，为一个最精明的女人。她和普鲁士国王腓特烈二世合力用种种方法去妨碍波兰改革事业的进行，暗中去拨动它的内乱。到1772年时普鲁士、俄罗斯和奥地利三国竟各自夺取波兰的一部分领土。这就是世界史上最有名且最震撼人心的第一次瓜分波兰。

【第二次和第三次瓜分（1793年—1795年）】 俄罗斯和普鲁士此后仍旧继续拨动波兰的内乱，阻碍波兰的改革。二十年后它们竟宣称波兰的内乱不免影响到它们领土的安宁，所以不能再取旁观的态度，只好把它瓜分了！于是有了1793年俄罗斯和普鲁士两国第二次瓜分波兰的举动。再过两年，波兰国王被逼退位，普鲁士、俄罗斯、奥地利三国把波兰残余的领土完全瓜分了。立国七百余年的波兰从此灭亡了，直到第一次世界大战以后方才复国，这真是现代西方史上一件惊心动魄的事情。三次瓜分的结果，俄罗斯所得的领土最多，几乎比奥、普两国所得的领土要大两倍。

第四节 奥地利和玛丽亚·特蕾莎

【奥地利的哈布斯堡族】 当普鲁士的霍亨索伦族正以柏林为首都在北部日耳曼扩充他们的势力时，奥地利的哈布斯堡族亦以维也纳为首都在东南部的日耳曼或用武力或因继承来扩充他们的领土，直到1918年第一次世界大战告终时方才结束。原来在日耳曼皇帝查理五世即位时，他就把哈布斯堡族在奥地利的领土让给了他的弟弟斐迪南一世（Ferdinand I）。斐迪南一世从他的王后方面又得到波希米亚和匈牙利两个王国的领土。但是当时的匈牙利几乎全部被土耳其所征服了，所以此后直到17世纪末年，奥地利国王的精力大部分都用在和穆斯林的抗争上面。自从1683年土耳其人围攻维也纳失败之后，土耳其帝国的国势逐渐衰替，哈布斯堡族因此逐渐恢复匈牙利一带，直到1918年时匈牙利才脱离奥地利的统治，另建一个独立的国家。

【奥地利境内种族的复杂】普鲁士国王腓特烈二世夺取奥地利的西里西亚这件事不但有损奥地利女王玛丽亚·特蕾莎的声誉，而且大伤哈布斯堡族在国内政治上的实力。因为就领土的面积而论，奥地利因参与瓜分波兰而得到的领土固然足以补偿西里西亚的损失而有余，但是新得领土中的居民多属波兰一族，奥地利境内的种族因此更加复杂难治，所以对波兰的瓜分在奥地利方面其实是一种得不偿失的举动。原来奥地利境内种族的复杂比波兰还要严重，奥地利本部有日耳曼人，北部有属于斯拉夫种的捷克人（Czechs），东北部有波兰人，东部有匈牙利人，南部有南支的斯拉夫人，此外治下还有北部意大利的意大利人和尼德兰的比利时人，各有各的语言、宗教、风俗和习惯。

【奥地利内部统一的困难】所以在18世纪时奥地利虽然有玛丽亚·特蕾莎和约瑟夫二世（Joseph II）等励精图治的国王，但是他们所遇到的种种困难远比英法诸国国王所遇到的为大且多。所谓的奥地利人绝不能和英国人或法国人一样，可以由王一人去统一起来。事实上他们不能混合成为一个民族的国家，而且往往互相倾轧、互相仇视，在19世纪时甚至倒戈和维也纳的中央政府为难。立国四百年来庞大的奥地利帝国之所以在第一次世界大战告终时忽然瓦解，最大的原因就在此。

第三十六章　世界商业和海外殖民

第一节　欧洲商业的发展

【英国海上霸权的建立】我们在前面略叙了东部欧洲诸国在17、18世纪时发展的情形，而且注意到普鲁士和俄罗斯两国逐渐得势成为世界强国的经过。至于西部欧洲方面，英国正在日趋强盛成为最重要的国家，它的势力虽然不能左右欧洲大陆上战争的进程，但是它在海洋上已经开始占据第一的位置，到如今它的殖民地比谁都大，它的海军亦比谁都强。当西班牙王位的继承战争终了时，法国和西班牙的国势都因为久战而大大衰落，所以英国海军的优势独步一时。自从乌德勒支条约签订以后五十年，英国人竟能把法国人逐出北美洲和印度，建立海外殖民帝国的基础，为19世纪英国商业独霸世界的先声。

【欧洲殖民地的广大】18世纪时欧洲各国间长期的战争并不完全源于各国君主的争执，商业上和殖民事业上的竞争亦是重要的原因，所以当时战争的区域亦非常广大。原来自17世纪以来，各国的内政已经常常受到商民和殖民地人的要求的影响，在数千里以外的地方和他国或异族互争雄长。欧洲各国工业中心的繁荣几乎全靠印度、中国和美非各洲的其他市场。国外贸易一旦停顿，西部欧洲的商业中心一定会衰落下去。欧洲本土的面积不过占全世界陆地面积的十二分之一，而欧洲人治下的领土却占全世界陆地面积的五分之三。单就法国而论,它在亚非两洲的领土已等于欧洲全部的面积。大不列颠岛的面积不过占全世界陆地面积的百分之一,而它的殖民地竟占全世界陆地面积的五分之一。欧洲以外的许多国家,如北美洲的美国、中美洲的墨西哥以及南美洲的许多独立国,也都是欧洲人建立的。这种世界的混合和欧洲人称雄世界的局面其实是现代世界史上最重要的一个特点。

【葡萄牙、西班牙和荷兰的殖民政策】15世纪末年和16世纪初年从事于世界各地探险事业的大都是葡萄牙人和西班牙人,关于这一点我们在前面已经叙述过了。葡萄牙最初就知道扩充商业的利益,所以它就于1498年达·伽马环航好望角以后,陆续建设商站于印度和东亚各地,后来又建设商站于南美洲巴西的沿岸一带。同时西班牙占据墨西哥、西印度群岛和南美洲的大部分地方。不久荷兰继起做葡萄牙和西班牙两国的劲敌,把葡萄牙人逐出印度和香料群岛一部分商站,而且占领了南洋群岛中的爪哇、苏门答腊和其他热带的地方。这是现代世界史上所谓"经济的帝国主义"的起源。

【北美洲的法国人和英国人】在北美洲方面,主要的劲敌为英国和法国,这两国在17世纪初期都在北美洲占领了广大的殖民地。英国人最初于1607年殖民于北美洲弗吉尼亚(Virginia)的詹姆斯敦城(Jamestown),后来又殖民于新英格兰(New England)诸地。之后因为英国的清教徒、天主教徒以及兄弟会教徒纷纷迁入,所以英国在北美洲的殖民地日益繁荣。同时法国人殖民于北美洲新斯科舍和魁北克(Quebec)诸地,但是法国人在北美洲方面的殖民事业进行得很慢。1673年,法国耶稣会教士马奎特(Marquette)和商人若利埃(Joliet)从事于密西西比河(Mississippi)一部分河流的探险工作。拉萨尔(La Salle)顺密西西比河而下,以法国国王路易十四的名字称呼他所到的那块新地为路易斯安那(Louisiana)。

1718年，法国人又于河口建设新奥尔良城（New Orleans），从此地向北直到蒙特利尔城（Montreal）建筑了许多炮台。因为英国人和法国人在北美洲争雄，所以每逢欧洲大起战争时，北美洲方面必随起边疆的战事。最后英国人根据乌德勒支条约，从法国人手中夺得纽芬兰、新斯科舍和哈得孙湾一带，从此英国人的势力就独霸了北美。

第二节　英法两国殖民地的竞争

【印度的衰落】英法两国对于殖民地的竞争并不以北美洲荒凉之地为限，18世纪初，它们在印度半岛上亦各占有稳固的根据地。当时的印度正在莫卧儿王朝的衰落时代，所以人口虽达两亿，文化程度亦很高，可欧洲人的势力一旦入侵就无法抵抗了。原来印度自从帖木儿的六世孙巴卑尔于1526年侵入以后，就成了大一统的帝国，二百年间极为隆盛。但自18世纪初年以后，中央政府没有了贤明的君主，国内渐成四分五裂的局面，帝国中地方的官吏往往各霸一方，所以莫卧儿王朝的皇帝虽然仍旧高居于德里的都城中，但是已经徒拥虚名，形同傀儡。英国人和法国人就在此时乘机蚕食他的领土。

【英法两国在印度的殖民地】在英国国王查理一世在位时代，英国商人所组织的东印度公司在印度的东南岸购买了一个村落，后来逐渐发展成为一个重要的商埠，这就是马德拉斯城（Madras）。同时英国人又在孟加拉（Bengal）一带建设商站，不久他们又在加尔各答（Calcutta）城建造了要塞炮台，当时孟买（Bombay）亦已成为英国的商站。莫卧儿王朝的皇帝最初对于海边的少数外国商民不加留意，到了17世纪末年，英国的东印度公司中人常常和印度各地的酋长为难，印度皇帝才知道西方人的势力不可轻侮。当时英国人不但要对付印度的土人，而且要对付欧洲的劲敌，原来当时法国在印度亦有一个东印度公司。18世纪初，朋迪榭里（Pondicherry）实为法国势力的中心，人口约有六万，欧洲人只占二百人。

【克莱夫】当欧洲七年战争开始时，加尔各答的英国人忽然有一个坏消息传到了马德拉斯。孟加拉的印度总督竟没收了英国人的一部分财产，而且把一百四十五名英国人幽禁于一间小屋中，过了一夜，大部分人闷塞而死。英国的东印度公司中有一个年轻英俊的书记，名叫克莱夫（Clive），年仅二十五岁，起来组织了一个义勇队，计有九百个欧洲人和一千五百个土人急赴孟加拉援救，竟于1757年大败印度总督军队五万人于普拉西（Plassey）。他于是以亲英的人继任孟加拉总督。七年战争没有终了以前，英国便从法国人那里夺得朋迪榭里城，消灭了法国人在马德拉斯一带的势力。

【七年战争中英国所得的利益】当1763年七年战争终了、巴黎和约签订时，英国人所得的利益最多。他们在地中海上仍旧保有两个形胜的要塞，就是直布罗陀半岛和梅诺卡岛（Minorca）。在北美洲，英国人又从法国人那里夺得加拿大的新斯科舍和一部分西印度群岛，法国还将密西西比河以西的地方割让给西班牙，法国在北美洲的领土从此完全丧失了。至于印度方面，法国虽然从英国人手中恢复了一部分城市，但是英国人的势力早已独霸一方了。

第三节　美国的独立

【英国独霸北美洲】当1756年欧洲的七年战争将起时，英法两国在北美洲和印度两处开始争斗。在印度方面两国竞争的情形我们前面已经述及了。至于在北美洲方面，两国的战争其实开始于1754

年。英国人因为兵力和军费两方面都得到了母国的援助,所以能够夺取法国人的要塞,1759年攻陷魁北克,再过一年加拿大全部领土进入英国的版图中了。因此英国人在北美洲就成了一时独霸的局面。

【英国对于北美洲殖民地的放任政策】英国人从法国人手中夺得加拿大之后,不久就发生了北美洲殖民地的叛乱,结果英国失去了一部分北美洲较好的领土,这就是美国的独立。原来英国政府对于殖民地的态度和法国或西班牙都不同,英国政府对待殖民地比较放任,因此英国殖民地的人民亦比较自由。当时英国的北美洲殖民地原分为十三州。弗吉尼亚州于1619年设立州议会,马萨诸塞州(Massachusetts)亦早已自成一个小的独立共和国。当时各州各有宪法的编订和发展,为他日独立后各州宪法的基础。当七年战争终了时,英国北美洲殖民地的人口大约有二百多万。殖民地的财富和实力既然日有增加,生活上又很自由,加之战胜法国人后自信心非常大,所以殖民地中的人对于英国政府的横加干涉就觉得难以忍受。这可以说是英国在北美洲的殖民地叛乱的原因。

【航业法的颁布】英国亦和法国、西班牙以及其他占有殖民地的国家一样,曾经颁布了许多关于航业和贸易的法律,想独占所有殖民地工商业上的利益。在克伦威尔和查理二世时代,英国已经有一种航业法的颁布,目的在于打倒荷兰的商民。法律中规定,凡亚洲、非洲、美洲各处的土产或制造品,倘使要输入英国或者英国的殖民地,非得由英国的船只运输不可。后来又规定凡欧洲各国的物产,一定要用英国或英国殖民地所造的船只,须先经过英国,才得输入英国的殖民地。不久又规定,凡英国殖民地中人把政府特许出售的物产销售于他国时,亦一定要用英国船先通过英国才得转运到他国。

【贸易法的限制】同时英国政府立法规定，凡殖民地出产最多的物品如蔗糖、烟草、靛蓝、棉花等只准运销于英国。别种物品不但不许殖民地输出，甚至不许他们生产。例如北美洲虽然有大量皮货的出产，但是他们始终不能输出皮帽于英国或其他各国。殖民地中人和法国所占领的西印度群岛本来有很繁荣的木材和食品的交易，以便输入大量的蔗糖、糖酒和糖浆，但是英国政府为维持本国领土中的商业，竟不准北美洲殖民地和法国的领土间有这种贸易。

【殖民地中人的反抗】殖民地中人对于这种限制极严、专为英国商民打算的法律当然要极力规避，同时他们冒险进行违法的贸易，因此殖民地的工商业仍日益发展。殖民地中从事工商业的人既然日有增加，他们对于英国政府的过分限制当然要提出抗议了。但是在1763年以前，这种航业法和贸易法的施行都不十分严厉，所以资望较深的商民往往把它们当作"具文"看待，不很遵行。英国政府亦因为一面国内常起内乱，一面要对付法国国王路易十四的野心，所以没有余暇注意他们。

【英国殖民政策的变更】自从1763年七年战争结束以后，英国在北美洲的领土大增，因此英国政府不得不设法保护新得的领土和筹划保护新领土时所必需的费用。政府中人以为殖民地中的实业既然日益发达，殖民地中人的财富亦日有增加，那么他们当然应该负担这次战争中所用的军费和将来新领土中驻防军的经费的一部分。

【印花税议案】因此英国国会就于1765年通过了一个《印花税法》（*Stamp Act*），规定凡租赁契约及其他法定的文件必须缴纳印花税、粘贴英国政府所颁发的印花税票才算有效。这种征税的方法，在我们现代人看来，并不苛刻，但是当时北美洲殖民地中人却大为愤慨，以为这是英国政府的苛政；因为他们在七年战争时所负担的军费已经不少，而且他们在英国国会中没有代表出席，所以英国国会不应该有议决征收殖民地印花税的权力。这种论调发表出来以后,殖民地各州的代表就于1765年集会于纽约,宣称《印花税法》有"一种剥夺殖民地中人权利和自由的显著倾向"。英国政府看到这种情形,不得已将这种税法取消了,同时决定抽取玻璃、纸张和茶叶等税以资弥补,又设立一个部门专管从前航业法、贸易法等的切实施行。后来又因为殖民地的抗议把其他税都取消了,独有茶叶一项因为受东印度公司的掌控,所以仍旧保留。

【波士顿茶叶党的暴动】英国政府既强迫北美洲殖民地中人缴纳茶叶税,又强迫波士顿的商人以低价运销东印度公司的茶叶,终于1773年引起骚乱。殖民地方面的茶商都以为这种茶税的征收实际上违法。当时波士顿有一部分青年结队拥上一只停在港中的茶船,把船中的茶叶抛入水中。这件事情就是美国史上所谓波士顿茶叶党的暴动,为北美洲殖民地公开反抗英国的先声。英国政府为惩罚祸首起见,于1774年通过几个议案,禁止外来货物在波士顿上岸,马萨诸塞州不得再享有选举司法官和州议会中上议院议员的权利,以后此种官吏概由英国国王选派任用。

【大陆会议】这种办法不仅不能使马萨诸塞州屈服,反而引起了其他殖民地人的反感和惶惧,因此各殖民地的代表于1774年集会于费城(Philadelphia),讨论对付英国的办法,这是第一次的大陆会议。最后决定在英国解除殖民地的统治以前,各殖民地暂时和它停止商业上的往来。次年殖民地中人公然在莱克星顿(Lexington)攻击英国的军队,不久又在邦克山(Bunker Hill)苦战一场。第二次大陆会议召开时,公决招募军队准备久战,并公举华盛顿为元帅。

【美国宣布独立(1776年7月4日)】当时殖民地中人原本没有和英国绝对脱离的意思,但是双方各趋极端,已经没有办法调和了。大陆会议乃于1776年7月4日正式宣布脱离英国联合成一个自由独立的国家,这是美国立国的起始。当时英国和法国因为七年战争恶感很深,所以美国于1778年派遣富兰克林到法

《独立宣言》的签订,标志着美国的独立

国去签订同盟的条约,法国政府乃以巨款借给美国,亦有许多法国青年前赴美国助战。

【美国革命的成功】当时英国人对于这次事变的意见有很大分歧,而且国会中人因为多同情殖民地中人,所以英国方面对于军事的准备不很尽力。但是直到1781年,美国因为得到法国海军的援助,才在约克镇(Yorktown)战胜英国大将康沃利斯(Cornwallis)。最终英国正式承认美国的独立。当时美国的领土东自大西洋海岸起,西到密西西比河止。河西的路易斯安那州和南方的佛罗里达州(Florida)仍旧在西班牙的手中。此后逐渐向西和西南各方向发展,直到19世纪中叶方达到太平洋海岸,蔚成现代世界上一个富强且和英国并驾齐驱的大国。自从美国独立以后,英国就失去了一大块很好的领土。不过英国保有北美洲北部的加拿大,到了19世纪时,又在南半球新得到一个澳大利亚(Australia),同时它在印度的势力亦逐渐发展到喜马拉雅山麓。

【美国联邦宪法的制定】美国独立以后,十三州的人民便觉得有制定联邦宪法的必要,乃于1789年把费城宪法会议所制定的宪法,由各州批准施行。中央政府实行三权分立制:立法机关设一个

两院制的国会。上院议员由各州州议会选举，人数相等；下院议员则由民众依人口多寡比例选举。这是一面顾及各州平等、一面顾及民主精神的折中办法，为后来澳大利亚所仿行。司法机关以联邦最高法院为最高机关，凡各州间发生争执或国会与各州议定的法律和联邦宪法相抵触时，其有最后的决定权。行政机关，设四年一任的总统一人，以及兼任上院议长的副总统一人。设国务院，由总统任命各部部长组成，其中以外交部部长兼任国务卿，对总统负责。这就是和英国内阁制不同的"总统制"。至于各州，可以自由制定州宪，设州议会和民选的州长一人，以统治各州的政务。此外规定信仰自由及人类平等的原理，显然深受法国自由思想家的主张的影响。1789年召开第一次国会，并选举华盛顿为总统，定都于华盛顿。美国的国基到此才算立定。

第三十七章　18世纪时欧洲的生活状况

第一节　乡间和城市中人民的生活

【自然科学还未发达以前欧洲人的生活】18世纪以前，欧洲人的生活状况大体上和现代世界上其他各部分所谓退化民族的生活状况差不多，非常简陋，非常困苦。现代欧洲人的生活之所以能够这样安适，完全是自然科学发达的必然结果。西方人在自然科学还没有发达以前，原也无所谓"物质的文化"，那时的西方人和现代的退化民族一样，只有一种所谓"精神的文化"——对基督教神学上种种学说的发挥。我们要明白百余年来西方人生活上的进步，不能不略述百余年前他们那种简陋困苦的状况。

【法国田庄制度的留存】我们现在先述那时西方乡农的生活状况。18世纪初年欧洲乡农的生活状况和七八百年前的情形几乎是完全一样的，农奴制度虽然自12世纪以来已经开始废止了，但是各国进行的速度绝不相同，例如法国旧式的农奴大部分在14世纪时已经消失，而英国则迟了一百年。不过直到18世纪时，农奴制度虽然早已废止，但旧式田庄制度中种种流弊却依然存在，例如法国的农民虽然不再终身拘束于某一个田庄，可以自由买卖自己的田产，可以不必先得地主的同意而自由婚娶，可以自由往来，但是凡租种地主田产的人，仍旧必须出租金在地主所设的磨坊中去磨麦，在地主所设的烘炉中去烘面包，在地主所设的酒坊中去酿酒。此外，凡农民经过地主所造的桥梁或使用地主所备的渡船时,亦必须缴纳一种捐税,同时农民必须把一部分的收获送给地主,所以终年劳苦的农民往往得到的还不够一家人的衣食。

【欧洲大部分农奴的境况】上面所述的是18世纪时法国农民的生活状况。至于普鲁士、俄罗斯、奥地利、匈牙利、意大利和西班牙等国家农民的生活状况则完全和一千年前时一样。凡农民终生在一个田庄中工作,不得自由往来。耕种所用的器具非常粗陋,往往就是邻村小店铺或小工场中的产品,耕田的犁仍旧是罗马式的木犁,割麦和割草仍旧用镰,载货的车仍旧用罗马式的木轮。至于他们所住的房屋虽然各有不同,但是大体上来说,房屋很小,光线和空气都不充足,大部分都是茅舍,人和畜一室同居,满地污秽,臭气熏人。当时也没有自来水和排水的管道,所以饮用水只好就地汲取。此外,当时农民多目不识丁,就是英国的农民,识字的五千人中还不到一个人,他们对于村以外的事情就不很明了了,所以精神上亦非常枯燥而无味。

【城市生活的简陋】18世纪时欧洲城市生活的简陋亦完全和中古时代一样。街道狭窄而弯曲,两边的楼屋往往突出街心,弄得非常黑暗,夜间又没有路灯,盗贼成群,行路极苦,加之街上所铺的是石子,高低不平,地下又没有阴沟,积水极臭,和现代城市的宏大、美丽、舒适刚好相反。1760年,英国伦敦一城计有居民五十万,是现在[①]的十分之一。当时没有电车和公共汽车,市民远路来往只靠笨重的马车和轿子。夜间没有路灯,流氓盗贼到处暗伏,街上只有手提灯笼的更夫,没有保护居民的能力,所以上流社会中人夜间不得已必须出门时,往往身带武器以防不测。当时法国

[①] 此处的现在指著者写作该书的年代,即20世纪30年代。——编者注

巴黎的面积比伦敦大，已经超出中古城墙的范围了；警察制度亦比伦敦好，所以盗贼不如伦敦那样猖獗。有名的大公园伊利森公园和许多林荫大道为现代巴黎的特色，在当时就已经规划起来了。不过大体上来讲，城中的街道大部分都很狭窄；地下既然没有阴沟，一遇大雨，街道上就积水很多，泥烂不好走，臭气袭人，令人难受。市民的饮用水多取自混浊的井中或河中。

【日耳曼境内的城市】至于日耳曼境内的城市，大部分还是以中古的城墙为界线。城中虽然仍旧有许多宏伟建筑，如同业公会和富商居宅的留存，但是大部分已衰落。柏林的人口只有二十万。维也纳比较大一些，因为它有三十名到一百名清道夫，而且它的街道晚上全年都有路灯，所以维也纳的名声在当时的西方世界中当推第一。

【意大利的城市】至于意大利境内各城市如米兰、热那亚、佛罗伦萨、罗马等自中古末年以来本已著名，城中往往有许多宏大美丽的宫殿，但是大部分还局限于中古的城墙内，街道亦多狭窄而弯曲，和现代西方城市的宏伟壮观大不相同。

【工商各业规模很小】以上所述都足以表明当时城市和现代城市市政设施上的不同。还有一点不同的就是当时城市中工商各业规模都非常小，当时既没有大规模的堆栈，亦没有大规模的工厂和商店。因为当时轮船、铁路和机器都还没有被发明，所以除伦敦和荷兰各商埠由于有殖民地物产的贸易堆栈比较多以外，工商各业的规模都极小。

【中古同业公会制度的留存】至于工商业的组织亦大体上沿用中古时代的同业公会制度，物品的买卖仍旧要受同业公会的限制。产品制造大部分还是在同一商铺中进行，自己制造，自己发售。凡是从事某一职业的人——如成衣、剪发、钉书、铁匠等——往往联合起来组织一种同业公会，主要目的在于限制其他职业中人侵夺同业的利益。不过这种同业公会已经只限于旧式的实业了，不久因为新式实业的兴起，情形大变，同业公会的势力就逐渐随同旧式的实业衰替下去了。

第二节　特权的阶级

【贵族的特权】18世纪时，不但中古时代的田庄制度和同业公会有许多遗迹留存下来，就是中古时代的基督教会和封建制度亦有许多遗迹留存未绝，这就是享有特权的教士和贵族。现在我们先述贵族所享有的特权。18世纪时欧洲各国的贵族大都是中古时代封建诸侯的余裔，势力仍旧很大。他们虽然已经没有从前公、伯等爵的声势，但是仍旧享有许多常人所没有的特权和荣誉。

【法国的贵族】欧洲中古时代封建诸侯衰落和各国君主得势的情形，我们在前面已经述及了。现在我们再分别把法国、英国和日耳曼各地贵族阶级盛衰的情形叙述一下。对于封建诸侯势力的削减，要以法国的历代君主最为有成绩，所以法国的贵族到18世纪时已经不像从前那样顽固不服了。他们多数已放了战马，抛了长枪，离开自己的堡垒，移住都城，改穿丝绒的衣服和高跟的缎鞋，低首下心地去侍奉君主的起居，仰君主的鼻息。他们长期离开自己的堡垒，因此乡间的佃户对他们的信仰逐渐丧失。一班经营贵族田庄的人往往狐假虎威，弄得怨声载道，为引起法国大革命的一个原因。

【英国的贵族】英国诸侯堡垒的消失比法国还要早一百年，而且英国的法律始终未曾把特权给予贵族，所以英国人对于阶级的恶感比法国人薄弱。但是英国仍旧有一个贵族阶级，国王每逢遇到重要问题时，都要把他们召集一处开会商议。英国现代国会中的贵族院就是如此发展而来的。不过英国的贵族没有免税的特权，而且他们的爵位只能由长子世袭，这和欧洲大陆上贵族的爵位遍传于诸子和享有种种特权大不相同，因此英国贵族的人数不至于像欧洲大陆上各国那样没有限制。

【日耳曼的贵族】至于日耳曼境内各国贵族的地位，则和中古时代差不多，因为日耳曼向来没有和法国一样的英明君主能够把国内的诸侯压服下去。结果日耳曼境内在18世纪时诸侯的数目竟达数百之多，各霸一方，"夜郎自大"，凡征税、铸钱、练兵等事都行动自由，俨然和小国的君主一样。

【教士的特权】以上所述的是18世纪时欧洲各国贵族阶级的情形。此外还有一个特权阶级，就是基督教会中的教士。他们的势力和组织比贵族还要强大而周密，在信奉旧教的诸国中尤其如此。基督教会中的教士在中古时代怎样辅助君主处理国事的情形，我们在前面已经述及。此外，他们还因为教徒常常捐助款项和土地，所以拥有巨大的收入和领土。同时教会方面向教徒征收什一的教税，因此币藏很富。在18世纪时，所谓大主教、主教和住持往往移居都城，安享尊荣，和世俗的贵族完全一样。至于下级的牧师往往收入菲薄，只能糊口，因此常常产生不平的感想。

【教会的权力】从中古时代到18世纪，基督教会本身虽然经过了许多变化，但仍不失为一个势力强大的机关。它有一种很复杂的仪节、很整齐的官制、很广大的领土，而且对于一般的人心仍有一种驾驭的力量。它和从前民族国家没有兴起时一样，担负许多重要的职务，例如生死的注册、教育的促进、婚姻的承认、贫病的救济、灵魂的安慰，几乎全由教会中人去主持。同时教会亦享有征税和要求信仰等的权力，它可以拘禁反对教义的人或者把他们逐出教会。

【宗教信仰的不自由】当时无论新教的教会还是旧教的教会，都不许一般国民有信仰的自由，各国的政府又往往愿做教会的后盾，对于反对国教或抨击国教的人民施以重罚。

【出版物的检查】至于书籍和其他出版物亦必须接受政府官吏的检查，免得动摇教会或君主的威信。甚至在1757年时，法国国王下令，凡著作或者出版攻击宗教文字的人就处以死刑，所以在18世纪时，法国有许多抨击政府和教会的书籍被政府和教会中人用火烧掉或禁止发行，著作人亦常常有被拘的危险。虽然当时禁纲非常严密，但是反对旧制、主张改良的文字仍旧层出不穷，流通很广。著作人往往隐去真实的姓名，把书籍送到日内瓦或者荷兰去出版。至于西班牙，因为一面有出版物的检查，一面又有宗教裁判所的压迫，所以国内改革的精神大受阻遏，为欧洲西部诸国中最退化的一个国家。

【英国人的言论自由】英国虽然有国立的教会，但国内亦有许多不信奉国教的新教徒，其中最有名的就是17世纪时所创的贵格会（Quakers）和18世纪时所创的卫理公会（Methodists）。前一种主张世界和平，后一种主张生活俭朴，在现代世界各国都有相当的势力。当时英国政府对于旧教徒和不信奉国教的新教徒，虽然不许他们充任政府官吏和取得大学学位，但是对于一般国民的言论却非常放任，听其自由，凡国民出版书籍，并不和法国一样须先得到政府的许可。因此当时英国人对于宗教、科学和政治，都有很多讨论的机会。英国能够成为一个现代强国，这亦是最大的原因之一。

第三节　现代的科学和进步的观念

【复古的思想】18世纪以前欧洲人对于过去的态度亦和从前的

中国人一样非常尊重。他们一面看到了当代的种种坏处，一面又不知道以前的确实情形，因此他们就以为过去总比现在好，他们的希望就是做一个能够和古人相媲美的圣人、学者或美术家。他们永远想不到他们是可以超过古人的。他们的理想始终以过去为中心，以为所谓的改良就是复古。

【进步的新观念】但是当时有一部分有思想的人开始感觉到过去的缺点和错误，梦想进步到比过去最快乐的时代还要快乐的境地。他们觉得要进步必须先改革。他们以为当时改革事业的最主要障碍有：（一）一般人的愚昧和成见；（二）法律和制度的不完备。他们若能够排除这种种障碍，或许可以创造一种新的环境来满足他们的需要。

【科学上种种发现的影响】西方人对于未来的希望之所以能够实现，大部分是一班科学家的功劳。这班科学家因为有种种发现，一面指出了一条无限进步的大道，一面无意中动摇了过去的权威。这种态度的变换为现代世界文化史上一件极重要的事迹。

【现代的实验科学】西方中古时代的学者对于现实世界不很注意，一生的精力多用于哲学和神学的研究上。他们对于自然的知识都是从古书中得来的，大部分靠亚里士多德。至于新时代的科学家，则以为单单观察现象或者死读古书是绝对不够的，于是他们开始应用实验的功夫，建设了许多实验室，设计了许多新仪器。他们用显微镜、望远镜、温度表、寒暑表、自鸣钟和天平等来帮助他们做正确的实验。这种新的研究法引出了许多惊人的发现，使现代的世界发生了惊人的革命。我们现代所有的机车、汽船、电话、飞机、摄影机、留声机等都是18世纪以来科学实验结果的一部分。

【科学发现的反对党】当时西方一班旧式的学者，以为各种科学上的新发现一定于己不利，所以竭力反对。因为科学研究的结果足以动摇一般人对于过去的信仰,破除他们的迷信和愚昧,而且一部分科学的原理好像和基督教的《圣经》以及当时人的宇宙观念太不相符。新科学家和旧神学家不同,以为人类并不是生性就很恶劣,非求助于上帝不可。他们竭力劝告一般人应该利用自己的理性,而且以为人类如果能够纠正多年积累的错误和成见,那么人类的状况一定可以无限地改善。这种理论在我们现代人看来本是极为合理且极其寻常的,但当时一班旧式学者却以为是离经叛道、罪不可赦的。

【伏尔泰的见解】18世纪时欧洲方面代表这种新思想的学者要以法国的伏尔泰(1694年—1788年)最为伟大。他在1726年时才三十二岁,就已经放弃了旧日的信仰,到英国去游历,以便领略当时英国人的新思想。他极佩服牛顿的主张,而且以为牛顿所发现的万有引力比古代亚历山大和恺撒两人的功业还要伟大。他说:"我们应该尊重的是了解宇宙的人,不是破坏宇宙的人。"伏尔泰在欧洲终生做一个主张依赖理性和信仰进步的领袖。因为他的著作范围很广,所以他的学说影响很大。他曾著有许多历史的专篇、戏曲、剧本、哲学论文、传奇小说和信札;他也常常攻击当时罗马旧教的教会,以为这是一个反对理性和改革的机关,我们要进步必须先把教会打倒才行。所以,可以说伏尔泰是现代西方改革运动的先锋。

【狄德罗的百科全书】当时亦有许多同伏尔泰一样的人,其中最重要的要算狄德罗(Diderot)和他的许多同事。狄德罗当时主编了一部新的《百科全书》,目的在于传播科学的知识,激起改革的热忱,因此他们在西方史上有"百科全书派"的称号。《百科全书》很温和地攻击宗教的专制、租税的苛虐、奴隶的贩卖和刑法的残酷,同时它鼓励一般人去研究自然科学。《百科全书》的内容虽然温和,主张亦公允,但是当时一班守旧的神学家依然反对它,所以1752年最初两卷出版以后，法国政府为迎合教会中人的意旨，就下令禁止发行，以为书中的学说足以动摇皇家的权威和教会的信仰。

【卢梭】当时能以文字激起一般人对于现状不满的，除伏尔泰外，要数卢梭（1712年—1778年）了。他主张人类是自然平等的，而且人人应该有参与政治的权利。他在他的著名小书《社会契约论》（*The Social Contract*）中宣称，唯有人民的意志才可以使得政府合法，真正的统治者就是人民。人民虽然可以公推一个人来代他们管理政务，但是所有法律应该由人民自己去规定，因为服从法律的就是人民。后来法国的第一部宪法就完全根据于卢梭的原理，以为法律是民意的表示，不是奉天承运的君主的意思。卢梭也劝人回归到自然的生活当中，简单而朴素。他以为美术和科学的发展足以使人类日趋腐化，因为美术和科学发达之后，人类的生活反而愈加奢侈、愈加诈伪。

【开明的专制君主】当时欧洲有一部分君主却能够诵读改革家的著作而且和他们通信，其中普鲁士的腓特烈大帝、俄罗斯的叶卡捷琳娜女皇、奥地利的约瑟夫二世尤为有名。这几个人在西方史上被叫作"开明的专制君主"，因为他们在政务上虽然很专制，但亦能实行种种有利于人民的改革事业。腓特烈大帝喜欢读法国人的著作，而且喜欢用法文著书，他曾经邀请伏尔泰到柏林城外居住，后来常常和他通信。叶卡捷琳娜女皇亦勤于国事，并且将改革的计划具函告诉伏尔泰，她又竭力帮助狄德罗。她常常谈及农奴制度的废止，实际上反而弄得农奴生活得更加辛苦。她没收教会和修道院的财产，把收入的一部分用来维持学校和医院。至于奥地利的约瑟夫二世则最能努力于改革的事业。他想把复杂的领土团结成一个现代的国家，解放国内的农奴，剥夺贵族的特权。他亦没收教会的财产，自己直接任命国内的主教。他的用意虽然很好，但反对的势力非常强大，因此当他于1790年去世以后，他的改革事业亦随他一起消失了。

第四节　英国的立宪君主

【英国的立宪君主】18世纪时英国的政治情形刚好和欧洲大陆上诸国的君主专制相反。我们在前面已经叙述过，英国自中古时代以来，一切政治大权已逐渐落入国会的手中；而且1688年以后，英国君主的废立完全要受国会的支配，他的一举一动完全受宪法的限制。

【英国的政党】当时英国有两个大政党：继承圆颅党的自由党和继承骑士党的保守党。前一党主张国会独尊和信仰自由，后一党主张君权神授和国教独尊。当安妮女王去世时，保守党人曾经主张召回詹姆斯二世的儿子即王位，后来由于自由党的反对而失败。于是自由党人推举汉诺威的乔治一世来做英国的君主，这就是现代英国汉诺威王朝的起源，我们在前面已经提及了。此后五十年间为自由党得势的时代。

【沃波尔】英国国王乔治一世生长于德国，既不懂英国的语言，又不懂英国的政治，所以他最关心的是汉诺威而不是英国。因此他常常不出席国务会议，把一切责任都交给自由党的首领去承担。当时自由党中出现了一个很有手腕的政治家沃波尔（Walpole），他一面避免国际的战争，一面调解国内宗教意见上的冲突，因此自由党的势力盛极一时，而他自己的地位亦维持很久（1721年—1742年）。

【内阁制和内阁总理制的发展】沃波尔可以说是英国宪政发展

史上第一个政党内阁的总理。因为当时两党对峙,各有鲜明的党纲,所以英国国王不得不在某一党中去选择国务大臣。这一班国务大臣逐渐发展为一个小团体,对于政治事务大家共同负责。遇到国会反对他们的政策时,他们就连带提出集体辞职。威廉三世以来的政党内阁制度就此发展成功,到如今还不失为英国政治体制的精髓。

【改革的要求和中止】当时英国的宪政亦有它的缺点。英国的代议制度虽然已经实行多年,但是大部分国会议员是地主和富人的爪牙,不是真正的国民代表,因此18世纪时英国已经有一部分著作家表示不满,很想提倡政治的改革。他们主张凡英国的公民都应该享有选举的权利,而且不成文的宪法都应该变为成文的公牍,使得大家可以遵守。他们也组织含有政治性质的俱乐部,出版许多提倡改革政治的报纸和小册子,而国会中的下议院实为主张改革政治的大本营。当威廉·皮特(William Pitt)任内阁总理时(1783年—1801年),他曾经向下议院提出改革议案。但是当1789年法国大革命爆发时,猛烈而混乱,大为欧洲其他各国人所不满,加以英法两国间发生了一次长期的战争,内政上亦不得不暂时停顿。因有这种种关系,英国改革事业的进行就此中止。现在让我们继续叙述法国大革命将起时的状况。

第十部分
法国的革命和拿破仑

　　拿破仑一方面富于理想，一方面又长于行动。他原本具有军事的天才和不倦的精力，而且当实行他的计划时又能够肆无忌惮，所以他最终能够实现他的梦想，年仅二十八岁就统率法国的军队，年仅三十岁就独握法国的政权了。

第三十八章　法国革命将起时的状况

第一节　法国的旧制

【法国的旧制度】我们在前面已经述及18世纪时欧洲各国的旧制，如专制的君主、武断的监禁、不公平的税则、出版的检查、农奴的制度、封建的徭役，以及教会和政府的冲突。当时的改革家都以为这种种制度不免违反理性和人道，而且一部分开明的专制君主想加以改善。这种古代遗留下来的旧制和状况在法国革命将起的时候叫作"旧制度"（ancient regime）。我们在此要叙述的就是法国上自国王下到人民怎么知道旧制度的不妥，想把它们废止，代以比较合理的制度。

【法国并不是一个统一的国家】法国革命最重要的一个成绩就是改变了国内政治上混乱的状态。原来在18世纪时，法国并不是一个组织完备、制度划一的国家。法国的领土由各代君主逐渐扩充，或用武力，或用金钱，或因婚姻，或因封建诸侯的绝嗣，法国君主的领土代有增加。所以当路易十六于1774年即位时，法国的版图已经和现代的差不多了。但是国内各地的制度各不相同，并不一致。

【法制的混乱】当时法国国内最混乱不堪的制度莫过于法律和税则。原来法国大部分的领土从前是半独立的国家，各有特殊的法律、习惯和政府。它们后来虽然陆续进入法国的版图，但是法国的君主始终没有变更它们固有的法制。只要各省区能够依期纳税，尊重中央官吏，中央政府就十分满意了。因此法国的南部仍旧通行罗马的法律，至于中北西三部，至少有二百八十五种不同的法律。所以国民一旦移住邻近的城市，就往往要受一种完全不同的法律的限制，这在一般国民的生活上极其不便。

【税则的复杂】除法律混乱外，就是税则的复杂了。当时税则中最繁重的要算盐税，法国境内各地的盐税轻重不等，政府为防止漏税和私贩起见，不得不在各省交界的地方多驻所谓"缉私"的军队，因此一方面政府不得不负担巨大的军费，一方面人民又常常受驻防军的骚扰，弄得上下交困，怨声载道。

【特权阶级】当时法国除法律的混乱和税则的复杂外，还有阶级制度的不平等引起的种种冲突。法国人民所享有的权利并不一律平等，其中有两个重要的阶级独享特权，这就是贵族和教士。政府对于这两个阶级独给以和普通平民不同的待遇，这两个阶级中的人可以不负缴纳人头税的责任，而且他们根据种种理由，避免许多一般公民应负的责任。

【教会】我们在前面曾经述及18世纪时中古教会的势力依然炙手可热的情形。在法国和在其他旧教诸国一样，凡国民教育和贫病救济等事业还是由教会中人去负责办理。教会的财力非常雄厚，相传占有法国全境五分之一的领土。教士阶级以为他们的财产既然献给上帝，当然不能和普通财产一样受征税制度的约束。而且教会继续向人民征收什一的教税。教会的实力非常大，所以能够脱离政府的约束，如同独立的机关。

【教士苦乐的不均】当时教会中巨大的收入大部分进入了高级教士——如大主教、主教和住持等——的手中。高级教士实际上大部分由国王从近臣中选任出来，因此他们只知道享用教会的收入，不知道履行教士的职责。他们往往在凡尔赛宫中享受奢侈的生活，实际的事务则由薪金菲薄的下级教士去负责执行。大革命初起时法国的下级教士和平民联合起来，原因就在于此。

【贵族的特权】贵族亦和教士一样享有种种特权，他们的起源都远在中古时代，我们在前面已经叙述过了。法国的农奴制度虽然在18世纪以前就已消失，乡农亦大部分是自由民，自己拥有田地，但是旧日的地主对于封土中的居民仍旧享有征收各种多年相传的租税的权利。此外贵族亦独享狩猎的权利，以为这是贵族独有的娱乐方式。因狩猎而保留的禽兽农民不得加害，如野兔、野鹿之类常常骚扰农地；地主的别墅中往往筑有很大的鸽室，可容鸽子一两千只，一旦飞集于农田中，所有秧苗都被啄食一光。农民没有自卫的办法，只好勉强隐忍，把怨气积在胸中待时而发。至于军队中，教会和王宫中薪金高而事务少的高级职位，亦往往为贵族阶级所独占。

【第三等级】凡不属于教士和贵族两个阶级中的人都属于第三等级。这个第三等级其实就是一般国民，在1789年时约有两千五百万人。至于其他两个特权阶级，总共不过二十万或者二十五万人。第三等级中的人大部分是住在乡间的农民，他们常受税则不公的压迫和各种租税的苛虐，而且常遭受本地灾荒的威胁。

【法国农民的境况】我们倘使把法国农民的境况和同时期普鲁士、俄罗斯、奥地利、意大利或者西班牙等国农民的境况比较一下，就可以看到法国农民的地位其实比欧洲大陆上其他各国的农民都要好。而且法国的人口在路易十六在位末年只有一千七百万人，到了大革命时竟增加到两千五百万人，这亦可见一般人民的状况日有进步。所以法国的革命比别国为早，原因并不在于国民所受的痛苦比别国为大，而是因为他们比较自由且思想比较开明，对于旧制的流弊和谬误有一种更明白的觉悟。当时法国的农民已经明白地主其实是公开剥夺农民生产的强盗，而不是保护他们利益的好人。

【君主的专制】18世纪时法国的政体还是一种专制君主的制度，国王的地位还是和路易十四时一样"奉天承运"，他的行为绝对不受他人的约束，他只对上帝负责。法国君主独操征收地税的权力，此种地税特权阶级中人一律蠲免。地税的数目虽然占了政府全部收入的六分之一，但是确实的数目政府往往秘而不宣。至于这样巨大的收入究竟如何用法，政府亦没有报告。而且政府的政费和国王私人的费用绝对不分开，国王可以任意签发支票，政府官吏只有遵命付款。

【任意地拘禁】除财政大权全操在国王一人手中外，国王亦有任意拘禁人民的权力，这于国民的人身自由极有妨害。国王可以任意发出拘禁人民的命令，无论什么人都可以不经合法审判的手续被永远拘于牢狱中。倘使国王忘记去释放他，或者没有朋友设法营救，他就永远没有出狱的希望了。这种拘人的命令叫作"密函"（sealed letter）。这种密函凡是接近国王和近侍的人都可以随时设法领得，从而去扑灭自己的敌人。我们看到这种情形，就能明白英国大宪章保障民权的重要性了。

【高等法院和他们的抗议】法国君主的权力虽然好像没有限制，而且法国没有宪法和国会，但是法国君主的行动并不是绝对自由的，例如国内的高等法院就可以阻止君主和官吏为非作歹。这种高等法院其实和英国国会的性质差不多，他们的职务并不以司法为限。他们主张凡国王颁布新制定的法规，必须事先送到高等法院去注册，因为若不如此，他们下判决时就会没有根据。他们虽然承认国王有立法的权力，但是他们对于某种新法不赞成时，往往可以提出抗议，不准注册。他们有时把他们的抗议印成小册子在街上贱价售卖，使得国民知道有人能够代他们维护权利。18世纪时高等法院和国王间的争执常常发生，国民对于政府的不满因此更加严重，为法国革命的一个重要原因。

第二节　路易十六的专制

【路易十五时代】法国名王路易十四死于1715年，他的曾孙路易十五即位，年方五岁。路易十五在位时，法国对外的战争大为失败，结果失去了全部北美洲的领土和在印度的势力，国库空虚，几乎破产。各种赋税非常繁重，弄得全国人民怨声载道，而且每年政府的开支还要亏空一亿四千万银元。国王的为人真是腐化到了极点，而宫廷的小人们都来干预国政、侵吞公款。所以当路易十五因染天花而去世时，全国人民无不拍手称快，欢迎新王路易十六即位。

【路易十六的性情】路易十六即位时才二十岁，不曾受过充分的教育，生性懒惰，不善交际，喜欢狩猎，大部分时间都花在宫中的一个五金作坊里，以制锁为唯一的消闲方法。他是一个宅心仁厚的青年，亦常常想努力于政务的处理，可惜他的能力很是有限，往往力不从心。他未尝不想成为腓特烈大帝或者叶卡捷琳娜女皇那样的人物，但是他总做不到像他们那样在早晨五点时就起来批阅公文。

【玛丽·安托瓦内特】路易十六的王后玛丽·安托瓦内特（Marie Antoinette）是奥地利女王特蕾莎的女儿，姿容极美。路易十六即位时，她的年纪才十九岁，为人轻佻放荡，只求享乐。她极不愿受宫廷仪节的约束，举止轻浮，往往弄得廷臣咋舌。而且她最喜欢用阴谋诡计去搬弄是非，凭自己的好恶去干预朝廷大事。

【杜尔哥任财政大臣】路易十六即位初年很能够努力地尽他的

职责。他任命法国当时最有能力的经济学家杜尔哥去担负政府中最重要的职责，即财政大臣的职务。最重要的政策当然是"节省"两个字，因为只有这样才能整理政府的财政和减轻人民的负担。杜尔哥以为凡尔赛宫中的费用应该缩减，原来国王宫中所费每年竟达两千四百万银元。此外，国王又随意赏年金给朝贵，每年总数亦达两千四百万银元。加起来竟达四千八百万银元之多，真是惊人。但是当时法国政府的大权操控在一班朝贵的手中，因此一旦有人想要减少他们的费用，一定会遇到极强烈的反对。因为他们和国王接近，所以于1776年劝路易十六下令免去杜尔哥财政大臣的职务，杜尔哥的改革事业就此半途而废。

【内克尔的财政报告】过了一段时间，法国国王下令任命内克尔（Necker）继杜尔哥做财政大臣。此人的举动有两处足以促进革命的发生。首先，他为援助美国独立起见，借巨款给美国以便和英国斗争，因此法国的财政弄到了更加不可收拾的地步，为革命发生最直接的一个原因。其次，他又于1781年出了一个财政报告，公开宣布国家的财政状况，全国人民因此得到一个明白国家财政状况的机会。人民第一次知道政府所收全国的地税和盐税的数目有多少，国王和朝贵每年浪费国家的公款达到什么程度。

【卡隆预言国家的破产】不久内克尔辞职，由卡隆（Calonne）继任财政大臣，直接引发了法国的革命。卡隆比以前的财政当局更能浪费公款，所以他就职之初很得国王和朝贵的欢心。但是不久后他亦和以前的财政大臣一样走到了山穷水尽的地步。最后他向国王报告国家的财政已濒破产，要想救济非从根本上将政府改造不可。卡隆这个报告可以说是法国大革命的开端，因为法国发生革命时第一次国民代表会议的召开就是由这次报告引起的。

第三十九章 法国的革命

第一节 国民议会的改革事业（1789年—1791年）

【三级会议的召开】卡隆最初于1786年劝路易十六召开一次"贵人会议"（Assembly of Notables），包括贵族、主教和政府官吏三种人，希望他们对于卡隆所提的财政改革案加以批准，使国家财政的基础格外巩固起来。但是一班贵人对于卡隆并不信任，而且没有放弃他们自己的各种特权的意思。这次会议最终没有结果。于是卡隆设法叫高等法院批准他所提的新税征收办法，不料高等法院亦不肯照办。巴黎的高等法院故意把这个问题放大，以便迎合国民的心理，宣称"唯有各阶级的代表在各级会议开会时才有批准征收新税的权力"，而且"唯有全国国民深知国家财政的真相以后，才能够消灭现存的苛政和不平等"。路易十六不得已决定于1789年5月召开所谓的"三级会议"。

【三级会议中的表决权问题】法国的国会叫作三级会议，起源于14世纪，我们在前面已经提过了。三级会议由教士、贵族和第三等级的代表组成，代表的人数三级相等。这班人所代表的并不是全国的民意，而是各阶级本身的利益诉求，所以向来三级会议中的表决方法并非像现代各国议院中的习惯那样，每一个议员都有一个表决权。三个等级的代表各自组成一个特殊的团体，当他们表决各种议案时，每一个等级的代表团只有一个表决权。因为三级会议自从1614年以来就不曾召开过，所以当1789年再行集会时，法国人民对于这个会议的性质和权力发出了许多议论。不过大众的意思都是认为从前那种以阶级为单位的表决法实在荒谬，因为照这种办法办理时，两个特权阶级随时可用两个表决权去推翻全国人民代表的提案，那么人民想要取消教士和贵族的特权永远没有希望了。最后路易十六为满足第三等级的希望起见，下令准许他们选出代表六百人，等于两个特权阶级代表的总数，不过表决权还是以等级为单位，而不以个人为单位。

【陈情表】我们翻看当时法国各地人民的陈情表可以明白，当时革命的时机其实已经成熟了。原来法国的国王有一种习惯，可以随时下令向各城市和村庄征求民隐。各城市和村庄可以把他们所受的压迫和疾苦条举出来告诉国王。这种人民诉苦的文字，在法国史上叫作陈情表。我们综合各种陈情表中的意见来看，他们都以为旧日的制度太混乱，国王和官吏的权力太没有限制，国民的权利太没有保障。总之，此时一般人民虽然都觉得专制君主的制度不好，非编订宪法限制君主不可，但是对于君主政体还没有废止的意思。

【国民议会的成立】当各级代表于1789年5月5日集会于凡尔赛时，他们都抱着各自的见解而来。第三等级的代表不肯再依照旧例组织了，因为倘使如此，他们就只有一个表决权，太不公允。他们再三邀请两个特权阶级的代表加入平民代表团体中，以便共商国家大事。当时一部分比较开明的贵族和教士很愿意加入第三等级的代表团中，但是他们只居少数，所以他们的主张不能通过。第三等级的代表以为他们所代表的既然是全国人民的百分之九十六，那么代表教士和贵族的人当然会置之不理。他们不能再忍了，乃于1789年6月17日正式宣布国民议会（National Assembly）的成立。法国中古封建时代遗留下来的以阶级为表决单位的各级会议，因此骤然一变而为现代欧洲大陆上第一个以个人为表决单位的代议机关。这可以说是现代欧洲大陆上各国民权发展史上一件最重要的史迹。

【网球场誓言】路易十六听信朝贵的主张，下令三级代表集合一处开一个所谓的"御前会议"，由国王亲临主持，想乘机恢复从前三级会议的组织。他于是提出一大篇改革的计划，再命令各级代表依照旧例分组去讨论。但是在6月20日那天，即御前会议开会前的三天，第三等级的代表曾集合于议场附近的网球场上，共同宣誓"若非等到王国宪法成立，大家绝不分散"。所以当路易十六下令三级代表分组时，除大部分主教、一部分牧师和一部分贵族遵命外，其余竟都安坐不动。国王生性优柔，竟弄得进退失据。几天之后，他不得已下令叫教士和贵族都加入国民议会中。

【巴士底狱的拆毁】国民议会既然得到国王认可正式成立，于是开始进行编订宪法和改造国家的工作，但是这种重要工作的进行不久就因为巴黎城中大起骚动而突然被阻断。原来路易十六又听从朝贵的话，把瑞士和日耳曼的雇佣兵召到国都中来，预备用武力解散国民议会。到7月14日那天，巴黎市民成群结队四处抢劫兵器，以便一面自卫，一面又可以做一些"爱国的工作"。其中有一部分市民向巴士底（Bastille）城堡而进。这个堡垒在当时已成为一个有名的监狱，国家巨犯和用"密函"逮捕起来的人多拘禁于此。当这班群众要求进这个监狱时，狱中管事的人当然不能允许，于是双方大起冲突，群众被卫兵开枪打死的达百人。最后卫兵力竭而降，群众一拥而进。狱中囚犯竟只有七个人，群众把他们全数释放，一时欢声雷动。接着大家把这个监狱拆毁，一座宏大阴森的堡垒就此变成了一大堆乱石。巴士底狱被拆毁这一天从此成为法国的国庆纪念日。

【封建制度的废止】到了8月初，法国各省骚动的消息陆续传到国民议会中。有几处地方的农民把地主的别墅用火烧掉了，以为

攻占巴士底狱，标志着法国大革命的开始

唯有如此才可把租簿销毁，这种举动引起了国民议会中最重要的改革。议会中人于8月4日夜间大发狂热，决议把封建制度和农奴制度一概废止。贵族所独享的狩猎和养鸽这两种权利从此被取消，农民在自己田地中看见禽兽可以随意扑杀。教会的什一税不再征收，教士和贵族不得再享有免税的权利。凡国民一律有担任官吏的权利。另外各省特殊的权利一概被取消，此后同受一种法律的限制。

【统一各种政治制度的计划】法国境内只许通行一种法律，全国人民都受政府同样的待遇。国民议会更进一步把旧时各省的省界完全废除，重新把全国分为大小差不多的八十三郡。郡的数目因此远比旧时的省为多，各以所在的高山河流为郡的名称。法国地图上所有封建制度的痕迹从此被一扫而空。

【《人权宣言》】到了8月26日，国民议会中人又根据陈情表中的主张发表了一篇有名的《人权宣言》（The Declaration of the Rights of Man and of the Citizen），这是西方史上极其重要的一篇文字，为后来法国许多宪法的基础。其中最重要的条文有："人类的权利生来平等，而且永远平等。""法律是民意的表示。凡公民都有亲身或者派代表参与立法的权利。法律对于全国人民应该一律平等。""凡公民除因诉讼和依照法定程序外一概不得被控制、被拘留或者被监禁。""凡个人的意见包括宗教的意见在内，倘使表示出来时并不扰乱公共秩序，不能受人干涉。""凡公民除对于滥用自由须负责任外，应该享有言论、著作和出版的自由。""凡赋税应该依照人民的意愿去征收和使用。"

【对于宫廷的疑虑】当国民议会把《人权宣言》送请国王批准时，路易十六犹豫不决。到了10月初，忽然又有一种谣言起来，据说国王已受朝贵的鼓动，准备召集军队，有第二次推翻革命的举动。而且大家相传革命的红白蓝三色旗曾受凡尔赛宴会席上武人的践踏。这种种谣言传布开来，人民本已愤恨，加以那年的秋收很坏，民食缺乏，因此巴黎的人心更加不稳。

【王室迁入巴黎城中】果然到了10月5日，巴黎城中几千个妇女和一部分携带武器的男人成群结队向凡尔赛而进，把王宫包围起来，向国王索要面包。一部分群众闯进王宫，他们宣称非请国王迁入巴黎城不可。第二天，路易十六不得已答应同王后和太子迁入巴黎城，沿途群众护送而行。国王等走进巴黎城，乃居于杜伊勒里（Tuileries）宫，从此变为被软禁的囚犯。国民议会不久亦随同王室迁到杜伊勒里宫附近的一个骑马学校中继续开会。这次王室和议会的迁移，其实是法国大革命时一件最不幸的事情，因为法国政府当此千钧一发之际，反而自投罗网受人支配。

【教会财产的没收】我们在前面曾经述及法国教会的财产很是丰富，而且教会仍旧保有许多中古的特权。高级的教士如主教和住持等都享有巨大的收入，而且往往一个人兼任数职，只求薪金的增加，不问职务的处理。至于下级的牧师，其职务最为繁重，而所得的薪金几乎不足以糊口。当时人们看到这种不公平的现象，就以为要想救济他们，必须先由政府去没收教会的财产，再由政府按照各级教士实际上所负担的职务的轻重，来决定薪金的多寡，而且政府可以得到一笔巨款来帮助整理财政。教税的取消在8月初已经议决了。到了11月2日，国民议会又通过一个议案，规定"所有教会的财产概归国家管理，不过国家必须供给宗教职务的费用，维持执行宗教职务者的生活和救济穷人"。因此主教和牧师的收入都被剥夺，他们此后不得不仰仗政府的薪金。此外，修道院和修女院等亦都丧失了它们的财产。

【教士组织法的颁布】国民议会又进一步把教会的组织完全变更了，把国内原有的一百三十四个主教区完全废止，代以八十三个郡。每郡各成为一个主教区，各区主教变为政府的官吏，由人民选举出来。至于下级牧师，亦由人民来选举，薪金比从前增多一倍。这种教士组织法的颁布为国民议会第一项重大的失算，因为当时染有封建色彩的教会虽然有改革的必要，但是教士要由人民选举出来这一点却足以令人惊骇。路易十六虽然被逼批准了这种种改革的计划，但是他始终心有不甘，从此以后他就一心以反对革命为宗旨了。以上所述的各种事实都是法国大革命的第一年——1789年的成绩。

第二节　法国对外的战争

【1789年的成绩】我们在前面已经把法国革命的性质和进行

的情形大致叙述过了。法国经过这一番改造以后，就变成了现代式的国家，从此不平等的特权和各地方的差别都被一扫而空，多年屈服于苛政的人民亦享有参政的权利了。而且这种伟大的改革竟能够用比较和平的手段去完成，国民对于这种结果亦大体上表示满意，这不能不说是现代西方史上一项伟大的成绩。

【恐怖时代的起源】这次和平的革命成功以后，又跟上了一段极其混乱的时期，叫作"恐怖时代"（Reign of Terror）。这个恐怖时代并不是由革命党人所造成的，而是由法国内外各种反革命的人所激起的。原来自从巴士底狱陷落以后，法国的一部分贵族跟着国王的兄弟阿图瓦伯爵（Count of Artois）逃到国外，他们后来又和其他贵族联合起来募集军队，准备侵入法国恢复旧制。路易十六和他的王后曾于1791年6月逃出巴黎，想和一班亡命的贵族联合，不料走到边疆瓦雷纳（Varennes）时被人发觉，解送回巴黎。人民从此开始怀疑国王对于革命并没有诚意。

【《皮尔尼茨宣言》】当时法国王后的兄长奥地利国王利奥波德听到法国王室中途被逮的消息后大为愤慨，宣称欧洲各国必须联合起来去"阻止法国革命危险的过渡"，以便保持其他各国君主的权力，因此他会同普鲁士国王发表了有名的《皮尔尼茨宣言》（The Declaration of Pillnitz），主张欧洲各国应该合力强迫法国人民把从前的权力交还给法国的君主。这篇宣言原来不过是一种空言的恫吓，但在法国人民看来，这是法国贵族借助外力恢复旧制的明证，断难忍受。路易十六的命运到此可以说是被断定了。

【雅各宾俱乐部】当法国革命初起时，巴黎城中就有许多政治俱乐部的兴起，其中最有名的一个就是雅各宾俱乐部（The Jacobin Club）。原来当国民议会移进巴黎时，有一部分第三等级的代表组成了一个同志俱乐部，并且在会场附近雅各宾派的修道院中租了一间房子，为事先集会决定政策和讨论议案的地方。后来同志人数日有增加，全国各地都设了分部，势力的宏大几乎可以左右全国的舆论。他们的宗旨在于反对旧制的恢复。他们最初并不赞成共和政体，但是最后主张君主政体必须废止。他们其实是现代法国最早的共和党人。

【法国第一次宪法的告成和国民议会的闭会】同时两年来的国民议会正专心于宪法的编订，最后君主立宪的新宪法告成，法国国王路易十六正式宣誓遵守，全国人心因此大定。新宪法中规定召开"立法议会"（Legislative Assembly）主持政务。国民议会的任务到此告终，立法议会乃定于1791年10月1日正式召开。

【立法议会的困难】原来国民议会曾经议决，凡是国民议会的议员不许再被选为立法议会的议员，因此立法议会的议员大部分是没有经验的青年。当时法国的形势正是非常危急的时候，一部分人民对于国王已经失去信心；一班贵族又天天在边疆之上，阴谋卷土重来；外国君主正在设法用武力恢复法国的旧制；而法国境内又有一部分人对于新制度——尤其是关于教会方面——极其不满。这都是立法议会召开时所面临的困难。

【立法议会中过激的举动】因有上述种种情况，所以法国人民的意见有很大分歧，已经不容易收拾。不料立法议会召开以后举动过激，更加引起了纠纷，这就是对于亡命贵族和抗命教士处置的失当。议会中议决，凡是集合于边疆之上的贵族，必须在1792年1月1日以前归国，否则就以叛逆论罪，处以死刑，而且没收他们的财产。至于教士，凡是不愿意遵守教士组织法和新宪法的人，一概以嫌疑犯论，最后下令驱逐出国，因此立法议会的举动，就激起了大部分下级教士的反感，而且失去了大多数旧教徒的信任。

【法国对奥地利、普鲁士宣战】立法议会的寿命只有一年，这一年中最重要的举动就是对奥地利宣战。议会中人料不到这一举动竟会引起二十余年对外的战争，他们以为对奥地利宣战或许可以团结人心。路易十六被立法议会所迫，不得已于1792年4月批准对奥地利宣战。普鲁士得到法国对奥地利宣战的消息后，立即和奥地利联盟合攻法国。法国人民看到路易十六确实没有护国的能力，很想把他废掉。不料普鲁士将军不伦瑞克公爵（The Duke of Brunswick）反而发表宣言称如果法国人民加害国王，他一定要把巴黎毁掉。法国人民听到这个消息以后更加愤慨，路易十六因此更入险境。

第三节　法国第一次共和政府的建立

【1792年8月10日的暴动】巴黎市民一方面愤恨这个虚声恫吓的宣言，一方面又看到了国际形势的危急，乃于1792年8月10日群起暴动，闯进杜伊勒里宫，路易十六不得已逃往立法议会的会场中。这次暴动的主使人决心要把君主废掉，代以共和政体。其中有一部分人占据了市政厅，逐出市政府的参事，另行组织新政府。从此巴黎的市政府变为革命党人的大本营，为建立法国共和政府的原动力。

【共和政府的成立】当时立法议会中人逐渐和巴黎市政府中人持同样的态度，亦主张改君主政体为共和政体。但是在改变政体以前，国民议会所颁布的君主立宪的宪法非改为共和的宪法不可，因此立法议会中人议决闭会，并议决由人民选出代表另行组织一个国民会议去编订新的宪法。1792年9月21日国民会议正式召开，第二日就议决废止君主制改建共和制，并定1792年9月22日为"法国自由元年"的元旦。

【九月大屠杀】同时巴黎市政府中人竟起来代行政府的职权，

造成了一件历史上最大的惨案。他们宣称巴黎城中已经充满了卖国贼，私通奥地利人来危害本国，因此市民被捕入狱的竟达三千人，9月2、3日，市民不经法庭审判被杀而死的数以百计。市政府中人以为这样处置可以遏止一般人民的反动思想。这就是法国史上有名的"九月大屠杀"（September Massacres）。

【军事上的胜利】1792年8月下旬普鲁士的军队业已侵入法国境内，并于9月2日攻进凡尔登要塞，长驱直入向巴黎而进。幸而法国将军迪穆里埃（Dumouriez）接战甚力，敌军被迫退走。法国军队乘胜侵入日耳曼境内，攻陷了莱茵河上的几个重镇，并拿下了奥地利所占领的尼德兰和萨伏依（Savoy）诸地。

【路易十六被杀】同时国民会议正在讨论处置国王的问题，一时意见分歧、莫衷一是。会议中有一部分人竭力主张路易十六私通外国危害革命，应该处以极刑，最后经过审判决定处死。1793年1月21日路易十六以极镇定的态度走上断头台从容就死，当时引起了旁观者的很大同情。

【法国对英国宣战】国民会议中人看到本国的军队到处胜利，觉得非常高兴，因此宣称凡欧洲各国国民要想脱离君主建立共和政府，法国人定当尽力援助。他们甚至希望英国人亦能改建共和政府。1793年2月1日，法国竟向英国宣战，从此英法两国相持不下，先后凡二十余年，直到拿破仑败亡时方止。

【法国军队的失败】自从法国对英国宣战以后，法国在军事上渐渐转胜为败。原来同盟各国一方面有互相猜忌的情形，一方面又恐怕俄罗斯乘机夺取波兰的领土，所以团结力非常弱。后来它们互相谅解了，因此同盟各国对法国的战争就有了一个崭新的局面。到1793年3月间，西班牙和神圣罗马帝国加入同盟以后，法国就陷入四面楚歌的境地了。尼德兰的法国军队亦被奥地利所打败，完全溃散。

第四节　恐怖时代

【**公共安全委员会**】尼德兰领土的丧失和法国军队的溃散，都足以使国民会议中人大受刺激。他们以为要保护国家，一定要先从外抗暴君内除国贼入手，断不能静候宪法完成后才去想办法。他们觉得应该立刻组织一个强有力的政府，一面维持人民对共和政体的热忱，一面招募军队去抵抗外力的压迫。国民会议于是着手组织一个十二人的委员会，给以无限的权力去主持国务，这就是西方史上有名的"公共安全委员会"（The Committee of Public Safety）的起源。委员会中人曾经说过下面这句话："我们必须建立自由的专制去扑灭君主的专制！"

【**吉伦特党**】当时国民会议中人共分两党，政见各不相同，竞争很是激烈。其中有一党因为党员多是吉伦特郡（Gironde）人，所以叫作吉伦特党。他们是温和的共和党，多擅长辩论，但是他们对于路易十六被杀以后的种种困难却没有应付的能力，因此他们便失去了国人的信任，而国民会议中另一派人就代他们起来掌握了大权。这班人的议席在国民会议中位置很高，所以有"山岳党"（Mountain）的称号。

【**山岳党**】所谓山岳党大部分都是激烈的雅各宾俱乐部中人，他们是极端的共和党。他们以为法国人民刚从奴隶的境遇中被救济出来，所以凡是带有王政色彩和臭味的事物都应该被一扫而空，再造的法国应该以自由、平等和博爱去代替从前君主的专制、贵族的傲慢和教士的勒索。凡是同情贵族和教士的人，在山岳党人看来都是反革命，非扑灭不可。他们有巴黎的暴民来做后盾。

【**法国的内乱**】1793年6月间巴黎的民众围困国民会议，要求驱逐吉伦特党于会场之外，国民会议乃下令逮捕吉伦特党的领袖，从此国民会议的势力就为山岳党人所独占了。当时法国的大城市如波尔多、马赛和里昂等对于山岳党和巴黎市民的这种举动都极其不满,因此他们先后起来反叛。此外布列塔尼(Brittany)的农民对于君主和教士原来极其爱戴,现在亦因为国王被杀、教士被虐而起来反对。所以公共安全委员会不但要应付外患,而且要应付内乱。但是公共安全委员会竟能够一面平定内乱,一面组织军队抵抗外国的军队,其能力可见一斑了。

【恐怖时代】当时也有"革命法院"的成立,专以审判反对山岳党和共和政府的嫌疑犯为职务。政府下令,凡在行动上或言论上有嫌疑的人,都被当作"自由之敌"看待,以反革命论罪。贵族的妻子父母一概被捕入狱。凡被判定犯有反革命罪的罪人都处以断头的刑罚。1793年10月,王后玛丽·安托瓦内特以通敌卖国的罪名被控,死于巴黎的断头台上,此外忠厚的市民被诬而死的亦很多。杀戮很惨,结果造成了法国革命史上一个有名的恐怖时代。这种惨杀的情形在各省中尤其可怕。各地都有公共安全委员会的特派员手握生杀的大权,南特一地被杀的人竟有数千之多。国民会议甚至提议要把里昂市全部毁去,这个命令虽然没有施行,但是市民被杀的已达数千人了。

【山岳党的分裂】山岳党人正在政府中掌握大权时,他们自己内部忽然分裂起来了。其中丹东(Danton)原来极力主张共和政体而且在山岳党中极占势力,此时对于流血的举动觉得有些厌倦了,很想就此终止恐怖的政策。而巴黎市政府中的埃贝尔(Hébert)却以为革命尚未成功,非继续努力不可,所以他主张废止对上帝的崇拜而代以理性的崇拜,并请一个巴黎的美女化装成代表理性的女神,高坐于圣母院(Notre Dame)的神坛上受民众的朝拜。当时山岳党中还有一个人叫罗伯斯庇尔(Robespierre),他虽然其貌不扬，亦无辩才，但是享有富于共和道德的盛名。他一方面不赞成丹东的温和态度，一方面亦不赞成市政府中人崇拜理性的主张。终于在1794年3、4月间，他把这两个各趋极端的人杀死了。

【罗伯斯庇尔被杀】在这种情形下，罗伯斯庇尔想要长久专政当然是不可能的了。他把革命法院的组织加以变更，改为分组办事以求效率，目的在于扑灭所有的敌人，国民会议中人因此无不人人自危。他们为自卫起见，联络同人决定逮捕罗伯斯庇尔。罗伯斯庇尔乃向市政府求援。不料国民会议中人早已怂恿巴黎市民起来反对市政府，所以此时的市政府已经没有力量可以保护他了。结果罗伯斯庇尔和他的同人于1794年7月27日死在断头台上。罗伯斯庇尔既然被杀，恐怖时代也就告终了。当时人心本已厌乱，所以政府中立刻显露出一种反动的趋势，革命法院此后对于嫌疑犯判处死罪的人数大为减少，实际上被杀的反而多是从前虐杀他人的人。不久后巴黎的雅各宾俱乐部亦被国民会议关闭，恐怖时代到此完全告终了。

【第三年的宪法】国民会议到了此时才重新去编订共和宪法以代替第一次君主制的宪法。新宪法中规定，立法权应属于一个两院制的立法机关，上院叫作元老院，下院叫作五百人院。行政权则属于督政府（Directory），督政府设督政官五人，由两院议员选举之。

【国民会议的解散】国民会议经过三年极恶劣、极危险的政潮之后，终于1795年自己宣布解散。内乱的平定、外敌的抵抗、国民教育的改进、教会教育的废止、全国法制的统一，以及衡量制的创造，其实都是国民会议当国三年的成绩。但同时它亦造成了一个恐怖的时代，纸币贬值，制定出许多仓促失检的法律，因此引起了许多无谓的纠纷，弄得继起的督政府无法挽救。直到1800年拿破仑以强有力的手腕取得政权后，法国的秩序才得以逐渐恢复。

第四十章　拿破仑时代

第一节　拿破仑的得势

【拿破仑时代】从前法国军队中的领袖多属于贵族阶级中的人物。当革命起事以后，他们有一部分逃到国外，有一部分有了反革命的嫌疑，被视为政府的敌人。在恐怖时代统率军队战胜外敌的人多由公共安全委员会从平民中选出来，只问他的能力如何，不问他的门第。在这班新起的军官中，有一个人竟能独霸欧洲达十五年之久，在西方史上开一个空前的局面。这个人就是有名的拿破仑。西方史学家因为这一时期的欧洲史几乎全受他个人势力的支配，所以叫这一时期的欧洲史为"拿破仑时代"（Napoleonic Period）。

【拿破仑的少年时代】拿破仑本姓波拿巴，于1769年8月15日生于地中海的科西嘉岛（Cowsica）上。科西嘉岛由意大利并入法国为时不久，所以拿破仑其实是一个意大利人，他所用的是意大利语。他在少年时代先进入法国的

拿破仑

一个陆军学校学习,后来才进入法国的军队。他在军队中很能表现他的天才,因此在1796年春,督政府就叫他统率一支大军入侵意大利,他当时不过二十七岁。他用兵的天才和武功的伟大,除了成吉思汗和亚历山大,恐怕要算第一了。

【拿破仑在意大利的战役(1796年—1797年)】法国自从建立共和政府以来,曾于1793年秋打败了敌人,而且占据了奥地利所占领的尼德兰和西部日耳曼。普鲁士对于这次战争原来没有什么利害关系,所以不久就和法国媾和了,因此拿破仑的军队所要对付的就是奥地利和撒丁。拿破仑于1796年和1797年间连战连胜,军队直趋奥地利都城维也纳的附近。奥地利不得已求和,而且割让尼德兰给法国,同时允许法国取得莱茵河以西的地方。拿破仑把古代的威尼斯共和国灭掉,把一部分领土给奥地利,至于西方的部分,另建一个新的共和国叫作阿尔卑斯山南共和国(Cisalpine Republic),归他自己保护。

【拿破仑的野心】拿破仑对于督政府中人始终不肯尊重。他在米兰设立行辕,俨然以法国的君主自恃。他说这不过是他一生事业的开端,将来必有统治全部欧洲的一日。他的身材很矮,而且很瘦,两眼极有精神,说话很快。他一方面富于理想,一方面又长于行动。他原本具有军事的天才和不倦的精力,而且当实行他的计划时又能够肆无忌惮,所以他最终能够实现他的梦想,年仅二十八岁就统率法国的军队,年仅三十岁就独握法国的政权了。

【拿破仑远征埃及】拿破仑预先看到了督政府将要遇到的国际上的困难,所以故意离开他们,让他们表现出庸懦无能的弱点。他于是发布远征埃及的计划,以为如此可以截断英国和东方通商的通道,而且夺取英国在印度的领土。他的海军虽然在尼罗河河口被英国的海军名将纳尔逊(Nelson)所灭,但是他的陆军能安然在亚历山大登岸。法国军队于1798年7月21日大败埃及国王的军队于金字塔下。次年2月进而侵入亚洲的叙利亚，但是没有成功。1799年10月，拿破仑忽然得到国内形势恶劣的消息，于是离开他的军队，潜逃回国。

【督政府的倾覆】法国的督政府可以说是世界上最腐败、最无能的一个政府，它一方面失信于国民，一方面又和奥地利重起战事。拿破仑知道民意所在，乃于1799年11月用武力把督政府推翻了，另设执政官三人去取代它，而自己任第一执政官。从此法国的军政大权乃集于拿破仑一身。

【拿破仑对外战争的必要】当拿破仑任第一执政官时，法国和英国、俄罗斯、奥地利、土耳其及那不勒斯诸国正在战争中。原来以上诸国于1798年12月组织同盟，战胜了法国督政府所派遣的军队，而且把拿破仑在北部意大利所建设的事业完全推翻了，所以拿破仑若要恢复法国对外的威信，恢复国内的秩序和隆盛，保持自己的威名，非继续和外国战争不可。

第二节　欧洲的太平和日耳曼的改组

【拿破仑的出征】1800年春拿破仑开始秘密招募军队。当时法国的军队在热那亚被奥地利人所围困，拿破仑募兵的目的就在于解救此地的法国人。拿破仑的战略向来以出奇制胜见长，所以这次用兵他并不是直接向热那亚而进，而是模仿古代迦太基名将汉尼拔的战略，统率军队越过阿尔卑斯山中有名的圣伯纳峻岭而南下，袭击奥地利军队的后方。6月2日他安然到达米兰，此地的奥地利人因为出乎意料地被攻击乃大败。

【马伦哥之战】拿破仑又于6月4日大败奥地利人于马伦哥

（Marengo），次日双方乃签订停战的条约。奥地利人向东退走，拿破仑因此得以在北部意大利恢复法国人的势力。他下令凡被他所"解放"的地方都应提供军饷以维持他的军队，至于刚刚复国的阿尔卑斯山南共和国，每月应提供军费二百万法郎。

【欧洲的太平】1800年12月，法国人又战胜奥地利人一次，强迫奥地利人和法国单独媾和，这是欧洲太平新局面的开端。从1801年到1802年，法国和其他各国分别缔结和约，迁延十年之久的战争到此暂时停顿，开一个全欧太平的新局面。

【莱茵河左岸的地方并入法国】1801年2月，法国和奥地利正式签订《吕内维尔条约》。奥地利皇帝以奥地利皇帝和神圣罗马帝国皇帝两种资格，承认法国此后拥有莱茵河左岸神圣罗马帝国所有的旧地，而且以莱茵河作为法国的国界。结果神圣罗马帝国境内的各小邦都失去了一部分或者全部的领土。同时神圣罗马帝国向丧失领土的诸侯承诺，设法"在帝国境内给以一种赔款"。

【日耳曼领土的重新分配】当时帝国政府为履行条约起见，乃设法取偿于教会领土和自由城市。原来教士既然不能娶妻，当然没有所谓的后嗣，所以教会的领土可以随时变更主人。至于自由城市，在中古末年虽然曾经盛极一时，到此时亦已势力衰微而不能自保了。神圣罗马帝国的公会就于1803年下令，把大部分教会的领土转到世俗君主的手中。四十八个自由城市亦大部分被合并于各邦，留存到今①的只有三个。

【日耳曼的初步统一】在分配领土时，日耳曼各邦的君主纷纷到巴黎去向拿破仑恳求增益。他们这种奴颜婢膝的行为，为日耳曼民族史上最可耻的一页。但是这一次领土的重新分配其实是日耳曼

---

① 指著者写作该书的年代，即20世纪30年代。——编者注

政治上中兴的开端，因为倘若没有这一次武断的分配，把几百个独立的小邦合并成几十个较有组织的小王国，那么后来所谓的德意志帝国就永远不能实现了。这一点是拿破仑一班人当时所意想不到的。

【法国势力的扩充】自从1801年法国和其他各国订约以后，法国就占领了奥地利拥有的尼德兰、莱茵河左岸的地方，以及意大利的皮埃蒙特（Piedmont）。此外，荷兰和意大利都各自成立共和政府，受法国的指挥，并提供金钱和军队给法国使用。

第三节　拿破仑的内治

【法国政治的腐败】拿破仑的事业不但在于变更欧洲的地图，而且在于修明国内的政治。他的成绩之伟大和1789年的大革命所取得的差不多。原来法国自革命起事以来，先有恐怖时代的混乱，后有督政时代的腐败，道路不修，盗匪满地，工商各业都衰落不堪，国家财政亦非常困难。拿破仑得势之后，不久就能够把国家信用恢复起来，而且创设国家银行来做调剂中央财政的总机关。

【国家和教会的融洽】拿破仑对于不肯遵守新组织法的教士，设法与他们讲和。他把从前没收的礼拜堂正式交还，共和历中所废止的礼拜日重新恢复。所有革命的纪念日，除7月14日和共和政府成立纪念日以外一概废止。他又于1801年正式和罗马教皇缔结条约，把教士组织法中如教士由人民选举而来等比较苛刻的条文正式取消，而且仍旧承认教皇为教会的首领。不过主教的任命仍须由拿破仑主持，教士的俸金亦仍由政府供给。这种政教混合的局面直到1905年方才被打破。

【贵族的返国】至于逃亡在外的贵族，拿破仑不但下令不许再把他们的名单增加，而且常常把他们的姓名从名单上注销，他同时又常常把没收的土地交还给他们。贵族的亲友此后仍旧可以担任官吏。到1802年4月他乃下一个大赦的命令，因此逃亡在外的贵族纷纷返国，竟达四万家之多。法国此时可以说是已经达到了一个反动的时期，旧时的"先生"和"太太"等名称和贵族的爵号废而复用，而拿破仑自己的居处亦逐渐变成王宫了。

【《拿破仑法典》】法国从前那种混乱不堪的民法，在革命时代虽然曾经由议会中人加以修正，但是仍旧没有形成完整的系统，拿破仑于是特设一个编订法律的委员会去做整理的工作，整理的结果就是西方史上有名的《拿破仑法典》。这个法典不但通行于现代的法国，而且通行于西普鲁士、巴威、巴登、荷兰、比利时、意大利和美国的路易斯安那州。这一点可以证明这个法典内容的完备。

【拿破仑称帝】拿破仑的外交和内治都有相当的成绩，因此他一时很得法国人民的信任。1804年5月他就自称皇帝，定名为拿破仑一世。同年12月在巴黎著名的圣母院中举行加冕礼，仪式非常隆重。这是拿破仑十年帝治的开端。

第四节　战事再起和神圣罗马帝国的灭亡

【英国的反对】自1801年以来，法国和其他各国本都签订了和约，所以当时西欧是一个太平的局面。其中独有英国人对拿破仑始终不肯心服，一方面因为拿破仑有雄霸欧洲和打倒英国商业的野心，一方面亦因为英国人始终不愿看到法国的势力扩充，成为自己的劲敌，因此法国和英国于1803年重起战端。拿破仑下令把欧洲西部的海岸从荷兰起到南部意大利止一概封锁起来，不许英国船只进出，同时聚集大队军士于布伦，准备渡过英吉利海峡侵入英国。英国人听到这个消息非常恐慌。

【1805年的战争】英国极力想和俄罗斯、奥地利等国组成同盟，希望合力来推倒拿破仑。拿破仑乃于1805年8月把准备入侵英国的军队由西边移往东境。10月法国的军队大败奥地利军于乌尔姆，然后乘胜沿多瑙河而下，11月攻陷奥地利都城维也纳。拿破仑由此统率他的军队向北去攻击俄奥两国的联军，于12月初大败他们于奥斯特里茨（Austerlitz）。俄罗斯于是退出同盟，和法国签订休战的条约，奥地利不得已亦和法国签订《普莱斯堡和约》，把自己在意大利境内所有的领土都让给拿破仑，而且允许日耳曼境内两小邦的诸侯得称王号。

【神圣罗马帝国的灭亡】这个和约中既然规定日耳曼境内有两个小邦得以独立自称王国，因此中古以来的神圣罗马帝国已到了有名无实的地步。皇帝法兰西斯二世不得已于1806年8月正式宣布退位，专称奥地利皇帝法兰西斯一世。立国八百多年的神圣罗马帝国就此告终。

【莱茵河同盟】同时（1806年）拿破仑又把日耳曼南部诸邦组成一个莱茵河同盟（The Confederation of the Rhine），他自己做这个同盟的"保护者"。他宣称，他这种举动完全出于爱民和爱国的热忱，其实他的真实意图在于建立新国于莱茵河东来扩充自己的势力。奥斯特里茨战役以后，拿破仑宣布，那不勒斯国王既然援助英国，不能再让他统治国家，乃派兵占据他的王国。1806年3月，他又派他的兄长约瑟夫做那不勒斯和西西里的国王，他的二弟路易做荷兰的国王，他的妹夫缪拉（Murat）做克拉夫斯（Cleves）和贝格（Berg）的大公。这几个国家和日耳曼境内的同盟或许就是拿破仑理想中的法兰西帝国。

【普鲁士和法国的战争】当时西欧各强国中，只有普鲁士对于拿破仑扩充势力不曾表示过反对。原来普鲁士自从1795年和法国共和政府缔结和约以来始终严守中立，但是拿破仑对于普鲁士的态度却很傲慢。他最初允诺把汉诺威从英国人手中夺来给予普鲁士，叫普鲁士援助法国以对抗英国。他后来又改变主意，想把汉诺威交还给英国国王乔治三世。普鲁士人民认为他这种举动侮辱了国家的荣誉，非常愤慨，民族精神因之大大地被激起，普鲁士国王腓特烈·威廉三世不得已于1806年向法国宣战。

【**普鲁士的失败**】但是当时普鲁士的军队因久享太平，战斗力非常弱，统军的就是1792年向法国发过宣言的不伦瑞克大公，亦已经是一个年老力衰的人，因此普鲁士于1806年10月中旬耶拿（Jena）一战之后就一蹶不振了。拿破仑的军队长驱直入，普鲁士境内的要塞都不战而降，普鲁士国王亦远遁到俄罗斯边疆之上。

【**《提尔西特和约》**】拿破仑于1806年打败普鲁士以后再向东入侵波兰，追击俄罗斯的军队，次年6月大败俄罗斯人于弗里德兰。俄罗斯和普鲁士因为无力再战，不得已和拿破仑在提尔西特（Tilsit）订立和约。结果普鲁士失去了所有易北河（Elbe）以西的领土和第二、第三次瓜分波兰所得的地方。拿破仑把波兰的地方组成一个华沙大公国，他又把易北河以西的地方和汉诺威合并，组成一个威斯特伐利亚王国，给了他的小弟哲罗姆（Jerome）。至于俄罗斯，他的态度却格外宽容。

【**欧洲大陆的封锁**】拿破仑在欧洲大陆上虽然到处胜利，但是始终无法征服英国。当1805年拿破仑的军队正在战胜奥地利时，英国的纳尔逊亦第二次大败法国的海军于西班牙西南岸的特拉法尔加角附近。拿破仑知道用武力征服英国已不可能，因此他想方设法破坏英国的工商业来动摇它立国的根基。不料英国人先于1806年5月宣布，从日耳曼北岸的易北河口起到法国西北角的布雷斯特（Brest）止一律封锁起来，禁止船只通过。拿破仑亦于同年11月宣布把英国封锁起来，禁止欧洲各国和英国通商。这种能言不能行的封港在国际法上就叫作"纸上封锁"（paper blockade）。拿破仑为了使欧洲各国能够自给，竭力提倡用苦苣代替咖啡，用萝卜、糖代替蔗糖，并用新发现的颜料代替热带的产品。但是欧洲各国自从海外贸易骤然中止以来都极感痛苦，俄罗斯人尤其表示不满，因此各国人民对于拿破仑这种武断的举动都很反感，为拿破仑最后失败的一个大原因。

第五节　拿破仑的极盛时代

【拿破仑的建设事业】从1808年到1812年，前后共计五年，为拿破仑势力的极盛时代。拿破仑一方面固然是穷兵黩武，贻害国家，但是另一方面亦能做出许多建设的事业来，大有利于法国的民众。他不但恢复了国内的秩序，而且保存了许多革命以后新设的事业。他在工程上的建设尤为伟大，阿尔卑斯山上和莱茵河两岸都铺设有广阔坚固的大道，如今还大受旅行者的赞美；他又在巴黎城内扩充街道，建造河边的塘堤和大桥。大道中间往往建有宏大美丽的记功坊，使市民心目中常常记着他的功劳。巴黎城之所以能够成为现代世界上最美丽的都市之一，其实拿破仑的功劳最大。

【西班牙问题】拿破仑自从缔结《提尔西特和约》以来，就一心想把西班牙半岛收归自己的治下。原来当时葡萄牙和英国的关系很密切，这是拿破仑所不能容忍的。但是要想征服葡萄牙，必须先征服隔在中间的西班牙。刚巧当时西班牙王室内部出现分裂的情形，拿破仑就以调停为名，于1808年春把西班牙国王和王子诱到法国南境的贝永（Bayonne），强迫两人退位。6月初他调他的兄长约瑟夫从那不勒斯到西班牙为王。但是西班牙人对于这种武断的处置竭力反对，而且得到英国威灵顿公爵（Wellington）的援助，大败法国的军队。拿破仑为贯彻他的主张，于11月亲自统率二十万精兵侵入西班牙。当时西班牙的军队只有十万人，装备也很简陋，加以获胜之后非常骄傲，结果拿破仑连战连胜，于12月初直入西班牙首都马德里城（Madrid）。拿破仑立刻下令废止宗教裁判所、封建的徭役、内地的苛税和三分之二的修道院。法国的革命精神随同武力四处传播的情形大概都是如此吧。拿破仑对于现代欧洲的革新事业之所以并非无功，就在这种地方。

【西班牙半岛战役】1809年春，拿破仑为了对付奥地利，不得不急归巴黎，留他的兄长独自住在西班牙。但是西班牙别动队的战斗力很强，弄得法国的精兵良将手忙脚乱，没有办法可以应付，而且牺牲了很多。后来英国的威灵顿又帮助西班牙人把法国人逐到比利牛斯山外。拿破仑后来之所以败亡，这次所谓西班牙半岛的战役亦是一个很大的原因。

【瓦格拉姆战役】奥地利于1809年4月又向法国宣战，但是此时欧洲大陆上各国没有肯帮助它的。7月初，法国的军队在维也纳附近的瓦格拉姆（Wagram）又大败奥地利人。奥地利人因此不得不再割自己的领土给拿破仑和拿破仑的同盟。

【拿破仑最得意的时代】1810年4月拿破仑因为皇后约瑟芬（Josephine）不能生育，乃和她离婚，另娶奥地利公主玛丽亚·路易莎（Maria Louisa）为后，不久就生下一子称为"罗马王"。拿破仑的势力此时已经达到最高点了，西部欧洲除英国外全部在他的治下，法国的领土南到那不勒斯湾，北到波罗的海。拿破仑以法国皇帝的资格兼做意大利国王和莱茵河同盟的保护者。他的兄长做西班牙国王，他的妹夫做那不勒斯国王。波兰中兴以后改为华沙大公国，而且附属于法国。法国领土的广大和拿破仑势力的雄厚，在近代的欧洲史上可说是独一无二的了。

第六节　拿破仑的败亡

【拿破仑和俄罗斯的关系】在拿破仑势力的极盛时代，欧洲大陆上还有俄罗斯始终不肯服从拿破仑。原来在拿破仑和俄国沙皇亚历山大一世之间有许多误会。第一，法俄两国虽然签订有《提尔西特和约》，但是拿破仑对于俄罗斯吞并多瑙河边诸省和芬兰的计划竭力反对；第二，俄罗斯人始终担心拿破仑要把波兰恢复起来重建王国，来破坏俄罗斯的利益，因此两国间的感情始终不能调和。到1812年时，拿破仑以为自己的力量已经够大，可以用武力去征服俄罗斯了，于是他就在俄罗斯边境上募集了四十万大军，为入侵俄罗斯做准备。

【俄罗斯战役】拿破仑于1812年在俄罗斯用兵惨败的情形，我们不必详细去叙述它。他原想用三年的工夫去征服俄罗斯，在第一年中至少应该获得一次胜利，不料俄罗斯人用后退诱敌的计策把法国军队一直诱到波罗底诺（Borodino）才与之对抗。拿破仑虽然在此地战胜了俄罗斯人（9月7日），但是当他于一星期后走进莫斯科城时，他的军队已经由四十万人减少到十万多人。俄罗斯人退出莫斯科城之前用火把全城烧毁了，所以当法国军队进城时城中已经一无所有，拿破仑不得已下令向西退回。当时刚好在冬初，气候已很寒冷，粮饷又很缺乏，加之俄罗斯人追踪骚扰，因此法国军队一路上死亡相继。这次退军，真是西方史上一出最惊人的悲剧。直到12月初拿破仑才回到波兰境内，他的军队已经只剩下两万人了。他回巴黎之后竭力招募新军准备再战。

【普鲁士的旧制】普鲁士国王腓特烈·威廉一面看到拿破仑的失败，一面又迫于人民的要求，乃于1813年2月和拿破仑绝交，加入俄罗斯一方。原来在耶拿战役以前，普鲁士社会组织的退化情形和1789年以前的法国差不多，国内的农民都是农奴，终生不能离开他们的耕地，而且每星期必须代地主做一部分的工作，全国人民绝对地阶级分离，贵族不能购买公民或者农民的田地，公民亦不能购买贵族或者农民的田地，至于农民更不用说了。

【普鲁士的改革】普鲁士既然被拿破仑大败于耶拿，又因《提尔西特和约》的缔结导致领土的丧失很大，因此国中的领袖渐渐想到制度的陈腐或许就是国势衰弱的一个原因，于是他们竭力去做革新的运动，其中主张最激烈的是施泰因男爵（Baron von Stein）和哈登贝格亲王（Prince Hardenberg）。1807年10月普鲁士国王果然下令，宣称要排除阻止个人能力发展的种种障碍，非先把农奴制度废止不可。此后全国人民不得再有阶级的分别，无论什么人都享有自由购买田地的权利。这件事可以说是普鲁士脱离中古状况、走进现代世界的一个转折点。

【现代普鲁士军队的起源】普鲁士自从腓特烈大帝以来的军队原来声威都很显著，到此时亦已信用全失。在《提尔西特和约》签订后不久，一班改革家亦努力于军队的整顿，他们的目的就在于实行全国皆兵的制度。原来拿破仑规定普鲁士常备军的人数不得超过四万二千人，普鲁士的改革家为了改变这种情形，乃规划出一种轮流训练的方法，凡兵士经过数年训练之后就退伍而为后备兵，同时由政府另募新兵去补充缺额。因此全国的兵额虽然只限定在四万二千人，但是过了几年之后，实际上能够随时上战场的却有十五万人。这就是现代世界上所谓"征兵制"的起源。后来世界各国都效仿起来，为1914年世界大战时各国军队的基础。

【费希特的演讲】当普鲁士的改革家正在废止农奴制和社会阶级制度并整顿军队的组织时，又有一班学者努力提倡民族主义，叫全国人民联合起来去抵抗法国的压迫。这个运动的领袖就是著名的哲学家费希特（Fichte）。他于1807年到1808年间在柏林城中公开演讲，向大众声明日耳曼人其实是世界上很有天才的民族，只要自己努力前进，将来必有做世界主人的一天。他的口才很好，态度又非常诚恳，因此听讲的人无不大为感动，日耳曼的民族精神从此被激起，为将来德意志帝国统一的先声。现代世界史上民族主义的发扬要以这次最为显著，从此成为现代世界上最伟大的潮流之一。

【莱比锡战役】从前和拿破仑对抗的人，不过是各国的君主和内阁。自从普鲁士的民族精神被激起之后，拿破仑第一次遇到了一种伟大的反抗，这就是普鲁士全国的人民。此后普法两国的战争在日耳曼方面被叫作"解放的战争"（War of Liberation）。在1813年战事重开之后，拿破仑于8月在德累斯顿（Dresden）虽然仍旧获得一次大胜利，但这已经是最后一次了。不久他探知普鲁士人、俄罗斯人和奥地利人已在合力截断他的后路，他于是急忙退兵。法国军队中途在莱比锡附近和联军相遇，乃有了所谓"民族的战争"（Battle of Nations），结果法国军队竟遭大败（10月16日到19日）。

【拿破仑帝国的分裂】当拿破仑统率他的残军渡过莱茵河逃回法国时，他从前在日耳曼和荷兰所经营的政治组织立刻瓦解。莱茵河同盟中的诸邦都改变态度，加入联军一方。哲罗姆从威斯特伐利亚王国逃回，荷兰人亦把法国的官吏驱逐出国。在同一年（1813年），西班牙人亦因为得到英国的帮助而把法国人完全逐出。所谓的拿破仑帝国到此时竟因为一败而完全瓦解了。

【拿破仑退位】当时联盟各国本想和拿破仑讲和，不过要以不得再用武力扩充领土为条件。不料拿破仑的雄心未死，不肯固守法国的旧境，于是联盟军队直接侵入法国，于1814年3月把巴黎攻下了。拿破仑不得已宣布退位，移居地中海上的厄尔巴岛（Elba）。他虽然仍旧用皇帝的称号，但实际上已经和罪囚无异。联盟各国乃合力援助法国波旁家族复辟，请路易十六的弟弟即法国王位，称路易十八。法国的边界亦恢复到1792年春时的情形。同时联盟各国在维也纳城中开一国际大会，来讨论欧洲善后的大问题。

【拿破仑再起】一方面法国人民对于路易十八的措施很不满意，一方面联盟各国在维也纳的会场上又有意见分歧，各不相让。拿破仑知道了这种情形就想出山再试。他果然带了一千二百人逃出小岛直返法国，沿途加入了很多同志，于1815年3月1日走进巴黎。他以为法国人既然爱戴他，那么国内方面已经没有问题了；至于联盟各国的意见既然不能一致，那么他们亦不再会联合起来攻击他了。

【拿破仑最后的失败】但是联盟诸国得到拿破仑返国的消息之后，竟又消除意见，一致联合起来。他们以为拿破仑其实是一个扰乱欧洲和平的霸王，非把他扑灭不可。他们乃分三路进兵：一路由英国的威灵顿公爵统率英国的、日耳曼的和荷兰的军队集中于尼德兰，一路由普鲁士的大将布鲁克尔统率普鲁士的军队向西而进，此外还有一路奥地利的军队正渡过莱茵河向尼德兰集中。拿破仑亟亟招募士兵，亲自统率直向比利时境内而进，他想于敌军联合之前逐个击破。他先打败普鲁士人，再于6月18日转攻英国人于滑铁卢（Waterloo）。英国人当时几乎不能支撑下去了，幸而普鲁士人加入战斗，拿破仑乃大败而逃。

【拿破仑的末日】拿破仑既然大败，知道不能再回巴黎了，乃向西方海边逃去，想要出国，但是当时海边已经满布英国的战船，不能再进。他不得已只好走上英国船，以为英国人或许可以宽容他。不料英国政府仍旧以俘虏待他，把他幽禁于大西洋南部的圣赫勒拿（St. Helena）孤岛上。他在这人迹罕至的岛上住了六年，终因忧愤过度而得了胃癌，于1821年5月5日去世。

第十一部分
世界民族运动的猛进和工业革命的发生

  19世纪上半期，欧洲方面另有一种革命发生，它的力量竟几乎把世界上全部人类的生活从根本上给改变了，这都是一班科学家和发明家在实验室中苦心研究的结果。这班人的目的非常单纯，就是想用科学上的种种新发明来改善世界上全人类的生活状况。他们所用的手段不是开会，不是战争，不是外交手腕，而是实验室或图书馆中埋头的研究。

第四十一章　维也纳会议后欧洲的反动

第一节　欧洲的改造

【19世纪以来的两大运动和帝国主义】在19世纪以后的世界史上，我们可以看到两种极大的运动：世界各国对内有所谓的民权运动，对外有所谓的民族运动。前一种运动起源于法国大革命时代，目的在于推翻少数人的专政，扩充人民的政权，以全民政治为最终目的；后一种运动起源于19世纪初的西班牙和普鲁士，目的在于抵抗外力的压迫，维持民族的生命，以民族的自由发展为最高目的。这两种运动逐渐由西部欧洲推广到东部欧洲，再由欧洲推广到美洲和亚洲，所以19世纪以来的世界史，几乎可以说是一部民权和民族的运动史。到了19世纪中叶以后，世界史上又有一种新式大帝国的出现，产生了所谓帝国主义和民族主义的对垒。这两种主义冲突的结果就是20世纪以来许多国际上的大战争。我们现在先述19世纪上半期民权运动和民族运动的经过，随后再述帝国主义的发展以及与民族主义冲突的情形。

【维也纳会议的决议案】1815年维也纳会议在欧洲政治史上的重要性，和1919年巴黎和会在世界政治史上的重要性差不多。不但拿破仑的事业被这个会议推翻了，就是欧洲地图的颜色亦被这个会议改变了。会议中人承认荷兰为世袭的王国，而且由开国元勋奥伦治公爵的族人做国王；同时把奥地利所占领的尼德兰并入荷兰，以便抵制法国的入侵。瑞士亦正式宣布独立。拿破仑得势以前的意大利各小邦,除威尼斯和热那亚两个小共和国以外,一概恢复旧观。热那亚并入撒丁王国,威尼斯并入奥地利,当作损失尼德兰的一种补偿。同时奥地利亦恢复从前米兰的领土,因此奥地利就在意大利半岛中占据了一个极重要的位置。至于日耳曼,会议中人都不愿推翻1803年的成果,恢复从前那种混乱的状态。当时莱茵河同盟各邦都主张维持拿破仑所给予的统治权,会议中人亦乐意答应他们,不过叫他们要组成一个同盟。

【波兰和萨克森两地的争执】会议中人对于上面所述的各种主张都很一致。但是后来大家对于波兰和萨克森两地领土的分配忽然大起争执,几乎引起战祸。原来普鲁士已经和俄罗斯约定,波兰应该自成一国受俄罗斯皇帝的管辖,普鲁士则纳入一部分萨克森王国的领土以补偿在东部的损失。不料奥地利和英国对于这种办法竭力反对。当时法国国王路易十八的外交代表塔列朗(Talleyrand)看到有机可乘,于是大肆活动,竟和奥英两国组成同盟去对抗普俄两国。二十余年来孤立无助的法国从此竟恢复了原来在国际上的地位,可见外交人才对于国家确实有非常重大的影响。

【争执的解决】这个争执经过了许多周折方才被调停。大家允许俄罗斯把华沙大公国改建为波兰王国,至于普鲁士只许纳入萨克森王国领土的一半。不过普鲁士亦得到莱茵河西岸一部分小诸侯的领地,因此普鲁士在日耳曼西部的势力大大增加。后来当德意志帝国成立时,普鲁士之所以能够在帝国中占据第一的位置,这亦是一个主要的原因。

【会议以后欧洲各国的反动政策】拿破仑虽然非常专制,但他终究是一个革命党人,所以他对于种种旧制绝对没有同情,因此凡受过他统治的民族无不得到一种革命的教训。但是当时各国复辟的君主仍旧不顾一切去恢复从前的种种弊政。会议中人都想恢复欧洲的和平，扩充民族的利益，所以他们都主张"正统的"（legitimate）君主复辟，而且把国民要求自由的运动压迫下去。他们以为这是恢复欧洲和平唯一的方法。

【梅特涅的势力】自从维也纳会议之后，奥地利竟成为欧洲最有势力的一个国家，在国际上占据主导的地位。自1815年到1848年三十多年间，可以说是欧洲史上"维持现状"的时代。当时的领袖就是奥地利的名相梅特涅伯爵（Count Metternich），他的政策的核心是反对国民参政运动。

【神圣同盟】俄国沙皇亚历山大一世当时好像很诚恳地有意于世界和平，所以他请普鲁士国王和奥地利皇帝与自己联合起来，自命为"上帝所派来统治三族的代表"。同时请欧洲其他各国都加入这个"神圣同盟"（Holy Alliance）。这个同盟，后来的新闻记者和改革家都以为是一种专制君主压迫自由运动的阴谋，其实并非如此。一般以为梅特涅的压迫政策就发动于神圣同盟中，这当然是不符合事实的话。

第二节　大革命后的法国

【波旁家族的复辟】当拿破仑最后逃出法国时，新国王路易十八复辟。他对于大革命时代的各种设施并没有大力去推翻。他于1814年颁布一种新的宪法叫作宪章，这个宪章只是在1830年时稍有改动，直到1848年时方才废止。宪章中种种条文的规定很可以证明法国大革命成果的保存，而且可以证明当时法国的情形已经和路易十六时代大不相同了。从前《人权宣言》中所公布的种种改革，差不多全部保存在这个宪章中。国王之外还有一个两院制的——贵族院和代表院——国会,下院的代表由国民选举出来。国务大臣如有非法的举动,代表院能够加以弹劾。至于一切法律,当然由国王和国会共同编订施行了。

【查理十世被废】路易十八于1824年去世,其弟阿图瓦伯爵继承大统,称查理十世。查理十世在位时,政府方面的反动政策非常明显。先由国会议决以巨款分给贵族,当作政府对于他们在大革命时财产损失的赔偿;后来又以国王的命令对出版物进行检查;把国民的选举权限制于少数有钱的阶级;至于各种法律的规定,只有国王有提议的权利。国王因为有这种种不公平且苛虐的举动,所以大失民心。到了1830年,巴黎果然发生了一次革命,把查理十世推翻了,另请波旁家族其他支的后裔路易·腓力(Louis Philippe)来即王位。

第三节　日耳曼和梅特涅

【日耳曼境内小邦的减少】拿破仑占据日耳曼的时间虽然很短,但是影响很大。我们在前面曾经述及,自从莱茵河以西的地方还给法国之后,许多教会的领地、骑士的封土,以及大部分的自由城市都从此消失了。所以当维也纳会议中人讨论怎样把这个有名无实的神圣罗马帝国改组为同盟国时,日耳曼境内的小邦只剩下了三十八个。

【普鲁士逐渐得势】日耳曼境内诸邦中向来以普鲁士的地位最为重要。自从法国大革命以后,普鲁士的势力范围更加扩大了。因为普鲁士纳入萨克森王国领土的一半和莱茵河以西一部分小诸侯的领地以后,领土的面积大为增加。而且自从耶拿战役以后,有施泰因男爵和哈登贝格亲王诸人努力于革新的运动,成就之大几乎和法国第一次国民议会的成就差不多。一方面废除封建的阶级制度，一方面解放国内的农奴，国民经济的发展从此就有希望了。此外，军队的制度亦加以改组，为1866年和1870年两次大战胜利后德意志帝国成立的前提。

【日耳曼联邦的性质】维也纳会议所组成的日耳曼联邦（German Confederation）并不是一种国家间的联合，而是一种君主和自由城市的集团，包括奥地利的皇帝以及普鲁士、丹麦和尼德兰诸国的国王。至于法兰克福的公会并不是人民代表的会议，而是君主代表议事的机关。联邦成员除互相约定不得缔结危害联邦的条约和不得向成员宣战外，都保留和别国缔结各种盟约的权利。联邦的宪法若非得到全体成员政府的同意不得改订。日耳曼联邦的组织虽然非常散漫，但是这个1815年所组成的团体，竟能够维持五十年之久，直到普鲁士战胜奥地利建立德意志帝国时才告瓦解。

【新党的失望】当时日耳曼境内的新党看到维也纳会议中人不能把日耳曼组成一个现代的民族国家，当然非常失望。他们看到普鲁士国王不能践行他所答应的宪法，当然亦非常愤恨。普鲁士国王腓特烈·威廉三世本是一个庸懦的君主，所以在这个革命气息非常浓厚的时期，完全听命于奥地利的宰相梅特涅，而梅特涅在当时是一个主张维持现状和反对民权主义的领袖。因此日耳曼境内不但在出版上没有自由，就是大学中的教学亦常受干涉。国内的进步精神此后三十年间大受挫折。

【日耳曼南部诸邦的立宪（1818年—1820年）】梅特涅的高压政策虽然大告成功，但日耳曼南部诸邦仍有相当的进步。原来在1818年时，巴伐利亚（Bavaria）国王就已经颁布宪法，组成国会，规定国王权力，允许国民参政。此后两年之内，巴登、符腾堡和黑森（Hesse）三国的国王亦相继实行立宪的政治了。

第四节　南部欧洲的革命运动

【南欧的革命运动】当时北欧各地的革命运动，虽然由于梅特涅的压制暂时停顿，但是南欧方面的新党依旧在努力。其中意大利和西班牙两地的革命虽然不久就失败了，但希腊和比利时两国的独立以及西班牙在拉丁美洲所有领土的革命，都在这个时期大告成功。这亦可以证明进步的力量总比保守的力量来得大。

【1820年时的意大利】1820年时的意大利绝对没有政治上的统一，所以梅特涅曾说所谓意大利其实只是"一个地理上的名词"。原来当时意大利北部的伦巴底和威尼斯两处都在奥地利的手中，至于帕尔马、摩德纳和多斯加尼三处亦都是奥地利王族中人的领土。南部的两西西里王国区域较大，又为西班牙方面的波旁家族所统治。而且罗马教皇的领土又刚好位于意大利半岛的中部。意大利半岛的统一在当时几乎是没有希望的。

【意大利的革命运动（1820年—1821年）】意大利境内的情形在拿破仑败亡后，比拿破仑入侵时还要恶劣。奥地利自从取得威尼斯以后，它在意大利的地位较以前更加稳固了。帕尔马、摩德拿和多斯加尼诸国的僭主先后复辟之后，立即把拿破仑所引进的种种改革事业完全推翻了，而把旧制中种种苛政恢复起来，而且他们都非常倾心于国民所痛恨的奥地利。当时国内的一班爱国志士对于外族的侵凌和当局的媚外极为不满，因此就组织了许多秘密的团体来从事革命的运动。在这许多秘密的革命团体中要以烧炭党人（Carbonari）最为著名，而且最有力量，他们主要的目的就是要得到个人自由、立宪政治和民族的独立和统一。他们为了实现他们的目的，常常暗中鼓动国民和筹划革命的方略，努力于革命的工作。当时那不勒斯和撒丁诸地的人民都曾强迫他们的国王颁布宪法。由于梅特涅常常召开国际会议并派遣奥地利的军队前往意大利压制革命运动，所以意大利的革新运动竟暂时被他压下去了。

【**意大利将来的希望**】1820年和1821年间，意大利的革命运动虽然没有成功，但是意大利的将来并未从此绝望。第一，梅特涅所主张的那种干涉他国内政的政策，在1820年时就已引起英国政府的反对和抗议。法国政府自从1830年路易·腓力即王位以后，亦竭力反对梅特涅的干涉主义。因此梅特涅对于意大利的高压政策就受到了很重大的打击。第二，意大利人渐渐觉悟要求得民族的生存，非得先把意大利半岛统一起来建立一个民族的国家不可。这种民族的觉悟，其实是后来意大利王国能够实现的一个最重要的原因。

【**希腊王国的建立（1821年）**】意大利的革命运动虽然暂时失败，但是当时有两件大事发生，一面足以快新党中人的心，一面亦足以丧梅特涅的气，这就是希腊和比利时两个小王国的建立。1821年，南部欧洲的希腊人因为宗教种族等的不同，举起叛旗，想脱离土耳其的统治而独立。当时土耳其的国势本已衰微，加以西欧各国人因为宗教种族等的关系，大都同情希腊，所以希腊地方虽小，竟能够和土耳其的军队相持八年。后来英国、俄国和法国出来干涉，于1829年强迫土耳其皇帝承认希腊的独立。

【**比利时王国的独立（1831年）**】希腊正式独立两年后，西欧又有了比利时王国的独立。比利时原来就是从前奥地利所占领的尼德兰。维也纳会议中人为了抵抗法国的侵略，特意把这块地方并归荷兰王国，但是南部尼德兰的人种和宗教向来和北部的不同。荷兰人信奉新教而且和日耳曼人的种族相同，至于南部的人民，血统和法国人相近而信奉旧教。所以南部尼德兰的人民始终不服荷兰人的管辖。果然到了1830年法国再起革命时，南部尼德兰人亦大受鼓舞，起来反抗荷兰，图谋独立。1831年，英国、法国和其他欧洲诸国合力帮助他们，承认他们的独立。现代的比利时王国从此成立，成为一个君主立宪且永远中立的国家。

【西班牙政府的反动政策】拿破仑败亡后西班牙的情形亦和意大利一样，完全是一种反动势力的复现。西班牙国王斐迪南七世自从被同盟各国拥护复位之后，亦和意大利各地的僭主一样，把拿破仑所引进的种种新事业完全推翻了。一面取消了1812年的宪法，一面又恢复了宗教裁判所、封建特权和宗教团体。图书报纸一律实行严厉的检查，言论的自由完全被剥夺，新党中人被拘被杀的人数非常多。

【西班牙的革命（1820年）】当西班牙国内的反动势力盛极的时候，它在中南美洲的殖民地却正努力于独立的运动。原来西班牙的海外领土大部分在美洲，美洲殖民地的人民自从1810年以来，就开始进行革命的工作。斐迪南七世复辟之后仍旧没有觉悟，不肯答应殖民地人民权利平等的要求，而且常常派遣军队前赴美洲平定殖民地的叛乱。兵士因疟疾和枪伤而死的为数很多，而革命运动却始终无法阻止。到了1820年1月，驻扎在西南海滨卡迪斯（Cadiz）的军队深知赴美洲远征的痛苦，竟举起叛旗反抗政府，于是西班牙各地都起来响应。马德里的群众于3月9日把王宫围困起来，强迫国王宣誓遵守1812年的宪法。

【法国的干涉】当时欧洲各强国生怕西班牙乱事扩大，乃于1822年在维罗纳（Verona）召开一国际会议，讨论解决的办法。参与会议的有俄、奥、普、法、英五国的代表。英国代表对于干涉西班牙内乱一事表示反对，这是因为英国人担心斐迪南七世的势力恢复以后，或许将进一步去恢复中南美洲的殖民地，这对于英国和拉丁美洲诸新国间的商业当然大为不利。会议中人最后决定让法国国王路易十八遣兵入西班牙，路易十八平定了革命，恢复了斐迪南七世的势力。西班牙的革命亦和意大利一样失败了。

【门罗主义】当法国人帮助西班牙政府平定内乱时,西班牙的拉丁美洲殖民地却因为得到英美两国的帮助而先后宣布独立。当时欧洲方面梅特涅一派中的人,很想用实力来帮助西班牙恢复失去的殖民地。美国总统门罗(Monroe)认为这种干涉足以危害西半球的安宁,乃于1823年向美国国会宣布他对于这个问题的态度。这个宣言的结果就是世界史上有名的"门罗主义",他的大意就是说凡是欧洲各同盟国,如要把它们的制度扩充到西半球的任何部分,那么美国就要把这种举动当作足以危害美国和平与安宁的行为,而且当作一种敌视美国的行为。此后美国的外交政策大都以这个主义为标准,一面不允许别国来干涉西半球的内政,一面亦不去参与西半球以外的一切国际上的事情。

第五节　拉丁美洲的独立

【西班牙的美洲殖民地】我们在前面已经述及,西班牙、葡萄牙两国自15世纪末年以来,就努力殖民于美洲,而西班牙的领土尤其广大。当时北美洲的南部、中美洲的全部和南美洲除巴西属于葡萄牙以外,几乎全是西班牙的领土。因为西班牙和葡萄牙两国的民族和语言都源于拉丁,所以我们一般总称西、葡两国在美洲的殖民地为拉丁美洲。后来北美洲的加拿大转入英国人的手中,而北美洲的南半部亦成为由英国人手中分离而成立的美利坚合众国,因此现代所谓拉丁美洲的范围缩小到专指中美洲和南美洲了。

【西班牙的殖民政策】西班牙对待殖民地的态度和英国的大不相同,专取自私自利的政策。凡是殖民地的人民只许购买西班牙的货物,而殖民地的出产亦只许售给西班牙人。同时凡是殖民地的制造品足以和本国的产品竞争的，都禁止其生产。此外，凡是殖民地教会和政府中的官吏亦只许本国人去担任，殖民地人没有这种权利。这种种限制极严的垄断政策当然为殖民地人所不满。后来美国和法国的革命先后成功，而且两国都建立了共和政体，西班牙殖民地中的人民希望自由的心思更加浓厚起来。当拿破仑侵入西班牙，逐出斐迪南七世时，西班牙的美洲殖民地差不多都乘机独立起来了。

【西班牙殖民地的革命（1810年—1825年）】当斐迪南七世复辟时，西班牙的美洲殖民地曾经向西班牙政府要求权利平等，但没有成功，这一点我们在前面已经述及了。殖民地中人失望之余，加紧了革命的工作。其时拉丁美洲出现了一个极伟大的革命人物，名叫玻利瓦尔（Bolivar），他本是委内瑞拉（Venezuela）的世家子。自从1811年委内瑞拉向西班牙政府宣布独立后，他就统率军队加入了革命运动。此后六七年间双方胜败不定，直到1817年他开始得手，逐渐战胜西班牙的军队，委内瑞拉终于1821年正式独立。此外哥伦比亚、厄瓜多尔（Ecuador）、秘鲁和玻利维亚（Bolivia）诸地亦都靠了他的力量同时宣布独立。所以后代史学家给玻利瓦尔以"南美洲的解放者"的荣名。其时南美洲南部的各地如巴拉圭（Paraguay）、阿根廷、智利等亦都在同一时期先后获得独立。西班牙的中美洲领土和墨西哥诸地亦闻风而起，脱离了西班牙的统治而自设独立的政府。

【英美两国对于拉丁美洲的态度】当时英国和美国的政府对于拉丁美洲诸地的革命都非常同情，因为英美两国人希望西班牙对于殖民地商业的独占政策可以从此被打破，而他们对于拉丁美洲的商业都有染指的可能。因此英美两国政府常用金钱、船只、军械等去接济中南美洲的革命党。到了1826年时，三百余年来飘扬在新大陆上的西班牙国旗，就永远卸下去了。

【葡萄牙殖民地的革命（1822年）】其时葡萄牙的南美洲殖民地巴西的人民亦起来革命，他们于1822年宣布独立，建立帝国，并且拥戴葡萄牙国王的太子佩德罗（Pedro）做他们开国的皇帝。九年之后，佩德罗退位，让他的幼子佩德罗二世入继帝位。佩德罗二世在位很久，勤政爱民，巴西国势的隆盛为当时南美诸国之冠。到了1889年，巴西发生了一次和平的革命，把君主制度推翻，改建共和政体，从此美洲大陆上不再有君主政体的存在了。

【南美洲诸国的政情】自从南美洲各殖民地反叛西班牙和葡萄牙成功以后，南美洲就出现了七个独立国。现在列出如下：

玻利维亚（1809年开始革命，1825年成功）。

大哥伦比亚包括厄瓜多尔（1809年开始革命，1822年成功）、委内瑞拉（1810年开始革命，1821年成功）和哥伦比亚（1811年开始革命，1819年成功）三个地方。

阿根廷（1810年开始革命，1816年成功）。

智利（1810年开始革命，1818年成功）。

巴拉圭（1811年革命成功）。

秘鲁（1821年开始革命，1824年成功）。

巴西（1822年改建帝国），包括乌拉圭（Uruguay）在内。

不久乌拉圭于1828年脱离巴西而自立，大哥伦比亚亦于1829年分裂成委内瑞拉、哥伦比亚和厄瓜多尔三国，从此南美洲乃成为十国并治的局面。这十个国家除巴西在1889年以前是君主制度外，其他全采用共和政体，各有宪法和国会，表面上都是民治的国家。但是在19世纪时各国的历史除"内乱频繁、革命时起"八个字外，几乎无可记的事迹。这是因为南美洲各国的人民大部分是未开化的土人和黑人，对于政治既没有知识，又毫无经验，所以往往为少数武人和政客所利用，造成了军阀官僚争权夺利的局面。现在南美洲诸国中要以阿根廷、巴西和智利三国较为隆盛，政治亦较修明，而这三国所引进的外国资本和外国侨民在南美洲诸国中为数最大，这是很可注意的一点。

【中美洲的共和国】西班牙的中美洲殖民地亦于1821年宣布独立，两年之后组成一个联邦的国家。但是不久后（1839年）又分裂成五个小的共和国：危地马拉（Guatemala）、萨尔瓦多（Salvador）、洪都拉斯（Honduras）、尼加拉瓜（Nicaragua）、哥斯达黎加（Costa Rica）。这几个小国的内情亦和南美洲各国差不多，常起内乱和革命。他们后来为了增加力量，常想重新合并成一个国家，终究没有成功。1921年，危地马拉、萨尔瓦多和洪都拉斯三国签订公约，组成了一个中美联邦国，并且依照美国的制度成立了一个新政府。至于尼加拉瓜和哥斯达黎加两国能否不受美国人的牵制而加入联邦，那要看将来的趋势如何了。

【墨西哥共和国】北美洲南部的墨西哥亦于1821年脱离西班牙的统治，建立了独立的国家。墨西哥独立以后五十年间虽然号称共和，国内政情却非常混乱，忽而摄政，忽而皇帝，忽而三头并治，忽而执政政治，朝令夕改，内乱连年。自1877年后，迪亚兹（Diaz）连任七次总统，直至1911年才被逐逃往欧洲，从此墨西哥又回到了从前那种混乱的状态中。墨西哥一方面没有巩固的中央政府，一方面国内又有多数毫无见识、形同农奴的土人，所以关于民权与民生两个重要的问题一时都不容易解决。加以美国雄踞北方，野心勃勃，常抱幸灾乐祸的态度，所以墨西哥更谈不上什么民族主义和提高国际地位了。

【西印度群岛】至于在南北美洲中间的西印度群岛，大部分还分属于英、法、荷三国。其中海地（Haiti）一岛本是法国的领土，在法国大革命时宣布独立。后来拿破仑想要再去征服它，终究没有成功。岛上建立有两个黑人所组成的共和国：海地和圣多明哥（Santo Domingo）。古巴（Cuba）于1898年美国和西班牙战争时受美国人的帮助而自立为共和国，实际上完全是美国的附庸。美国又于1898年从西班牙手中夺得波多黎各（Porto Rico），于1917年向丹麦购得三个小岛。这种种史迹都可以看出美国占领加勒比海为内湖的野心。至于美国和拉丁美洲的国际关系怎样，我们留在后面再去详述。

第四十二章　1848年的欧洲革命运动

第一节　法国的第二共和国与第二帝国

【欧洲民权运动的复起】我们在前面一章中所述的史迹在于说明法国和美国革命所引起的民权运动——全国人民在政治上的自由和平等——在拿破仑失败以后，是怎样被奥地利的梅特涅所领导的一班反动派压迫和阻遏的；南欧方面的革命运动是怎样终归失败的；拉丁美洲方面的革命运动是怎样终究成功。现在让我们继续叙述欧洲各国的民权运动怎样努力奋斗下去，梅特涅的反动政策是怎样终归失败的。

【1848年的革命运动】我们在前面曾经说过，民权运动为19世纪以来世界上两大潮流之一，所以梅特涅一派的守旧党人无论怎样用高压的手段去阻遏它，始终没法办到。梅特涅虽然在欧洲的政界得势了三十多年，但是革命运动的酝酿始终未曾停息，到了1848年春，法国、意大利、日耳曼、奥地利诸国竟群起革命，震动了整个欧洲。其中以法国和梅特涅势力之下的中欧和奥地利所受的影响最大，所以我们加以较详的叙述。

【路易·腓力大失民心】法国国王路易·腓力自从1830年即王位以来颇失民心。国内新党中人都以为国王权力过大，他们要求凡是成年的国民都应该享有选举的权利。不料路易·腓力在位日久，不但他自己对于革新的运动竭力反对，就是国会和报纸亦不许他们有改革的主张。但是国内共和党人的势力日益增加,此外还有一班社会党人主张把国家的组织从根本上改造一番,因此法国内部新党的力量到了1848年时,已经非常大了。

【第二共和政府的成立】1848年2月下旬,巴黎的群众拥入议会,高呼"打倒波旁家族"和"共和万岁"等口号。路易·腓力知道大势已去,无可挽回,于是宣布退位。革命党人乃着手建立临时政府,宣布共和政体。法国第二共和政府就此成立。

【赤色的共和】当法国的临时政府还没有组织就绪时,巴黎市内忽然又发生了骚乱。原来当时法国的社会党人叫作社会民主党(Social Democrats)的,很想乘机组织一种劳工的政府,使得劳工阶级掌握政权,以便为工人谋得利益,而且很想以红色旗来代替从前的三色国旗。临时政府中人看到社会党人的势力很大,所以不得不让步承认,凡是国民都应享有"劳工的权利",因此政府勉强策划出种种无用的工作,建立了许多无谓的工场,叫一群失业的工人分别去管理。

【巴黎的暴动】4月,临时政府召开了一个立宪议会,由全国二十一岁以上的公民选出代表参加。法国当时的人民大部分是务农的人,对于工业革命后工厂制度所产生的工人并不十分关心,所以选举的结果是社会民主党的代表竟占极少数。社会民主党人乃借口立宪议会不足以代表全国人民,想把议会推翻,但是他们的举动被护国军所制止而没有成功。当时临时政府在各种国立工场中所雇用的工人已达十七万人之多,他们有的做无用的工作,有的竟什么工作都不做,而每天却各得两法郎的工资。临时政府对于国立工场的计划原是敷衍,并无希望试验成功的意思,所以到了1848年6月就把这班"国雇"的工人解散了。解散的结果就是6月23日到25日间,巴黎市内发生了极其可怕的巷战,战死的竟达一万多人,比第一次革命时死于恐怖时代的人数还要多。

【查理·路易·拿破仑被选为总统】自这次巴黎市工人暴动以后，法国人都觉得要维持国内的和平，非得有一个强有力的中央政府不可。立宪议会所制定的新宪法规定，共和总统任期四年，由全国人民公举之。同年冬天全国进行总统的选举，结果拿破仑的侄子查理·路易·拿破仑（Charles Louis Napoleon）得票最多。查理·路易·拿破仑乃于1848年12月宣誓就任法国第二共和政府总统之职。查理·路易·拿破仑本是一个投机的政客，曾经两次图谋起兵恢复帝制，但是都没有成功。这次法国革命时他竟以劳工阶级的代表自命，被选为立宪议会的代表。新宪法制定之后，他又被选为新共和政府的第一任总统。

【第二帝国的建立（1852年）】查理·路易·拿破仑就职后的第二年就和立宪议会发生了冲突。他为巩固自己的地位起见，凡军队和政府中的要职都让自己的亲信去担任，因此国内的军政大权逐渐集中于他一个人的手中。他既然大权独揽，于是想永远保持自己的地位。但是他知道要实现这种野心，非得先把议会解散、宪法推翻不可，因此他就于1851年（12月2日）趁总统任期未满时，用武力把议会解散、把宪法取消、把政府改组。他于是用国民公决的方法，自称征得七百万人的同意重新被选为总统，任期定为十年。过了一年（1852年12月），他又用同样的方法征得多数国民的同意，把总统的称号改为皇帝，自称拿破仑三世。法国史上所谓的第二共和政府竟只有四年的寿命（1848年12月—1852年12月），就被拿破仑三世推翻了，而法国史上所谓的第二帝国时代亦就从此开始了。至于拿破仑三世称帝后在内政外交上的种种措施，我们留待后面去叙述。

第二节　奥地利、意大利、日耳曼诸国的革命

【奥地利地位的重要性】自从拿破仑一世失败以后，到普鲁士战胜奥地利的五十年间（1815年—1866年），奥地利在欧洲大陆上所占的地位非常重要。因为奥地利一面占有伦巴底和威尼斯两地，隐然做了意大利半岛的主人，一面又以日耳曼同盟领袖的资格把普鲁士压服了下去，它的一举一动在当时可以左右全欧的政局。梅特涅的反动政策能够风行一时，这亦是一个原因。至于梅特涅为何要竭力去反对革命运动，其实是因为奥地利领土上的人种向来极其复杂，如果各民族都独立起来，那么奥地利帝国立刻就有瓦解的危险。

【梅特涅的失败】当时欧洲各国的新党中人，都把奥地利看作革命进行中最主要的障碍，而梅特涅就是这种障碍的主脑。他们都以为要想革命成功，非得先把梅特涅推翻不可。1848年2月的法国革命成功以后，奥地利、意大利和日耳曼诸地新党的声势都为之一壮，决意要把梅特涅的反动政策从根本上推翻。3月13日，奥地利都城维也纳的民众首先起来叛乱，要求政府把梅特涅免职。梅特涅知道大势已去，就于次日扮成英国人模样和他的夫人遁走伦敦，三十年来的高压政策就此一败涂地。梅特涅既然遁走国外，奥地利皇帝对于新党的要求就无法拒绝，不得已于3月下旬允许波希米亚和匈牙利各自制定宪法，规定纳税的平等、信仰和出版的自由；并允许各邦各自设立一个国会，每年开会一次。

【意大利的革命】意大利人得到梅特涅失败的消息之后，立刻响应起来。米兰人于3月18日发动革命，把奥地利的驻防兵驱逐出米兰市，不久伦巴底境内基本上已没有奥地利人的踪迹了。3月22日，威尼斯人亦在米兰人之后建立了圣马可共和国（Republic of

St. Mark）。到了这个时候,那不勒斯、罗马、多斯加尼和皮埃蒙特各地的君主都纷纷颁布宪法。撒丁国王查理·阿尔伯特（Charles Albert）亦为民意所迫,不得不做意大利人反抗奥地利的领袖。

【日耳曼诸邦的革命】1848年3月,日耳曼诸邦的新党差不多都受到奥地利的影响而起来革命了,他们主要的要求就是君主立宪、出版自由和日耳曼的统一。各邦的君主都因为民意难违而纷纷让步。普鲁士国王腓特烈·威廉四世亦因为3月13日到16日间柏林民众的暴动,愿意召开国会编订一种可以适用于全部日耳曼的宪法。5月13日,日耳曼各邦的代表在法兰克福开会,着手于日耳曼宪法的制定。

【意大利革命的失败】当时奥地利的命运其实系于意大利,幸而意大利人并不能把奥地利人全部驱逐出境。撒丁国王查理·阿尔伯特亦觉得除少数志愿军外孤立无援,因为对奥地利的战争开始以后,意大利各邦竟因为种种原因忽抱一种袖手旁观的态度。7月25日,查理·阿尔伯特被奥地利人打败于库斯托扎（Custozza）,不得已和奥地利签订停战的条约,带领军队退出伦巴底。

【奥地利形势的变化】同时奥地利内部的形势亦逐渐变化,大有利于政府权威的重振。原来自从奥地利皇帝允许波希米亚和匈牙利各自制定宪法、建立国会以后,国内的各民族都纷纷努力于各自独立的运动,情形弄得更加复杂而混乱。波希米亚的捷克人（为斯拉夫族的一支）和日耳曼人向来是互相仇视的,所以住在波希米亚的日耳曼人,总希望照旧附属于日耳曼人所统治的维也纳,不赞成波希米亚的独立,免得受捷克人的压迫。因为种族上的冲突,波希米亚的都城布拉格（Prague）于6月大起骚乱。奥地利亲王温迪施格雷茨（Windischgratz）借口维持秩序,建立军政府,宣布戒严。不到五天,布拉格的乱事就完全被平定下去了,而波希米亚的独立运动亦就此完全失败。这是奥地利政府的第一次胜利。

【维也纳叛乱的平定】1848年10月，维也纳市内的无产阶级忽起暴动，把陆军大臣缢杀于灯柱之上，皇帝斐迪南遁走市外。不久温迪施格雷茨带兵返攻维也纳，叛乱之人力竭，乃于10月31日投降。奥地利政府的地位因此更加巩固。于是改组内阁，无能的皇帝斐迪南亦于12月初让位于幼年的侄子弗朗西斯·约瑟夫一世（Francis Joseph I）。

【匈牙利共和政府的倾覆】当时匈牙利人在爱国英雄科苏特（Kossuth）的领导之下，借口弗朗西斯·约瑟夫一世非法得位，对奥地利宣战，并于1849年4月间正式宣布脱离奥地利而独立，建立共和政府，并公举科苏特为总统。不久奥地利政府得到俄国军队的援助，逐渐逼迫匈牙利。到了8月中旬，匈牙利因力竭而降，叛党被杀和被拘的达数千人之多。科苏特遁走土耳其，而终老于意大利。匈牙利的独立运动到此亦和波希米亚一样，终归失败了。不过数年之后，匈牙利用和平的方法得到了和奥地利平等的地位，成为两国的联邦，此后匈牙利的国名亦改为奥地利匈牙利，直到第一次世界大战后才和奥地利分离成为独立的国家。

【奥地利恢复意大利方面的地位】意大利的军队在1848年7月时虽然为奥地利人所打败，但是在1849年春，意大利各地的民权运动盛极一时。教皇领土和塔斯干尼诸地都于2月建立共和政府，撒丁的民主党人亦重整旗鼓，用武力来驱逐奥地利人。但是这次运动不久就失败了。撒丁国王查理·阿尔伯特于3月下旬被奥地利人打败后，就让位于其太子维克托·伊曼纽尔二世（Victor Emmanuel II），为后来统一意大利的名王。到了1849年8月，威尼斯共和国亦为奥地利人所倾覆。奥地利在意大利方面的势力从此完全恢复了。至于那不勒斯、罗马、塔斯干尼诸地的共和政府，亦于1849年

3月到6月间先后为旧党所解散。意大利半岛上从此只有撒丁一邦保留了比较开明的宪法。

【日耳曼革命的失败——（一）国民议会的失败】至于日耳曼境内的情形，亦因为内部意见的分歧而纷扰不堪，奥地利遂得享渔人之利。原来日耳曼自从1848年5月以后，在法兰克福召开了一次国民议会，目的在于制定民主的宪法。但是这个统一的日耳曼究竟应该包括哪几个国家呢？当时议会决定，凡是普鲁士的领土都应归入日耳曼的疆域中，至于奥地利的领土，凡是曾经加入1815年所组成的日耳曼同盟的部分，亦一概纳入新国的版图。这个决议案差不多把日耳曼统一的事业从根本上推翻了，因为普鲁士和奥地利原是两雄，势难并立，现在竟把它们放在一个政治团体中，当然是不能合作的。还有一层，新宪法中规定，日耳曼新国应该设一个世袭的皇帝。议会中人决定请普鲁士国王腓特烈·威廉四世来兼任皇帝，但腓特烈·威廉四世本是一个反对革命的人，而且他不相信这个议会有授予帝位的权力。此外，他很怕自己接受帝位会开罪于奥地利，引起足以危害普鲁士的战争，因此他对于1849年4月议会的请求拒绝不受。国民议会一年来的立宪工作到此顿成泡影，议会亦就垂头丧气地四散了。

【（二）共和运动的失败】当时日耳曼境内的共和党人看到国民议会那种联邦运动失败，就于1849年初酝酿革命。到5、6月时，萨克森、巴登诸地都把王室推翻了，建立了共和政府。共和党的声势一时很浩大。但是一两个月后，各地的共和运动都先后被普鲁士的武力所压制，日耳曼的统一和共和从此就无望了。到了1851年，奥地利强迫普鲁士同意恢复从前的日耳曼同盟和同盟的公会，把1848年以来的一切革新事业完全推翻了。于是奥地利仍旧在日耳曼境内占据霸主的地位。

【1848年革命的结果】1848年的欧洲革命虽然失败了，但是它却留下了几种很重要的痕迹，表明了民族和民权两种运动的进步。普鲁士和撒丁两国从此各有一种限制君权、保障民权的宪法。而且这两国自从这次革命以后，内政上常常有所革新，最终成为各地民族统一的领袖。

第四十三章　意大利和日耳曼的统一

第一节　意大利王国的建立

【欧洲民族主义的起源】欧洲在19世纪上半期种种民权运动的经过和种种起伏成败的情形，我们在上面两章中已经大致叙述过了。现在我们再叙述欧洲的民族主义怎样兴起和怎样由此产生两个现代重要的国家。欧洲的民族主义大概兴起于中古末年的英国、法国和西班牙诸国。当时民族主义能够产生，就是因为：（一）王权因封建制度的破坏而扩张，国内成了大一统的局面；（二）第三等级或中产阶级得势以后，他们的民族观念远比教士或贵族强；（三）各地特殊且通俗的语言文字代替拉丁文以后，本国共同的语言和文字足以联络全国人民的感情；（四）近世欧洲各国成立以来，常感受到外敌入侵的危险，因此国内人民更加团结、爱国心更加强烈。到了近世初年，因为国民教育的发达、国际商业的兴盛、各地交通的便利等，民族主义的观念更加普及到各国的民众。

【19世纪上半期的民族主义】现代欧洲的民族主义之所以能够大大地发扬，我们不能不归功于法国的大革命。因为法国的革命党人发动以祖国去代替旧日的王国，并以爱国去代替旧日忠君的思想，把全国民众团结成一个很坚固的革命团体。拿破仑得势以后抱有雄霸全欧的野心，兵力所向披靡，可是法国的民族主义当时已感化了英国、西班牙、葡萄牙、普鲁士、奥地利和俄国各国的人

民。拿破仑的兵力虽强，终究敌不过全欧民族主义的反抗，盛极一时的大帝国竟因此而亡了。尽管拿破仑不认同民族主义，但欧洲各国民族精神的激发，可以说大部分是拿破仑武力侵略的结果。维也纳会议后的反动政策虽然震动一时，亦只能暂时阻止欧洲各国民族主义的进行而不能从根本上扑灭它。1815年到1848年间，欧洲各地的革命运动其实都是民族主义和民权主义交流的结果。其中民族主义虽然没有很显著的成功，但是此后二十年间欧洲的民族主义竟获得了两个绝大的胜利，就是意大利和日耳曼两个向来组织散漫、四分五裂的区域，忽然都变成了统一的民族国家。

【欧洲两强国的成立】19世纪后半期，欧洲史上有两件极重要的事情：意大利和德意志两大现代强国的统一。这两国在中古时代怎样四分五裂和神圣罗马帝国怎么想把这两国收归治下而终归失败的情形，我们在前面都曾述过。意大利和日耳曼两地数百年来差不多都是小国林立、互相征伐而又受制于外国的局面。维也纳会议对于意大利的分裂完全听其自然，而且让奥地利占据了它的北部；至于日耳曼诸邦，亦让它们维持原来那种极其散漫的组织，包括势不两立的普鲁士和奥地利。梅特涅得势的时代虽然有利于两国现状的维持，但是两国的爱国志士始终努力于统一的工作，结果于1859年到1871年十二年间建成了两个强盛的国家。我们现在略述这两个强国建立的经过。

【意大利最初的统一运动】维也纳会议以后，意大利的革命党人很想排除外力的压迫，组成一个统一的国家，因此在1820年到1821年间和1848年到1849年间国内迭起革命，但都不成功。当时的革命党人中要以马志尼（Mazzini）最为有名。他本是一个诗人和文学家，曾经加入烧炭党，后来他看到烧炭党人大都口是心非，大为不满，乃另行组织一个"少年意大利党"进行统一的运动。后来撒丁国王维克托·伊曼纽尔二世和他的宰相加富尔（Cavour）之所以能够实现意大利爱国志士的梦想，其实主要得力于马志尼所领导的少年意大利党。

【加富尔的政才】撒丁王国在当时包括皮埃蒙特和西北邻萨伏依，至于撒丁一岛在王国领土中最不重要，王国的都城为都灵（Turin）。自1848年到1849年间为奥地利所败以来，撒丁王国曾经颁布了宪法，经过一番改组，成为统一意大利的唯一策源地。自从加富尔于1852年任撒丁王国的首相以后，意大利统一的希望大增。加富尔是现代欧洲史上一个伟大的政治家，向来反对专制政体，羡慕英国的国会制度。他和马志尼不同，专心解决实际问题，不肯徒凭理想。他得到了国王的信任，乃专心致志于发展国内的经济，提倡教育的普及，改良军队的组织。因此撒丁不久后就变成了一个富强且开明的国家，一面足以驱逐奥地利人，一面亦足以引起国内其他各邦的倾慕。

【加富尔的外交】加富尔对于内政的改革有相当的成效后，乃从事于外交的工作。他为提高本国的国际地位起见，于1854年到1856年间克里米亚战争（Crimean War）时派遣军队两万人加入英法两国去对抗俄国。结果撒丁在巴黎和会中占得一席，并且因此得到英法两国的认同。于是他进一步想和英法两国联盟，从而为驱逐奥地利人做准备。当时英国政府因为受《维也纳条约》的约束不肯答应，而法国的拿破仑三世却很赞同。这是因为拿破仑三世以为意大利人本和法国人同属拉丁种，他如果援助意大利人去战胜日耳曼种的奥地利人，那么不但可以获得法国人民的欢心，而且可以巩固自己的地位。此外，他想等将来获胜以后，意大利能把萨伏依割让给法国，而且他同时可做意大利联邦的保护者。

【1859年的对奥战争】加富尔在外交方面布置妥当以后，乃

暗派代表前往伦巴底和威尼斯诸地煽动各地人民起来反抗奥地利人。奥地利乃于1859年向撒丁宣战。意法两国的联军于1859年6月大败奥地利人于马真塔（Magenta）和索尔费里诺（Solferino）两地。但是拿破仑三世一面看到战地的惨状，一面又生怕意大利如果统一成功，成为强国，那么他所希望的那个保护者的位置一定不能取得，竟中途停战，不肯继续进行。撒丁到此孤立无援，亦只好勉强答应和奥地利讲和了。结果奥地利仍旧保有威尼斯一地，不过把伦巴底让给撒丁并允许撒丁合并帕尔马和摩德拿两个小公国，同时撒丁亦把萨伏依和尼斯两地让给法国作为酬劳。这次战争可以说是意大利王国统一的第一步。

【意大利中部的合并（1860年）】拿破仑三世中途停战终究不能阻止意大利民族主义的发扬，原来当时意大利半岛上的人民都已抱有组成一个统一的民族国家的决心。多斯加尼、摩德拿和帕尔马诸地的人民都于1860年3月决议和皮埃蒙特合并，不久罗马教皇的领土亦先后并入。从此意大利半岛中部的地方都加入撒丁王国的版图了，这是意大利王国统一的第二步。

【意大利南部的合并（1860年）】意大利王国统一的第三步，就是革命英雄加里波第所做的事业。加里波第是尼斯人，自二十四岁以后就一心从事于革命的工作，后来屡次失败，遁走国外，常常来往于南北美洲。1859年撒丁和奥地利战争时，他乃返国加入军队服务。1860年西西里人起来反叛波旁家族，加里波第乃乘机于5月间统率他的红衣志愿军一千人，由热那亚南下援助，不到三个月的工夫就把西西里岛征服了。于是再渡海登陆，1860年9月初把那不勒斯国王逐走。两西西里王国的人民公决，把本国领土并入撒丁王国。加里波第乃于11月和维克托·伊曼纽尔二世并骑进那不勒斯城，沿途人民无不欢声雷动。当时加里波第本想长驱直入罗马城宣布意大利王国的成立，但是拿破仑三世生怕意大利人如果占据罗马而把教皇推翻，那么法国人民中信奉旧教的多数人一定会起来反对，所以他不同意加里波第的主张。因此加里波第就不敢按照原来的计划进行，而罗马城亦暂时得以保存。

【意大利王国的成立（1861年）】意大利王国因为有加富尔的外交、拿破仑三世的援助、加里波第的武力和民族主义的力量，竟能在短短两年内建立成功，真是现代世界史上罕见的伟绩。1861年2月意大统一后的第一次国会在都灵召开，议决以意大利国王的尊号上诸维克托·伊曼纽尔二世。现代的意大利王国从此正式成立了。王国虽然正式成立，但国土仍未完全统一，最著名的省区威尼斯还在奥地利人的手中，而代表古代意大利隆盛时代的罗马城仍在教皇的治下，所以当时意大利人对于这个新王国的成立，总不免有一点美中不足的感觉。至于意大利王国的缺憾，怎么在此后十年之内受到普鲁士两次对外战争的影响而弥补起来，我们留待后面去述。

第二节　普奥战争和北部日耳曼联邦的成立

【日耳曼以往的统一运动】意大利王国的成立我们在上面已经述及了，现在继续叙述古代的日耳曼怎么统一成功，从而使得德意志帝国成为现代世界上最重要的一个民族国家。原来日耳曼自从中古时代建立神圣罗马帝国以来，差不多所有的皇帝，从奥托一世到腓特烈二世（962年—1250年）都常努力于统一的事业，但是他们都没有成功。哈布斯堡一族在位时代（1273年—1806年），日耳曼境内四分五裂的情形比从前还要严重。拿破仑得势时于1803年和1804年间把日耳曼境内许多小邦并入较大的国中，这可以说是近世史上日耳曼真正趋向统一的第一步。自从神圣罗马帝国于1806年为拿破仑所倾覆以后，日耳曼诸邦附属于法国好多年。拿破仑败亡时，维也纳会议把日耳曼残留的各邦组成一个非常散漫的同盟。后来普鲁士为了统一日耳曼境内各地的关税，发起组织了一个关税同盟（Zollverein），在1834年时涵盖十八个邦。同盟境内的贸易完全自由，对于境外商业则收取较高的关税。日耳曼各邦间的经济关系因此逐渐密切起来，日耳曼统一的趋势亦因此再前进一步。不久法兰克福的议会想把日耳曼组成一个民主立宪的帝国，终因普鲁士国王不肯赞成，这个计划没有实现。

【普鲁士国王威廉一世（1858年—1888年在位）的雄心】德意志帝国的成立完全以普鲁士为中坚，这和意大利王国的成立以撒丁为中坚一样，所以我们在此不得不详叙普鲁士的历史。普鲁士自从19世纪初年施泰因、哈登贝格等改革家废除农奴制、改组军队，以及费希特诸学者激发民族主义以来，本已具有现代的和民族的两种重要的性质了。自从威廉一世于1858年即王位以后，普鲁士的国运因此一变。因为威廉一世本来抱有很大的雄心，他想把奥地利逐出日耳曼同盟，再由普鲁士来做领袖，把其余各邦团结成一个极其严密的国家，占得世界强国中的一席。他深知要达到这个目的，国际战争断难避免，于是他就专心致志地去整顿本国的军队。

【普鲁士军队的整顿】普鲁士于1813年起来反抗拿破仑的压迫时，本已实行一种全国皆兵的征兵制，规定凡健全的国民都有入伍当兵若干年的义务，以便把全国人民都轮流加以相当的军事训练。威廉一世为增强兵力起见，先把每年征兵的人数从四万人加到六万人，并定常备期为三年，三年之后退伍而为两年的后备兵。他本想把原定两年的后备期改为四年，使得国家随时可有少壮的兵士四十万人，而且中年以上的国民尚不在内。后来因为普鲁士国会的下议院不愿增加军费，所以此事没能实现。

【俾斯麦当国（1862年）】威廉一世仍按照自己原定的计划进行，而且自从1862年他得到一个现代史上伟大的政治家来辅助他以后，他的计划竟能排除万难实现了。这个伟大的政治家就是俾斯麦（1815年—1898年）。他出身于富裕家庭，因为门第和训练的关系，自小就形成了迷信君权和反对民治的观念。他大学毕业以后曾任普鲁士国会的议员、法兰克福公会中普鲁士的代表、普鲁士驻俄驻法的大使，因此他在内政和外交上的经验都非常丰富。当他就任普鲁士的宰相时已四十七岁了。

【俾斯麦的铁血政策】俾斯麦一生的目的在于提高普鲁士的地位，去做统一日耳曼的领袖。他为了达到这个目的，计划了四个政策出来：（一）普鲁士的军队必须大加扩充，否则他的计划就没有实现的可能；（二）必须将奥地利逐出日耳曼同盟，使得普鲁士有自由活动的余地；（三）普鲁士的领土必须大加扩充，介于普鲁士东西两部分领土之间的小邦必须合并，以便连成一气；（四）必须使向来怀疑普鲁士的南部日耳曼诸邦加入联盟，拥戴普鲁士为首领。俾斯麦最先遇到的障碍，就是普鲁士国会的下议院对于军费增加的反对。俾斯麦竟公然宣称，要解决现在的问题，"绝非演说和多数表决能起作用的，其实只有血和铁"。他于是一意孤行，进行扩充军队的计划。世人称俾斯麦为"铁血宰相"，原因即在于此。

"铁血宰相"俾斯麦

【丹麦战争（1864年）】俾斯麦想以武力战胜奥地利却苦于师出无名。不久普鲁士和丹麦忽然发生了领土的争执，俾斯麦于是先诱奥地利加入战团，再用反激的方法引起奥地利的愤怒，以便制造普奥战争的机会。原来丹麦的南面有石勒苏益格（Schleswig）和荷尔斯泰因（Holstein）两省，其中的居民虽然以日耳曼人为多，而且从不当作丹麦国土的一部分，但是数百年来都受丹麦国王的统治。直到1863年丹麦国王不顾日耳曼方面的反对，决定把这两省并入丹麦的版图。俾斯麦乃于次年劝奥地利和普鲁士联合出兵去进攻丹麦。丹麦是一个小国，当然不能抵挡两国的武力，所以战败之后就把这两省让给了普鲁士和奥地利。

【俾斯麦在外交上的准备】普鲁士和奥地利两国对于这两处新得来的地方怎么分配，成了一个困难的问题，而俾斯麦的本意就是想利用这种困难来激起奥地利的反感，制造两国战争的机会。俾斯麦知道普鲁士和奥地利的战争为期已不远，于是先设法取得国际上的同情。当时英国因为和日耳曼的关税同盟签订有优越的条约，所以对于普鲁士颇有好感。法国皇帝亦因为俾斯麦答应战后以领土相酬，所以决定严守中立。俄国沙皇亚历山大二世亦因为普鲁士曾经出兵助他平定波兰的叛乱，所以答应和法国一样取中立的态度。俾斯麦又于1866年和意大利缔结同盟条约，答应帮助它去收复威尼斯。奥地利到了此时，已经被俾斯麦弄到孤立无援的地步了，只有日耳曼境内的小邦对它深表同情。

【普奥战争（1866年）】俾斯麦在外交上既已布置就绪，普鲁士乃提议把石勒苏益格和荷尔斯泰因两省据为己有。奥地利大怒，下令动员，命所有日耳曼同盟的军队前去进攻普鲁士，同时普鲁士亦宣布把1815年的同盟正式解散。1866年6月12日，普鲁士正式向奥地利宣战。当时日耳曼各小邦的君主差不多都反对普鲁士的侵略政策，但是因为普鲁士的军备非常充分，所以他们都不敢公然表示反对。7月2日，普鲁士的军队果然大败奥地利人于萨多瓦

（Sadowa）。奥地利的势力从此一蹶不振，而普鲁士在日耳曼境内可以为所欲为了。

【北部日耳曼联邦的成立】普鲁士虽然战胜了奥地利，但是俾斯麦知道要想统一日耳曼境内美因河（Main）以南较大的诸邦，时机还未成熟。因此他就于1867年把美因河以北诸邦组成了一个北部日耳曼联邦，同时把北部日耳曼境内同情奥地利的诸邦除萨克森外一概并入自己的版图。从此汉诺威、厄斯卡塞尔、拿骚、石勒苏益格、荷尔斯泰因诸地和法兰克福自由城市都变成普鲁士的领土了。

【奥地利、匈牙利合治国的成立】奥地利自从1866年被普鲁士逐到日耳曼境外以后，就竭力和匈牙利调和，调和的结果就是1867年两国间的《奥匈条约》。奥地利皇帝承认自己为两个独立国家的统治者，以奥地利的皇帝兼任匈牙利的国王。两国各设国会，一在维也纳，一在佩斯（Pesth），不过外交、财政和军事都统属于一个公共机关。此外，由两国国会各推出代表六十人组成一种联席国会来监督这种行政。两国境内的斯拉夫人对于日耳曼人和马扎尔人的压迫虽然表示不满，但是这种离奇的合治制度竟能够维持到1918年才受第一次世界大战的影响而瓦解。

第三节　普法战争和德意志帝国的成立

【法国皇帝的失望】法国皇帝拿破仑三世对于普奥战争的骤然结束和普鲁士的凯旋大为失望。他本来希望普奥战争能够旷日持久，弄得两败俱伤，那时他就有资格出来公断，就像从前意奥两国战后的情形一样，把法国的领土加以扩充。不料这次战争的结果竟使得普鲁士的力量和领土都大大增加，而法国丝毫没有获利。当时拿破仑三世也曾想扩充他的势力于北美洲的墨西哥，终因美国人的警告而归于失败。这一点我们在前面已经述及了。

【普法战争的原因】拿破仑三世觉得在这种环境中，只有和普鲁士宣战一途，或许勉强可以平复法国人激昂的情绪，恢复自己已失的威信，普鲁士和法国间的战争到此就难以避免了。不久两国间忽然出现问题，战争于是爆发。原来在1869年时，西班牙的新党把专制的女王伊莎贝拉二世（Isabella Ⅱ）驱逐出国，宣布实行君主立宪政体，并把王位献给普鲁士国王威廉一世的远亲利奥波德。法国人认为这种举动无异于查理五世帝国的中兴，竭力反对，利奥波德因此于1870年7月拒绝西班牙人的请求。此事本可就此结束，但是法国的公使还不满意，一定要威廉一世声明此后永远不再提出这个计划来，而威廉一世不肯答应。俾斯麦乃利用机会故意传出法国公使开罪国王的新闻，而法国人亦误传他们的使臣大受普鲁士国王的侮辱。7月15日，法国正式向普鲁士宣战。

【法国国际地位的孤立】当时欧洲的国际形势其实大有利于普鲁士。原来俾斯麦的外交眼光和手腕，都比拿破仑三世远大而灵敏。俄国记得克里米亚战争时法国的仇视和波兰叛乱时普鲁士的援助，意大利记得1859年法国的半途撤兵和1866年俾斯麦的竭力帮助，奥地利亦记得1859年拿破仑三世手段的苛刻和1866年战后普鲁士态度的宽容。至于英国和日耳曼南部诸邦，对于法国扩充领土的野心都表示不满。所以1870年的法国正和1866年的奥地利一样，在国际上处于孤立无援的境地。

【普法战争（1870年—1871年）】拿破仑三世鉴于普奥战争时日耳曼南部诸邦对普鲁士持反对态度，所以他在对普鲁士宣战时以为，它们一定会援助他，一战之后就可以大败普鲁士。不料他这种预期与结果恰好相反。日耳曼人听到法国宣战后竟同仇敌忾起来，加之法国军队的设备和统率向来不十分完善，日耳曼人渡过莱茵河，不到几天就打败了法国人。8月中旬经过几次激烈的战争之后，法国的大军被困于梅斯城。9月1日，色当（Sedan）一战拿破仑三世竟做了俘虏。日耳曼人乃长驱直入，围困巴黎。同时法国的共和党人乘机把帝政废除，宣布第三共和政府的成立，继续去应付国难。法国的新政府虽然用尽全力去唤起民众抵抗敌人，终因日耳曼的武力强盛而无法抵御，不得已于1871年1月28日停战求和，普法战争到此乃告终止。俾斯麦和法国议和时竭力主张法国把阿尔萨斯（Alsace）和洛林（Lorraine）两省割让给日耳曼；同时要求法国支付巨额的赔款，日耳曼的军队必须等赔款偿清后方肯撤归。法国人不得已只好一一照办。普鲁士和法国从此结下深仇，为后来第一次世界大战发生的最重要原因之一。

【德意志帝国的成立（1871年1月18日）】1870年的普法战争，拿破仑三世是想借此阻止普鲁士的发展，不料反而促进了日耳曼的统一。日耳曼南部诸邦如巴威、瓦敦堡、巴登和南厄斯等，无不出兵援助普鲁士，答应战胜法国之后当即加入北部日耳曼联邦。1871年1月18日，普鲁士国王兼北部日耳曼联邦的总统威廉一世就在法国巴黎附近的凡尔赛宫中，正式宣布成为德意志帝国的皇帝。从此现代世界史上平添了一个强盛的国家。

【三国同盟的起源】俾斯麦的外交政策始终以使得法国孤立为核心，目的在于永远保有普法战争的战利品。他最初想联合俄奥两国组成三国同盟，但因俄奥两国为巴尔干半岛上的两雄，不能并立，所以没有成立。因此他就于1879年秘密和奥地利订盟，约定当事国之一若受俄国攻击时，两国应合力抵抗；若受另一国——法国——攻击时，则当事国之一应严守中立；但若另一国和俄国联合攻击时，则两国亦应合力抵抗。这一个两国同盟就是1882年意大利加入后而成为"三国同盟"的前身，为此后欧洲国际上大规模联合的发轫，且为20世纪初第一次世界大战的一个原因。

第四节　意大利最后的统一

【威尼斯和罗马的并入】意大利王国的统一和德意志帝国的成立一样，大受普奥和普法两次战争的影响。意大利曾于1866年普奥两国战争时，得到普鲁士的援助，乘机从奥地利收回威尼斯。1870年8月，法国皇帝拿破仑三世因为屡次被普鲁士军队所打败，所以把驻防罗马城中的法国士兵召回本国。意大利人亦乘机于9月攻占罗马城，城中居民多数公决把本城加入意大利王国。维克托·伊曼纽尔二世和加富尔等统一意大利半岛的大功到此乃完全告成。王国的首都正式从都灵迁到罗马。

【罗马教皇的地位】罗马教皇的领土虽然受意大利王国成立的影响先后脱离教皇的管辖，加入了王国的版图，但是意大利政府仍旧尊重教皇并以独立国元首相待，允许他不受王国政府的约束。同时意大利王国每年拨巨款去补助教皇的开支。但是罗马教皇自中古初年格雷戈里一世以来，历代教皇惨淡经营所得的领土和政权一旦失去，心中终觉不甘，所以对于意大利政府所制定的种种办法始终不肯承认，而自己始终认为是意大利政府的囚犯。

【意大利政府和罗马教皇最后的妥协】自从第一次世界大战告终以后，意大利的新政党即法西斯党于1922年实行专政，形势为之一变。法西斯党人对于教皇治下的教徒和人民实行统一管理的政策。教皇认为这种举动明显有削减教皇权势的居心，反抗极力。后来几经交涉，意大利政府和教皇终于1929年订立《拉特兰条约》（Lateran Treaty），承认教皇在其宫城中享有独立国主权，教皇亦默认意大利拥有从前教皇的领土。教皇自1870年以来所受的损失，亦由意大利政府给以相应的赔偿。从此教皇宫禁乃变为独立的朝廷，而意大利政府和教皇间多年的不解之怨，到此才言归于好。

【意大利国势的增强】意大利王国成立之后，政府中人很能力争上游。他们为维持强国地位起见，竭力扩充海陆的军备，仿照欧洲其他各国的办法，实行全国皆兵的制度并增造军舰多艘，同时努力于非洲北部殖民的运动。1887年遣兵入侵非洲东北部的阿比西尼亚（Abyssinia），经过十五年的争持，结果只是在红海南口附近得到一块狭长的领土叫作索马里兰（Somaliland）。到了1911年，又因与土耳其的战争以武力取得非洲北部的黎波里（Tripoli）。

【意大利人的出国】意大利国力的发展未免太急促，因此军备的费用非常浩大，加之意大利的土地并不十分肥沃，而国民的赋税负担又非常繁重，所以全国几乎到了破产的地步。国内的贫民既然在本国不能安居乐业，只得纷纷远渡重洋，移往北美洲的美国和南美洲的阿根廷。至于留居本国的人民，亦多生不满政府之心，往往变成社会主义者。不过意大利政府也能注意到军备以外的建设，一面铺设铁道以利于全国的交通，一面提倡实业以维持国民的生计。米兰一跃成为世界上重要的工业中心。国民教育的提倡尤为努力，因此国内文盲的人数大大减少，颇具现代文明强国的气象。维克托·伊曼纽尔二世于1878年去世，继任的君主多能遵守国家宪法，不肯违法以害民。

第四十四章　欧洲的工业革命

第一节　工业革命的意义和重要性

【政治革命和工业革命的比较】我们在前面几章文字中所述的，都是18世纪末年法国大革命以来欧洲各国政治上的种种变化，以及19世纪上半期民权和民族两种潮流怎样引发世界各国的革命运动。这种种变化和运动大部分是军人政客的作用，对民生方面的影响实际上并不太大。就在这个时候，欧洲方面另有一种革命发生，它的力量竟几乎把世界上全部人类的生活从根本上给改变了，这都是一班科学家和发明家在实验室中苦心研究的结果。这班人的目的非常单纯，就是想用科学上的种种新发明来改善世界上全人类的生活状况。他们所用的手段不是开会，不是战争，不是外交手腕，而是实验室或图书馆中埋头的研究。这种革命远比政治的革命重要，所以我们不能不略述它的起源、经过和对于现代世界的影响。

【工业革命的意义】1776年，本是美国正式宣布独立和英国经济学家亚当·斯密（Adam Smith）的名著《国富论》（*Wealth of Nations*）一书出版的一年，亦是对人类生活影响极大的"工业革命"开端的一年。自从这一年以后，一班科学家逐渐用他们在科学上的新发明，把世界上数千年来传统的制造方法、运输方法和其他各种生产的方法从根本上改变了，而且在此后的一百五十年间，竟把全世界人类的生活状态和思想习惯从根本上改变了，所以我们把"革命"两个字用在这种变化上意思最贴切。

【工业革命和民权主义、民族主义以及帝国主义的关系】自从工业革命以后，社会上乃有劳工阶级的产生。工人从农村移居城市，逐渐组成团体，要求参与政治的权利。因此欧洲18世纪末年所产生的民权思想，因有工业革命而益加深刻。同时工业革命亦大有功于欧洲民族运动的发展，因为各国内部的交通日益便利之后，各地畛域之见随之逐渐消失，全国人民都感觉到休戚与共的关系。因此旧国如英国、法国等国国民的团结较昔为坚，新国如德意志、意大利的统一亦得以实现，而一般民族自决的运动亦较昔为烈。至于19世纪后半期欧洲各国帝国主义的扩张，亦是工业革命产生的一种结果。因为国际间的交通便利，殖民事业更加扩大起来；制造业发达之后，殖民地的地位亦因为供给原料、推销产品和便于投资等关系而更加重要。工业革命不但直接改变了人类的生活，而且间接影响到全世界的政局，在现代世界史上真是一种空前的大变化。

【工业革命起源于英国】现代全世界都受到影响的工业革命开端于18世纪的英国。英国的天气潮湿，极宜于纺织类的工业；国内急流很多，故水力很丰富；而地下又藏有大量的煤和铁。这些工业发展上必要的条件，英国都具备。此外，英国的各种工业向来不太受同业公会的束缚，所以比欧洲大陆上各国的工业容易发展。英国的剩余资本、技术工人和商用轮船在当时亦比任何一国都多，加以英国自从"七年战争"胜利以后握有海上商业的霸权，所以1763年后的英国商业大有一日千里之势。世界上其他各国既然都需要英国的物品，英国工匠的天才乃大受激发，努力于创造新的发明，结果就出现了影响巨大的工业革命。

第二节　纺织机的发明

【发明和文化的关系】人类之所以能够由野蛮进步到文明，完全是种种发明的力量。人类最初只知道利用手和足，后来知道利用工具，最后才知道利用自然的力量如风、水、蒸汽、煤气或电气等去驾驭机器。人类的发明愈多，人类驾驭自然的力量亦愈大。到了现代，人类已经不是自然的奴隶，而是自然的主人了。欧洲人13世纪时怎样发明透镜和怎样把指南针、火药、印刷术、造纸术等从东方西传过去，以及18世纪时欧洲的思想家怎样打破传统的观念和鼓吹进步的思想，一班科学家怎样提倡科学应注重实验的主张，我们在前面已经述及了。但是制造和运输的方法始终和千年前一样，并没有什么变动。

【旧式的纺织法】制造方法的革命开端于纺织业。原来欧洲旧式的纺织法非常缓慢而繁重，凡纺纱都是先把羊毛麻棉之类卷在棍上，再用手纺成纱，绕在纺锤上。后来改用纺轮，把纺锤装在木架上，用带和纺轮相连以便随轮转动，纺纱者因此不必再用手去拿纺锤了。最后又用脚踏板去转纺轮，因此纺纱者可同时用两手去纺两根纱。至于织布机则是一种木架，上盘经线，织布者两手用梭把纬线上下往来于经线间织成布匹。在1738年时，曾有一种"飞梭"的发明，织布者只要把绳牵动就可以使得飞梭往来穿织，因此织布的速率增加了一倍。

【纺机的发明】旧式的纺纱法出品迟缓，无法满足织布业的需要。当时英国人悬赏征求纺机的改良。1767年有一工人名叫哈格里夫斯（Hargreaves）发明了一种纺纱机，最初以一人操作机轮，同时可纺八根线，后来十六根线，最后竟达八十根线。不久理发匠理查德·阿克莱特（Richard Arkwright）发明了一种水力的纺机，纱质较之前更加细且坚。1779年克朗普顿（Crompton）结合前面两种纺机的优点制造了一种精纺机，名叫"骡子"。18世纪末年，英国已有同时能纺二百根纱线的纺机。因此手工业再不能和机器相抗衡了，而现代的工厂制度乃应运而生。

【织机和轧棉机的发明】新式纺机发明了而织机又显落后了。于是1784年英国教士卡特莱特（Cartwright）又发明了一种水力的织机，提线和飞梭均是自动的，不必再用人工。几经改良之后，此种织机只要用一人的力量就可抵得二百人的工作。自从纺织的机器各有发明和改良之后，纺织原料的供给亦连带出现了问题。英国的纺织业向来以毛和麻为主要的原料，但是总不如棉的供给丰富。1792年美国人伊莱·惠特尼（Eli Whitney）有轧棉机的发明，每日每人能轧棉千余磅，与从前的每天五六磅相比当然大不相同，因此美国棉花的生产大大增加，输往英国供纺织之用。

第三节 动力的发明和进步

【蒸汽机的发明】英国人自从发明各种新的纺织机器以后，乃进一步去研究制造机器的材料和发动机器的能源两个重要的问题。我们现在先述发动机的发明。哈格里夫斯的纺机最初是用手转动的，阿克莱特的纺机最初是用马力转动的。后来他们两人虽然都改用水力，但是终觉有限。当时英国人瓦特刚好有蒸汽发动机的改良，于是机器动力的问题得到了很好的解决。原来蒸汽压力的原理在古代已经有人知道，不过直到17世纪末年，英国才有人利用蒸汽制造一种抽水机用来抽出矿中积水。1763年冬，瓦特对这种抽水机加以改良，于1769年正式向政府注册。1785年后，这种新的蒸汽发动机乃开始应用于英国的纺织工厂中。

【蒸汽、电力及煤气】自从瓦特的蒸汽发动机出世以后，轮船、机车以及印刷机等先后的发明无不以蒸汽为原动力，所以19世纪有"蒸汽时代"的称呼。至于世界上的商业怎么因工业革命而大加扩充，我们将来再详细地去叙述它。到了19世纪末年，科学上又有一种惊人的发明足以和蒸汽发动机竞争，这就是电力发动机。20世纪初又有煤气发动机的发明，现代的汽车、飞机等重要交通工具都是这种发明的产物。因此18世纪末年所开始的工业革命，因为科学的不断进步而继续下去；但在科学家看来，未来人类物质文明的提升空间还很大。

【钢铁的应用】我们除了需要机器的发动力，还需要制造机器的材料，而制造机器的最好材料莫过于钢铁，所以机器的用途愈广，钢铁的需求量就愈大。英国中部本来富有铁矿，但是直到18世纪后半期，英国人才开始大规模地开采。从前冶炼钢铁的方法极其简单，用炭火和风箱去熔化即可。1750年以后，英国人才以煤代替炭，以鼓风机代替风箱，冶炼钢铁的方法于是大有进步，因此法国、德国以及其他诸国的劣铁就可以炼成精钢了。19世纪中叶以后，钢铁的产量大增，用途亦更加广泛，大的如建筑用的架梁，小的如钟表的弹簧，无不用钢铁制成，钢铁在现代不愧为一切工业的中坚。

【燃料的改良】机器发明以后，除动力和制造的材料两大问题外，还有一个附带问题，就是燃料，因为机器的发动和钢铁的冶炼都需要一种价廉量多的燃料。煤的用途最初以家庭日用为限，后来应用到蒸汽机和鼓风机上，竟然成为力和热的无限源泉。19世纪中叶以前，全世界制造业上所用的煤几乎全部出自英国，20世纪30年代世界上所用的煤大都产自德国、法国和美国。自从1859年美国境内发现大量的石油以后，石油就成为重要的燃料，足以和煤相抗衡了。石油现在①的产品已达三百多种，其中最重要的是点灯用的煤油、发动机器所用的汽油以及驱动轮船或机车所用的柴油。美国至今仍是一个产油大国。

第四节　资本主义和工厂制度

【英国是工业的领袖】英国自从工业革命以后大为改观。从前的农业社会逐渐瓦解，好多小规模的村镇因此消失。各乡农民大多迁往工厂林立、矿产丰富的地方，大城市于是兴起。欧洲大陆上的工业革命则比英国晚些，大约直到19世纪中叶方才普及。这是因为欧洲大陆上各国的同业公会势力较大，认为新机器的应用足以使得工人失业，所以竭力反对。另外法国和日耳曼都经过了多年的革命以及拿破仑发动的战争，财尽民穷，没有力量去发展工业。因此在1815年，英国其实是世界上最大的且最富的工业国。

【全世界的工业化】工业革命发端于英国，再传到欧洲和美洲，现在几乎普及于全世界了。就大体上来说，欧洲工业最发达的区域在西半部；俄国的工业区域局限于西部和南部；至于欧洲东南部的巴尔干半岛，工业发展较为迟缓；亚洲的中国、日本、印度等国的工业发展亦有一日千里之势；北美洲的工业化以美国为第一；至于南美洲、非洲和澳大利亚，都比较落后。

【家庭工业制度的破坏和工厂制度的兴起】我们已述及各种新机器怎样在18世纪末开始被应用于英国，蒸汽怎样被人类利用起来成为主要的动力，那么我们现在略述工业革命在人类生活上究竟产生了哪些重要的结果。第一个重要结果是旧式家庭工业制度被打破

---

① 指作者撰写本书之时。——编者注

和新式工厂制度的产生。旧时的工匠往往在自己的家中或商铺中用自备的器具制造物品，然后就在自己的店铺中售卖或者卖给其他的商人，这就是家庭工业制度。自从机器发明以后，这种情形为之一变。人工的效率当然敌不过机器，而且一个人的财力往往买不起机器，因此大规模的工厂就代替了从前的家庭工业制度。从前那种散居于乡间、半工半农或个人独立的生活从此不可见了。所有工人不得不离开悠闲空旷的环境，迁到工厂附近，租住鳞次栉比的陋室。现代各大城市中工人的住房问题就此产生了。

【**资本家和工人阶级的出现**】工业革命所产生的第二个重要结果，就是资本家和工人阶级的出现。在家庭工业制度时期，因为规模较小、资本较少，所以工人和资本家往往是同一个人去担任。自从机器被发明以后，工厂的设备费用很大，于是富有的人出资开办工厂，贫穷的人只好受雇进入工厂做工，而且工人的生活几乎全靠少数的厂主。现代所谓的资本家和工人阶级就此出现了。资本家和工人阶级对于生产所得的利益应该怎样分配才算公平，是全世界工业上极其重要的一个问题。

【**女工和童工的问题**】工业革命影响了妇女和儿童的生活。机器被发明以前，儿童虽然也做工，但是多限于一些简单的工作，如拣棉花之类的。而机器被发明以后，凡看守机器、连接断线等工作，儿童都能够胜任，而且所要工资远比成年男子少。至于妇女，从前多在家中工作，而现在早晨汽笛一响，女工们就不得不进厂工作。因为女工和童工的工资较少，厂主往往雇这一类的工人，所以流弊渐多，终于引起了政府的注意。

【**资本家反对政府的干涉**】当时一班资本家对于政府的干涉很不满意，以为妨碍了工业的发展。亚当·斯密的经济学原理主张工业自由，政府不得限制，这是当时中产阶级的代表性意见。他们以为凡物价的高低、物品的好坏、工作时间的长短、工资的多少等，都应该根据供求关系来自由发展。如果依照这个原理去处理工业上的重要问题，那么不但可以产生真正的快乐，而且很符合我们所谓的"理性"。这就是经济学上所说的"放任主义"。

【改进劳工生活状况的运动】上面的学说虽然言之有理，但是实行极难。大城市中真正能够享受快乐的只有少数的富人，而贫穷的工人仍占多数。到了19世纪初，英国工人的状况更加困苦不堪，于是社会上发起了种种救济运动，其中最重要的就是劳工法的制定、工会组织和社会主义的兴起三种。

【劳工法的制定】英国的政治家最初对于劳工问题持放任的态度，这是亚当·斯密一派经济学家的主张，也是一班中产阶级所赞成的学说。但是当时有一部分以悲悯为怀的人，觉得政府对于无力自保的工人应该给以相应的保护。几经运动之后，英国政府乃于1802年第一次通过了针对棉业的工厂法，禁止厂主雇用9岁以下的儿童，限制工作时间每天不得超过十二个小时，而且禁止夜间工作。此后三十一年间政府又无其他行动了。后来因为一班大慈善家如艾希利（Ashley）等的活动，英国政府又于1833年通过了对于所有纺织业的工厂法，而且规定由政府经常派人前往各工厂视察。不久后国会又议决，禁止厂主雇用女工和童工在矿中工作；后来进一步把纺织业中女工和童工的工作时间减少到每天十个小时。从此以后，大家才知道劳工法对于改良工人的生活状况影响很大。现在英国政府对于工商各业的管理都极严格，如工人的工作时间、工作的安全、工资的最低额度、工人的教育和保险，以及养老的年金等，都有详细的规定。

【欧洲大陆上诸国的劳工法】至于欧洲大陆上各国的劳工法，如法国、比利时、荷兰、奥地利、瑞典、挪威等都和英国差不多，德国的劳工法在欧洲大陆上是最完备的。澳大利亚和新西兰对于劳工问题，20世纪以来亦有许多新的尝试。第一次世界大战以后，国际联盟中亦设有国际劳工局，是世界上研究讨论为劳工立法的机关。关于这几点，我们在后面还要详述。

【劳工运动的起源】改良劳工的生活状况，除制定法律以外，还有工人自发的组织。工业革命以后，欧洲中古时代留下来的各种同业公会逐渐消失了，工人自发组织的各种工会就代替了它们。英国的工会大概开始于1700年到1800年间。在工厂制度中，因为工人很多，厂主对待工人不能和从前家庭工业时代一样亲密。同时，同一工厂或职业中的工人觉得大家的需求和利害既然大致相同，当然应该团结起来，以便对抗厂主来谋取自身的利益。这就是现代世界上各种工会兴起的原因。

【工会的兴起】英国工人最初组织工会时感觉很困难。当时民法上认为这种团体妨碍营业，被视为非法的。厂主又竭力运作国会通过多种法规来限制工会的活动，有的法规甚至规定，凡联合团体要求增加工资、减少工作时间，以及其他妨碍工业发展的工人，都处以监禁和做苦工的刑罚。但是经过长期的奋斗，这种种压迫工人的法规终于1825年被废止了，而代之以比较开明的法律，此后工人得以聚集开会来讨论工资多少和时间长短等问题了。1875年的《工会法》（Trade Union Act）规定，判断工人团体的行为是合法的还是非法的，应当看作和个人的行为一样，如果工人团体的行为就个人方面来看是合法的，那么政府就不能因为是团体的行为而认为其非法。从此英国的工人得到了一种组织团体的权利。后来的人们因为这一法规关系重大，所以称它为工会制度的"大宪章"。

【欧洲大陆上其他各国的工会】欧洲大陆上其他各国的工会组织大都模仿英国，不过没有英国的工会那么多、那么有钱、那么有势力，而且很多带有政治色彩，和社会主义的政党关系很深。就大体上来说，欧洲大陆上其他各国的工人对于劳工状况的改进，大多愿意信赖政府，而不愿意用团体的力量去和厂主抗争。

【合作运动】合作运动亦起源于英国而逐渐传遍欧洲大陆。英国的合作社很多，凡工人只要出很少的入社费，就可以享有廉价购物的权利。合作社中赚取的利润根据社员购物的多少按比例进行分配。最初的合作社主要在零售方面，后来因为成效很好，所以进一步去做批发的生意，到了现代，甚至制造业和银行业亦有合作社去经营了。

第五节　社会主义的兴起

【社会主义者的理论】救济工人的方法，除上面所述的为劳工立法和工人运动两种外，还有一个极重要的理论，就是"社会主义"。因为这种理论在现代世界史上占据很重要的位置，所以不得不加以详述。社会主义者看到工业革命后资本主义所产生的流弊很多，而为劳工立法和工人运动都过于缓慢，且不能彻底，所以主张把社会的组织从根本上加以改造。他们以为，凡"生产的机关"都应该属于社会，不应该当作个人的私产。"生产的机关"这个术语意思极宽泛和模糊，因为它可以包括田地、园林和一切工具。不过社会主义者所指的似乎只是工业革命所产生的机器、利用机器的工厂和矿场，以及运输各种制造品的轮船和铁路。简单地说，社会主义者的主要理念就是，凡由工业革命所生产的财富都不应该归私人所有。他们认为工人赖以为生的工厂，不应该为少数资本家所有。资本主义制度既然可以使少数富人去控制多数穷人，那么这种制度从根本上就是错误的，所以工人要求增加工资只是一种暂时的救济，不是根本的解决办法。他们也以为凡为工资而工作的人都是"工资的奴隶"（wage slave），而非自由的人，要改变这种情形，除把各种大工业从资本家手中要回然后转交给国家或地方去经营外，别无其他办法。他们以为这种办法可以使大家都享受到利益。这是他们理想中的社会，叫作"合作联邦"，将来总会有实现的一天。

【社会主义者的两派之（一）乌托邦派】初期的社会主义者大多希望资本家能够自我觉悟，对于劳工的状况主动加以改良。这一派一般被称为"乌托邦派的社会主义者"（Utopian Socialists），其中以英国的富人罗伯特·欧文（1771年—1858年）最为有名。消费合作社的组织就是欧文首创的。但是欧文的种种改良计划，都没有实现。不久后欧洲大陆因为受到法国大革命的影响，亦逐渐产生一种社会主义的理想。原来法国的激进派思想家看到大革命后各种社会制度都发生了根本的变化，本想依照推翻封建制度的办法去推翻资本主义制度。这种观念在工业革命的潮流冲到法国以后，更加流行于劳工界。不久法国工人中出现了一个领袖，就是勃朗（1811年—1882年）。他以为法国1789年的革命有利于农民，1830年的革命有利于中产阶级，下一次的革命应该为无产阶级谋取利益了。他主张任何人都有做工谋生的权利，而政府应该提供资本来设立工厂，由人民自己去管理它们，利润归工人共享。他那种国立工厂的理想曾于1848年的二月革命后实现了一次，终因公款不足、管理不善而倒闭了。

【社会主义者的两派之（二）马克思和科学派】现代的社会主义者以为欧文、勃朗等的理想社会程度太高，断难实现。他们以为要靠资本家或政府中人主动去实行共产主义制度，那是乌托邦的梦想，所以他们主张改革的运动应该由工人自己去进行，直接和资本家斗争。他们以为财富的生产纯靠劳工，资本所提供的只是一种机会,所以所有利润应归劳工享有。这就是所谓"科学派的社会主义"的理论,这种理论的首倡者是马克思(1818年—1883年)。他是德国的犹太人,年轻时在德国各大学学习,获得哲学博士的学位。他曾办过一份社会主义的日报,后来为政府所

马克思

禁止。1848年的革命失败后,他被逐出国,移居伦敦,在贫困中写成了那部极有名的《资本论》。这部书对现代思想的影响之大,差不多和卢梭的《社会契约论》及亚当·斯密的《国富论》一样。书中的要义就是:根据对历史的研究,从前的资本家既然继封建贵族而兴,那么将来的工人阶级一定会继资本家而起。资本主义是工厂制度所产生的结果,本就是人类社会发展中一个不能避免的阶段。将来工人阶级获得生产机关的管理权后,必能代替资产阶级,从而建立社会主义国家。马克思用"共产主义"这个词来代表他社会改造的计划,以表明和从前乌托邦派的"社会主义"有根本上的不同。他这种由封建制度演变成资本主义制度,再由资本主义制度演变成共产主义制度的历史哲学,就是通常所谓的"经济史观"(economic interpretation of history),在现代史学理论中占据很重要的位置。德国1870年后出现的社会民主劳工党就是马克思主义最重要的信徒。因为社会主义者主张工人无祖国,而且把全世界的资本家都当作共同的敌人,所以他们在理论上主张打破国界而组织所谓的第一、第二、第三"国际"。

第十二部分
世界帝国的形成和帝国主义的发展

帝国主义的形式有时为直接的吞并,如英国对于印度,法国对于安南,美国对于夏威夷群岛,日本对于朝鲜;有时为势力范围的划定,以作为将来吞并的准备,如英、俄两国对于波斯,欧洲列强对于中国,英、法两国对于暹罗;有时为租借地或特权的获得,如欧洲列强对于中国,美国对于墨西哥,都是较为明显的实例。

第四十五章 德国和法国

第一节 世界大战前的德意志帝国

【普鲁士的优势】1866年所组成的北部日耳曼联邦，几乎全由普鲁士构成，日耳曼南部诸邦加入联邦组成德意志帝国以后，普鲁士的面积和人口仍占帝国全部面积和人口的三分之一。俾斯麦本是深信武力和君主专制的一个人，所以他亲自制定的帝国新宪法仍把优越的地位给予了普鲁士，使它暗中掌管帝国的一切权力。

【皇帝的权力】德意志帝国的"元首"规定由普鲁士国王兼任。普鲁士国王被称为"皇帝"，理论上他并没有皇帝的权力。依照宪法规定，皇帝虽然不能直接否决帝国国会所通过的议案，但是他的地位几乎和专制君主一样，因为他有任免帝国首相、统率帝国海陆军以及任免海陆军军官等重要的权力。

【联邦参议院】依照宪法的规定，德意志帝国的统治权本属于帝国中全体各邦君主，各邦君主的代表机关就是由各邦君主派遣代表所组成的联邦参议院（Bundesrat）。这个参议院远比欧美其他各国的上议院重要，因为重大的议案都由这个机关提出，而且担任参议院主席的往往就是帝国的首相。由于普鲁士国王在参议院中占有大部分的议员名额，因此他在参议院中享有很大的权力，可以为所欲为。

【国会】帝国的下议院叫作国会（Reichstag），由全国成年男子选出代表约四百人组成，国会会员的任期定为五年。如果皇帝得到参议院的同意，就可以随时把下议院解散。因此这个下议院虽然号称代表民意，但是它的权力远不如英美两国的下议院。而且帝国的城市发展很快，所以这个机关也不能真正地去代表民意，例如柏林的人口已增长到几百万，可它的代表只有两名。政府方面生怕社会主义者得势，始终不肯把代表的名额加以变动。

【统一帝国的法律】宪法中规定联邦政府拥有规划全国商业、铁路、邮电、币制和刑民诸法的权力。在俾斯麦的指导之下，各邦的旧法都用新制定的全国统一的法规来代替。从前各地方复杂混乱的钱币都一扫而空，而以马克（Mark）来作为全国的主币。关税制度亦改为全国统一的形式，以便和外货竞争，从而促进本国工业的发展。德意志帝国虽然成立不久，但是凭着上述的种种努力，竟然从中古时代那个衰弱混乱的神圣罗马帝国中蜕化出来，成为一个组织严密、势力强大的现代化国家了。

【俾斯麦和社会党的关系】工业革命虽然早已从英国传到法国，但是直到19世纪中叶后才传入德国。德意志帝国成立前后，其工业上发生了迅速且重大的变化。工业发达的城市纷纷兴起，铁路兴建得很快，于是各地的劳工阶级逐渐觉得有组织团体来对抗厂主从而谋求自卫的必要，因此社会主义亦和别处一样应运而生。当时德国除工会外，还产生了一个以马克思主义做纲领的社会民主劳工党。俾斯麦看到这种情形，认为足以危害国家，大为恐慌。他于1878年通过了一种禁止社会党人扰乱秩序的法律，而且把主要的社会主义者都拘禁了起来。

【国家社会主义】法律的限制虽严，但社会主义的宣传仍在秘密进行，而且非常努力。俾斯麦才觉得要想消除劳工阶级的不满，非得由政府主动去实施一部分社会主义的政策不可。他对于铁路矿产等国有财产和天然资源由国家去管理的主张本不反对,因此德国国有产业的价值在世界大战以前,竟达一百四十亿银元之多,每年的收入亦达六亿元之巨。联邦政府还规定了工人的种种保险,如残废、疾病、年老等都加以保险,由雇主提供一部分的保险费。德国工人享有这种利益的共有几千万人,这就是现代所谓的"国家社会主义"。但是社会主义者以为这种社会主义并不是真正的社会主义,不过是普鲁士传统的保育政策而已。在这种主义之下,资本主义制度仍然存在,而工人的势力也没有增加,所以社会党人始终不能满意。可是德国极端社会主义者的势力终究因为俾斯麦釜底抽薪的方法,不免大受影响。

【威廉二世即位(1888年)】和俾斯麦共同建立德意志帝国的皇帝威廉一世于1888年去世,其皇孙威廉二世继任皇帝,为后来世界大战时的雄君。新皇帝年少气盛,俾斯麦知道不能合作,乃于1890年辞职隐退。此后德国的宰相虽然常有变动,但是要想再得到一个像俾斯麦那样刚毅果决的"铁血宰相",几乎是不可能的了。

【德国的殖民地】统一后的德国和统一后的意大利一样,很能努力于殖民政策的实现。虽然俾斯麦最初不太关注殖民的事业,但在他当国末年,德国还是在非洲西岸获得了很多殖民地。后来德国人取得德属非洲西南部,其面积远比本国大;不久又取得更大的德属非洲东部。但是德国人移往殖民地去的为数不多,又因为德国人和殖民地土人不和,常起骚乱,所以德国在非洲的殖民事业大多得不偿失。到了1897年,德国人又向中国强借胶州湾,开始和英法诸国竞争殖民地的发展。不过1914年世界大战开始以后,德国的殖民地完全被协约诸国所瓜分,始终不能恢复。

【德国的隆盛】威廉二世在位时,德国的国势日益隆盛,财富和人口都大有增加。1870年德国本有四千万人,到了1914年竟增长到六千八百万人，人口增长率在欧洲诸国中要数第一。宏大美丽的新城市林立国中，旧城市的窄巷变成大道，简陋的住屋改造一新，城市郊外也铺设了宽广的林荫大道。大规模的轮船公司受政府有力的补助，纷纷成立，航线几乎遍及全世界的海洋。航运既然便利，海外市场日有推广，海外商业亦因之日渐发展；国内的农民和制造家莫不大受其利，喜形于色。因此德国在20世纪初工商业的发展和海陆军的强盛，几乎已经超过了英法诸国。英法诸国看到这种情形，当然会生出猜忌的心思。诸国间一方面努力于海外商业的竞争，一方面又拼命于国防军备的发展，终于导致了一场旷日持久的世界大战。

第二节　世界大战前的法兰西共和国

【1870年的巴黎暴动】当1870年9月1日法国皇帝拿破仑三世在色当被俘的消息传到巴黎之后，法国的一部分共和党人就宣布帝制的取消和共和政府的成立。他们立即组织临时政府去维持对德的战事。战事告终以后，法国人乃于1870年2月选举代表组织国民议会来主持对德国的和议。但是和议将要结束时，巴黎市民忽起暴动。他们以为国民议会的代表多是保王党人，生怕帝制复起，所以组织一个和大革命时期一样的市政府，以便保卫巴黎市和反抗护国军。此后双方相持不下，战斗极其惨烈，无辜被杀的人很多。政府军队无所不用其极，经过两个月的纷乱和多次流血的巷战，巴黎市政府的势力最终被政府军队所打倒。暴动的惨剧在血泊中宣布结束。

【法国的复兴】国民议会在政治家梯也尔（Thiers）的领导之下，最终将巨大的赔款付给德国，让德国的驻军退出国境。法国人竟能于三年之内把五十亿法郎的赔款悉数付清，当时人无不惊叹。此后法国人努力于国运复兴的工作，改组军队，实行征兵制度，规定全国人民都有当五年常备兵、十五年后备兵的义务。

【共和宪法】国民议会同时着手制定一种新宪法。最初几年，议会中人对于新宪法的主张总是举棋不定，后来因为保王党的内部产生了派别，各不相让，保王党中又没有有威望的人物受人拥戴，所以主张改帝制为共和制的人最终获得胜利。1875年国民议会通过了三种关于政府组织的法律，而共和政体就此确定。这三种法律虽然没有宪法的名称，但实际上就是法国现行的新宪法。根据这种新宪法组成的法国，就是现代通常所称的法兰西第三共和国。依照新宪法的规定，法国总统由参议院和代表院召开联席会议时选举出来，任期七年；总统之下设内阁总理，是实际上的行政元首；内阁总理和各部部长组成内阁；并仿照英国的办法，内阁对国会负责。国会分上下两院：参议院和代表院。参议院议员用复选制选举出来，任期九年，每三年改选一百人；代表院议员任期四年，由全国成年男子普选出来。法国国会的形式虽然和英国相同，但实际的情形却大为不同。英国的国会向来为两大政党所把持，此起彼伏，形势分明；同时英国的内阁一向由国会中多数党人组成，内阁和国会几乎沆瀣一气。至于法国国会中的政党多达十几个，从极右的保王党到极左的共产党，都各持己见、各有政纲，所以内阁总理要想在国会中得到多数人的支持非常困难，往往不得不多方迁就，勉强拉拢，暂时形成占据多数的局面。法国内阁的更迭远比英国频繁，法国内阁和国会的关系远不如英国那样严密，原因就在于此。

【政府和教会的冲突】法国旧教的教士对于共和政府向来仇视，因为共和党人的主张，如国民教育应由政府主持，不应归教会办理；出版、言论应该自由等，在旧教教士看来，都是足以危害教会权威的理论。不过法国的共和政府还是制定了一种公立学校制度，不许教士在这种学校中担任教师。至于教会所设的私立学校，则由政府进行严密的监督。后来由于各派修道士多反对这种种压迫教会的法律的实施，国会竟然更进一步地去关闭他们的学校，解散他们的团体。结果有许多男女修道士离开法国，逃避到别国去了。

【政教的分离】政府对付教会的严厉办法并不以此为止。原来按照1801年拿破仑和罗马教皇的协定，国内的主教由政府任命，所有教士的俸金亦由政府支给，因此法国的教士兼有官吏的性质，当然势力更加庞大。但是经过了一百年的时间，法国共和党人已经不肯相信教会中人所宣传的教义了，他们最终于1905年通过了一种政教分离的法律。此后政府对于教士不再负有支给俸金的责任，只不过把教堂和一切用具交给教士去自行处置罢了。同时为了惩罚违抗新法的教士，政府就把主教的住宅和神学院改为学校和医院。法国自中古时代以来权大位尊的旧教教会到此竟一落千丈，此后的教士就全靠教徒的捐助来维持他们的事业和生活了。

【法国的进步】法国在第三共和政府的统治下进步很大。法国人本来就以节俭著称，法国的财富日有增加，国内农民的储蓄为数很大，因此巴黎的大银行常有巨款借给他国，其中借给俄国的尤多。巴黎因此成为和英国的伦敦、美国的纽约一样的世界金融重镇。法国的军队早已改良，国家财富又日益增加，所以虽然经历过普法战争的重创，但是到了20世纪初，它又成了一个兵精粮足的国家，准备向德国报仇了。

【劳工运动】法国政府虽然致力于军备和财政的发展与管理，但是对于劳工状况的改良却远比德国缓慢。这是因为法国的富人能够联合起来取得国会中多数的表决权，所以凡是增加富人负担、有利于贫民生活的法律往往不能通过。法国的工人虽然继续选举社会党人去代表他们出席国会，但是对于政府主动增加工人福利早已绝望了。他们更信赖所谓的"工团主义"（syndicalism），努力于工会的团结，用所谓的"直接行动"，也就是同盟罢工，去强迫资本家答应他们所提出的要求。法国内部虽然常有这类劳资间的纠纷，但法国的国运却日趋隆盛，非洲和亚洲的殖民地发展亦很迅速，因此不免和德国发生种种冲突，导致了将来的大战。关于争夺非洲的情形，我们之后再述，现在先述法国是怎样从中国手中取得印度支那半岛的领土的。

【印度支那半岛上中国文化的得势】我们在前面已经述及中国的文化怎样逐渐向南传到安南，印度文化怎样逐渐向西传到缅甸、暹罗、柬埔寨和占婆一带，和代表中国文化的安南相持。我们又曾述及占婆到15世纪怎样为安南所灭，柬埔寨的高棉族怎样于14世纪后受安南和暹罗的压迫而领土日蹙，暹罗人怎样于13世纪后乘机脱离柬埔寨而自立。总而言之，到中古末年时，印度支那半岛上的中国文化已经取代了印度文化，占婆早已灭亡，柬埔寨亦苟延残喘，只留下一个由中国西南部迁移过去的暹罗民族，和东面的安南对垒。

【法国势力入侵的开始】我们亦曾述及1802年以后，阮福映怎样统一安南。但是这次安南的统一其实已经种下亡国的祸根，因为这次统一的成功，实源于法国教士贝汉的援助。原来当时法国在印度的势力既然被英国人推倒，本就想取偿于东方的安南；而安南郑、阮两族争雄时，阮氏又早已和法国签订割地求援的条约。从此法国的势力就因为安南的引狼入室而侵入印度支那半岛中。不过直到1863年时，常受安南、暹罗两国夹攻的柬埔寨，才受法国人的威胁利诱，最终答应受法国的保护以抵制暹罗，这是法国占有印度支那半岛领土的开始。古代高棉人所建的文明国家到此乃亡。同时法国占领了东边交趾一带,将之收为领土。

【安南东京的灭亡】法国既然得到柬埔寨,基础已固,乃乘中国太平天国运动之际,想夺取安南北部富含矿产的东京。当时法国一方面借口受太平天国余众的骚扰,一方面借口售军火于中国云南的官吏,向安南提出通过东京红河的要求。安南人不允,双方遂于1873年宣战。安南人乃求援于太平天国的余党刘永福,迭次大败法国军。后来安南又求援于中国的政府,法国遂于1883年向中国开战,夺取台湾诸岛。但是中国的"黑旗兵"在东京北面的谅山,仍屡次大败法国军。法国在当时进退失据。英国人罗伯特·赫德(Robert Hart)时任中国总税务司,出面调停,中国政府竟和法国于1885年签订《中法新约》,承认法国为安南的保护国。不久后法国又从暹罗手中夺得湄公河以东的老挝,加上东京、安南、柬埔寨和交趾,都成为法国在印度支那半岛上的领土。

第四十六章　大不列颠帝国

第一节　英国的立宪政治

【政党的政治】英国的宪法虽然不是成文法，但是现代欧洲大陆上各国的宪法多以它为模板。18世纪时，英国国王的权力怎样被削减，国会的势力怎样扩张，我们在前面都已经述过了。现在我们再述英国的政党怎样运用政治和内阁对国会怎样负责。英国的两大政党最初出现于17世纪内乱之后：主张君权神授、国教独尊的"骑士党"和主张国会独尊、信仰自由的"圆颅党"。骑士党后来蜕化为现代的保守党，圆颅党蜕化为现代的自由党。直到现代才有第三个党——工党出现。关于英国政党政治和责任内阁制度的起源，我们在前面已略述过。英国的政局向来由两大政党来主持，各有依据的党纲，各有实行的计划。中央政府以内阁为中心，所谓的国王不过是一个高拱无为的元首。至于内阁，则由每届国会下议院中占有多数的党人组成，因此多数党的领袖往往由国王任命为内阁总理，叫他选任同僚组成内阁，担负起实际上治国的责任。

【责任内阁的制度】英国的内阁制度起源于18世纪前半期乔治一世在位时，这一点我们亦曾述过。当时因为国王成长于德国，不懂英国的语言和政治，亦不常出席国务会议，因此内阁成员往往不等待国王参加就决定一切国家的大事。英国的责任内阁制就此逐渐形成。英国的国家预算案向来须由国会下议院通过，国会中人倘若对内阁不信任，往往不肯通过预算案。内阁中人既然知道本党在国会中已失去控制的能力，他们就不得不提出集体辞职，退避让贤。英国国王于是任命国会中的反对党人照样改组内阁。不过若原来的内阁相信全国人民和他们是一致的，内阁总理可以请求国王下令解散国会，举行改选，希望可以在新的国会中取得多数的同僚。如果国会改选以后，反对党人仍居多数，那么当然只有集体辞职这一条路了。照此看来，英国的内阁不但对于代表人民的国会负有责任，而且对于全体国民亦负有责任。至于英国国会下议院的议员，虽然自1911年后规定至少每五年应改选一次，但是实际上的任期并不确定，因为内阁遇到重要的问题和国会相持不下时，为了取得确切的民意，随时可以把下议院解散，所以英国的国会对于全国民意的感觉，远比议员任期确定的立法机关灵敏。以上所述的就是现代英国宪政中政党政治和内阁制度的妙用。

【国会本身的改革】英国的国会到了18世纪时，因为情况有了很大的变化，所以已经不能完全代表民意了。例如旧时的城市因受工业革命的影响而缩小，但是其代表人数并没有随之减少；新兴的城市因受同样的影响而产生，但是在国会中没有选举议员出席的权利。此外，凡遇国会议员选举的时候，一班政客夤缘奔走，贿赂横行，以至于下议院议员的名额多由上议院贵族私人占有。因为这种情形，一班改革家经过长时间的运动，终于1832年通过了一种国会改革案，剥夺了五十六个所谓"腐化的城市"的代表选举权，另外增设了四十三个新城市；同时将选举权加以扩充，但是大体上仍以有产阶级为限，工人和佃户依然不能拥有选举议员的权利。

【宪章运动】当时一班改革家对于这种不彻底的改革当然不满意，因此他们就提出一种书面的要求，叫作《宪章》，其中重要的条件就是凡公民都应享有选举权，选举时应采用不记名的秘密投票法，国会议员应给以公费以便穷人在选举时可以出席。这班改革家因为提出了这个宪章，所以后人就叫他们为"宪章党"。他们常常进行公开游行示威的活动，广加宣传，征求民众签名，据说竟达一百万人以上。但是国会中人始终置之不理。后来欧洲大陆于1848年大起革命，英国宪章党再次乘机活动，甚至工人方面也曾起骚乱，但是依然毫无结果。直到1867年国会才答应把选民增加一倍，到1884年又增加二百万人。不过仍然有许多较穷的工人不能拥有选举的权利。

【普遍选举的成功】英国人民的选举权自此直到20世纪初才有更进一步的扩充。因为当时不但男子有这种要求，女子亦起来运动，而且运用种种激进的方式去引起国人的注意。经过十年的争论和努力之后，英国终于1917年世界大战正酣时成为一个真正民治的国家，因为国会在这一年通过了一种议案，把选举权给予全国成年的男子和六百万"占有"田地或房屋的女子。我们知道现代女子得以享有选举权本始于1901年的澳大利亚，后来芬兰、挪威、瑞典、丹麦等国亦于1907年到1915年间照样施行。第一次世界大战以后不但英国如此，就是美国、俄国、德国、匈牙利等国亦都仿行了。因为女子参政是20世纪初民权运动上一件很重要的事情，所以顺便在此述及。

第二节　英国其他的改革

【言论自由】现代英国除国会的改革外也实行了其他扩充人民自由的办法。人民的自由涉及诸多方面，但还是以言论自由、出版自由和政治集会自由最为重要。18世纪时，英国的法律虽然比欧洲大陆上诸国开明，但是直到19世纪中叶，英国人民才得到完全的言论自由。这在民权发达的国家是一种不可或缺的制度，所以现代英国人以享有这种自由而自豪于全世界。

【信仰自由】英国在18世纪时原是一个信仰自由的国家，但是所有旧教徒和不信奉国教的新教徒都不允许担任政府官吏和取得大学学位。后来经过长期的运动，这种种限制才得以取消。在1828年时，从前种种限制不信奉国教的新教徒的法律都被废止了，不过要以他们担任公职时宣誓不利用地位危害国教为条件。次年旧教徒亦因为国会通过了所谓的《解放案》而得到解放，此后得以享有担任国会两院议员和其他官职的权利，不过他们此后必须不再主张罗马教皇有干涉世俗事务的权利，而且必须声明不再存心攻击新教。从此英国就成为一个真正信仰自由的国家。

【国民教育】19世纪初，英国国内的文盲还是很多的。自从1870年政府方面有国民义务教育的政策施行后，国内设立了许多义务教育学校，因此现代的英国儿童几乎人人都读书，人人都识字。英国报纸的定价本极低廉，购买又极便利，因此现代的英国人几乎人人都阅读报纸，人人都周知世界的大势。我们由此可见，英国之所以能够成为现代世界上富强的大帝国，绝不是一件偶然的事。

【刑法和监狱的改良】英国的刑法在19世纪初原本很严酷，单就死刑的罪名而论，就有二百五十种之多。后来几经改良，直到1861年才把死罪减少到三种。至于监狱，在当时亦很黑暗，后来经国会派人调查之后，才于1835年通过了一种法律，规定全国监狱应由政府常常派人视察，监狱的行政亦应大加改良。现代世界文明各国改良监狱的运动恐怕要以这次为开端。

【工厂的改良】英国自从产生现代的工厂制度以来，工人生活的困苦真是一言难尽。厂房因仓促建成，简陋不堪，厂主对于工人的福利和卫生更不加注意。工厂的周围，黑暗狭小的工房排列成行，挤在一处，以供工人和其妻子居住。自从蒸汽机被发明应用以后，女工和童工的人数大大增加。工作的环境极其恶劣，而且工作时间很长，可是辛苦挣来的工资只够糊口。至于成年男工的生活状况，除技术工人外亦和童工相同。后来国会中人受到改革家运动的影响，加以调查之后，乃于1833年把棉毛等纺织厂中童工的工作时间减少，并于1842年禁止女子和儿童再在矿场做工。但是直到1847年，英国法律才把棉毛等纺织厂中女工和童工的工作时间定为每天十小时。英国的劳工改革运动自这次胜利以后，常有进步，到了现代，除德国外恐怕要以英国政府最能为工人谋福利了。

【自由贸易】欧洲其他各国基本上都采取高关税率的政策，以限制外国商品的输入和保护本国实业的发展。不过英国独以采取自由贸易政策而闻名。英国原本亦深信保护商业的关税政策，而且在18世纪下半期亦曾颁布过种种航业法和贸易法，以致引起了北美洲殖民地人的反抗。到了19世纪中叶，英国的制造家以为自己已有实力和外国竞争，此后乃改用自由贸易的政策，先把从前的谷物法律取消，对于外国输入谷物概不征税。1852年到1867年间，所有关于航业的法令和关税几乎都被废止了。

【自由党的政治纲领】英国从1886年到1906年的二十年间为保守党当国的时代，这时英国人对于改革的兴趣好像很冷淡。到了1906年国会改选之后，自由党人因为有新兴的工党和爱尔兰国民党的援助，代保守党而起，努力于改革的事业，轰动一时，所以此后到1914年可以称为英国改革的新时代，自由党人看到国内多数人的贫穷，认为政府方面非设法救济不可。于是他们提出种种议案于国会，规定工人残废和养老的年金，减少过分劳苦而工资太低的工作，筹划为失业者提供工作机会，改善穷人的居住条件，取消贫民窟等。1908年自由党的领袖乔治就任财政大臣，更迅速地进行了改良。他于次年提出一个极著名的预算案于国会时，曾说："我听见人家说，在太平时代从来没有一个财政大臣敢征收这样重的赋税。其实我的预算是战时的预算，筹到的军费是用来和贫穷作殊死斗争的。我不能不希望而且深信在我们这一代人还没有过去之前，我们已能够进入一个离开贫穷和困苦很远的新时代。"

【贵族院的屈服】乔治的预算案因为对于富人来说负担较重，而且对于不劳而获的富人来说负担尤重，所以虽然国会的代表院通过了，但贵族院中人莫不认为该预算案过于革命，不肯同意。因此内阁就下令解散国会，举行改选。贵族院最终不得不屈服，自由党人对于这次贵族院的反对非常愤恨，所以于1911年提出国会改革议案。从此以后，贵族院遂失去了干涉民意的权能。不过自由党改革的努力最终因为1914年世界大战的爆发而暂告终止。

第三节　爱尔兰问题

【土地问题】英国国会在19世纪时所遇到的严重问题本来很多，爱尔兰问题就是其中一个。英国人侵略爱尔兰开始于英国国王亨利二世在位时（1154年—1189年）。英国人和爱尔兰人本是异族，所以英国人往往以异族身份夺取爱尔兰人的土地而坐享其成。爱尔兰人曾于16世纪后期女王伊丽莎白在位时和17世纪前期克伦威尔在位时屡起民族革命，流血很多，不但没有成功，而且增加了英国人没收土地的机会。1688年时爱尔兰人又想援助信奉旧教的詹姆斯二世，结果和前几次一样。

【遥领的地主】那班拥有爱尔兰土地的英国人大部分住在英格兰而成为所谓"遥领的地主"（Adsentee Landlords）。在19世纪时他们往往终年不踏足爱尔兰，对于佃户除收租外亦毫不关心，而每年英国人坐享的租金却达几百万英镑之巨。如果佃户没有能力缴纳田租，他们就有立刻被逐的危险。

【佃户的苦况】爱尔兰的农民因为受到英国地主的残酷剥削，所以常常衣食不周。爱尔兰人原本有半数以马铃薯为主要食粮，一旦遇到年岁不丰，他们就会立刻陷入绝境。他们那种困苦的状况真的难以用言语形容，例如1847年全国马铃薯歉收，饿死的人数以千计。此后爱尔兰人因为在本国生活艰难，不得不纷纷迁往国外另求生路，其中移往美国的尤多。五十年间移居国外的爱尔兰人竟达四百万人之多，他们无不对英国恨得咬牙切齿。

【宗教问题】因为爱尔兰和英国的民族血统不同，所以英国的地主安然坐享爱尔兰农民的血汗而不加顾惜，因此引起了土地的问题，产生了民族间极其强烈的恶感。此外还有宗教上的问题，引起了双方多年的冲突。这两国原本都是信奉旧教的国家，自从英国人改信新教以后，他们就强迫爱尔兰人改变信仰。他们建造英国国教的教堂于爱尔兰，逐出爱尔兰旧教的教士而代以国教教徒。爱尔兰的新教徒只占全部人口的十分之一，这些英国国教教士的生活仍以穷苦的爱尔兰人缴纳什一的教税来维持。不过爱尔兰人始终信奉旧教，不肯屈服。当1829年爱尔兰的旧教徒因为《解放案》的通过而加入国会为议员时，他们就开始努力于旧制废除的运动。后来经过长时间的奋斗，爱尔兰境内的英国国教和什一的教税终于1869年正式被撤销。

【土地问题解决的运动】英国国会中的爱尔兰议员自从获得这次成功以后，就在巴涅尔（Parnell）的领导下在国会中提出土地问题要求解决。1881年到1903年间，国会中通过了许多议案，使爱尔兰的农民可以受到一种公平的待遇；如果农民有意购买所种的田地，可以向政府贷款，将来再分期偿还即可。爱尔兰的土地问题到此好像有了解决的希望。

【政治问题】爱尔兰和英国因为种族的不同，产生了土地和宗教等困难的问题，不易解决。此外还有一个问题非常重要，就是所谓的"自治问题"。1801年以前爱尔兰有一个国会，自从1801年英国国会通过《联合法案》（Act of Union）以后，英国国会的上议院另增爱尔兰的贵族二十八名，下议院另增人民代表一百名，爱尔兰的国会就此废止。但是因为英国的国会中英国人和苏格兰人占有很大比例，所以爱尔兰的爱国志士对于这种办法竭力反对。此后爱尔兰人的自治问题就成为爱尔兰问题中一个重要的争论点，双方争持不下，为时很久，而且毫无结果。

【独立的运动】后来英国有名的政治家格莱斯顿（1809年—1898年）亦赞成爱尔兰自治的主张，于1886年和1893年分别提出爱尔兰的自治案于国会，但是最终因为英国人的反对而没有结果。到了1914年，英国国会因为爱尔兰人的长期努力不得不通过自治议案时，又因为爱尔兰阿尔斯特（Ulster）的新教徒反对而没有实行。当时世界大战爆发，这个问题暂告中止。不久乔治也召开过一次爱尔兰宪法会议来讨论自治问题，但是依然没有结果。爱尔兰人到此忍无可忍，乃起而暴动，而且组织了一种共和党，叫作新芬（Sinn Fein），努力于绝对独立的运动。英国政府就用武力去对付他们，发生了许多流血的惨案。至于爱尔兰人后来是怎样自主的，我们将来再去叙述。

第四节　英国治下的印度

【大不列颠帝国的广大】现代世界上的帝国要以英国人所建立的大不列颠帝国为最大，现代世界上的帝国主义恐怕也要以英国人的大不列颠帝国主义最为成功。关于现代世界上帝国主义的情形，我们在后面会详加叙述，现在先述大不列颠帝国的情形。英国在中古初年本来以英格兰岛（亦称不列颠）为发祥地。自从13世纪末吞并威尔士、18世纪初合并苏格兰以后，大不列颠全岛（不列颠和苏格兰的总称）才归入英国人的治下，英国人侵略爱尔兰虽然开始于12世纪，但正式的合并其实是在1801年爱尔兰国会被废止时。此后大不列颠岛和爱尔兰岛合成所谓的大不列颠王国。英国的殖民地虽然自16世纪以来就日有增加，但是大不列颠帝国的名称恐怕开始于19世纪后半期英国女王维多利亚（Victoria）兼称印度皇帝之后。20世纪初所谓的大不列颠帝国其实包括欧洲、亚洲、非洲、南美洲、北美洲、澳大利亚和太平洋中所有英国的领土，面积的广大和人口的众多真是一时无两。

【印度】大不列颠帝国中最重要的海外领土莫过于亚洲南部的印度。印度的莫卧儿王朝怎样兴起于16世纪初，怎样隆盛了二百年之后于18世纪初衰落，最终为英国的东印度公司所吞并，种种情形我们在前面都已述及。到了19世纪初，英国人在印度的势力已扩展到孟加拉一带，并沿恒河流域而上达于德里城之外。此外，东部沿海一带狭长的地方、半岛的南端和锡兰岛也都在英国人的掌握之中了。至于西部，英国人亦已占有孟买和苏拉特以北的地方。除上述诸地由英国人直接统治外，印度内地还有许多割据自立的酋长亦仰仗英国人的"保护"。至于法国人和葡萄牙人的领土，此时已缩小为纯粹的商站了。但是印度内部还有一个民族的组织起来反抗英国人的侵略，这就是所谓的"马拉塔联盟"（Mahratta Confederacy）。

【马拉塔联盟】这个联盟本来是一种土人酋长的集团，位于孟买以东的地方。各土人酋长间常起内战，英国人乃借口用武力去征服他们。1816年到1818年间双方屡起战事。英国人的武力本来较强，而且联盟内部未能完全统一，所以联盟的一部分领土最终为英国人所吞并。其他残存的小邦虽然仍能苟延残喘，但实际上已变为英国的属国了。

【对尼泊尔的征服】同时住在喜马拉雅山以北的古尔卡斯人（Gurkhas）也常常南下侵略恒河流域，他们曾建立小王国名叫尼泊尔，并曾纳贡于中国。英国人于1814年用武力征服了他们，夺取了大部分地方。英国人在印度的领土从此就和我国的西藏接壤了。

【缅甸的灭亡】当英国人正努力征服马拉塔人和古尔卡斯人时，印度东边的缅甸人看到国家危在旦夕，所以先发制人，乘机向西侵入孟加拉。英国人乃于1824年到1826年间出兵战胜了他们，夺取了孟加拉湾东岸的地方。英国人扩充他们的势力于印度东境之外后，野心更大，经过二十五年的和平局面之后，又于1852年对缅甸发起了第二次战争，夺取伊洛瓦底江（Irrawaddy）流域和仰光（Yangon）以下的海岸。1884年和1885年间，英国人进一步征服缅甸全境，千余年来佛教文化的古国到此乃随印度之后而灭亡了。

【对信德和旁遮普的征服】印度西北部印度河流域的下游为一肥沃的区域名叫信德（Sindh），本有土人酋长统治。英国人垂涎已久，而且认为此地是印度西北的门户，所以于1843年借口土人酋长政治腐败而出兵夺取了此地。不久英国人又和印度西北部的锡克派教徒（Sikhs）发生冲突，经过1845年到1846年和1848年到1849年两次战争，最终把他们在印度河上游的领土旁遮普完全夺了过来。印度河流域从此都归入英国的版图，15世纪后半期那纳克（Nanak）所创的一神教所占有的领土此后便失去独立的资格了。

【土兵的兵变】英国人在印度所实行的侵略主义当然引起了印度人的反感，其中以亡国的土人酋长和反对基督教的穆斯林最为激烈。果然在1857年，印度土兵在英国军队中发动了一场极严重的叛乱。他们先在德里城起事，杀尽该地的英国人；勒克瑙（Lucknow）的居民亦群起排外；住在坎普尔（Cawnpore）的英国男女孩童亦被杀了千余人。后来英国人终于以武力平定了乱事，其手段的残忍和叛兵对待英国人相仿。我们由此可见印度人对于英国具有极其强烈的反抗精神。

【印度政府的更换】英国政府看到印度方面的形势十分危险，就把印度的政府从根本上加以改良。二百五十余年来统治印度的东印度公司到了1858年就把政权交出，此后的印度直接由英国国王和国会来统治。英国内阁中设一印度大臣，另外派遣总督进驻印度作为国王的代表。1877年的元旦，英国女王维多利亚正式宣布兼称印度的女皇。

【印度的进步】英国人自从征服印度以后，虽然对印度人进行种种政治上、经济上和文化上的压迫，但是也做了许多建设性的工作。印度全境的铁路修建很快，军队的运输和棉花、大米、小麦、靛蓝、烟草等土产品的出口都大为便利。境内纱厂林立、城市繁荣，海外商业在最近一百年来几乎增长了二十倍。此外，用二十余种方言所编的报纸也有八百种之多，教育机关可容纳学生五百万。所以现代的印度在经济上和文化上均大有进步。不过近来印度的民族主义者多以为这种种进步实际上还是英国人受益最多，而且印度人在政治上受英国人的支配，始终是一个被压迫的民族，所以他们发起了民族自治的运动，成为英国政府面临的一个困难问题，情形与爱尔兰未获自主前差不多。关于这种运动的情形，我们留待后面去述。

第五节　加拿大和澳大利亚

【加拿大的人口】英国在西半球的领土也很多，以北美洲北部的加拿大最为广大。当英国人在18世纪中叶从法国人手中夺得加拿大时，加拿大原本只有六万五千多个法国人。英国人允许法国人继续信奉原来的旧教，实行以前的法律，不加干涉。后来美国独立革命时，有许多人逃到加拿大去，其中英国的移民很多，因此英国人在加拿大逐渐增多，慢慢多于法国人了。

【自治政府的成立】当时加拿大的政权多操控在从美国逃过来的英国保王党手中，他们大多属于保守党，因此一部分自由党人于1837年起来革命。同时加拿大的法国人亦因不愿受英国人的统治，乘机作乱。这两起乱事不久就被英国人平定了下去。不过英国政府随即派达勒姆勋爵（Lord Durham）前去调查，他于1840年归国报告，主张应该允许殖民地自治。英国针对殖民地的政策从此发生了变化，此后英国政府对于殖民地总以尽量许其自治为原则。因此，英国的殖民地已和独立国无异，可以和其他国家建立外交关系。

【加拿大版图的建立】1867年安大略、魁北克、新不伦瑞克、新斯科舍四省为加拿大的领地。此后，西北诸地因铁道铺设之后逐渐被开辟，亦先后设立行省和特区，陆续加入加拿大的版图，其面积比美国还要大。北方一带虽然已进入寒带，但是中部平原产麦甚富，西部高山矿产很多，不失为天然资源很丰富的地方。英国政府对于加拿大也极为放任，虽然加拿大总督由英国国王任命，上议院议员亦由总督指派，实际上上议院议员的选任都由当局的国务总理和多数党主持。同时下议院由各省人民选举代表组成，权力很大，完全和英国国会相同。

【澳大利亚】英国在南太平洋中占有澳大利亚（Australia）、

塔斯马尼亚（Tasmania）和新西兰及其小岛，总面积在三百万平方英里以上。澳大利亚大部分地方处于南半球温带，北部接近赤道，气候炎热；中部缺少河道，干燥不宜居人；东南部气候最佳，是殖民的中心区域；岛上金、银、煤、锡、铜、铁等矿产丰富。塔斯马尼亚和新西兰风景优美，土地肥沃，均在澳大利亚之上。

【澳大利亚的殖民】18世纪时，澳大利亚和塔斯马尼亚原来为黑种蛮族的居住地，欧洲人不太注意。1787年英国政府才决定把澳大利亚的植物学湾（Botany Bay）作为流放国内罪犯的地方。此后英国的罪犯不断来到澳大利亚和塔斯马尼亚，人口逐渐增多。19世纪中叶，普通的英国人民迁来的也很多，因此英国政府停止了流放罪犯。1851年澳大利亚的金矿被发现之后，英国人趋之若鹜，使得该地更加繁盛。但是至今澳大利亚仍以农业和畜牧业为主要产业。

【澳大利亚共和政府的成立】澳大利亚各殖民地既然日有进步，于是效仿加拿大的先例，要求组成联邦政府。英国国会乃于1900年通过议案，允许澳大利亚和塔斯马尼亚等六州组成澳大利亚联邦（Commonwealth of Australia），总督由英国任命。国会分两院，上议院由各州选出六人组成，下议院议员则由全体人民选举产生。现代世界上通行的"不记名投票制"就开始于澳大利亚，进而风行于英美各国，目的在于消除政客贿选的流弊。

【新西兰殖民地】东南方向离澳大利亚一千二百英里的大岛为新西兰。19世纪初才有英国人移居此岛。1840年英国人和土人毛利族（Maoris）签订条约，如果毛利族人承认英国为他们的上国，则英国人会保留一部分地方作为其居住之地，同时英国人建立奥克兰城（Auckland）于北岛。二十五年后新西兰宣布独立，以惠灵顿（Wellington）为首都。

【社会事业】近年来，新西兰以社会改革事业闻名于世界。19

世纪末，新西兰的工人很有势力，因此实施了许多有利于工人的办法，例如特设法院以处理劳资的争议，控制私人领地的扩大以及救贫养老等年金的设置等。

第六节　南非

【英国和荷兰的农民】英国领土中最大的问题莫过于南非。非洲南端的好望角本来是荷兰的殖民地，19世纪初英国和法国相争时，英国就借口荷兰既然归属于法国，那么荷兰的殖民地，英国自当以敌国相待，可以尽情攫取，好望角从此就进了英国人之手。当时其地的居民多是荷兰的农民，英国人占领之后就引进英语，并进行种种改革的事业。荷兰的农民因为不愿屈服，而且不堪虐待，于是在1836年后，大批向北迁移，渡奥兰治河，另建所谓的"奥兰治自由邦"。后来又向北渡瓦尔河（Vaal），建立德兰士瓦（Transvaal）殖民地。当时英国人以为其地还是荒蛮状态，不值得一顾，所以干脆承认了这两地的独立。

【英国人的北进】在1885年时，德兰士瓦东部忽然发现了金矿，于是英国人又趋之若鹜，双方当然不免发生冲突。英国人想于1895年阴谋变更当地的宪法，以便取得政权，但是没有成功。同时好望角殖民地的首相塞西尔·罗兹（Cecil Rhodes）唆使商人詹姆森（Jameson）用武力逼迫荷兰农民答应，不料又因为消息走漏而失败。双方恶感既深，德兰士瓦共和国的总统克鲁格（Kruger）乃重整军备以图自卫，并与南方的奥兰治自由邦结盟。

【南非的战事（1899年）】英国人乃宣称荷兰农民想要吞并英国在南非的全部领土，为了自卫，不得不诉诸武力。而荷兰农民则声称英国人所说的理由，无非为攫取荷兰农民辛苦开垦出来的土地的借口，德兰士瓦和奥兰治两国不得已于1899年对英国宣战。荷兰农民因为理直气壮，竟然屡败英国人。当时欧洲其他各国虽然大多同情荷兰农民，但是都不肯出来干涉。最终英国人因为国力雄厚而取得胜利，吞并了这两个荷兰农民辛苦建立的国家。

【南非联邦的成立】英国人获胜以后，对于荷兰农民乃采用宽大的政策，准其自治，以安其心。1910年英国国会又仿照加拿大和澳大利亚的先例通过议案，把从南非陆续夺来的殖民地合并成一个南非洲联邦（South African Union），包括海角殖民地、纳塔尔（Natal）和上述的两个国家。联邦亦由英国国王任命总督一人，并设两院制的国会。

【英国在非洲的其他领土】除南非洲联邦外，英国在非洲还占有三大处黑人居住地。在海角殖民地的北边有贝专纳兰（Bechuanaland）。在贝专纳兰和德兰士瓦两地的北边有罗得西亚（Rhodesia），这是英国南非公司于1888年和1898年吞并的，此后日有扩大，最终成为英国的属地。在非洲东岸，深入尼罗河上游诸大湖所在地的是英属非洲东部，宜于畜牧业，很是宝贵；同时又是北入苏丹和埃及的要地，地势上尤为重要。

第四十七章　俄罗斯帝国

第一节　19世纪初的俄国

【俄国史的重要性】19世纪以来的俄国史有很大的价值，因为它的版图广大，政治异常黑暗；同时出现了许多文学上、科学上和艺术上的人才，受欧美各国人的敬仰；再加上俄国人民对于专制政体的长期抗争，竟然引发了一场惊动世界的社会革命，其影响力不亚于德国的宗教革命、英国的工业革命和法国的政治革命。所以我们不能不把它自拿破仑时代以来的种种情形加以简单地叙述。

【版图的广大】俄国沙皇亚历山大一世于1815年参加维也纳会议后，因为有功于拿破仑的倾覆和神圣同盟的组成，其声势当然相当煊赫。他的领土除欧洲大陆的一半有余外，还占有亚洲北部的土地，其版图的广大除英国外一时无两。而且在他的治下，民族复杂而众多，习俗不同，语言各异，有芬兰人、日耳曼人、波兰人、犹太人、鞑靼人、亚美尼亚人、佐治亚人和蒙古人。至于欧洲南部和亚洲西伯利亚的俄国人，在当地的人数也是最多的，他们的语言文字通行全国。在亚历山大一世时，全国人民大多住在乡间，过着一种中古时代以来的农奴生活，无知无识，困苦艰难，和12世纪时英法两国的农民一样。

【沙皇的专制】亚历山大一世和历代的沙皇一样，被称为"俄罗斯的专制皇帝"。他大权独揽，和法国的路易十四相同。政府对于国民绝无负责的思想，官僚对于人民的压迫，实为当时世界之最。亚历山大一世即位初期有很开明的思想，但是自从维也纳会议以后，他亦和梅特涅一样，对于革命很有戒心，因此就改变了态度，加入旧党，竭力反对新思想的输入。1825年12月他忽然去世，当时革命党人乘机起事而发动了所谓的"十二月党人起义"，因为组织尚未完备，革命失败，一部分领袖被绞死。

【波兰的革命（1830年—1831年）】俄国沙皇尼古拉一世因为即位时遇到了乱事，所以对于革命党人深恶痛绝，从而成为世界上最专横暴虐的君主之一。他的高压政策最终导致了波兰的革命。波兰人当时亦曾求助于欧洲各国，但各国人只是口表同情却无实际的援助。结果乱事不久就被平定了，杀戮之惨，世所罕有。此后波兰就变成了俄国的郡县，直辖于圣彼得堡的政府。

【尼古拉一世的虐政】尼古拉一世此后用更高压的手段去遏制自由主义的发展，全国官僚无不以尽力阻止西方思想的传入为能事。所有关于科学和宗教的书籍，必须先经警察署和教士的检查方得出版。外国书籍涉及政治问题的，或由政府没收，或由检查员加以涂改，甚至私人函件，亦往往由检查员拆阅后加封再寄。这种高压的政策，除增加人民对政府的怨恨之外，别无好处。可是这种高压政策直到1917年大革命时才自动废止。

第二节　俄国和近东问题

【土耳其和近东问题】不久尼古拉一世又因为土耳其问题和英法两国发生了所谓的克里米亚战争。原来俄国人对于南方的土耳其就抱有野心，想夺得君士坦丁堡和达达尼尔海峡两个要地。奥、英、法三国对于俄国的这种想法当然要力加阻止。欧洲列强对于土耳其帝国旧壤的争夺遂成为19世纪西方史上一个重要的事迹,而且是20世纪初世界大战的一个主要原因。

【土耳其的衰落】土耳其人怎样侵入欧洲,怎样于1453年攻陷君士坦丁堡,怎样向西攻入匈牙利以达亚得里亚海,我们已在前面述及了。他们甚至于1683年围攻奥匈帝国的维也纳,但是不久就于1700年退出匈牙利。此后土耳其帝国逐渐衰落,西欧各国乃想着怎样去瓜分这个黄种人所建的帝国。俄国人以为土耳其帝国境内既然大多属于信奉希腊派基督教的斯拉夫人,那么俄国由于民族和宗教的关系,自应出来做主要的保护者。

【俄国势力的入侵】俄国在18世纪末期女皇叶卡捷琳娜二世时已经得到克里米亚和黑海北岸一带,同时获得土耳其境内基督教徒的保护权,因此俄国就有了干涉土耳其内政的借口和鼓动基督教徒作乱的机会。1812年拿破仑侵入俄国之前,亚历山大一世强迫土耳其把比萨拉比亚(Bessarabia)割让给俄国,到如今①还是俄国势力在欧洲南部的边界。

【塞尔维亚的独立(1817年)】土耳其帝国境内首先发动革命的是斯拉夫族的塞尔维亚人,终于在维也纳会议后不久获得了独立。1817年后塞尔维亚就以贝尔格莱德(Belgrade)为首都,成为土耳其的纳贡国。这是巴尔干半岛上诸白种民族逐渐脱离土耳其帝国而独立的开始。

【希腊的独立】继塞尔维亚而起的是希腊。它本是西方文明的发源地,所以它的革命运动引起了欧洲各国的同情。现在的希腊并非强国,不过19世纪初它的民族精神忽然被激发起来,发动了革命。英、法、俄诸国出兵相助,三国海军在1827年大败土耳其人于

---

① 指著者写作该书的年代,即20世纪30年代。——编者注

纳瓦里诺（Navarino）。1829年俄国乃强迫土耳其政府承认希腊的独立。

【克里米亚战争的起源（1854年）】 1853年俄国忽然又得到了一个干涉土耳其内政的借口。据说基督教徒到亚洲圣地观礼朝拜时，因为圣地在土耳其境内，往往受到土耳其人的阻挠，因此他们就诉诸俄国沙皇。俄国宗教既然和土耳其境内的基督教同属希腊派，俄国当然以保护者自命，乃正式向土耳其政府要求取得土耳其境内基督教徒的保护权。当时法国皇帝拿破仑三世得到这个消息后，非常怀疑，也宣称法国已获得土耳其政府的同意，拥有罗马天主教徒的保护权。英国担心俄国势力向南延伸，雄霸地中海东部，于己不利，亦加入法国一边。俄国人竟然不顾一切，调动军队，直入土耳其境内。英法两国乃于1854年合力援助土耳其对俄国宣战。

【战争的结果（1856年）】 这次战争的区域多在黑海中克里米亚半岛的南部。双方相持不下，英法两国的军队损失尤大。但是俄国的士兵因为官僚的腐败和军饷的不足，精神逐渐萎靡，无心作战，再加上奥匈帝国准备加入联军一方，因此俄国新沙皇亚历山大二世在塞巴斯托波尔（Sebastopol）要塞被攻陷之后，就答应在巴黎讲和了。

【《巴黎和约》】《巴黎和约》承认土耳其帝国的独立，并且担保其领土的完整。各国相约此后不再干涉土耳其的内政。土耳其反而因为欧洲列强要利用它做阻止俄国南下的屏障，得到了一个在形式上平等的国际地位，而且暂时避免了亡国的大祸。

第三节 农奴的解放和恐怖主义

【农奴的状况】 俄国当时可耕种的土地，约有十分之九在贵族的手中。俄国的人民半数以上是农奴，身体既不自由，生活又极困苦，几乎无进步的希望。地主往往自拥土地，只把极少部分土地分给农奴。农奴虽然终年劳作，但是仍然寒天无衣、饥时无食。他们每星期须拿出三天代地主耕种，地主把农奴视同牛马一样。因此农奴不堪压迫之苦，常常作乱。尼古拉一世在位时，国内各地农奴的反叛，竟达五百余次。即使有警察预防，也无济于事。

【**农奴的解放（1861年）**】亚历山大二世于1855年即位，一方面目睹克里米亚战争的失败，是源于官僚的腐败；一方面又深知农奴作乱，实起于生活的艰难，于是想把国内四千万农奴加以解放，从根本上来解决国内政治上的危机。经过长期的讨论之后，他于1861年3月3日下令解放全国的农奴。这个命令虽然把地主所享有的种种权利都废止了，但农奴仍然离不开土地，因为命令中规定他们若没有政府的通行证，不得任意离开他们的村庄。地主虽然交出了一部分土地，但是这些土地是交给全村的共有产业，农奴个人什么也分不到。

【**解放后的困苦**】当时政府对待地主非常宽大，这是我们意料中的事。政府规定农奴对于地主交出的土地应该按价购买，可是政府所定的地价往往高出实际价值好多倍。地价估定之后，政府乃出钱代农奴垫付给地主，再用分期还款的办法由政府从农奴那里收回。这种解放，政府方面固然认为是深仁厚泽，农奴方面却认为是变相的苦役，不是人们所能受得了的。从此以后，俄国的农奴不仅衣食不周，而且债台高筑，有种生不如死的感觉。俄国沙皇乃于1904年又大发慈悲，下令一切"陈粮"概予豁免；其实就是不豁免，农奴也没有能力再缴纳了。两年之后，政府又下令所有农民可以自由离开村庄，另谋生路，同时允许他们可以拥有自己的土地。自古以来的村庄共产制到此总算从形式上被打破了。

【恐怖主义的起源】同时俄国政府对于人民的革命运动加大了压迫力度，开始不断拘人，不久牢狱中就人满为患，于是一大批人被流放到亚洲北部荒凉的西伯利亚去。沙皇和官吏好像是一切进步思想的仇敌，对于抱有新思想的人无不当作杀人凶手看待，因此俄国一班热心的革命家以为，俄国的沙皇和官僚既然把全国人民都打入黑暗的牢狱中，以便他们可以永远榨取人民的血汗，来充实他们的私囊，那么对于这一群残酷腐败的魔鬼——所谓政府中人——除直接宣战外，别无生路了。所以他们主张必须把官僚的丑事发布出来，加以威吓，并用激烈的报复手段来引起全世界对于俄国人民所受痛苦的注意。俄国的革命党人因此大多变为恐怖主义者，他们并非爱好流血牺牲的人，不过他们以为若不如此，就不足以救全国同胞于水深火热之中。

【恐怖主义的实现（1878年—1881年）】当时俄国政府也用恐怖主义去对付恐怖主义。但凡见到有革命嫌疑的人，或者立即绞死，或者幽禁于圣彼得堡的监狱，或者流放到西伯利亚的矿场。不过人民方面亦坚持到底，用激烈的手段去对付沙皇和官吏。亚历山大二世不得已宣布立宪，但是为时已晚。他于1881年3月答应立宪的那天下午骑马回宫时，中途遇刺而死。

第四节　俄土战争

【战争的起因】1877年俄国人在巴尔干半岛上又得到一个干涉土耳其内政的机会。原来土耳其人和欧洲人的宗教习惯完全不同，而19世纪时的土耳其政府也有点恼羞成怒的意思，对于基督教徒不免歧视，加以外国势力搬弄是非，境内早已不安定。1874年，年岁歉收，土耳其北境的波斯尼亚（Bosnia）和黑塞哥维那

（Herzegovina）两州起来作乱。当时保加利亚人也羡慕西面诸国的独立，起来杀戮土耳其的官吏。土耳其政府乃于1876年大杀保加利亚人以图报复。

【英国的态度】塞尔维亚和黑山（Montenegro）亦向土耳其宣战，而且巴尔干半岛上的基督教徒向西欧各国求助。当时英国本已和土耳其结盟，所以它的态度最为各国关注。英国人担心土耳其境内的斯拉夫族如果独立，势必和同种族的俄国联手，于英国不利。而且如果俄国在土耳其得势，那么英国在东方的商业必受影响。因此英国就不顾巴尔干半岛上基督教徒的命运，不愿有所举动了。

【俄国战胜土耳其】欧洲各国协商之后，既然无结果，俄国就于1877年决定单独行动。土耳其人抵抗乏力，俄国最终取得胜利。1878年俄国军队攻陷亚得里亚那堡，土耳其政府不得已和俄国签订和约，正式承认塞尔维亚、黑山、罗马尼亚和保加利亚诸国的独立。

【柏林会议（1878年）】英、奥两国以为此和约中俄国得利太多，势将独霸巴尔干半岛，因此出来反对。俄国沙皇亚历山大二世不得已把这次争执重新在柏林提出，由列强开会讨论。会议决定塞尔维亚、罗马尼亚和黑山获准完全独立；至于保加利亚，亦得以独立，唯须纳贡于土耳其；首先起事的波斯尼亚和黑塞哥维那两州交由奥匈帝国来管理；俄国则得到黑海东岸一带。

【亚历山大三世即位】亚历山大三世在位时（1881年—1894年），俄国的政治似乎毫无起色，全国人民依然呻吟于苛政之下。人民偶然有所反抗，政府即还以鞭打、流放或监禁。因为亚历山大三世及其近臣亦和尼古拉一世的见解相同，笃信高压政策是维持和平的最好办法。

【俄国的工业革命】到了19世纪末，俄国当局想把俄国保持在

"冻而不化"的状态已不可能。因为这时候,蒸汽机、工厂制和铁道等已传入国中,民主精神的传布亦随之加速。数百年来农村困苦的生活到此乃从根本上动摇了,再加上农奴的解放,虽然流弊很多,却有利于工厂的发展,因为农民可以自由离开村庄迁到工业中心去。到20世纪初,大城市如莫斯科等已成为工厂林立的纺织业中心了。

【西伯利亚铁路的建成】和工业同时发展的还有铁路的铺设,大部分由政府向西欧各国的资本家借款来修建。俄国铁路最大的工程就是西伯利亚铁路的建成,目的本在于军事运输。1900年圣彼得堡东到太平洋沿岸的铁路宣告通车,不久又修建了一条铁路线通过中国的东三省以达旅顺口。从欧洲西部到亚洲东岸总共七千余英里的路程,已经可由铁路直接来往了。

第五节 尼古拉二世时的革命

【尼古拉二世的昏暴】当尼古拉二世在1894年继其父即位为俄国沙皇时,年仅二十六岁。当时人民以为他必能从事于革新的事业,不料他的专制暴虐与之前的几任皇帝相比有过之而无不及。1902年,内政部长因手段残忍,被刺而死。尼古拉二世竟让比前一个还要残忍的人去继任内政部长,这就是普列韦(Plehve)。凡是胆敢批评政府的人无不被其逮捕,受其毒刑,因此普列韦的毒辣残忍天下皆知。

【犹太人的被杀】普列韦就职以后,主张先铲除国内不信奉国教——希腊派基督教——的异教徒,因此犹太人受害最为惨烈。1903年,基西尼夫(Kishineff)诸地的犹太人受到俄国人的残杀,世界各国人士无不为之震惊。于是俄国的犹太人纷纷逃难出国,到美国去的人尤多。世人多相信这次大规模的残杀完全出于普列韦的指使。

【立宪党的出现】 普列韦以为俄国政局的不安，完全是由于少数叛党的捣乱，其实是错的。当时反对政府腐败的人，有职业家、大学教授、开明的商人，还有热心国家的贵族。这班人虽然不曾组织什么政党，但是国人渐渐叫他们为立宪民主党。他们的希望在于召开民选的国会，努力改进农民和工人的困苦生活。他们亦主张言论、出版和集会的自由，而且主张废止秘密侦查和残杀异教徒等黑暗的手段。同时国内又出现了社会民主党，他们是马克思主义的信徒，希望工人将来有一天能够掌握政府大权，管理全国的土地、工厂和矿产，来为全体人民谋幸福，而不是为少数富人所把持。

【社会革命党】 和上述各党相反的有社会革命党。他们的组织比较严密，凡是革命时代的激进行为多出于这党人之手。他们以为政府既然压迫人民，榨取他们的血汗以中饱私囊，那么人民应该拥有对政府官僚宣战的权利。因此他们往往选定官僚中最苛虐残忍的人，加以暗杀，然后列举被杀者的罪状，求国人的谅解。他们对于应杀官僚的选择非常慎重，必须经过执行委员会的考虑才能下手。世人以为他们不分青红皂白，其实是错的。

【日俄战争的失败】 普列韦铲除乱党的手段愈辣，乱党的人数愈增。到了1904年，公开的革命可说已经发动。那年2月5日，俄国和日本因为争夺中国的东三省和朝鲜，发生了战事。俄国的新党以为这次战争完全由于政府外交的失败，太不人道，而且有害于人民，竭力反对。是年7月，普列韦最终为莫斯科大学的学生所刺杀。不料俄国陆军在中国东三省一带屡为日本所败，它的海军亦在黄海为日本人全部歼灭，1905年元旦，旅顺口又经长期的围困而陷落。同时国内因年岁歉收，农民纷纷起来烧毁贵族的房屋，警察、士兵亦将无屋可驻扎了。人民又得知这次战争的失败是由于官僚中饱私囊，甚至购买枪械的钱和红十字会救济伤兵的捐款也被他们吞没了。

【红色礼拜日】1905年1月22日，圣彼得堡城中发生了一件惨案。当时城中的工人上书沙皇，声明这个礼拜日他们会亲自向沙皇本人面诉痛苦，因为他们对于政府官僚已经不信任了。到了22日的早晨，大队的工人、妇女和儿童，徒手向沙皇的冬宫而进，满心希望向沙皇诉说苦衷。不料哥萨克兵先用鞭逐，宫中警卫军继以枪杀，死的人数以百计，伤的人数以千计，相持数日，满地血红。这就是现代俄国史上所谓的"红色礼拜日"，其实不过是俄国官民无数次冲突中的一例。

【国会的成立】这个悲剧上演以后，政府迫于民意，乃于1905年8月下旬召开国会，协助沙皇立法。但是人民因为选举资格过严，表示不满，乃于10月有了全国罢工罢市的举动。全国铁路停驶，商店关门，煤电中断，法院停审，甚至药房亦不肯配方了。沙皇不得已乃宣布"政府"把思想、言论、集会等自由给予人民，凡之前没有选举权的阶级亦准许其参加选举，而且答应此后一切法律必经国会同意方可生效。1906年国会选举后正式在首都开会，不料政府要人对于重要的改革概不合作。尼古拉二世在6月时说他对国会已"大失所望"了，因为国会中人竟然越出职权范围来批评沙皇了。于是他下令解散国会，定1907年3月为改选的日期。

【纷乱继续】同时革命党人继续活动，8月间曾刺杀国务总理未遂，此外不时会发生省长和警察被人暗杀的事情。政府方面亦有所谓的"黑白"党人，专以残杀犹太人和新派中人为事；同时特设军法处以便对于革命党人就地正法。1906年9、10月间，被军法处判处枪决或绞杀的达三百人，全年中因反对政府而被杀或受伤的竟达九千人。1906年末,俄国遭遇了荒年,而内阁大臣中又发生了中饱赈济灾民款项的事情。当时有人走过俄国境内八百英里的地方,目睹受灾的村落几乎无一处储备有足够的粮食,甚至有几处人们以树皮和茅屋顶上的稻草为食物。

【大革命的危机】俄国人民如此困苦,政府所召开的几次国会竟然还逐渐把新党排除,使他们没有革新的机会。沙皇和官僚照常剥夺人民的自由,榨取人民的血汗,铲除异己,终于1917年发生了一件惊动世界的大革命,数百年来腐败无能的沙皇和全体官僚乃同归于尽。

【波斯的国难】我们在此不得不略述俄国和波斯的关系。波斯自15世纪末帖木儿帝国瓦解以后,国内又有了本国民族的复兴,被称为苏法维朝(Sufawi),武功文治亦曾盛极一时。不过波斯八百五十年来迭受黄种民族的统治,国内人民已是五方杂处,大非昔比了。到18世纪初,东边受月祖伯人的骚扰,西边受土耳其人和阿拉伯人的入侵,而北方新兴的俄国,尤为虎视眈眈。不久阿富汗又叛而独立。苏法维朝统治二百余年,终于1732年灭亡。当时曾有一草莽英雄名叫纳迪尔沙(Nadir Shah),打败了阿富汗和土耳其,并入侵印度,重创莫卧儿王朝。但他去世后不久,波斯即陷入大乱。1779年时才有突厥人再起,统一波斯,这就是世界大战后波斯政变前的可萨朝。

【对波斯的瓜分】俄国的入侵是波斯所不能忍受的,因此可萨朝初期的君主多致力于抵抗俄国向南的侵略,但是印度的英国人此时亦开始向西北来干涉波斯的内政了。所以19世纪初的波斯,就变成了英俄两国明争暗斗的地方。结果波斯的西北境逐渐被俄国所夺,东南境则逐渐被英国所吞并。此后波斯虽然常想用武力和两国死争,但始终无法阻止两国的侵略。到19世纪末,波斯的财政和军政已尽入英俄两国人之手。英国人后来因为欧洲国际形势险恶，波斯新党又有立宪的要求，深知不能和俄国长久相持，乃于1907年和俄国签订瓜分波斯的条约。西北属俄，东南属英，各自经营，不相干涉；中间则为缓冲区域，暂予保存。这和英法两国对待暹罗的办法完全一样。波斯人为了自救，受到1906年俄国革命的启发，强迫国王立宪，召开国会，力图革新。不过因为国内有新旧党之争，国外有强邻干涉，一切新政都无法进行，亡国大祸依然迫在眉睫。至于第一次世界大战以后，波斯怎样发生政变，留待后面再述。

第四十八章　世界帝国主义的发展

第一节　国际贸易和竞争

【国际商业形势的大变】国际商业虽然自上古末期以来已在欧亚两洲初见端倪，中亚的粟特人、西亚的波斯人和阿拉伯人以及南欧的意大利人等先后执两洲间的商业之牛耳。不过当时国际间的商业是把中国的丝绸、茶叶和南洋的香料输入西方，而且当时制造业产出少，交通工具又不发达，所以规模不大。自从15世纪末东航新路被发现以后，这种情况乃为之一变。一时西欧各国为了争夺东方商业而引起了殖民地的发展，此后欧洲逐渐变成世界商业的中心。18世纪工业革命以后，欧洲的商业和制造业更是一日千里了，所生产的商品因为利用机器，数量大增，自用之外往往过剩。因此19世纪的国际商业乃从东方的商品输入欧洲变为欧洲的商品广销于东亚和美洲等地。

【国际商业竞争的起源】欧洲工业发达的国家为了占领海外市场，销售剩余的商品，就更加努力于殖民地的竞争和其他各洲商业的垄断。又因为这种商业的竞争而导致了欧洲各国间的仇恨和冲突，成为第一次世界大战的一个主要原因。

【轮船的发明】国际商业的发展，自从蒸汽机被应用到运输工具上以后，更加快速了。因为轮船和铁路的运费既廉，往来又速，遂使全世界成为一个绝大的市场。蒸汽机被发明以来，欧美各国人士就想将其应用于航业。后来美国人富尔顿（Fulton）于1807年制造了一艘轮船，在纽约下水，驶到奥尔巴尼（Albany），这是世界上第一艘以蒸汽为动力的轮船。1819年美国又有一艘轮船名叫萨凡纳（Savannah），从美国的萨凡纳到英国的利物浦（Liverpool），共在海上航行了二十五天，这是海上行驶的第一艘以蒸汽为动力的轮船。如今世界各处可以通航的地方，莫不航线如丝、交织于地图上了。

【苏伊士运河的凿成】东西方的交通，从前陆路经由波斯或中亚，水路经由非洲的南端，有的很难行，有的很迂缓。自从地中海和红海间的苏伊士运河凿通之后，欧亚两洲海道的距离缩短了许多。这条运河的开凿，工程浩大，由法国工程师雷赛布（Lesseps）来主持。历经十年，终于1869年11月大功告成。

【巴拿马运河的凿成】1881年，雷赛布又组织一个法国公司去开凿太平洋和大西洋间的巴拿马运河。这个公司后来失败了。美国出于军事上和商业上的考虑，乃于1902年以四千万美元把这个公司买下来。美国乃和南美的哥伦比亚商议运河的开凿，哥伦比亚没有同意。于是美国唆使运河地带的人民于1903年脱离哥伦比亚而独立。美国政府承认所谓巴拿马共和国的成立，并和它签订了关于运河地带的条约。不久美国就着手巴拿马运河开凿的工程，终于1915年完成。从此不但太平洋和大西洋间的航行便利了许多，就是美国东西部海军的调动亦快捷不少。因此美国的势力大大增加，而且深入中美洲的南部了。

【铁路的发展】海上的航行有轮船的发明，取代了旧日的帆船；陆上的交通亦有机车的发明，代替了旧日的牛马。商运旅行均极为便利。机车的发明亦和纺机等相同，经过多次的试验和改良，才告成功。英国的乔治·斯蒂芬森（George Stephenson）就是机车的发明者。他于1814年制造了一个小机车在矿场上使用。1825年国会特许他在英国北部修建了一条短距离铁路以运货和载人。同时利物浦和曼彻斯特之间正打算修筑铁路,当时各种机车公开比赛,结果乔治·斯蒂芬森所制造的当选。这条新造的铁路于1830年正式开通。这辆当选的机车重仅七吨,每小时只行驶十三英里,和20世纪30年代重达百吨、每小时能行驶五十英里的机车相比,真是差别极大。此后十五年间,英国各大城市间都有铁路相通。到19世纪末,英国已有二万二千英里的铁路,每年载客量在十亿人次以上。

法国的铁路始于1828年,德国始于1835年。欧洲大陆因为国界的关系,发展不易。不过在第一次世界大战时各国共有铁路二十万英里以上。亚非各洲为了销售西方的商品,亦逐渐兴建铁路。欧亚两洲因为有西伯利亚铁路,交通极便,已如上述。俄国此后向南修建铁路以达波斯和阿富汗。英属印度亦有三万五千英里以上的铁路。中国和土耳其的铁路修建尤为重要,因此引发了欧洲诸国的竞争,成为第一次世界大战的一个原因。

【廉价便捷的邮政】在世界市场上同样重要的,除轮船、铁路外,还有邮政、电话、电报和海底电线等简便廉价的交通方式。在1839年时,英国两地间一寻常函件的邮费,距离虽然短,亦要一先令。改良之后,全国信件的邮费无论远近一概同价,而且费用极廉。此后欧洲各国先后仿行,如今①一封信只要花五美分的邮费,就可以递送到世界上任何地方了。

【电报和电话】电报和电话的发展亦极为惊人。现代世界除陆地上电杆如林、电线如网外,大洋上亦有长距离的海底电线,使得僻远的地方也有互通消息、朝发夕至的可能,真可谓"万国

---

① 指著者写作该书的年代,即20世纪30年代。——编者注

庭户"了。电报的发明始于19世纪初，大成于1836年美国人莫尔斯（Morse）的改进。电话的发明始于1876年美国人贝尔。至于无线电的发明，则是意大利人马可尼（Marconi）的功劳，他于1907年开始建设大西洋两岸的无线电报。到现在欧美各国均已有无线的电话了。

【国外市场的竞争】欧洲各国自工业革命以来，机器生产的商品既然自用有余，就不得不销售到国外，同时因为有种种交通工具的发明，货物运转极便。凡此种种都是引起国外市场竞争的原因。因此亚、非、南美各洲无力自卫的民族和实业落后的国家，都受到欧洲各国的侵略而日趋衰落或灭亡了。

【国外投资的竞争】这种侵略因为欧美各国的资本家投资于国外而变得更加严重。现代世界上文化落后的国家的铁路、矿业和煤油，几乎都有欧美各国的资本介入。20世纪初，单就英国而论，国外的投资总数已达一亿美元以上。当时俄国的工业至少有五分之一是外国的资本。南美洲的巴西、阿根廷、智利诸国的银行大部分是德国人出资经营的，而诸国的铁路和实业都间接受到银行的控制。

【帝国主义的形式】上面这两种力量——工厂对于国外市场的寻求和资本家对于国外投资机会的取得——实为现代欧美列强外交上和商业上种种政策的源泉，也就是现代史上所谓"帝国主义"的原动力。帝国主义就是工业发达的国家对外的一种政策，目的在于占领退化民族所拥有的国家或领土，独占他们的自然资源，垄断他们的商业，并独享投资于该国以开发其资源的权利。至于帝国主义的形式，有时为直接的吞并，如英国对于印度，法国对于安南，美国对于夏威夷群岛，日本对于朝鲜；有时为势力范围的划定，以作为将来吞并的准备，如英、俄两国对于波斯，欧洲列强对于中国，英、法两国对于暹罗；有时为租借地或特权的获得，如欧洲列强对于中国，美国对于墨西哥，都是较为明显的实例。

【传教士是帝国主义的先锋】基督教的传教士其实是帝国主义的先锋。但凡遇到某一个地方受欧洲人注意时，传教士必和商人、士兵一同前往，他们不但宣传基督教的福音，而且传入现代科学上的观念和发明，甚至为无文字的民族发明文字。他们的医生传入治病的方法，他们的学校培养数百万的学生。他们制造一种对于西方商品的需求，从而开辟一条国际贸易的大路。

第二节　对非洲的瓜分

【所谓的非洲】世界上最后受欧洲列强注意的地方就是非洲。在1870年以前，对于非洲的内部情形欧洲人还不十分明白。在1850年到1880年的三十年间，欧洲的探险家不怕蒸人的热气、疾病的危险、野蛮的民族和凶猛的野兽，去探寻尼罗河、赞比亚河和刚果河的河源。其中以英国的利文斯通（Livingstone）和美国的斯坦利（Stanley）两人最为有名。斯坦利在非洲内地的探险引起了欧洲各国的注意，在他于1878年回到法国马赛（Marseilles）后的十年间，非洲全部已由欧洲列强瓜分殆尽或划分为势力范围了。

【法国的属地】非洲西北部的土地，从刚果河口起到突尼斯止，差不多全是法国的属地，不过其中大部分纯属大沙漠。在非洲东部，法国占领了大陆上的索马里和海上的马达加斯加岛（Madagascar）。法国人因为想侵入非洲西北部的摩洛哥而和德国人斗争很激烈，是引起第一次世界大战的又一个原因。

【德国的属地】德国人对于殖民事业下手最迟。他们于1884年到1890年间在非洲取得四处地方：多哥兰（Togoland）、喀麦隆（Kamerun）、德属非洲西南部和德属非洲东部。四地总面积几乎达一百万平方英里。德国人想通过兴建铁路、开办学校以及其他花费很大的建设事业来发展这几处殖民地。但是一方面因为常和土人相争，一方面商业又不很发达，所以有些得不偿失，最终在第一次世界大战后为英法两国所占有。

【比利时属刚果】介于德属东部非洲和法属刚果中间地带的是比利时所占领的刚果。原来在1876年时，比利时国王利奥波德组织公司从事于刚果河流域的探险。后来他宣布自己应享有此地的统治权，称为刚果自由国。这个公司对待土人的行为可以代表欧洲一般侵略者的手段。非洲土人习惯了自由的生活，对于造铁路、浚湖沼等工作多不愿为，因此政府往往强迫土人酋长必须提供工人若干名，若不遵命办到，就把全村焚毁。政府又规定各土人每年应缴纳胶皮若干，否则处以极重的刑罚。这种种惨无人道的行为，终于在20世纪初引起了世界各国人士的抗议。比利时政府不得已于1908年把国王个人经营的公司和事业收归国有，改名为比利时属刚果。

【埃及】南非怎样落入英国人的手中，我们在前面已经述过。英国人亦占有非洲的东部以达内地的诸大湖，但是英国人对于埃及的控制尤为重要。埃及本是西方最古老的文明国之一，后来为罗马帝国的属地，到7世纪时又被阿拉伯人所征服。在中古时代后半期，此地被伊斯兰教军团所谓的马穆鲁克人（Mamelukes）所占领，直到1517年才成为土耳其帝国的领土。自从土耳其的势力衰落之后，马穆鲁克人再次得势。1798年拿破仑远征埃及，就是和这班人相争。自从拿破仑征服埃及的计划被英国人破坏之后，就有阿尔巴尼亚的浪人名叫穆罕默德·阿里（Mehemet Ali）从土耳其渡海到埃及自立，于1805年强迫土耳其皇帝承认他为总督。此后他大杀马穆鲁克人，并进行种种改革，创设海陆军，统一埃及和尼罗河上游的苏丹。他于1849年去世以前，已经得到土耳其政府的承认，他的子孙可以世袭埃及总督的位置。

【英国势力的入侵】自从苏伊士运河于1859年着手开凿之后，因为运河北边的塞得港（Port Said）和南边的苏伊士埠都是埃及的属地，埃及的地势骤然变得重要。英国人就利用1863年任总督的伊斯梅尔（Ismail）的昏庸，由政府借以巨款，逼他把运河的股票卖给英国人。但是埃及总督依然债台高筑，于是英法两国的债主又逼迫伊斯梅尔允许他们监督他的财政。

【埃及人的反抗】埃及人民对于外国势力的干涉心有不服，乃于1882年树起民族独立的旗帜，起来反抗。当时法国人取旁观的态度，英国人乃独自把乱事平定了，并声明"暂时"占领埃及以监督其军队和财政。不过这种"暂时的"占领到1914年世界大战将起时，英国竟然变为埃及的永久保护国了。至于世界大战结束之后，埃及人怎样受民族自治理论的影响，在华天脱党首领柴鲁尔·帕夏（Zaglul Pasha）的领导之下成功独立的情形，我们到后面再去详述。

【征服苏丹】英国人征服埃及之后，不久南方的苏丹又忽起乱事，该地有叫穆罕默德的自称为伊斯兰教的先知，率领他的信徒起来反对埃及总督。当时英国的名将戈登（Gordon）刚刚驻防于苏丹的喀土穆（Khartum），于1885年被乱党围攻而死。不过英国人最终于1898年收复苏丹一带。

第三节 美国的兴盛和西班牙的衰落

【美洲形势的变化】自从16世纪初美洲被发现和航路开通以后，西班牙和葡萄牙一时成为占有最大殖民地的国家。单就美洲而论，大部分是这两国的领土。其中西班牙的版图尤大，就和现代的英国一样，在当时亦曾以在其境内太阳永不西落自夸。但是自16世纪末腓力二世去世以后，国势本就日渐衰落。到19世纪初美洲的殖民地纷纷独立之后，西班牙更是衰落不堪了。

【美国版图的拓展】美国发生独立运动时，原来只有沿大西洋岸的十三州，独立之后便得到了密西西比河以东的地方。1803年又向法国拿破仑购买密西西比河以西的大片地方，叫作路易斯安那州，美国的面积因此增多一倍。过了十六年（1819年）又向西班牙购买南方的佛罗里达州。再过二十余年（1848年）又用武力和金钱从墨西哥那里得到太平洋沿岸很大的一片地方。因此美国的领土到1850年时已经横亘北美洲大陆的中部，大西洋和太平洋间数百万平方英里的地方，都归入了它的版图。

【美国的政党】美国的领土既广，居民又杂，而南北两方人民的经济生活——北方多从事工商业，南方多从事农业——又大不相同，当时铁路未建、交通不便，当然免不了政治见解上的冲突。美国立国之初，原本有主张中央集权的联邦党，以新英伦诸州为大本营；还有主张地方分权的民主党，以南部各州为大本营。联邦宪法的制定大部分是联邦党的功劳。自1801年杰斐逊（Jefferson）当选总统以后，民主党得势了六十年，实为美国民主制度确立的时代。

【南北战争的原因】美国的党争到了1861年南北战争时达到最高点。19世纪上半期，虽然是民主党得势的时期，但自从1828年联邦党的化身共和党主张保护关税政策以后，两党的争端就已重起。不久国内又出现了黑奴解放的问题，两党的争执更加激烈起来。原来美国南方各州，有许多大规模的农场，全靠从非洲贩卖过来的黑人代为耕种，黑人的生活状况十分悲惨，工作时稍懒或犯小过失，就要受到主人的鞭笞或虐待之苦。这种情形与荷兰人或西班牙人虐待南洋群岛上的土人和华工一样。至于北方各州多从事工商业，无须雇用黑奴，因此大倡人道主义，主张打倒这种人种不平等的制度。关于解放黑奴的问题双方争执了多年，终于在1861年发生了一场长期的内战。

【南北战争的结果】1861年是美国总统改选的一年，共和党和民主党竞争极其激烈。结果共和党的首领、一向以主张废除农奴制度而闻名的林肯当选为总统。于是南方诸州决定和北方分离，另行组成北美同盟国，制定临时宪法，宣布维持黑奴制度，采取自由贸易政策，并公举戴维斯为同盟国总统。同年4月，这个南方新政府竟誓师北伐。美国自立国以来的南北党争到此乃开始用武力作为解决的方法，这就是美国史上所谓的"南北战争"。这次战争持续了五年之久，死伤数十万人。结果南方军队被打败，此后不但数百万黑奴得到解放，逐渐成为美国的公民，就是一般国民也远比从前更具有团结精神了。

【美国帝国主义的形成】美国的民权既于19世纪上半期大有扩充，国家的统一又因南北战争而益加巩固，同时它的领土逐渐向西拓展，于1850年时横断大陆而西达太平洋，国基到此极为深厚。到19世纪后半期，欧洲各国人民有的因为国内负担太重，有的因为革命失败，纷纷移入美国，美国人口因之年有增加。南北战争以后，贯通大陆的铁路又因为有中国工人的入境而大告成功。交通既便，国民也更加团结。同时东部的工业革命逐渐传到南方，工商各业无不一日千里。而且1861年以后的共和党常常取得政权，努力向外拓展。美国此时亦和欧洲列强一样成为美洲唯一的帝国主义国家了。美国人既于1867年取得美洲大陆的阿拉斯加州和太平洋上的夏威夷群岛，又于1898年在大政治家罗斯福的领导下，无端和衰落不堪的西班牙发生战争，把它在美洲和亚洲的残余领土强夺过来。四百年来的西班牙帝国到此完全瓦解,而酝酿多年的美国侵略政策到此亦完全暴露了出来。

【西美战争】美国向西班牙宣战,起因于古巴岛的革命。原来古巴岛对于西班牙的革命已不止一次。自1895年后,美国人暗助叛党,其势欲得古巴岛而后甘心,美国各政党公然以干涉古巴内政、援助叛党为重要的党纲。1898年2月,美国停驻在古巴岛的一艘军舰莫明其妙地被炸沉了。美国政府不待西班牙的调查,就借口古巴岛的纷乱再难容忍,于4月时正式向西班牙宣战。

【战争的结果】以西班牙这样一个弱国,想要远涉重洋去抵抗美国的侵略,其失败可以不卜而知。果然美国军队无往不利,所谓的西美战争,不久就宣告结束了。大西洋上的古巴和波多黎各为美国人所夺取,太平洋上的菲律宾群岛亦为美国人所攻陷。美国侵略的目的既然已完全达到,便于1898年8月停止了战争。不久双方在巴黎召开和平会议,古巴宣布脱离西班牙而独立,波多黎各、菲律宾群岛和关岛均由西班牙割让给美国。

【葡萄牙的衰落】葡萄牙自19世纪初失去南美洲的巴西以后,国势亦大为衰落。20世纪初葡萄牙国王专制而奢靡,遂引发了1910年的革命。次年葡萄牙制定宪法,改政体为共和,设总统和两院制的国会,而且实行责任内阁制。但是国内党派分歧严重,旧教教士又反对共和政府,财政极为混乱,工人常起骚乱,所以国内很不稳定。对外则唯英国马首是瞻,像是英国的属国一样。

【美国和拉丁美洲的关系】美国政府自从1823年发布所谓的门罗主义以来,很能贯彻阻止欧洲各国对于美洲实施侵略的主张。不过欧美两洲间隔着大西洋,欧洲人想要远渡重洋用武力去侵略,也不是一件容易的事。只有法国皇帝拿破仑三世曾于1864年趁美国南北战争时,派兵侵入过墨西哥,改建帝国。后来因为美国的抗议和墨西哥人民的反对，法国撤兵而帝制终归失败。

【美国对于拉丁美洲的侵略】此后美国的势力逐渐向南侵入墨西哥、美洲中南部和西印度群岛。原来拉丁美洲各独立的国家，自然资源极其丰富，工业却极其落后，它们的民族大部分是欧洲拉丁族和土人的混合种，对于自治政体毫无经验，所以乱事频繁，内战时起。美国是邻国，又抱有野心，所以往往借口保护人民的生命财产安全，出兵加以干涉。拉丁美洲诸国虽然怀恨在心，但也无力反抗。美国自1889年以后虽然发起召开"全美洲会议"，请各国派遣代表集会于华盛顿，讨论与共同利害有关的问题，但是拉丁美洲各国对于美国的侵略，始终不能谅解。

【美元外交的成功】到20世纪初，西印度群岛中的海地和圣多明各两岛，以及中美洲的尼加拉瓜，实际上已经变成美国的被保护国了。这就是美国"美元外交"的成功。所谓"美元外交"，就是美国政府对于美洲其他弱小国家的外债，有强迫其偿清的义务。美国总统罗斯福在20世纪初曾主张：美国的门罗主义既然不许欧洲各国用武力向拉丁美洲讨债，那么美国政府显然负有监督拉丁美洲诸国还债的责任。

【墨西哥问题】墨西哥和美国国境毗连，美国政府自然把它当作自己的囊中物了。而且墨西哥的"革命"确实太多，财政也极为混乱，又给了美国充足的借口。因此美国就宣布墨西哥已成为问题，不得不勉力去干涉它的内政了。这和欧洲列强对于巴尔干半岛、俄国对于土耳其、英法两国对于埃及、英俄两国对于波斯以及近年来日本对于中国，完全一样。自从1913年以来，墨西哥的内乱时起，美国的武力干涉亦层出不穷，两国间一直明争暗斗，没有长久解决所谓"问题"的办法。

【拉丁美洲的未来】拉丁美洲各地，除墨西哥和尼加拉瓜等中美洲的小国已成为美国的附属国,而加勒比海和墨西哥湾将成为美国的内海外,要以南美洲的阿根廷、巴西和智利三国较为安定而强盛。所以当1914年美国和墨西哥即将开战时,这三国竟敢挺身出来调停,使得美国的气焰不得不稍稍降低一些。美国此后亦深知它们不可轻侮,所以乐得暂息干戈,使得远交近攻的政策可以实现。因此近年来美国政府对于中美洲各国的侵略虽然不肯放松,但对于南美洲各国的侵略已缓和多了。不过它们要想和美国并驾齐驱,还有待于自己的努力。

第四节 日本的维新和雄霸

【日本的闭关自守政策】自从欧洲人在15世纪末开通东航新路以后,亚洲各地无不先后进入欧洲帝国主义的范围内。其中只有中国和日本能够维持相对的独立,而日本的突飞猛进,更足以为亚洲各民族争光。日本自上古末年受到中国文化的影响而开化之后,虽然常和中国往来,但因孤处太平洋中,交通不便,所以大体上亦和中国一样,一向采取闭关政策。直到16世纪中叶,才有葡萄牙的商人和天主教的教士来到日本,但是日本政府不久就将他们驱逐出国,禁止外人入境。此后二百年间,日本又恢复了闭关自守的状态。

【重开海禁】1853年美国海军准将佩里(Perry)携带美国国书,到日本请求合力保护美国人在海上遇险时的生命和财产安全,并要求准许通商。当时日本是幕府当权的时代,遂答应了他的要求,开两个口岸和英美两国人通商。日本海禁的重开,是日本第一次脱离中古时代的生活而转入现代的潮流中。当时日本天皇不赞成幕府的开禁,人民也常有排斥外国人的行为。1862年,英国军舰因为日本人杀一英国人而炮击鹿儿岛,日本人才知道欧洲人武力的可怕，心想若不急起直追，输入西方的科学与发明，必将和中国的命运一样。日本人于是下定开放门户、锐意改革的决心，从前输入中国文化的热心，到此乃变为输入西方文化的努力。

日本明治天皇

【明治维新】1867年明治天皇即位，首先下令国人不得再有排外的行为。同时国内发生了政变，幕府的政权不得不交还给天皇；国内各地的藩王亦多放弃他们的称号和特权。日本的封建制度到1871年遂正式被废止。国都从西京移往江户，改名东京。海陆军依西方的军队制度改组。国内的工商业虽然多行旧法，但是大规模的新式工业亦次第发展。政府又派遣学生前往欧美各国留学，以备回国改良各种制度之用。并且改良旧式教育，开办专门学校。不到二十年，国内纱厂林立，铁路四通，繁盛的城市蔚然兴起。一个中国式的国家骤然变为西方式的新国。日本人模仿力之强，和隋唐时代一样，再次完全表现出来了。1889年日本天皇颁布宪法，仿照英国制度，设两院制的国会，次年国会召开，日本是亚洲古国中第一个仿行西方宪政的国家。

【中日战争】日本自明治天皇维新以来，军力骤然强盛，工业亦骤然发达，遂进一步模仿欧美各国帝国主义的侵略政策。当时朝鲜半岛首当其冲，成为日本侵略的目标。朝鲜本来也是受中国文化影响的国家，和中国关系密切。日本想夺取朝鲜，必先和中国相争，因此引发了1894年的中日战争。中国当时的清政府腐败无能、苟安自大，国民既不团结，军队又极为陈腐，自然无法和日本新军相抗衡。结果不但朝鲜半岛全入日本人的手中，东三省的南部也被他们所占领。后经俄、法、德三国的干涉，日本才退出东三省；但是在1895年签订的《马关条约》中，中国已不得不承认朝鲜为独立的国家，并且割让台湾等岛及缴付巨额赔款给日本。中国自这次失败以后，欧洲各国纷纷向它租借重要港口或划定势力范围，几乎有完全被瓜分的危险。因为这许多史实非本书范围，故不多赘述了。

【日俄战争的起因】俄国干涉日本占领辽东半岛，其实是别有用心的。原来俄国自彼得大帝以来，就有向各方夺取海上重要港口的野心。它先前向西和瑞典发生战争，想得到波罗的海的出路；后来和土耳其对战，想得到黑海和地中海的出路；再后来侵略西伯利亚，并修建了世界上最长的一条铁路，想得到太平洋上的出口。所以俄国对辽东半岛早有占领的野心。因此中日战争之后，它就出来干涉日本占领辽东半岛，一方面可示惠于中国，一方面可保留自己的目标，真是一举两得。此后俄国不但得到中国的允许，把西伯利亚铁路贯穿东三省，以达海参崴[1]，而且另修支路以向南到达由中国租来的旅顺口。俄国数百年来对于不冻海口的寻求，到此乃达到目的。1900年以后，俄国在东三省的势力逐渐增大，足以和日本争雄了。当时日本自然非常愤恨，就连英国也大为震惊，因此英国不但向中国租借威海卫，而且于1902年和日本结盟。日本的国际地位和声势都为之提高，日俄的战争遂不可免。

【日俄战争的结果】俄国的势力因军队入驻东三省而益大，于是开始向朝鲜北方发展。日本自战胜中国以后，本已认朝鲜为属国，因此屡向俄国抗议，结果引发了1904年的日俄战争。日本距离

---

[1] 清咸丰十年（1860年），沙俄强迫清政府签订不平等的《中俄北京条约》，海参崴被沙俄割占，改名为符拉迪沃斯托克，意为"控制东方"。——编者注

战场较近，战备又比俄国精良；俄国则政府腐败，国内又有革命，跨国远攻，自无胜算。因此俄国的海陆军先后失败，终于在1905年于美国的朴茨茅斯休战讲和。俄国答应将东三省南部所取得的权利，如铁路和租借地等，一概转让给日本，中国因为清政府的腐败无能，亦只能俯首承认。同时俄国把库页岛的南半部割让给日本，并承认日本在朝鲜的势力。此后日本遂全力经营朝鲜，虽然有朝鲜义勇军的拼死抵抗，但朝鲜还是在1910年正式被日本所吞并。而中国的东三省南部，亦因为日本占有俄国让与的铁路，逐渐成为日本帝国主义侵略的目标。中国虽然自1912年后改建了共和政府，但因为地势较广、旧习很深，革新的力量不容易团结起来，所以此后的日本就采取侵略的政策，造成了远东国际上极严重的形势。关于日本在第一次世界大战爆发后侵略中国的情形，后面再去详述。

第五节　帝国主义在亚洲的竞争

【俄国】我们在叙述世界帝国主义兴起以后，应该再略述20世纪初帝国主义在亚洲竞争的情形。占领亚洲领土最多的是俄国，它的版图北沿北冰洋，西自乌拉山，东到太平洋，南与土耳其的亚美尼亚、波斯、阿富汗、中国的蒙古和东三省、日本所占的朝鲜接壤。因此它就与英国和日本产生了冲突，后来英国约定俄国的发展以波斯北部和外蒙古（今蒙古国）为限。

【英国】和亚洲北部的俄国遥遥相对且并驾齐驱的是英国。它的亚洲领土有极富庶的印度；印度的西边有已收归的俾路支、半独立的阿富汗和波斯南部的"势力范围"；印度的北边有尼泊尔、不丹和中国的西藏；印度的东边有已被征服的缅甸、已受保护的马来半岛诸邦，还有英国皇室直辖的海峡殖民地。在中国占有香港，租有威海卫（第一次世界大战后交还给中国），而且有长江流域作为"势力范围"。再向西有阿拉伯的亚丁，向南有锡兰岛，还有南洋群岛中的北婆罗洲，以及澳大利亚、新西兰岛和塔斯马尼亚岛等。其中当然以印度为精华，是英国帝国主义最可贵的战利品。若把英国的印度和俄国的西伯利亚相比较，那么俄国所得的亚洲领土天寒地冻，不免相形见绌了。

【法国】法国在亚洲的领土面积小得多了，但它在印度有五个商站，占地约二百平方英里。不过印度支那半岛的东部是它宝贵的殖民地，派一个总督和一万欧洲兵来维持就秩序井然了。一个拥有三千六百万法郎资本的东方汇理银行，就足够发展安南一带财政上、工业上、商业上的一切事业了。印度支那半岛的西边为暹罗，由于英法两国相持不下，能够以缓冲国的身份而幸存。法国自从向中国租得广州湾后，更有了向中国北方发展的机会。

【荷兰】荷兰在亚洲的领土自从1798年由东印度公司交给政府统治后，在拿破仑时代被英国夺去了不少。但是在南洋群岛中它依然占有许多岛屿，爪哇一岛已大过荷兰本国四倍，人口也四倍有余。此外还有苏门答腊、西里伯斯、婆罗洲诸岛。但是在这许多南洋诸岛上，欧洲人只有八万左右。南洋的主要商品有香料、咖啡、蔗糖、烟草、靛蓝等，几乎都被荷兰商民垄断。

【德国和美国】德国在亚洲的殖民事业起步较晚，但当时也占有了中国的胶州湾，是东方海军和商业侵略的中心；太平洋上也有许多小岛足以作为航海装煤的地点；此外还有新几内亚岛的一部分。美国虽然口称不要东方的领土，但它还是于1898年用计取得了夏威夷群岛；又于同年用武力夺得菲律宾群岛。菲律宾群岛实行民主政体，设有立法机关，但上议院议员由美国政府指派，下议院的选民在八百万人中只有十万人。美国人虽然宣称将允许菲律宾群岛独立，但是美国的商人在远东的"利害关系"很大，能否放手是个问题。

【亚洲民族的反抗】整个亚洲几乎被欧洲列强所瓜分，亚洲各民族自然要大起反抗。日本因反抗而维新，因维新而强盛，一方面固然足以自救，但另一方面也仿效欧洲帝国主义的侵略而压迫中国。中国对于列强的侵略，因为政治腐败、民智未开，所以反对有心，而抵抗无力。至于波斯，名义上虽然独立，其实完全在英俄两国的掌控之中。此外如暹罗、尼泊尔、不丹、阿富汗和阿曼等小国，虽然也有独立之名，其实都在欧洲势力的笼罩之下。还有土耳其帝国在亚洲西部的领土，北自高加索山，南达红海和波斯湾，亦为英俄两国所欲得的地方。总而言之，亚洲在第一次世界大战以前，已经成为世界帝国主义角逐的场所，而中国因为地大物博，更成为现代列强争夺的重点。所以世界列强，尤其是日本，最不愿意看到中国的复兴。不过我们能否解决所谓的"远东问题"，首先要看中国能否发奋图强，和第一次世界大战前的日本以及第一次世界大战后的土耳其一样，成为一个强盛的国家，自由平等地加入世界列强的行列。

第四十九章　现代科学的进步

第一节　地球和生物的演化说

【科学发明的重要性】最近百年来，欧美各国的学者有了许多科学上的发现和发明，因此在人类的思想上和生活上产生了许多变化。这种种科学上的发现和发明，恐怕比自古以来所有宗教上、政治上或社会上的革命还要重要。18世纪时西方科学上已有许多成就，但是19世纪以来的科学进步更大。我们只需要回想一下19世纪初的维也纳会议，就可以明白科学进步有多么惊人了。那时谁也想不到世界上会有电报、电话、电灯和电车等日常必需品和轮船、铁路、汽车、飞机、麻醉药和防腐剂等造福人类的发明或发现，就是极寻常的火柴、煤油、煤气、橡胶等，在当时也是闻所未闻的。20世纪以来，研究的工具更加先进，科学的进步因此更上一层，人类的力量和财富也大量增加。凡是研究人类历史的人，对于现代科学的发展怎样改变我们的生活，对于人类、人类的起源以及人类的将来所持的见解，都应该加以注意。在此所述的不过是近百年来欧美各国科学进步的大致情形。

【地球的来源】百年以前，不但中国人深信古代的天和地是由人类在几千年前开辟出来的，就是欧洲人也以为地球和日月星辰一样是数千年前由上帝创造出来的。现代的地质学家不这样认为，他们以为地球上的水成岩在古代海洋底下堆积成形，至少要经历几亿年甚至十亿年。在这种岩石中往往含有动植物的遗体，叫作化石，足以说明地球上的动植物出现极早，所以现代学者以为地球的形成，至少是在一亿年以前。就是把时间缩短一半，我们对于地球上有生物出现的时间概念，还是模糊不清的。假定五千万年来的事迹我们都有记录，而且每五千年的大事都只占这份记录的一页，那么我们将有十大卷千页的记录，而我们自埃及以来的世界史只占这十大卷记录中最后一卷的末页。

【查尔斯·莱尔爵士的《地质学原理》】在1795年时，苏格兰的地质学家詹姆斯·赫顿（James Hutton）发表了他的主张，以为地球形成现在的状况，其实经历了一个缓慢的自然过程。1830年时英国人查尔斯·莱尔爵士（Sir Charles Lyell）出版了那部著名的《地质学原理》（*Principles of Geology*），详细说明了地球怎样逐渐收缩，怎样经过长期的雨冲冰冻，不知不觉地形成山脉与河流，而且堆积层层的石灰石、黏土和沙石。总而言之，他以为地球的形成完全是人人可见的自然作用的结果。他的这种学说现在已证明是正确的了。

【达尔文的进化说】在19世纪时，欧洲的学者已观察到动植物是经过长期发展的结果。不过对于这种见解，直到英国人达尔文才提出充分的证据。他于1859年出版了他的名著《物种起源》，认为一切动植物并非源于形式不同、永远不变的各种种类；现代世界上的所有物种都是数百万年来经过许多变化和改良的结果。所谓"进化"的原理，就是所有高等复杂的动植物都是由低等简单的生物演化而来的。这个原理对旧观念的颠覆，虽然比哥白尼的太阳中心说更大，但是其受到世界认可的过程，竟十分迅速和普遍。到如今大多数科学家已接受了这个进化的原理。以前基督教教士认为这个原理违反《圣经》、藐视人类，大骂达尔文是离经叛道的元凶，到如今大多也屈服了。

第二节 化学和物理的进步

【原子说的成立】当地质学家、动物学家和植物学家正在证实进化说时,化学家、物理学家和天文学家亦在专心研究物和力相关的问题,如热、光、电和日月星辰的起源及变化等。19世纪初英国人道尔顿(Dalton)已经提出一切物质的变化似乎均是由于各种元素的"原子"互相结合而成为分子的学说。这种原子说,后来经过精密的研究,最终成为现代化学的基础。此后化学家认为原子是物质最小的、不可再分的部分,于是各种原子逐渐被发现,到如今元素的名称已达上百个。

【电子说的成立】原子是物质最小的、不可再分的部分的说法,后来也产生了动摇。1897年,剑桥大学卡文迪许实验室的约瑟夫·汤姆森在研究阴极射线时发现了电子。电子比原子小,因此现代的化学家多以为原子其实是由许多电子围绕原子核快速旋转而成的。所以宇宙间并无所谓的"死"物,因为电子、原子和分子等在石块中也有一种迅速而复杂的运动,几乎难以用言语来形容。

【光和电】到了19世纪,光和热的性质才得到充分的说明。光和热都是能量通过极细微的波动传达出来的。这种能量无处不在,因为若不如此,则太阳和星光就无法传到我们地球上了。至于电,在18世纪时,学者知道的还很少,现在已占据很重要的地位了。最近三十年来电的应用——电报、电话、电灯和各种电动机,是现代科学上最惊人、最有成绩的贡献。

【化学对现代生活的影响】现代化学家能够分析极复杂的物质,而且了解一切动植物的成分。他们甚至能够把不同原子"结合"起来造出许多新的物质,例如酒精、靛蓝等。他们已经能够造出二十万种以上的物质,这些物质大部分是自然界所没有的。我们现在的各种颜料和药物，都是化学进步的结果。此外，炼钢工艺的改良、土壤学的研究，对于钢铁业和农业都有极大的贡献。所以化学家在现代世界上已经成为改进人类生活的先锋了。

第三节　生物学和医学的进步

【细胞学说的建立】现代科学家在动植物方面的种种发现，其重要性和电的发明一样。1838年左右，德国有两个博物学家施莱登（Schleiden）和施旺（Schwann），一个研究植物，一个研究动物，把两个人的观察结果相互比较，乃发现所有生物都由微体构成，这种微体就是所谓的"细胞"。细胞又由一种胶质构成，这种胶质到1846年定名为"细胞质"（cytoplasm）。所有生物均已证明起源于细胞，生物的细胞很像无机物的分子。

【生物学进步的影响】细胞学说其实是现代生物学的基础，关于细胞怎样逐渐发展成生物的组织和器官，亦因之大为阐明。它能说明许多疾病，而且有时能提出一种合理医治的方法。人类的身体、各种器官的官能和相互的关系、血液循环、神经和神经中枢，这种种课题都成为百年来实验室和医院中研究的对象。从前那种只靠药物治病的方法，到此亦大为改变。

【医学的进步】1796年英国人爱德华·詹纳（Edward Jenner）第一次试行种痘的方法，因此人类中最可怕的一种疾病，即天花，就得到了有效的预防。我们倘使能够利用一切经验，如果全体人类都种痘的话，那么世界上的天花必能从此绝迹。

【麻醉药的发明】爱德华·詹纳试行种痘之后的五十年间，欧美各国的医生做手术时，开始使用所谓的麻醉药。原来古代的中国人和希腊人虽然都知道有一种减除痛苦的药品，但是应用不广。1800年英国化学家汉弗莱·戴维爵士（Sir Humphry Davy）已经主张在外科手术时使用"笑气"，1818年英国化学家法拉第也发现了一种有麻醉作用的醚气。1840年以后，美国很多医生开始使用醚气。1847年英国医生辛普森（Simpson）主张使用三氯甲烷（chloroform）。从此人类在手术时所受的痛苦大大减轻了，医生也得以从容地进行工作，生命因此多有保全。

【细菌说的提出】麻醉药的使用虽然可以减轻人类的痛苦，但不能确保病人的创口不受感染。英国名医利斯特（Lister）想到把一切手术用具清理得非常干净，而且用种种方法保护病人的创口，因此病人中因手术而死的人数大大减少。1863年法国化学家巴斯德（Pasteur）宣称所有梅毒一类的溃疡都源于微小的有机体，他称之为"细菌"。他说空气中细菌很多，所有疾病的蔓延都源于细菌的感染。德国人科赫（Koch）不久又发现了导致结核病的细菌以及肺炎、白喉等病的细菌。

【消除细菌的运动】细菌这样微小，又这样众多，好像没有避免的可能了。不过就经验论，所有手术用具能够慎用灭菌法，就可以有效地避免细菌。而且我们知道伤寒病源于污水，结核病传自口涎，疟疾传自蚊子，就可由此获得预防的方法，减少蔓延的机会。巴斯德发现，动物被注射恐水病①病毒后，就可以不生恐水病。现在白喉、伤寒病等均已有了预防的疫苗，很多疾病已不再那么可怕了。

【科学的未来】因此将来人类的英雄，当推科学家，而不是军人政客了。我们已承认科学的进步和应用其实是现代人类事业上最伟大的成就之一，我们的人类史将来非改编不可，科学家和他们的

---

① 又称狂犬病，为感染狂犬病毒的表现。——编者注

发明至少应该和军人政客的功绩一样重要。总而言之，人类文明的进步靠科学家的努力为多，靠军人政客的努力为少。后者只能控制国家的命运，前者则不但能控制自然，而且能控制人类的生命。现代各国的富强，大部分是从科学家的实验室中得来的，而不是从战场上或会议席上得来的，所以现代的政治家如果不重视科学的贡献而加以提倡，就会成为一个落伍且盲目的人。

第四节　史学的进步

【历史的扩充】19世纪以来，人类的知识发生了许多重要的变化，史学也是发生很大变化的一科。现在史学家对于史料的考订更加严谨，对于史迹的记录也更加忠实，而且历史也大为扩充。以前所谓的人类史往往只述及人类最近二三千年的事迹，其实不过是人类全史中极小极近的一部分。现在史学家对于世界上的文明古国史，由于考古学的研究或发现，延长了许多，有的甚至增加了一倍以上，对于没有文字以前人类文明的进步，甚至人类和生物的起源，都可以追溯得到，把人类史延长到几万年或几十万年以上。

【现代史的重要性】我们不但把人类的古代史向前扩充了，而且了解到现代史在我们知识上的重要性。从前的史学家往往对古史加以详述，而忽略近代的事迹。他们的态度是"多识前言往行，以蓄其德"。现在不同了，大部分史学家已经不相信史学上真的有所谓的"垂训"。他们以为史学的作用不在于"博古"，而在于"通今"，就是说我们要研究以往的状况，进而来了解现代的问题。例如现代世界上各国都有各自困难的问题，我们要想找到解决的方法，就必须研究这种问题发生的经过。这本书之所以详近略远，原因也在于此。

第十三部分
国际的竞争和世界大战

1914年8月，欧洲方面忽然发生了一场牵动世界的大战，参战的士兵数以百万计，参战的国家数以十计。军器的锐利和影响的远大，都是前所未有的。当时人们对于这次大战的爆发固然在意料之中，但是爆发如此之骤却在意料之外。

第五十章　世界大战的起源

第一节　欧洲各国的军备

【世界大战的规模】1914年8月，欧洲方面忽然发生了一场牵动世界的大战，参战的士兵数以百万计，参战的国家数以十计。军器的锐利和影响的远大，都是前所未有的。当时人们对于这次大战的爆发固然在意料之中，但是爆发如此之骤却在意料之外。欧洲各帝国主义国家的争雄，以及帝国主义和民族主义的冲突，早已引起了现代史上许多国际的战争，但是这样大规模的残杀和破坏，真是大部分和平主义者想不到的。这也可以看出人类文明的进步到如今还没有脱离野蛮争夺的状态。这场战争既然是世界史上空前的大战，我们就不得不略述它发生的原因和目的。

【德国的陆军】西欧各国自从普法战争以后，经历了四十余年的太平。不过在这期间，各国政府无不年用巨费以训练军队和准备军器，而德国实为当时军备竞赛的首领。德国自耶拿一战失败以来，深知旧式的常备军已不可恃，非全国皆兵不足以保证民族的生存，因此所有国民必须入伍，经过短期的训练，乃退伍而为后备兵。一旦战事发生，则士兵人数可以远远超过从前的常备军，这就是现代所谓征兵制的起源。五十年后，威廉一世在位时，普鲁士的征兵额和入伍年限无不增加，因此他于1870年以四十万大军统一了日耳曼各邦而建成了德意志帝国。

【征兵制的风行】普法战争以后,除英国外,欧洲各国莫不仿行德国的征兵制,实现全国皆兵的理想;同时设很多常任的军官,并年费巨款以购置日益改良的兵器。各国间军备竞赛的结果:一是各国陆军的扩大;二是因扩充军备导致人民负担的增加;三是军备既然都已充分,各国间遂成剑拔弩张、一触即发的形势。当世界大战爆发时,德法两国各有士兵四百万人以上,俄国有六七百万人,奥匈帝国有二百五十万人,只有英美两国因为实行志愿募兵制而兵额较少。

【英国的海军】由于英国是岛国,向来极为重视海军,以能敌得过两个最大的海军强国为准则。这是因为英国本来是一个殖民地版图最广的国家,如果没有实力,断难控制。而且国内人多地少,所以粮食不得不取自海外,实业要想发达也不得不维持海外的商业。因此英国的海上霸权一旦失去,不但它的殖民帝国有瓦解的危险,就是本国领土也有被人征服的可能了。

【德国的海军】德国对于英国殖民地的广大和商业的垄断本不甘心,很想分得一杯羹,而且打算用海军的力量去争取,因此德国皇帝威廉二世即位之后,就屡次声明,德国的前途全在海上。1897年之后,德国加快了海军的建设,引起了英国人的猜忌。其他各国亦纷纷加入竞争,扩充自己的海军。因此各国人民都不堪军备的负担,除陆军的军备外,又加上了海军。而且科学不断进步,军器日有发明,各国政府不得不支出巨金以作为推陈出新之用,弄得各国财政几乎无法维持了。

第二节　世界和平运动

【海牙和会召开的经过(1899年和1907年)】各国军备的负担日有增加,国际恶战的危机又迫在眉睫,于是一班和平主义者发起了防止战争的运动。俄国沙皇尼古拉二世就是这种运动的首倡者。他于1898年号召世界各国政府的代表在荷兰的海牙开会，以便讨论怎样维持世界的和平和裁减各国的军备。因此才有了1899年和1907年的两次和会。

【会议的结果】海牙和会所提出限制军备的主张最终因德国等竭力反对，而没有结果。不过会议设立了一个长久的国际公断法院，约定凡是和"国家荣誉或存亡"无关的国际争执，都可以提请国际法院公断。国际上虽然有公断法院，但无法强迫各国必须提请公断；而且足以引起战争的原因又被"国家荣誉或存亡"的条件所限制，而不容其他国家考虑。所以国际公断法院虽然成立，实际上却收不到什么效果。第二次会议时，英国又提出限制军备的问题，德奥两国因为自觉实力还不够强，加以反对。结果只是对地雷的埋藏、未修建炮台的城市的轰炸和战时中立国的权利等，稍稍加以限制。但是如果参战国不遵守，国际上还是无法制裁。世界大战时德国将海上的商船任意炸沉，以及1932年时日本对于上海闸北的任意轰炸，就是明显的实例。

【国际公断条约的缔结】自第一次海牙和会以后，十年间世界各国所签订的公断条约已有一百三十多份，似乎国际和平颇有用公断方法来维持的趋势。而且自20世纪初以来，各种国际会议年有增加，似乎各国人士逐渐觉悟到各国之间其实有着密切的关系，理应互相合作。不过从1914年的世界大战和1931年后日本对于中国东三省和热河的侵略来看，有这种觉悟的不过是少数人而已。

第三节　国际的竞争

【国际竞争的起源】欧洲各国的竞争并不开始于19世纪。其实自16世纪初以来，因为东航新路的开通，美洲大陆被发现之后，葡、西、荷、法、英五国早已前仆后继，在东西两半球上争夺各地的资源和领土的霸权。18世纪末、19世纪初工业革命以后，欧洲列强的帝国主义竞争因为工业发达、资本剩余，变得更加激烈起来。他们一方面占领亚、非、美各洲实业和文化都比较落后的国家；另一方面对于土耳其帝国虎视眈眈，希望一口吞下或分得一杯羹。这种明争暗斗差不多持续了五十年，终于在1914年算了一次总账，不过仍然没有算清。

【非洲北部的竞争（一）法和意】对非洲的探险和瓜分的过程，我们已经述过了。法国人既然占领了非洲北部濒临地中海的地方，当然要和意大利、英国和德国等先后发生冲突了。法国人于1830年征服了非洲北部的阿尔及利亚，并于1870年到1874年间用武力完全占领了，于是和两个土人所建的国家为邻了，即东方的突尼斯和西方的摩洛哥。到了1881年，法国又借口土人的侵扰，派兵征服了突尼斯。意大利久想吞并这块地方，竟然被法国捷足先登了，心有不甘，乃于1882年秘密加入德奥两国在1879年组成的联盟，成为世界上著名的"三国同盟"（Triple Alliance）。

【非洲北部的竞争（二）法和英】英法两国在埃及的竞争，我们已经述过。自从英国独得埃及财政的监督权后，法国怨念更深。当英国名将基钦纳（Kitchener）于1898年收复苏丹时，法国探险家马尔尚（Marchand）竟然在他未到苏丹的法绍达（Fashoda）以前，就在当地竖起了法国的国旗。当这个消息传到伦敦和巴黎两地时，英法两国的战争几乎一触即发。后来由于法国的让步，这个"事件"才得以解决。

【三国协约的起源（一）英法协约】不到四年的工夫，英法两国的感情忽然为之一变。英国国王爱德华七世于1901年即位时，深感德国实业的发达未免有些咄咄逼人，于是向法国表达亲睦的意思。法国人也深感孤立无助的危险，极想博得英国人的欢心。结果英法两国于1904年签订了协约，解决了一直以来在非洲方面的争执问题。法国正式承认英国在埃及的利益，英国亦正式承认法国在摩洛哥的权利。从此欧洲国际上除三国同盟外，又产生了一个所谓的协约同盟，成相互对峙的局面。

【三国协约的起源（二）英俄协约】不久英国又向俄国示好。在1902年时英国曾忌惮俄国势力的南下，所以特意和远东的日本结盟。同时俄国的军队逐渐向中亚一带移动，差一点就要侵入印度驱逐英国人。英国为了对付德国，竟然于1907年和俄国签订协约，解决两国在西亚一带相持不下的问题。此后两国约定平分波斯，不再互相干涉。现代有名的"三国协约"（Triple Entente）竟然由于英国人的主动而成立。政体不同、观念各异，且在远东和近东问题上争斗不断的两个国家，竟然会携起手来，我们由此不但可以看出英国对付德国的决心，也可以感觉到现代国际上的一切纵横捭阖都以私利为目的，不以公理为标准。

【摩洛哥问题的紧张】英国与法国、俄国原是世仇，竟然能互相谅解，而对同种族的德国却因利害冲突而大加排斥，这当然是德国人难以忍受的。当时德国人就极力责备英国人，认为英国故意把德奥两国包围起来，想要置他们于死地。因此德国在1905年对英法两国处置摩洛哥的方法提出了极大的抗议，认为其忽略了德国在此地的利益。一时战争的气氛骤然紧张起来，很有一触即发之势。法国不得已答应在西班牙的阿尔赫西拉斯（Algeciras）召开一次国际会议共同讨论。讨论的结果是法国在摩洛哥拥有警察权，但必须确保摩洛哥的独立。1911年德国派一巡洋舰到摩洛哥的阿加迪尔（Agadir），要求此后法国对摩洛哥有任何举动都应事先征求德国的同意。两国又几乎发生了冲突。后来因为法国把一部分刚果河上的领土相让,德国才不再提起摩洛哥问题,而摩洛哥乃成为法国的殖民地。

【摩洛哥问题的影响】我们细细思索一下摩洛哥问题,就可以明白现代西方人所谓的种种"问题",大多是各帝国主义国家瓜分弱小民族相持不下的争执。所以"阿加迪尔事件"不但引起了法国的恐慌,而且激起了英国的愤怒。英法两国都以为德国这种大胆的行为显然是一种公开的侮辱,不应该对它有丝毫的让步;同时德国以为法国反而因为"阿加迪尔事件"而得到了摩洛哥,这是政府外交的失败,以后非采取更强硬的手段不可。双方争持的结果就是三国同盟和三国协约在军备上的更大投入。

第四节　所谓的近东问题

【巴尔干半岛的纠纷】德国和协约国的冲突虽然于1911年暂时幸免,但这只是拖延了时日罢了,迟早会有爆发的一天。果然不久之后,俄国和奥匈帝国在巴尔干半岛的争雄竟然成了大战的导火索,结果俄国的罗曼诺夫和奥匈帝国的哈布斯堡两个皇族都终归覆灭了。

【土耳其帝国的瓦解】我们在前面已经述及,19世纪以来,欧洲其他各国怎样因异种异教的关系,一定要把土耳其帝国消灭;巴尔干半岛上的白种民族,例如塞尔维亚、希腊、罗马尼亚以及已和白种民族混合的保加利亚等国先后发生革命而独立。我们也述及俄国怎样借口保护巴尔干半岛上同种同教的民族,屡次想南下吞并土耳其,从而发生了克里米亚战争;英法两国怎样因自身利害关系,反而出来帮助土耳其,打败了俄国。我们又曾述及塞尔维亚和保加利亚怎样受俄国的鼓动而起来作乱,从而发生了第二次俄土战争;英奥两国怎样出来干涉,把巴尔干半岛问题提到柏林的国际会议上去解决,会议决定准许塞尔维亚、罗马尼亚和蒙特尼格罗①独立,而保加利亚成为土耳其的纳贡国;奥匈帝国怎样在德国首相俾斯麦的帮助下,坐享其成地得到波斯尼亚和黑塞哥维那两州。

【柏林会议的影响】当时各国对于柏林会议的决议都不太满意,俄国尤其失望,因此俾斯麦计划中的德俄奥三国同盟,就无法实现了,甚至俄奥两国的关系也越来越差。不久后(1885年)保加利亚又向南夺取东鲁米利亚(Eastern Rumelia)。1897年希腊亦妄想增加领土,冒险和土耳其发生战争,但终归失败了。当时土耳其帝国早已支离破碎,柏林会议只给它保留了马其顿和阿尔巴尼亚两块地方。土耳其对这些残余领土当然十分珍惜,不肯放手。但是柏林会议召开三十年后,巴尔干半岛上又发生了种种事端,经过六年的纠纷,最终引发了一场大战。

【土耳其的革命运动(1908年)】20世纪初,土耳其国内出现了一班政治改革家,叫作青年土耳其党。1908年他们看到了国家将亡,于是组成一个"统一进步委员会"向皇帝要求立宪,否则他们将组织军队向君士坦丁堡挺进。当时年老的皇帝哈米德无力抵抗,只得答应颁布宪法。于是国内进行选举,新国会乃于1908年12月以极隆重的典礼正式召开。这次不流血的革命,大大引起了欧洲各国的注意。它们一方面认为这班青年党人是年少气盛之流,办事急切,绝对成不了大事;另一方面又担心这班青年的改革运动成功,那么数百年来欧洲列强消灭土耳其的"努力",岂不是要尽付东流了。

---

① 今称黑山。——编者注

【土耳其新政府所受的打击】于是欧洲列强和巴尔干半岛诸国采取先发制人的办法,使得土耳其人内部的改革无法进行。保加利亚乘机宣布绝对独立,奥匈帝国也急将波斯尼亚和黑塞哥维那两州正式吞并。这两州的人民本是斯拉夫人,塞尔维亚早想以同族人的资格得之而后甘,现在奥匈帝国先下手为强,把它们一口吞下,塞尔维亚对于奥匈帝国的怨恨可想而知。世界形势到此乃更加危急。当时俄国在日俄战争后,元气未复,所以不得不暂时隐忍,坐看奥匈帝国横行。

【意大利乘机侵略】当巴尔干半岛上的气氛日趋紧张时,意大利又于1911年借口非洲北部的黎波里的侨民受到了土耳其人的虐待,向土耳其宣战。当时欧洲各国的舆论无不指责意大利的手段过于高压,但意大利辩解称其行动无非是按照其他国家的成例办理而已——为了保护本国侨民的生命财产安全,对于内乱频仍、毫无组织的国家,理应进行吞并。1931年日本发表的关于侵略中国的借口,就是对这一套外交上的老文章的抄袭。土耳其当然不是意大利的对手,意大利军队逐渐占领了黎波里和罗德岛。土耳其的新政府既无抵抗的能力又无屈服的勇气,于是战事拖延了一年之久,直到1912年10月,因为巴尔干半岛上的战争一触即发的关系,土耳其才把的黎波里让给意大利,而保留了寒不可衣、饥不可食的"宗主权"。罗德岛亦归意大利所有。

【第一次巴尔干战争的爆发】当时希腊的名相维尼泽洛斯(Venizelos)秘密和保加利亚、塞尔维亚、蒙特尼格罗等国结盟,于1912年10月正式向土耳其宣战。土耳其因为兵力不足,连战连败。保加利亚攻陷了阿德里安堡(Adrianople),希腊也攻入了马其顿和色雷斯,而蒙特尼格罗和塞尔维亚则攻进了阿尔巴尼亚。

【奥匈帝国的干涉】奥匈帝国看到塞尔维亚将向西到达亚得里

亚海，于是出来干涉，不许它占领都拉佐海港（Durazzo）。塞尔维亚不得已只好照办。各参战国暂时停战，在伦敦召开和会。欧洲各国竟然劝土耳其放弃除君士坦丁堡和西面附近一小部分地方外的所有领土，土耳其政府当然无法接受，只得拼命抵抗下去。因此1913年1月，战争再起。土耳其终因寡不敌众，接连失利。5月双方在伦敦议和，土耳其把马其顿和克里特岛让给同盟诸国去瓜分。

【第二次巴尔干战争后的分赃之战】同盟中的塞尔维亚、希腊和保加利亚三国，向来有互相猜忌之心。土耳其既然交出了两块领土，它们将怎样去平分呢？保加利亚首先反戈相向，对希腊和塞尔维亚宣战。1913年7月，三方苦战了一个月，甚至土耳其人和罗马尼亚人也乘机向保加利亚进攻。这次保加利亚与其他各国的混战，很像1914年德国与其他各国混战的小规模演习呢！

【布加勒斯特条约】保加利亚军事上不断失利，乃同意在罗马尼亚首都布加勒斯特（Bucharest）开会，签订和约。结果土耳其帝国在欧洲的领土只剩下君士坦丁堡和向西到达阿德里安堡一带，其余领土由希腊、保加利亚、塞尔维亚和蒙特尼格罗四国瓜分。希腊得到萨洛尼卡（Salonika）要港、克里特岛和马其顿的一部分；保加利亚的领土到此南达爱琴海；塞尔维亚和蒙特尼格罗的领土到此各扩大一倍；至于阿尔巴尼亚，奥匈帝国坚持准许其独立成为王国，借以阻止塞尔维亚将势力扩展到亚得里亚海。

【大日耳曼主义和大斯拉夫主义的暗斗】在这些五花八门的明争之下，还有两大民族主义的暗斗，就是现代史上所谓的"大日耳曼主义"和"大斯拉夫主义"。这两种主义的首脑分别为德国和俄国，它们的帮手分别为奥匈帝国和塞尔维亚，它们斗争的场所为巴尔干半岛。所以20世纪初，欧洲的国际形势中除三国同盟和三国协约对垒之外，还有两大民族主义的争雄。

【（一）俄奥争雄】奥匈帝国在欧洲本是一个民族最为复杂的国家，境内除日耳曼人和黄种的马扎尔人外，要数斯拉夫人最多。因此自19世纪时俄国人以斯拉夫族的名义，向南号召巴尔干半岛上土耳其属地的人民以来，奥匈帝国就大感不安，屡次设法阻止这种大斯拉夫主义的实现。俄国与土耳其的战争频频失利，都是因为受到了奥匈帝国的影响。而且奥匈帝国多是日耳曼人和马扎尔人，他们对于北部的捷克斯洛伐克人和南部的南斯拉夫人不免进行压迫，引起后者的不满。后来奥匈帝国因为受到德国的援助而态度更加强硬，俄国也向塞尔维亚人和南斯拉夫人表达同族的感情，双方的旗帜日益鲜明。1908年奥匈帝国吞并波斯尼亚和黑塞哥维那两州以后，德国公然宣布愿鼎力相助。俄国对这两州虽然抱有种族上的同情，但有心无力，只好袖手旁观。

【（二）奥塞争雄】在塞尔维亚人看来，奥匈帝国的这次举动，不但公然压迫他们的同胞，而且大有置塞尔维亚于死地的意思，因为此后塞尔维亚的国境不但没有到达海上的希望，它的物产要想输出国外亦不得不经过敌境的多瑙河。它岂不是要变成奥匈帝国的属地？当第二次巴尔干战争结束时，塞尔维亚的领土虽然因获胜而大有增加，但是通海的希望又因为阿尔巴尼亚的独立而不能实现，所以它对奥匈帝国的阻止极为不满。奥匈帝国则以为，塞尔维亚的领土既然已大增，势将实现其联合南斯拉夫人建立大规模王国的计划，奥匈帝国的南部就有了瓦解的危险，因此奥匈帝国总是竭力压制塞尔维亚的发展。

【（三）德俄争雄】德国虽然自柏林会议以来就竭力向奥匈帝国和土耳其示好，但是直到威廉二世即位以后，才有意向东方发展，尽力和土耳其交好，想利用它来壮德奥两国的声威。果然德国和土耳其的感情日趋深厚，到1899年时土耳其竟然有把直通欧亚两洲的巴格达铁路让给德国来修建的举动。英俄两国在东欧和西亚本来都有很大的利益关系，因此认为德国的这种举动明显有雄霸欧亚、打倒英俄的野心，未免欺人太甚。三国协约的成立更是刻不容缓了。同时德国也担心俄国势力借塞尔维亚而向南延伸，足以阻断巴格达铁路直通柏林的计划，因此德国就极力帮助奥匈帝国去抵制俄国和塞尔维亚的发展。

【欧洲备战益急】欧洲各国的备战到1913年更加紧急。德国先将常备军的兵额增加；法国把征兵入伍的期限由二年延长到三年；俄国把军备预算增加，并请法国名将霞飞（Joffre）代为制订改组军队的计划；奥匈帝国增强炮队的力量；英国大量扩充海军；甚至比利时也考虑到德国军队可能会通过国境而破坏中立，实行征兵制度了。

第五节　大战的爆发

【奥匈帝国皇太子被刺】就上述情形来看，世界大战的爆发早已箭在弦上。1914年6月28日，奥匈帝国的皇太子斐迪南大公偕其妻出游波斯尼亚，竟然被刺身亡。塞尔维亚政府曾经劝说奥匈帝国的皇太子不要出游该地，现在竟然被刺，奥匈帝国政府遂认定塞尔维亚有主使的嫌疑，要对这次暗杀事件负全部责任。

【奥匈帝国发出最后通牒】奥匈帝国乃于7月23日向塞尔维亚发出最后通牒，限于四十八小时内同意下列条件：塞尔维亚境内的所有报纸、学校及各种团体等反对奥匈帝国的宣传，应一律禁止；凡仇视奥匈帝国的文武官吏，应一律免职；审判凶手时，应准许奥匈帝国的官员出席参加审判。塞尔维亚对于奥匈帝国的要求，除最后一条外，都予以答应，而且愿意将此事提到海牙国际法院中去公断。但是奥匈帝国以为此事关系重大，不肯同意。

【其他各国的态度】当时俄国不能对塞尔维亚坐视不管，德国又因为三国同盟关系，不得不出手帮助奥匈帝国。英法诸国的政府一方面主张把此事提到海牙法院公断，一方面又声称这是奥匈帝国一国的事情，德国不应该参与。但是德国以为事已至此，已经无法挽回，而且英法诸国又偏袒俄国，实难再忍。因此国际调解终归无效。

【各国的宣战】7月28日，奥匈帝国向塞尔维亚正式宣战，俄国随即动员。德国亦于8月1日向俄国宣战，同时询问法国将采取何种态度，法国回答说将因自身利害关系而有所行动，于是也下了动员令。德国乃于8月3日正式向法国宣战。其实德国军队已提前一天向法国进军，并占领了中立的卢森堡。因为比利时接近法国，当天德国又向其下达通牒，要求准许德国军队借道。比利时是保持中立的国家，此时乃以中立为理由，拒绝了德国的要求。当时英国政府也向法国承诺，若德国海军南下法国，英国会协助抵抗。后来英国听到德国侵犯中立国比利时的消息，认为其违反了国际信义，乃于8月4日正式向德国宣战。8月下旬，日本亦乘机加入协约国一方，侵犯中立的中国，以武力夺取了德国在山东省的权利。土耳其则于11月初加入德奥两国的阵营。

【1914年的参战国】因此在三个月内，一方为德国、奥匈帝国和土耳其，另一方为塞尔维亚、俄国、法国、比利时、英国、蒙特尼格罗和日本七国，成相互对峙的局面。意大利虽然是德奥两国的同盟国，但因为和奥匈帝国是世仇，而且从前加入同盟国原本是受到法国的刺激所致，故借口三国同盟的宗旨在于自卫而不在于攻敌，竟然不肯参战。

【战争的责任问题】战争既然已经爆发，双方为了获得其他中立国的支持，无不尽力宣传，把战争的责任推到对手身上去。德国人说如果英国能够事先阻止俄国参战，则战争就不至于扩大，所以这次战争的爆发，完全是英国的责任。而英国人则以为他们素爱和平，如果德国不推波助澜，那么奥匈帝国和塞尔维亚之间的重大事件尚有调解的余地。双方的唇枪舌剑到现在还未停止。其实就19世纪时欧洲国际形势的变化来看，一方面有帝国主义的竞争，一方面又有民族主义的运动，再加上它们之间的互相利用和冲突，"战争"的形势早已形成。所以我们不能就1914年7、8月份那段时间各国的举动，来断定这次世界大战的罪魁祸首是谁。总而言之，各国都应该负有战争的责任，而根本上还是人类的同情心未能普及世界的缘故。

第五十一章 世界大战初期的事迹

第一节 第一年的战况（1914年8月—1915年8月）

【德国三路进军法国】德国宣战后，就分三路进军法国：北军经比利时，中军经卢森堡以达香槟，南军自梅斯以达南锡。北军和比利时相持十天，由于德国的大炮极利，最终攻陷了列日（Liege）要塞，并于8月20日攻陷比利时的都城布鲁塞尔（Brussels）。法国军队得到英国的援助，在那慕尔（Namur）抵御德国军队。那慕尔虽然是法国极其坚固的要塞，但是也敌不过德国大炮的轰击，英法两国联军不得不向南移动。德国军队乃于9月1日直逼巴黎，相去仅二十五英里。法国政府不得已迁到波尔多城（Bordeaux），巴黎城亦准备抵挡德国军队的围困。不料数日间，法国霞飞将军大败德国军队于马恩河（Marne）上，德国军队因此稍退，乃掘壕准备持久战，巴黎得以暂时脱险。

【德国征服比利时和法国的东北部】德国人直捣巴黎的计划既然已经不能实现，于是转而征服比利时全境，想沿海直达加来（Calais），以作为进攻英国的根据地。不料又被联军阻挡在伊塞河上。不过战争爆发后三个月间，德国军队已经占领比利时、卢森堡和法国东北一带工业、农业和矿业都极发达的地区。

【法国境内的持久战线】自从马恩河、伊塞河两次激战以后，双方虽然一直在争持，牺牲也极大，但是法国境内的战线，四年间竟然没有多大的变动。德国军队不能向南再进，英法两国联军亦无力逼退德国人。此后双方都在法国境内各掘深壕，用机枪大炮进行持久的战争。飞机翱翔天际，或往来侦察，或抛掷炸弹。双方牺牲极大，但对战局终无多大的影响。

【东线的战事】东边俄国军队行进迅速，曾侵入东普鲁士境内，但不久就被德国名将兴登堡（Hindenburg）的军队打退。俄国军队在加利西亚（Galicia）一带本来战胜了奥匈帝国军队，但因为德奥两国军队在波兰活动，不得不向后撤兵。1915年8月，俄国放弃波兰境内的华沙和其他城市，德国乃进占波兰和俄国境内的库尔兰（Courland）、利沃尼亚（Livonia）、爱沙尼亚（Esthonia）等地。

【土耳其参战和西亚的战况】土耳其因为和德国感情很深厚，所以于1914年11月参加中欧诸国一方向协约诸国宣战。土耳其皇帝又以伊斯兰教哈里发的名义下令全世界的伊斯兰教信徒一起参加神圣的战争。不过印度和埃及诸地的穆斯林并不响应，英国反而有了借口，于11月在埃及另立新主，称他为皇帝，受到英国的保护。埃及至此就绝对脱离土耳其而独立了。英国同时进攻亚洲的美索不达米亚，于1917年3月占领了巴格达；接着又逼退巴勒斯坦的土耳其军队，于同年12月攻陷耶路撒冷城。

【英法联军在加利波利的失利】英国在亚洲的土耳其境内虽然屡屡得手，但是1915年英法联军想直捣土耳其都城的计划却完全失败。1917年4月，英法联军因为有澳大利亚和新西兰的援军到来，想由达达尼尔海峡直逼君士坦丁堡。但是土耳其军队中有德国派送来的军官和武器，英法联军付出了很大代价，最终也没能在加里波利半岛（Gallipoli）上取得丝毫胜利。英国政府不久就承认了此举的失策，不敢再冒险了。

【意大利参战】大战初起时，意大利就由于种种原因失信于德奥两国，而违背了三国同盟。1915年5月，它竟然决定加入协约国一方以向从前的同盟国宣战。意大利的民族主义者向来以收复所谓"未经收复的意大利"为目标，而所谓"未经收复的意大利"，是指奥匈帝国西南境内有意大利人居住的诸地，而且协约国一方以重要的条件引诱意大利加入，因此德奥两国又需要增加防守的战线了。

【第二年初的参战国】开战后一年（1915年8月），参战国已由十国增到了十二国。一方为奥匈帝国、德国和土耳其三国；一方为塞尔维亚、俄国、法国、比利时、英国、蒙特尼格罗、日本、意大利和圣马力诺九国。协约国一方的声势虽然有所增加，但同盟国的战斗力却没有因之稍减。由此可以看出德国军队的训练有素和准备充分。

第二节　海上的战争

【德国海上交通被阻断】世界大战爆发后，海战上潜艇攻击也是很大的问题。当战事初起时，世人都以为既然英德两国的海军实力不相上下，必将在海上决一雌雄。但是德国军舰始终蛰居海港，无法活动，德国的商船也多停泊在本国或中立国的港口中。因此英国的海军得以称雄海上，把德国和海外的交通完全截断了。当时德国多亏发明了种种新式潜艇，得以维持一部分交通，从而对英国造成一定的威胁。

【英国封锁德国的港口】英国用海军去封锁德国的港口，如汉堡、布勒门、基尔运河等。原本可以援引国际法的惯例，大胆去做，但是德国的潜艇仍可时时从海底偷偷到达海外，用鱼雷把英国的商船或战舰炸沉。英国为了进一步抵制德国，竟然宣布凡中立国的商船运货到北欧各中立国——荷兰、挪威和瑞典——必须先到北海的奥克尼群岛（The Orkney Islands）上接受英国政府的检查，看有无运送到德国的战时禁制品后，才得放行。后来英国政府宣布所有运往德国的食品亦属于禁制品，因为食品是战士的必需物，和军火一样。

【德国潜艇的抵制】德国政府认为英国禁运粮食的办法是有意"饿死德国的人民"，不合人道和公理，因此德国也宣布英国四周的海上都是军事区域，所有敌国的船只通过时，都用潜艇炸沉，同时警告中立国的船只不要再冒险前进。依照国际法的惯例，只要战舰在海上拘获敌船或运禁制品的商船，一概可以炸沉。不过炸沉之前，应将船上的人员解送出来，以尊重人道。但是德国人的潜艇容纳不了太多人，而且若从容警告，则潜艇的战斗力当然敌不过战舰。因此潜艇的使用，在当时是个很大的问题。

【卢西塔尼亚被炸】1915年2月以后，德国的潜艇开始轰炸海上赴英的船只，其中以1915年5月英国商轮卢西塔尼亚（Lusitania）被炸沉最让人震惊。当时船上的乘客沉没海底的有一千二百人之多，其中有一百多个美国人。德国人宣称此船不但有武装，而且运送炮弹，依照国际惯例可以击沉。而且德国之前已经下发过通告，美国人就不应该冒险乘坐此船，从而遭受无妄之灾。不过美国法院侦查之后，宣称此船并无武装，更没有运送炮弹。后来美国参战，这也是一个原因。

第三节　第二年的战况（1915年8月—1916年）

【英国西线突击的失败】英国在欧洲西线的军队到1915年9月已增到一百万人。英国的军火在大战之初原本并不充分，后来向美国购买了不少，于是决定和德国军队在法国北境阿拉斯（Arras）的东北一决雌雄。当时双方的正面战线达十五英里至二十英里，激战的结果是德国的战线往后移了二三英里。协约诸国想把德国军队逼退到法国和比利时两国境外的希望又宣告破灭。

【塞尔维亚失利和保加利亚参战】西线方面虽然有英国军队不断进逼，德国军队仍能于战胜加里西亚的俄国军队后，侵入塞尔维亚。保加利亚和塞尔维亚本是世仇，乃于1915年10月乘机加入同盟国一方，向塞尔维亚进攻。双方苦战了两个月，塞尔维亚最终因两面受敌，全境沦陷。

【希腊态度的转变】当时英法两国虽然都有军队在希腊的萨罗尼加港登陆，但是也无法挽救塞尔维亚。至于希腊政府对于战事的态度，此时还没有明确。国王君士坦丁是德国皇帝的姻亲，他当然会偏向于德国一方，而首相凡尼济罗斯则希望站在协约诸国一方，因此希腊就严守中立。直到1917年希腊国王因为政策不同而被逐后，希腊才加入协约国一方。

【凡尔登战役】德国军队于1915年在欧洲西线稍退之后，德国皇太子又于次年春集合大军企图攻击法国东境的要塞凡尔登。1916年2月到7月间，双方战况极为惨烈，德国军队大有压倒法军、直入巴黎的趋势。协约诸国无不栗栗危惧，惶惶不可终日。但是经过半年的激战，法国霞飞将军最终阻止了德国军队前进的步伐。1916年3月，英国将葡萄牙拉入战团，又因前方苦战日久，损失惨重，士兵急需补充，不得已在5月决定征兵，凡十八岁以上、四十一岁以下的健全男子，均须入伍当兵。由此可以看出当时协约国一方的危急情形。

【索姆河战役】英法两国此时深知单独进攻德国军队绝无胜算，于是讨论后决定在1916年7月发动联合进攻。此战以法国北部的亚眠（Amiens）为战场，因为刚好在索姆河（Somme）上，故以河得名。此次战役英国开始使用新发明的铁甲炮车，叫作"坦克"，能够爬过铁丝网和壕沟，用炮火攻击敌军。双方激战了四个多月，各自死伤六七十万人。但德国的战线只不过后退了三英里左右，英法两国的联合进攻亦宣告失败。

【**意大利战线的变化**】意大利参战以后，因为奥匈帝国的要塞非常坚固，所以没有什么战果。1916年春，德法两军相持于凡尔登要塞时，奥匈帝国军队亦于5月大败意大利人，6月深入意大利境内。此时俄国虽然失去了波兰，但是再次进攻匈牙利。奥匈帝国不得已调一部分军队向东，意大利军队才得以乘机东进，稍稍侵入奥匈帝国的西境。

【**罗马尼亚大败**】罗马尼亚向来自认为是罗马人的后裔，和法国人同属拉丁一族，所以和法国更亲近。现在看到俄国军队入侵奥匈帝国，认为时机已经成熟，乃于1916年8月加入协约国一方，侵入奥匈帝国的东境。不料德国人虽然一方面和英法两国联军相持于索姆河上，另一方面仍能调出两位名将应付东方战线，再加上保加利亚人又从西南向北方进攻，罗马尼亚的首都布加勒斯特终于在1916年12月失守，全国领土失去了三分之二左右。德国因此得到了罗马尼亚丰富的农产品和煤油，战斗力更强。

【**空中战争的开始**】人类战争史上至此有了一件空前的事情发生，就是空中战争在这场大战中第一次出现。飞机到现在已成为战争中必不可少的利器，而战争的可怕亦因此大大增加。德国在这场大战中，常常用飞艇和飞机到英国的上空投掷炸弹，威吓人民。英法两国为了报复，也常常使用飞艇和飞机到德国境内抛掷炸弹。不过这种空中的破坏，威胁有余，决胜不足，这是我们应该明白的。

第五十二章　欧洲三大帝国的瓦解和战事的结束

第一节　美国参战

【美国意见的分歧】到了1917年春，德国的潜艇政策实行得更加严厉，引起了另一强国的不满而加入敌方，这就是美国。美国对于欧洲的战争向来不愿参加，再加上国内民族复杂，想法不同，难以达成一致的意见。因此在战事初起时，美国总统威尔逊就声明美国当严守中立。当时美国境内德国人所办的报纸宣称这场战争之所以发生，英国应该负责任；而英国的同族则宣称德国怎样破坏比利时的中立以及虐待其人民，怎样破坏比利时的勒芬（Louvain）和法国的兰斯（Rheims）等文化中心，把著名的图书馆、礼拜堂炸毁，竭力主张美国加入协约国一方向德国宣战。

【美国对于潜艇政策的抗议】美国政府左右为难，始终拿不定主意参战，只是对于德国的潜艇攻击，造成美国和中立国损失时，屡次提出抗议而已。卢西塔尼亚商船被德国炸沉以后，国内亲英一派更有了借口，认为政府要有所行动。德国虽然于1916年9月答应改变其潜艇政策，但是一部分美国人依然认为这是缓兵之计，政府不应该再采取旁观的态度。

【德国提出和议及其失败】1916年底，同盟诸国占领了比利时、波兰、塞尔维亚、罗马尼亚诸国，节节胜利，于是提议各参战国在中立地点共同讨论和议的问题。美国曾征求双方的意见，最终因为协约诸国不愿意屈服，拒绝交涉，和议乃宣告失败。英国为了进一步抵御德国，乃于1917年1月扩大封锁区域。德国也宣布潜艇的活动范围往英国西边扩展，以杜绝国外船只的往来。只是留出了一条狭道，以便于美国每周一次的商船进出。

【美国参战】1917年2月以后，德国潜艇的轰击日趋猛烈，美国政府乃宣布和德国绝交。4月2日，美国总统召开国会，通过了向德国宣战的议案。同时增加赋税，募集公债，实行征兵制度，增造海军战舰，准备出兵赴欧洲参战。

【其他各国参战】美国参战以后，其他各国亦纷纷加入，因此在1917年时德国的敌人骤然增多。古巴和巴拿马本就唯美国马首是瞻；希腊亦因为首相凡尼济罗斯的提议而加入协约国一方；1917年下半年，又有亚洲的暹罗和中国、非洲的利比里亚和南美的巴西等先后向同盟国宣战。所以到了1917年末，同盟国一方只有德、奥、土、保四国，而协约国一方则已由九国增到了十九国。现将世界大战中的参战国列表如下：

国名	宣战日期	人口（包括属地）	军队人数
奥匈帝国	1914年7月28日	5000万	300万
德国	1914年8月1日	8060万	700万
土耳其	1914年11月3日	2100万	30万
保加利亚	1915年10月4日	500万	30万
以上为同盟国	共计	1.566亿	1060万
塞尔维亚	1914年7月28日	455万	30万
俄国	1914年8月1日	1.75亿	900万
法国	1914年8月3日	8700万	600万

（续表）

国名	宣战日期	人口（包括属地）	军队人数
比利时	1914年8月4日	2250万	30万
英国	1914年8月4日	4.4亿	500万
蒙特尼格罗	1914年8月7日	51.6万	4万
日本	1914年8月23日	7400万	140万
意大利	1915年5月23日	3700万	300万
圣马力诺	1915年6月2日	1.2万	1000
葡萄牙	1916年3月10日	1500万	20万
罗马尼亚	1916年8月27日	750万	32万
美国	1917年4月6日	1.13亿	100万
古巴	1917年4月8日	250万	1.1万
巴拿马	1917年4月9日	47万	
希腊	1917年7月16日	500万	30万
暹罗	1917年7月21日	815万	3.6万
利比里亚	1917年8月7日	180万	400
中国	1917年8月14日	3.2亿	54万
巴西	1917年10月26日	2500万	2.5万
以上为协约国	共计	16.9455亿	2747.34万

【当时重要的中立国】当时中立国的人口约有1.9亿。欧洲的荷兰、丹麦、挪威、瑞典诸国因为靠近德国，且属同种，故始终严守中立；瑞士因为是永久中立的国家，所以乐得取旁观的态度；西班牙和其他拉丁美洲诸国始终不愿意参加。各国虽然严守中立，但仍然避免不了受大战的影响，例如赋税增加，物价上涨，商业也长

久不能恢复正常。这是因为现代世界中各国经济都有互相依赖的地方，已经不是闭关锁国时代的情形了。

第二节　俄国的革命

【俄国政府官僚的腐败】俄国是协约国一方重要的参与国，忽然于1917年3月发生了革命，因此战事与和议都受了很大的影响。我们不得不把革命爆发的原因和经过略述一下。俄国政府的专制、官僚的腐败以及民众的疾苦，我们在前面已经叙述过了。1914年世界大战爆发以后，一班贪官污吏认为这次参战和以前日俄战争时一样，是他们大发横财的机会。前方的士兵与德奥两国联军拼死战斗，死伤人数达百万以上；可后方官吏依然中饱私囊，不能供给士兵军饷，办事毫无精神，甚至暗中受贿通敌。到1916年12月时，国会中人开始宣称中央政府已被"黑暗势力"所把持，国家的利益亦已为"黑暗势力"所破坏。所谓的"黑暗势力"其实就是指皇后和她的宠臣拉斯普廷（Rasputin）以及一班贪官污吏。不久这个臭名远扬的宠臣忽然被人刺死，皇后痛心之下，乃逼迫沙皇罢免政府中所有的新党，而代以思想陈腐、手段残忍的官僚。尼古拉一世时所使用的种种压迫新党的方法，至此又复活了，而且各城市中的粮食因为战事而逐渐缺乏。俄国民众既恨政府，又厌战争，革命之势遂不可阻挡了。

【1917年3月的革命】到了1917年3月，由圣彼得堡改称为彼得格勒（Petrograd）的城市中，忽然发生了争夺面包的暴动。政府派军队去镇压时，士兵竟然不肯开枪。政府又下令关闭国会，国会不但不肯奉诏，而且组成了一个临时政府。俄国沙皇尼古拉二世得讯，急从前线回国，中途被临时政府的代表所阻，并于3月15日被

迫在退位的诏书上签字，将皇位传给其弟迈克尔大公。迈克尔大公声称帝位没有经过立宪会议的授权，不能接受。三百余年来统治俄国的罗曼诺夫皇族至此乃正式覆灭，世界上专制腐败的政府也从此少了一个。临时政府便把沙皇、皇后和太子等送到乌拉山外，囚禁在西伯利亚的荒村中；所有高级官僚都被监禁在历代皇帝监禁革命党人的监狱中；同时下令释放所有国内和西伯利亚的政治犯。俄国人民都以为从此得以重见天日了，无不欢声雷动。

【临时政府温和政策的失败】皇族既然已被推翻，临时政府乃组织革命内阁。内阁中人大体上政见温和，其中只有司法部部长克伦斯基（Kerensky）一人是社会党①，而且是工兵农会议的代表。新内阁宣布政见，表达改革的决心，主张人民有出版和言论的自由，工人有罢工的权利，废止警察而代以民团，普及男女的选举权等。不过社会党人认为这种种改革并不彻底，不能让人满意。同时各地的工兵农会议，即苏维埃，亦纷纷组织起来，逐渐得势。到了7月，内阁中温和派已被社会党人排挤一空，克伦斯基成为临时政府的领袖。当时俄国还想继续维持对外的战事，但不幸为奥匈帝国所败。于是反对帝国主义战争的共产党人提出"无合并无赔款"的和平主张。

【11月的共产党革命】到了11月，酝酿多时的革命果然爆发了。在革命初起时，彼得格勒城中的共产党人已经有代表工兵农的苏维埃组织来和国会争雄。后来全国各地纷纷成立苏维埃，声势渐盛。到了11月，共产党领袖列宁和托洛茨基（Trotsky）得到军队的帮助，竟然推翻了克伦斯基的临时政府，建立起"无产阶级的专

---

① 作者叙述有误，1917年俄国二月革命后，克伦斯基参加的是社会革命党。——编者注

政"。这一党人通常自称布尔什维克，意即"多数人"，因为他们在社会党中占据多数①。

【共产党的内政和外交】共产党人首先废除了资本和土地的私有制，没收国内一切大规模的工厂和地产；同时指出世界大战其实是"帝国主义者对于商业和领土的竞争"，各参战国应该和俄国联合起来召开和平会议。后来因为各国没有响应，他们就把俄国帝政时代的档案公布出来，并把协约国和俄国所签订的反对德国的密约刊发。旧时秘密外交上种种自私自利的阴谋昭然若揭，颇为当时的世界人士所称快。

【俄德和约】1917年底，俄国共产政府开始向德奥等国提出和议，同时俄国西北境内的芬兰和西南境内的乌克兰受到德国的鼓动而独立。俄国终于在1918年3月和德奥两国在波兰东境内的布列斯特–立托夫斯克（Brest-Litovsk）签订和约，俄国承诺撤出芬兰和乌克兰两地的军队，并让出波兰、立陶宛、库尔兰、利沃尼亚和亚洲高加索山等几处地方，准许它们自由建立政府。不久俄国政府由彼得格勒迁往中部的莫斯科。庞大的帝国至此就瓦解了。

第三节　最后一年的战况

【战前的争夺点】现代的世界因为帝国主义和民族主义的斗争非常激烈和复杂，根源本已很深。西欧方面的法国对于阿尔萨斯、洛林的丢失，始终保持着收复的决心。中欧方面，既有波兰人的复国运动，又有北斯拉夫和南斯拉夫两个民族各自脱离奥匈帝国而独

---

① 作者叙述有误，1903年俄国社会民主工党第二次代表大会在选举党的中央领导机构时，拥护列宁的人获得多数选票，被称为布尔什维克（多数派）。——编者注

立的野心。南欧方面的意大利，有一班所谓的"未经收复党"，以收复奥匈帝国西南境内的领土为目标。东欧的塞尔维亚和保加利亚两国因为巴尔干战争后分配不均，深仇未解。罗马尼亚对于匈牙利东部的领土，又欲得之而心甘。东欧的土耳其，国家将亡，怎样把它完全逐出欧洲呢？土耳其在亚洲叙利亚和美索不达米亚两地的领土，将来应归何国拥有？远东方面，中国虽然在努力革新，但日本帝国主义的野心急不可待，世界各国对此又将采取何种态度呢？印度和爱尔兰的民族运动，方兴未艾，大不列颠帝国又将如何应对？这些都是亟待解决而无法解决的问题。至于帝国主义国家间的勾心斗角，更是难以说清楚了。

【大战爆发后新生的问题】世界大战爆发以后，各国领土上又产生了许多新的难题。同盟诸国在1917年底已经占领了比利时、卢森堡、法国的东北境、波兰、立陶宛、库尔兰、塞尔维亚、蒙特尼格罗和罗马尼亚。英国占领了非洲的埃及、亚洲的巴格达和耶路撒冷。英法两国占领了德国在非洲的领土。澳大利亚和日本占领了德国在太平洋中的领土和中国的山东。这些地方将如何处置？比利时和法国东北境的损失又该如何赔偿呢？

【威尔逊的"十四点"】欧洲的战局虽然在1917年4月以后有了美国等国的加入，实际上并没有受到什么影响。德国曾于同年3月在法国北部有了缩短战线的壮举，从而成为震惊世界的"兴登堡战线"，此后协约国的联军再也无法动摇它。于是1918年1月，美国总统威尔逊发表了"十四点"的讲和原则，主张如下：各国不得缔结密约；在战争期间，海上航行应绝对自由；军备应减少，经济障碍应排除；殖民地的争执应有妥当的解决方法；同盟国在这次战争中所占领的领土应一概退还；吞并阿尔萨斯、洛林的过失应由德国赔罪；土耳其在亚洲的属地应一概解放；此后应设一国际联盟以确保大小国家的独立等。他的这种主张当然受到了英国等国家的欢迎，但德国等国家却难以接受，因此毫无结果。

【德国大举进攻】 1918年3月，德国军队又大举进攻，想打一胜仗以逼迫协约国求和。几天之后，英国军队竟然不得不向西退到亚眠附近。法国军队急来援助，铁路交错的亚眠遂幸免于陷落。此次战事其实是世界大战以来最惨烈的一次，双方死伤总数约达四十万人。但德国得到的只是一年前所失去的一片区域而已，因此突击的努力宣告失败。同时协约国一方也察觉到指挥不统一的危险，乃于3月28日公举法国的福煦（Foch）为总司令，以期挽回极危的战局。

【德国最后的努力】 当时协约国料到德国必会有第二次大举进攻，不过战线长达一百五十英里，不知德军从何处下手。果然到了4月初，德国军队又进攻阿拉斯和伊普尔（Ypres）之间的英国防线，希望直达海边的卡力斯城。协约诸国看到英国军队被逼退数英里，极为惶恐不安。英国军队司令官不得已下令死守，德国军队方为之一阻。5月德国军队又企图直攻巴黎，相去仅四十英里。6月则更进一步，然后乃为美国军队所阻。7月德国军队又发动了最后一次进攻，想从兰斯以达巴黎，但又被法美两国联军所败，英国军队亦乘机从亚眠东南两个方向反攻。到了9月底，德国军队已退回兴登堡战线了。

【保加利亚投降】 协约国联军总司令福煦在西线下令反攻，同时令巴尔干半岛上的塞尔维亚、希腊、英国和法国的联军在塞尔维亚境内反攻保加利亚军队。此时德奥两国已无力相救，保加利亚不得已于1918年9月29日投降，要求停战。保加利亚既降，土耳其和同盟国的联络又完全中断，而奥匈帝国南部又受到反攻的危险，大战局势到此乃发生了转变。

【土耳其投降】果然过了一个月，同盟国的土耳其亦因无法支撑而投降。原来自从1917年12月耶路撒冷被攻陷以后，英国军队就乘胜追击土耳其守在巴勒斯坦的军队。同时英法两国联军征服了叙利亚，攻陷了大马士革和贝鲁特（Beirut），美索不达米亚的土耳其军队亦被英国人所败。土耳其在欧亚两洲两面受敌，难以继续抵抗，只得在保加利亚之后，于1918年10月31日无条件投降。

第四节　德、奥两国的瓦解和大战的告终

【德国形势的转变】美国军队到1918年7月时赴欧洲的已达一百万人，协约国的声势为之一壮。德国的潜艇政策既不能围困英国，逼它求和，又不能阻止美国军队渡洋参战。再加上从俄国占领的地方的接济也不很充分，德国大失所望。自保加利亚、土耳其两国先后投降之后，奥匈帝国也自顾不暇，已不能提供有力的援助。所以德国此时已到了难以支撑的地步。

【奥匈帝国的瓦解】不料到11月3日时，奥匈帝国骤然瓦解。当时奥匈帝国内部有各附属民族的纷争和粮食的缺乏，对外战事又未能得手，力渐不支，因此于10月7日书面请求威尔逊总统考虑停战的问题。到了11月底，奥匈帝国的军队为意大利军队所败，退出意大利北境。意大利人乘胜占领了特伦特（Trent）与的里雅斯特（Trieste）要港，奥匈帝国至此不得不投降了。同时捷克斯洛伐克宣布脱离奥匈帝国而成立共和国，南斯拉夫人也不再承认奥匈帝国的统治权，匈牙利人亦起而革命自建共和政府。向来以奥匈帝国皇帝兼任匈牙利国王的哈布斯堡皇族因为众叛亲离，不得已于11月11日宣布退位。奥匈帝国亦继俄国之后完全瓦解了。

【德国求和】德国自1918年10月以来亦因内乱将起，战事难

支，向威尔逊总统提请停战议和。威尔逊总统回应说非无条件投降不可。德国政府为了挽救国内危局，故将富有进取精神的鲁登道夫（Ludendorff）将军免职，并于10月27日通知协约国，德国政府已经实行重大改革，使得人民在军事和政治上都握有大权。

【德国帝制的倾覆】不久德国政府因为国内革命十分危急，便直接向协约国联军总司令福煦接洽停战事宜。同时协约国联军仍四面包围，德国军队损失很大。11月9日，德国政府宣布皇帝威廉二世已正式退位。不久威廉二世遁走荷兰，霍亨索伦皇族到此亦宣告覆灭。11月10日，柏林忽起暴动，社会党的领袖艾伯特就任内阁总理。德国竟然在一夕之间由帝制变成了共和制，其他各邦亦纷纷改建共和政府。五十年来称雄世界的大帝国至此又少了一个。

【停战的条件】同时停战的交涉仍在进行着。德国政府的代表于11月8日通过前线向福煦取得停战的条件。德国须于两星期内将占领的所有地方——比利时、法国西北境、卢森堡及阿尔萨斯、洛林——一概交出。另外，德国军队必须退到莱茵河右岸之外，左岸的德国领土由协约国军队占领。德国驻扎在奥匈帝国、罗马尼亚、土耳其和俄国的所有军队须立即撤出。德国应将所有战舰、潜艇、巨量的军用品交给协约国；莱茵河左岸的所有铁路和交通机关应由协约国处置。凡此种种规定的目的都在于使德国绝对不能再战。条件虽然苛刻，德国人亦不得不立刻接受，于11月11日签订停战条约。长达四年多的世界大战到此乃告结束。

【大战的损失】这次世界大战总共动员了六千万人左右。其中死亡的达八百万人，受伤的达一千八百万人，伤愈而残废的四分之一有余，至于民众因饥馑、疾病、被杀而死的又达一千七百万人。至于公债，同盟诸国从五十亿美元增加到四百四十亿美元；协约诸国则从二百一十亿美元增加到八百六十亿美元。英国商船被德国炸沉的达五千六百二十二只,其中有半数和水手同时沉没。法国下议院估计法国北境所受到的损失将达一百三十亿美元。我们由此可见,生命财产在这次大战中损失有多大了。

第十四部分
现代世界的困难

　　日本目前所受的打击已然很大,如果中国将来成为统一强盛的国家,那么不但这次"塞翁失马,焉知非福",而且世界各帝国主义在亚洲争持的局面,亦要从根本上动摇。所以中国民族解放运动的成功,对世界前途的影响确实是非常重大的。

第五十三章　世界大战后的国际形势

第一节　巴黎和会

【巴黎和会的召开】德国既然要求停战，双方交涉多时的和平会议，最终选择于1919年1月18日在巴黎城外的凡尔赛宫中召开。参加和会的有欧洲的英国、法国、意大利、比利时、塞尔维亚、希腊、罗马尼亚、新兴的波兰和捷克斯洛伐克等国以及英国的五大殖民地；有美洲的美国、巴西及南美其他的十一个共和国；有亚洲的中国、日本、暹罗和汉志[①]；有非洲的利比里亚。总共三十二个国家。俄国、德国、奥匈帝国、土耳其、保加利亚等战败国都不许参加。主持和会的其实只有英、法、美、意、日五大国，而五大国中又由法国的克里孟梭（Clemenceau）、美国的威尔逊和英国的劳合·乔治，即所谓的"三巨头"操控一切，因为他们所代表的国家在这次大战中出力最多。

【和议的经过】当时和会上一方面有威尔逊所提出的"十四点"原则，一方面又有战胜国过分的要求，所以发生了几次危机和冲突。4月有法国吞并萨尔河（Saar）流域、意大利占领阜姆港

---

① 汉志是沙特阿拉伯王国的一部分。历史上曾属于埃及和奥斯曼帝国。1916年哈希姆家族的谢里夫·侯赛因建立汉志王国，1925年被内志王国吞并，1932年并入沙特阿拉伯王国。——编者注

巴黎和会会场

（Fiume）以及日本根据密约欲占有山东省的权利等问题，谈判几乎到了破裂的地步。经过四个月的磋商，和约草案才基本告成，其中条文有四百四十条之多。5月7日双方又在凡尔赛宫开会，正式的和约交由德国代表带回去考虑，限两星期之内签字，否则进兵相逼。

【德国领土的损失】依照和约规定，德国的损失最大。就领土论，德国除交还阿尔萨斯、洛林给法国外，还将德国东部割让给波兰。其他较小的领土，有的并入丹麦，有的由该地居民自决。但泽是波罗的海的要港，亦改为自由城。至于德国在非洲的领土，则由国际联盟委托英法两国代管。德国在太平洋上的领土，则委托澳大利亚和日本分管。

【解除德国的武装】协约国为了削弱德国的武力，规定德国陆军不得超过十万人，此后不得再实行征兵制。海军战舰以十二只为限，不得再使用潜艇。莱茵河东岸的炮台和黑尔戈兰岛（Heligoland）的炮台一律拆毁。德国不得购入或输出军器，军器的制造亦加以限制。莱茵河西岸的地方由协约国的军队占领，到和约的条件完全被履行时为止。

【德国经济上的损失】协约国在这场战争中所遭受的损失都由德国来赔偿。各国被炸毁的商船，除由德国交出现有的商船做补偿外，应该另造新船来补足。此外，德国要立即赔款两亿马克，其他应赔款项由国际赔偿委员会来研究决定。萨尔河流域的煤矿应该送给法国，以弥补它的特别损失。德国人当时以为这些苛刻的条件比亡国更令人难受，明显含有复仇的意味，而且和威尔逊的"十四点"原则不相符。赔款数目已经超出了德国全部的财富，即使被迫签字，亦无力履行。况且这次战争的责任并非全在德国，所以要求修改，但是终被驳回，德国不得已于6月28日在协约国的威逼之下，正式签字。协约国也和奥匈帝国、保加利亚以及土耳其诸国分别签订了和约，性质上大致与德国的和约相同。

【欧洲地图的变色】自巴黎和约告成以后，欧洲地图的颜色为之大变。德国领土大为缩小。奥匈帝国除分裂为奥地利、匈牙利和捷克斯洛伐克三国外，亦将部分领土割让给北方的波兰和南方的南斯拉夫王国。南斯拉夫王国就是之前的塞尔维亚，此时得到了蒙特尼格罗和奥匈帝国的南境。波兰北边的俄国境内亦新成立了四个波罗的海沿岸国家，就是芬兰、爱沙尼亚、拉脱维亚和立陶宛。意大利的领土向亚得里亚海的东北方向扩充，希腊也向爱琴海上扩展。至于土耳其帝国，只剩下欧洲方面的君士坦丁堡和亚洲方面的小亚细亚。其他亚洲方面的领土如叙利亚、巴勒斯坦、汉志和美索不达米亚等，都被英法两国所占领，先后受到两国的统治而成为半独立的国家。非洲的埃及亦成为英国保护下的独立国。

第二节　国际联盟的组织和事业

【国际联盟公约】协约国与德国所签订和约的第一部分就是所谓的"国际联合会公约"。组织这个国际团体，原本是美国总统威尔逊"十四点"原则中的主张。当威尔逊的其他各种主张由于协约国实际利害的影响而不能贯彻时，协约国特意把这个联合会的公约放在巴黎和约前面来安慰他。当时人们怀疑这个团体不过是协约国执行和约的工具而已，实际上它却做出了许多有益于世界和平的事情。虽然有时它因为没有实权，无法执行其决议案，但是它的确能表达出世界的公意，为人类寻求和平合作的先声。

【国际联盟的成立】依照公约规定，凡完全自主的国家和殖民地，能诚意遵守公约的，都可以加入为其成员，只有德国和它的同盟国，以及正式政府还未确立的俄国和墨西哥除外。国际联盟的总部设于瑞士的日内瓦，设有一个议事会和一个理事会。议事会中所有成员都有一表决权。理事会中除英、美、法、意、日五大强国各派一人为常任理事外，其他由议事会选出任何四国的代表为理事，总共九人。两会的会期均是确定的。理事会每年至少召开一次会议。一切重要的议案必须全体一致，方可通过。此外也设有秘书厅，处理日常事务。

【弭兵的政策】公约对于弭兵的政策亦有相应的规定。凡战争和影响世界和平的行为，均被当作关系到全体联盟的事件，联盟需要及时处理。成员国如果有引起战争的争执，应提交联盟理事会或议事会加以调查或公断。公断之后，不得宣战。如果提请调查，则理事会或议事会须于六个月内派人调查，形成报告和解决的意见。如果报告和意见经当事国以外的全体成员国同意，则当事国不得再行宣战；如果全体成员国不同意，则当事国在报告提出后三个月内不得宣战。

【对侵略的制裁】倘若某成员国不遵守此公约而任意宣战，则联盟将此种行为视作对联盟全体成员国的宣战。全体成员国应立即和其断绝一切商业和财政上的联系，并禁止相互间的来往。此外，联盟成员国之间约定互相尊重且维持各成员国领土的完整和政治的独立，以防外来的侵略。

【委托管理制】公约中又规定，凡是从前德国、土耳其等同盟国的领土，因为民族弱小，尚未开化而不能自主的，应由国际联盟负监护的责任。国际联盟可以委托所谓的"先进国"去代为管理，以谋求各地的安宁和发展，这就是"委托管理制"。凡接受委托的"先进国"均有明确的责任，每年须将管理情况向联盟报告一次。因此德国在非洲的领土和土耳其在亚洲的领土均由英法两国代为管理；德国在太平洋上的领土则由日本和澳大利亚两国代为管理。

【国际劳工局的成立】公约中规定在国际联盟的监督之下，应该成立国际劳工局，以谋求全世界劳工生活状况和工作状况的改善。因为联盟深知，实业界靠工资为生的劳工阶层在体格上、道德上和知识上的进步，其实是国际上很重要的一件事情，因此国际联盟常常派专家到各国去调查劳工的状况、出版专门书籍和分设机关，以谋求改进。

【国际法院的成立】国际联盟最大的成就莫过于国际法院的成立。国际法院的条例在1920年的议事会上通过，次年由各成员国批准后施行，当时加入的国家有二十八个，1922年1月在荷兰的海牙第一次开庭。法院设法官十五人，规定由道德高尚、精通法律的法学家来担任。其名单先由从前设立在海牙的公断法院中的各国代表拟定，再由联盟理事会及议事会在其中选举出来。联盟成员国在公断法院中没有代表的，可由该国政府组织委员会来决定。法官任期九年，可以连任。法院设于海牙，每年自6月15日起开庭一次，到审完案件为止。

【国际法院的管辖范围】凡当事国所提出的案件和条约上特别规定的事件均由国际法院管辖。各国对于国际法院的管辖接受与否悉听尊便；不过一旦在附加条件上签字，则下列各项争端应绝对服从于国际法院：（一）条约的解释；（二）国际法上的问题；（三）违反国际条例的事件；（四）违反国际条例后赔偿的性质和范围。

【国际法院与公断法院的比较】设立国际法院来解决争端，开始于1899年和1907年的海牙和平会议，因此有了公断法院的成立。不过当时各国为了表示独立，提案与否有绝对的自由。因此公断法院虽然在海牙的和平宫中设有机关，但是除法官由与会各国选任，以备随时参与审案外，组织极为散漫。此次新设立的国际法院虽然声称和原来的公断法院并行不悖，但有两处很不同的地方：（一）公断法院重在调停，故以事实为主，不免有所迁就；至于国际法院，则重在法律，其判决和意见都以法理为根据。（二）公断法院的法官常常更换，故其工作缺乏连续性；而国际法院的法官则专任法院的事务，长期工作。

【国际联盟正式成立】国际联盟依据巴黎和约而成立，乃于1920年11月在日内瓦正式召开会议，当时与会的国家已有四十二个之多，此后常有增加。理事会和议事会也能按期召开，同时成立各种委员会来研究特别问题或编制专门报告。对于解决成员国之间的领土争执、救济各国灾区的人民、帮助濒临破产的国家处理财政，都有不错的成绩。不过自从1931年日本侵略中国东三省的问题发生以来，联盟虽然能依约加以调查，而且能够通过调查团正义的主张,但最终因为日本恃强不服,不敢对日本依约制裁,日本反而以退出联盟作为不服的表示,国际联盟的声势至此乃一落千丈。

第三节　赔偿问题

【对德和约执行的困难】自从巴黎和会结束、国际联盟成立以来,国际上最困难的问题,莫过于德国赔偿的履行和各国军备的裁减。我们在叙述这两个问题之前,不能不先述一下对德和约的执行困难,到如今还是欧洲国际上的一个大烦恼。原来对德和约的苛刻条件,大多是法国的主张,最初其他各国就不太同意。和约被批准之后,英国就于1921年放弃了没收德国私人财产的权利。荷兰政府亦根据政治犯不便引渡的原则,不肯把德国皇帝威廉二世交出来受审。协约国军队进占莱茵河右岸时,亦有许多困难,因为协约国军队多达七万余人,居屋和费用难以承担。此外,关于解除德国武装的问题更加困难。德国人以为国内常有革命的危机,不能没有军队去平乱,同时其他各国皆可自卫,唯独德国手无寸铁,在道德上亦有欠公允,所以他们要求军备平等,增应同增,减应同减。

【第一次赔款的争执】上述种种问题虽然困难,但都不像赔款问题那么难以解决。巴黎和会除议定德国应立即支付的巨款外,协约国另设委员会来研究其他应赔的款项。当时英国想对德国采取宽大的态度,但是委员会的实权始终在法国的手中。本来赔款的总数要在1921年5月确定,但是还没到5月,协约国与德国关于应该支付的巨款就发生了争执。1921年3月,协约国的军队进占德国的城市,并在莱茵河设立税关,征收德国出口商品的关税。

【委员会确定的赔款】到了4月底,委员会整理了各协约国的要求,正式确定德国应赔款项为十三亿两千万马克。德国声称如此巨大的赔款，绝对难以负担，协约国则以为此事已无讨论的余地，德国如果坚持反抗，那么它们只好进占德国实业最盛的鲁尔河流域了。德国不得已于5月11日接受赔款条件，不过德国因为预算不够，于是大发钞票，钞票的价值乃一落千丈。德国政府声明1921年到期的赔款无力照付了。

【占领鲁尔河流域】到了1922年，德国马克的价值更是大跌，12月时，一美元竟值六千八百多马克了，于是德国政府要求停付赔款两年。但因为法国对于停付问题所提的条件过苛，英国不肯同意，停付问题遂无结果。当时法国的总理庞加莱（Poincaré）以为这是由于德国不愿意支付赔款，并非由于不能支付，因此委员会宣布德国是"故意失约"，应该按照和约办理。法国和比利时的军队故于1923年1月进占鲁尔河流域。

【德国的抵制】德国以为这种举动，既然未得到英国的同意，显然非法，遂提出抗议。鲁尔河流域的德国官吏和人民亦坚持不合作主义以示抵制，德国工人因此被逐出境的达十四万余人。德国政府因为工人失业，不得已于8月令人民停止抵抗。法国虽然暂时获胜，但是赔偿问题始终没能得到丝毫的解决。此后马克越来越贬值，到11月时，一美元已经值四百四十六万马克了。德国的工商各业因此无不瓦解，法国也间接地大受其影响，法郎贬值严重。

【"道威斯计划"的产生】因此法国不得不稍变其高压的策略。1923年底，赔偿委员会聘请各国专家来研究德国的财政与经济，美国政府于是非正式地指派道威斯等加入委员会。结果于1924年产生了所谓的"道威斯计划"，主张德国在本年度应赔十亿马克，此后逐年增加，到第五年（1928年）应增加到二十五亿马克。此外，德国应借八亿马克的外债用来整理预算和币制；钞票的发行权应由政府转让给独立银行，以免滥发；同时协约国特派三名委员管理德国一部分的财政和实业来作为担保。

【接受"道威斯计划"】 1924年夏，德国和协约国接受了"道威斯计划"，正式在伦敦签约。法国和比利时亦于8月同意于1925年撤出鲁尔河流域的军队。德国自1928年以后，每年的赔款额定为二十五亿马克。此次计划的优点有两个：（一）此后德国是否失约，不再由一国单独来决定；（二）获取赔款的责任改由协约国来承担。至于德国，虽然得以收回鲁尔河流域，而且在经济上得到了一条出路，愿意接受，但因为赔偿总额不确定，付款年限又很长，国内财政也受他人监督，故始终很不甘心。

【"杨格计划"的产生】 到1929年，乃产生了第二个专家计划，就是所谓的"杨格计划"（Young Plan），因为这是美国专家杨格等研究出来的结果。按照这个计划的规定，德国每年的赔款应经由新设立的一个国际清算银行来办理。赔款总额定为二十五亿英镑，1930年应付十七亿马克，逐年递增到1965年为二十四亿多马克，此后逐年递减到1987年为八亿九千万马克，以铁路和国家收入作为担保。这个计划的优点是德国每年的赔款数目确定，国内财政不再受人监督；此外还规定协约国的军队应于1930年4月撤出德国。

【胡佛的停付主张】 这个计划虽然得到了双方承认，但是德国不久又发生了困难。德国的财政因为币制动摇、预算不足，大为混乱。德国想和奥地利成立关税同盟，法国以收回短期信用借款作为抵制，而德国又无法借到长期外债来应付，一时德国的经济组织大有立刻瓦解的风险。世界各国无不震惊。美国总统胡佛想借巨款给德国的提议又因为法国的反对而中止。到了1931年7月，胡佛乃与英法诸国商定，各国外债和赔款一概停付一年，以资救济；不过其他无条件的赔款，仍须照付；停付的款项亦须计算利息于两年后分期支付。

【洛桑会议】到了1932年1月，德国政府又声明无力支付债务，于是各国决定在洛桑再召开一次赔偿会议，以便讨论停付期限是否延长以及赔偿问题的最后解决。6月召开会议，结果推翻了"杨格计划"，把德国的赔款总额减少到三十亿马克，三年后由德国政府发行公债，交由国际清算银行保存，以便分期付清。每年的额度虽然不很大，但是德国依然无力负担。同时规定此次协议须经各国批准方可生效，然而英、法、意、比四国间又相互约定，在四国对于美国所负的战争债务未经商妥之前，此次协议暂时不提请国会批准。因此洛桑会议的结果形成了欧洲债务国对美国的战线，想让美国担负此次会议成败的责任。美国则以为德国的赔款和其他各国的战争债务完全是两个问题，即使要减少或取消战争债务，也应该以欧洲各国裁减军备为主要条件。因此德国的赔偿问题闹了多年，反而牵涉到美国的战争债务问题，更因此牵涉到欧洲各国裁军的问题，真是复杂极了。所以美国建议于1933年6月在伦敦召开一次世界经济会议，讨论对于1929年以来的世界萧条局面，怎样用"关税休战"等方法来挽救它。但是在东亚局势紧张、各国自顾不暇之际，能否达到目的还是个问题。

第四节　裁减军备问题

【国际联盟公约对于裁减军备的规定】世界大战以后，国际上最困难的问题，除德国赔偿和后来牵涉到的美国战争债务一事外，要算各国军备的裁减最为严重，内容的复杂和屡次会议的无功，亦和赔偿的问题一样难以解决。原来国际联盟公约中曾声明：（第八条）所有成员国均承诺为了维持和平，必先将各种军备在不影响国家安全及执行国际义务的共同原则下，减少到最低限度。联盟理事会应根据各国的地理状况及环境，制定裁减军备的方案以备各国政府考虑和实行。此种方案至少每十年改订一次。各国政府接受此种方案后，若非理事会同意，不得有超越军备限制的举动。

【法、德两国见解的不同】法、德两国对于裁减军备的问题，最初就抱有不同的见解。法国以为要裁减各国的军备，必须满足"国家的安全"和"共同的行动"两个条件，才可谈及。德国的军备虽然已经裁减，但是战胜国原本就没有照样办理的义务。至于德国军备的裁减，目的原在于降低战胜国的风险，而且使得它们在满足上述两个条件后，有酌量裁减的可能。德国的见解却不同，它以为战胜国就道理上来讲，反倒负有裁减军备的责任，而且和约中并没有德国和战胜国之间的军备要永远保持不平等的意思。就道德上和政治上来说，此种军备的不平等，亦着实有欠公允。同时美国希望裁减军备能够成功，这是因为美国不但觉得自身军费的负担过重，而且欧洲各国裁军之后，对于偿还美国战争债务的能力也可以增加。

【一般的见解】世界大战结束以后，当时人多以为军备的裁减只是一个技术问题，后来才知道没有这么简单。因为倘若战争还有发生的可能，那么军备就始终是必要的。我们要想停止战争，必须得有和平的办法，而且必须可以实行和平的办法。我们必须先使得战争不可能发生，才能使得军备不必要而加以裁减，这是世界大战以后对于裁减军备问题一种最有力的论点。因此所谓的国家安全，就成了历次裁军会议的焦点。

【国际联盟的裁军运动】国际联盟理事会于1920年5月为了实现公约中的规定，曾邀请技术专家组成一个顾问委员会，来研究军备问题。不过让各国参谋部的专家来讨论军备的裁减问题，根本上就是个笑话，所以毫无成果可言。当时联盟议事会也知道这种情形，于是决定另外组成一个临时混合委员会，请各国指派政治上、社会上和经济上都有地位的人员来参加。这个委员会成立于1921年，到1924年结束，亦没有什么成果。

【华盛顿会议的成果】在1921年和1922年间于美国华盛顿召开的会议中，军备限制问题才有了一定的成果。英、美两国的海军主力舰队同意平等，日本也接受了一定的限制，而法、意两国亦同意较低些的平等。因此英、美两国的海军竞争总算暂时终止。但是这次会议，除主力舰队受到限制外，其他裁减军备的问题仍然毫无结果，而且法、意两国的海军平等后来反而引发了许多纠纷。再加上这次会议中所采取的办法引起了法国的怀疑，也成为后来种种会议失败的一个原因。至于这次海军限制能够成功，是因为当时对于中国问题签订了九国公约来代替英日同盟，对于太平洋问题又签订了四国协约来确保各国的合作。因为有这种种政治上的谅解，才有了限制海军的可能。

【欧洲裁军的各种草案】1923年，英国的塞西尔（Cecil）提出了他的"互助草约"，规定凡在本约上签字的国家受到别国攻击时，其他签字国应加以援助。各国既然感觉到了安全，军备自然可以裁减了。法国本来主张国际联盟应该设有国际军队，所以对于这个草约很是赞成，但英国的态度却极为冷淡。1924年，国际联盟中的混合委员会又提出一个所谓的"日内瓦互助草约"，规定一切国际争端都付于公断；不付于公断的国家应当被视为侵略的国家，其他各国可以群起而攻之。这个草约似乎又进步了。战争既然被视作非法的，安全又有了相应的保证，裁减军备岂不是大有可能？但是因为英国的反对，最终没有什么结果。

【洛迦诺会议的成果】1925年10月，德国、法国、意大利、比利时、波兰、捷克斯洛伐克诸国依照英国的主张在洛迦诺召开会议,来讨论安全的问题。结果一方面德、比、法、英、意五国签订了一种互保条约,这是英、比、意三国对于德、法两国不再互攻的一种担保,也是德、法两国不再对国界进行争执的证明;另一方面德国和波、捷两国分别签订了公断的条约,相约凡寻常外交上所不能解决的争端,应提交公断机关或国际法院来判定。欧洲和平至此总算更进了一步,而德国参加国际和平会议,这是世界大战后的第一次,所以当时人多以为这次会议是欧洲和平的先声。

【反战公约】美国因为不愿意参加国际联盟的会议,又因为在华盛顿会议上对于限制海军中巡洋舰等结果不太满意,所以于1928年发起了所谓的"白里安·凯洛格非战公约"(Briand Kellogg Anti-War Pact)。公约中虽然没有规定应该怎样制裁"侵略者",但是道德的力量也是不弱的。而且英国既然签字加入了公约,英、美两国限制海军的问题或许就有了解决的希望。

【1932年的裁军会议】1930年又在伦敦召开了一次海军会议,由于法、意两国的海军平等问题而大起争论,所以会议最终没有什么结果。1931年意大利的代表在国际联盟议事会中提议军备竞赛停止一年,获得通过,各国此后暂停了一切军备的竞争。1932年2月,各国又在日内瓦召开了一次裁减军备的会议。一方面因为德国有英国和意大利的帮助,要求军备平等,绝对不肯让步;另一方面因为法国始终坚持巴黎和约不能任意修改,法国军备没有裁减的理由,所以会议最终也无结果。1933年英国和意大利想以军备平等的原则和德、法两国共同签订四国协约,也因为法国的反对而未能实现。

第五十四章　世界大战后的列强

第一节　法国的复兴

【法国的损失】世界大战结束以后，法国虽然是战胜国之一，但是它的财政和经济损失很大。就财政上来说，它的内债达到了四十亿美元，从英、美诸国借来的外债，亦达十四亿美元。它在1914年本来是一个债权国，此时乃变为债务国。另外它在俄国、土耳其、奥匈帝国和巴尔干半岛上诸国所投资的四十亿美元，也因为这几国的瓦解而血本无归。在经济方面亦如此。法国东北部的十个省做了四年的战场，原来是工农各业极繁盛的地带，在战争中，有的受到炮火轰击，有的受到德国士兵的破坏，几乎成了瓦砾之地。再加上战死的人数达一百五十万，将近全国人口的二十七分之一，受伤残废的还不包括在内。而且死伤的都是年富力强的国民，是实业上的中坚分子，损失之大，可想而知。因此在1919年时，法国的农业收成只有战前的七成，工业和矿产只有战前的六成而已。

【复兴的努力（一）财政】大战结束以后，法国政府就着手于经济恢复的工作。当时政府一方面希望得到德国的赔偿，一方面顾及人民已无力负担，所以战后恢复的经费不愿取诸税收，只是靠借债来暂时维持。债款和税收始终觉得不够用，法国政府乃大发钞票以谋求救济。结果钞票总额从1924年的五十九亿法郎，增加到1925年的五百一十亿法郎。到1926年时法郎严重贬值，每四十九法郎竟然只值一美元。于是庞加莱的混合内阁自世界大战后,第一次向国会提出了一个收支平衡的预算案,结果法郎的价值逐渐高升。到了1929年,预算的余款竟然达到了一百亿法郎之多。

【复兴的努力(二)实业】同时工业方面的恢复也非常成功,所以有人说法国政府的努力好像是又一次的工业革命。取得洛林铁矿,足以促进炼钢业的发展;占领德国的国境,又足以促进其他各地实业的产生。法国北部被毁的工厂,多改用新式的机器,并且实施科学的管理。又由于通货膨胀,出口产品大增。法国政府和人民合作复兴国家的事业,可说是战后法国史上一个最大的特点。

【成功的理由】法国在1926年时几乎有了破产的危险,何以不久就变成了隆盛的国家呢?第一,法国的财源并未因为大战而告竭,国民多因为爱国而将财产存入国家银行。1926年后,国民保存在外国的资本大多逐渐收回;自1929年世界经济危机以后,尤其是德、美、英三国发生财政困难以后,不但本国人的资本大量归国,就是外国的资本也多把巴黎当作安全的保管库。第二,法国的国外商业,虽然在1924年到1930年间入超达到十一亿五千万美元,但是同期各国人来法国游历的收益亦达二十亿美元。德国的赔款又足以支付英、美两国的债款。因此法国每年的余款应该可达四亿美元,以七年来计算,数量极为可观。此时的法国因为财力雄厚,经济上和政治上的力量都比战前强了。

【法国对外的武器】法国国家银行所藏的黄金数量,除美国外,在世界各国中要算最多的了。同时它向外国短期的放款额,到1931年时,已经达到十二亿美元。至于英、德两国的存金量则为数极少。因此法国政府经常利用收还国外放款的方法作为一种对付别国最有力的手段。1931年夏,英、德两国的现金几乎出现被法国提取一空的情况,就是法国使用这种手段造成的。法国拥有这样一个有力的武器，所以不但国内经济日趋繁荣，就是在外交上的地位亦足以牵制世界。

【法国外交政策的转变】法国的国势虽然极其隆盛，但是它对于赔偿和裁军两个问题，始终因为仇恨德国而丝毫不肯放松。这一点我们在前面已经述过了。法国战后的外交政策以自身安全为唯一的准则。俄国在1917年瓦解，英、美两国于1919年不愿再和法国联盟，意大利亦于战后和法国在地中海上争霸，因此多年以来的协约，都因为主要目标——德国被打倒——的消失而完全瓦解。所以法国感觉到了孤立的危险，竭力和比利时、卢森堡以及复兴的波兰交好。后来英、法两国对于在1921年华盛顿会议中提出的海军限制问题和1923年鲁尔河流域的占领问题，发生了争论，意见相左。因此法国于1924年和捷克斯洛伐克结盟，到1926年和1927年又分别和罗马尼亚及南斯拉夫结盟，它的势力至此已扩展到东欧一带了。不过法国这种纵横捭阖的手段，不免引起其他国家的反感，1926年之后德、俄两国间和意、匈两国间的和解，都是这种反感的结果。

第二节　英国的困难

【英国的损失】英国在世界大战前本来是最强大的国家，也是世界上最大的帝国，可是经过这次大战之后，无论对内对外，都产生了很大的变化和困难。我们现在先述其内部的变化和困难，再述其现在的处境如何。英国境内虽然不曾做过战场，但是它的经济损失却很大。在1914年时，英国的债息不过两千四百万英镑，到了1921年，竟达到了三亿四千九百万英镑。英国死伤的士兵亦达三百万人，船只被击沉的达九百万吨。英国除资本的损失很大外，也失去了许多收入的来源。国外的市场，如俄、德两国和中欧一带,都被破坏一空;其他如中南美洲和亚洲的中国、印度各地的市场又被美国和日本所占领。结果导致英国国内的失业人数大增,每年几乎达到一两百万人之多。与法国可以依靠国内的工农各业来自存不同,英国全靠海外的商业来维持国内人民的生活,因此出现了英国人民对于失业和国债不堪重负的情形。

【政府对于复兴的努力】因此英国政府的善后计划,不是从工业问题入手,而是从财政方面入手,希望保持在世界商业上的霸权。英国政府既于1920年用重税的方法使得预算收支平衡,又于1925年恢复了金本位使得英国黄金的价格回到战前原状,同时用失业保险和移民海外的计划来救济国内失业的工人。此外,保守党人主张放弃一直以来的自由贸易政策,而采取所谓"帝国优先"的保护政策,即帝国各领土间仍然采取自由贸易或关税较低的政策,对外则仿照其他各国将关税提高以保护本国的实业。

【关税问题】世界大战结束后的几年,当时英国首相劳合·乔治虽然是自由党人,但也不得不于1921年通过了一种《实业保护议案》,实行一部分保护的税则。这个议案违背了1846年以来实行的自由贸易政策。1922年保守党当国后,想更进一步地实施这种政策,但是他们的首领鲍德温(Baldwin)竟因此于1924年遭到国会的反对而辞职。于是英国政治上发生了一件破天荒的事,即首次出现了工党内阁。内阁总理就是麦唐纳,他是工党的发起人,而且是一个伟大的政治家。他组织的内阁虽然只维持了八九个月,但是在外交方面竟然能形成调和的气氛,功绩确实不小。同年10月,工党内阁因为不肯处罚一个共产党的报馆记者而被迫解散,鲍德温重起组阁,于是保护政策仍然得到了一定的实现。这可以说是英国战后一个很大的变化。

【煤业的危机】英国的实业除农业外,就以煤业为最大了。英国的煤业是钢铁业和造船业的基础，国内十二分之一的人民专靠煤业为生。世界大战之后，因为海外市场的缩小和水电事业的发展，1920年输出的煤量竟然减少到战前的一半还不到，于是矿主想用减少工资和加长工作时间的方法来维护自身利益。工人为了抵制矿主的剥削，就以罢工作为反抗的手段。英国政府在1925年时本来有补贴煤业的办法。次年政府派人调查，结果认为补贴的办法不能持久，应该立即停止，至于减少工资则非立即实行不可，因此引起了1926年5月全国煤矿工人和运输工人的大罢工。大罢工虽然只有九天，但是双方交涉却用了七个月才告结束。工人最终因为忍受不住饥饿而屈服。政府乃于1927年通过了《劳资争议处理法》，对于罢工和工会严加限制，这是英国劳工运动所遭受的一次极大打击。不过英国实业上和社会上的种种问题，还是没有解决。

【失业人数的增加】1928年，英国国会通过了丘吉尔的预算案，次年根据这个议案制定了所谓的《地方政府议案》，规定免除农业税，降低生产的工业税，提高较富的居住区域税，希望借此平均全国的地税以救济农工，同时厂主和工人可以进行开诚布公的谈判。1928年女子也有了参政权，凡是二十一岁以上的女子皆可以享有选举权。政府虽然努力救济，但失业的人数还是有增无减，到1929年时已经达到一百五十万之多。这一年工党的麦唐纳重组内阁，虽然有了失业保险的办法，也无济于事。1931年时失业人数已经增加到三百万了。

【国民政府的成立】到了1931年，英国受到两年来世界百业萧条的影响，岁收大减，而失业保险的经费又逐渐增加，国内财政已经濒临破产。7月间外国政府和商民又陆续从英国提取短期放款或结账余款，为数甚巨，英国几乎无法支撑。麦唐纳深知工党实力不足以应付国难，而且政党纷争容易陷国家于险境，于是不惜背上出卖党的骂名，在10月决意联合保守、自由两党，组成所谓的"国民政府"，期望合力挽救国家于危局之中。麦唐纳至此似乎已经脱离工党，变为保守党的内阁总理了。工党中人乃另推亨德森（Henderson）做领袖。

【国民政府的措施】国民政府既然已经改组成立，于是下令禁止黄金出口，并废止金本位制，因此输出骤增。不久又提出预算案，实行减政主义，另外提高国税以求出入相平衡。至于英国欠美国的战争债务，亦由英国和美国商妥而暂停支付一年。1932年时又因为德国赔偿的问题而导致战争债务的取消或减少。这件事虽然一时不易解决，但英国财政上的危机总算暂时过去了。

【英国和殖民地的关系】以上所述的是英国战后产生的变化和困难。至于大不列颠帝国的变化和困难可以从两方面来叙述，就是英国和殖民地的关系以及一部分领土的独立运动。英国在世界大战以后，对于加拿大、南非、澳大利亚和新西兰四处领土更加采取放任的政策。在1925年的帝国会议中，这种政策更是完全实行了。可以看一下在这次会议中贝尔福（Balfour）的报告，其中有几句是："大不列颠和其属地都是大不列颠帝国中自主的团体，资格平等；虽然因为共同忠于皇室，联合成为大不列颠王国，但是在内政和外交上并无从属之理。"所以此后英国和这几处殖民地的联系只有一个代表英国国王的总督，各殖民地都可以单独和别国缔结条约或派遣外交代表，不过对外仍须用英国国王的名义，而且签订条约时须顾及帝国的利害关系。至于大不列颠帝国中各处民族的自主运动，我们留待后面再述，在此先述一下爱尔兰问题得到解决的经过。

【爱尔兰问题的解决】爱尔兰的自治问题在1914年时本来有解决的希望，却因为世界大战的爆发而中止。1916年，爱尔兰曾发生了暴动，双方杀戮甚惨。1919年，爱尔兰的新芬党人宣布独立并自建共和国，以表示脱离英国的统治。此后双方常起杀戮，久无宁日。1921年，英国政府不得已承认爱尔兰为自由邦，由英国国王派总督一人为行政代表，另设国会。只是国会议员须宣誓效忠于英国国王，北部新教徒所居住的地方除外。从此爱尔兰的地位乃和加拿大等国家一样了。19世纪以来的自治问题，总算得到了一定程度的解决。不过极端的独立主义者瓦勒拉（Valera）及其追随者始终把爱尔兰的绝对独立作为宗旨，他们虽然于1927年加入新国会成为议员，但是他们的运动始终未曾停止。1933年5月，爱尔兰国会决议不再效忠于英国国王，以表示独立之意，只是总督仍然由英国国王任命。

第三节　德国的政变

【共和初建时的政党】德意志帝国自从1918年11月9日瓦解以后，右派的政党已经丧失信用，左派各政党——共产党、独立社会党和多数社会党——乃大起竞争。独立社会党人的主张较为温和，他们要求先设苏维埃制度，进行社会化的工作，以巩固社会主义的基础，再召开国民会议。多数社会党人则反对俄国的苏维埃主义，主张尽早召开国民会议，逐步实行社会化的政策，这一派不是革命的社会主义者，他们的领袖就是艾伯特。

【左派当国时代】当德国皇室让艾伯特出来组成新政府时，不但共产党人不肯合作，独立社会党的主张也和多数社会党不尽相同。当柏林共产党人因为组织苏维埃未成而作乱时，艾伯特下令皇室军队出来镇压。独立社会党人认为不当，他们的阁员就于12月辞职。德国共和初期的左派政府，只维持了一个多月便告结束。此后的德国政权就转变方向，由左派手中逐渐传到右派手中去了。1919年1月，共产党人由于反对召开国民会议，在柏林举行了抗议活动。结果他们的领袖李卜克内西（Liebknecht）和卢森堡（Luxemburg）都被杀，党人死伤达千余人，抗议活动乃告失败。德国的共产运动因此遭到了一次极大的打击。

【宪法议会的召开】抗议活动失败后，德国乃举行国民制宪议会代表的选举。多数社会党、旧教徒的中央党、代表资产阶级的民主党以及代表保守党的国民党获得胜利。2月6日，在文化中心魏玛召开会议，组成临时政府，并选举艾伯特为第一任大总统。8月宪法告成，设民选总统，任期七年，内阁对国会负责。国会设两院：上院代表各邦，下院代表人民。凡二十岁以上的男女都有选举权。此外设种种委员会来监督政府，采用创制、复决和罢免的制度。至于社会化的政策亦有新奇的规定，其中最重要的就是职业团体代表所组成的顾问会议。凡工人可以组织工人会议，其代表可以和资方代表共同组织各级经济会议。政府法规中和社会经济有关的，必须先提交到全国经济会议讨论后，才能提交到国会。因为这种种规定，所以世人多称德国的宪法是最富有民主精神和社会主义理想的。此外，各邦的"邦"字亦改为"行政区域"，行政大权集于国民政府手中。

【内忧（一）政治斗争】新政府成立以后，国内政局形成左右两派夹攻中央的形势。1919年上半年，巴威略诸地常常发生共产党的暴动，导致了帝制党和军阀的抬头。又因为巴威略的共产党领袖是犹太人，故引发了此后右派中人排斥犹太人的运动。不久右派中人又借口巴黎和约的耻辱，于1920年率兵攻占柏林，最终因为政府下令工人罢工，才告失败。此后巴威略乃成为极右派的大本营。

【内忧（二）经济和财政的困难】共和政府的最大困难，莫过于大战的赔偿和内部的财政。赔偿问题的种种经过，我们已经述过,现在说一下德国内部财政的整理。德国的马克自1919年以后就开始贬值。全国中产阶级几乎被一扫而空,贫苦工人的生活亦弄得无法维持。到1923年鲁尔河流域被占领时,德国人曾用不合作的方法来对付法国人,但是损失极大,经济更加困难。艾伯特于是任命有名的政治家施特雷泽曼(Stresemann)组成"大混合"的内阁,来应付一切困难。先放弃鲁尔河流域的消极抵抗,以恢复工业的常态;接着发行新币来代替贬值的马克。1924年"道威斯计划"实行后,德国乃借外债来复兴实业。到1928年时,它的国际贸易几乎恢复到了战前的状况。德国人复兴的能力着实令人吃惊。

【德国的复兴】1925年艾伯特去世后,兴登堡将军当选为总统。当时很多人以为德国的共和政体或许将从此告终,但是兴登堡很能协调左右两派,从而维持共和的制度。外交部部长施特雷泽曼于1925年缔结了《洛迦诺条约》,又于1926年和俄国签订了中立的条约。同时德国加入国际联盟成为常任理事。战败以后的德国,此时竟然恢复了在国际上的地位。1929年杨格的赔偿计划实行后,莱茵河流域的协约国军队不久就正式撤出。德国受到的制裁和约束至此乃完全放开。

【法西斯党的得势】德国的极右派自共和政府成立以来,就把巴伐利亚作为他们的大本营,其中有和意大利法西斯党相同的一派,就是希特勒所创立和领导的国

希特勒上台,德国被法西斯党统治

民社会党。希特勒自1920年以后就喊着"修改和约、扑灭共产"的口号，想率领他的党军攻入柏林以取得政权。不过直到1930年，国民社会党才取得选举上的胜利，希特勒于1933年春担任内阁总理。他一方面积极扑灭共产党人，另一方面从国会取得四年独裁的权力。1920年以来，德国右倾的政局至此乃达到了顶点，这和帝制的复辟也相差不远了。

第四节　意大利的独裁政治

【法西斯党的得势】大战结束之后，意大利的政治和经济也有瓦解的趋势，国内社会党人的声势因此很盛。在1921年时，工人已经取得了实业管理权，而且有进一步成立共产政府的计划。同年11月，社会党人墨索里尼建立了一个所谓的"法西斯党"，专以扑灭共产党为宗旨。1922年10月，墨索里尼率领他的黑衫党人攻入罗马，向无能的政府示威。意大利国王不得已，乃命他组织内阁。于是他实行出版物的检查制度，解散所有反对政府的政党，任命本党人为大学教师及政府官员，同时全国各地的法西斯党人用残忍的手段来对付一切反对党。1925年以后，他又解散了国会，实行一党专政，内阁总理可以用命令来代替法律。这是欧洲现代史上对代议制的极大反动。

【法西斯党的组织】法西斯党实行的是一种极端的民族主义，把国家当作最高的集团，所有国民都有绝对服从或牺牲的义务。它的最大目的，就是恢复古代罗马帝国的光荣。法西斯党正式创立于1921年，但是其"反选举"的党规，则制定于1926年。党中设一中央理事会，由各省党部的干事来组成，以本党总理为主席。各区党部的干事则由省党部的干事来任命。凡党中职员不得兼任有俸禄的官员。至于党员的人选，原本很复杂，自1926年以后，党章规定必须由党办的青年团，即"前卫军"中的毕业生来补充。凡十四岁至十八岁的青年都可以进入前卫军接受八至十四年的训练。

【党军和工团】法西斯党除党员外，还有黑衫的志愿军，受本党总理的指挥，专以破坏罢工或游行示威为职务。世界大战之前，意大利的工团主义——主张采取直接行动，成立代表经济团体的政府，打倒纯粹政治的组织——本来很盛行，后来工团主义者倾向于民族主义，放弃了罢工政策，墨索里尼就于1919年时和他们联络，主张组成雇主和工人的团体，以调和劳资关系、维持国家生存为宗旨。因此工会和社会党的势力就逐渐被法西斯党的工团所夺走，党军和工团可以说是法西斯党的左右手。1928年政府又将国会的下议院改组，由雇主和工人所组成的团体推选代表来组成，这是一个比德国的经济会议还要有权力的机关，因为它可以直接立法。

【法西斯党的建设工作】法西斯党专政之后，的确做了许多复兴的工作，例如预算的整理、币制的改革、铁路费用的节缩、水电事业的发展，都是极显著的进步。法西斯党竭力提倡人口的增加，认为这有利于国家的建设和文化的进步。不过意大利的领土有限、粮食不足，因此它对非洲北部、西亚以及法国的东南部都有吞并的野心，引起了法国人的不满。

【意、法失和】意大利扩张领土的野心受到了法国的阻碍，意大利的反政府人士又常常受到法国的保护，两国的关系因此日趋恶化。意大利为了打倒法国，特于1926年和西班牙联盟，次年又和匈牙利签订公断条约，不久又和阿尔巴尼亚、希腊、土耳其诸国订约修好，以抵制法国的势力在东欧发展。自1930年德国的国民社会党得势以后，意大利因为意气相投，更明显地替德国、奥地利、匈牙利三国打抱不平,要求修改巴黎和约。所以就欧洲大陆上诸国来说,意大利和法国有势不两立的形势。至于意大利政府和罗马教皇的复杂问题怎样在1929年和平解决的,我们在前面叙述意大利统一时已经提及,兹不赘述。

第五十五章 欧洲新国的政情

第一节 中欧的新国

【欧洲中部的新形势】世界大战最大的后果之一，莫过于德国、俄国和奥匈帝国三大帝国的瓦解和政变，其中又以哈布斯堡族所统领的奥匈帝国的瓦解最为惊人。哈布斯堡族的领土在大战前本来是欧洲第二大国，至此竟然被意大利、南斯拉夫、罗马尼亚和波兰等四国各分得一部分，而中部则分为奥地利、匈牙利和捷克斯洛伐克三国。奥地利的自然资源弄得不够自给自足，匈牙利也只保留了一部分农地。只有捷克斯洛伐克拥有矿产和农地，经济上相对好些。因此匈牙利人认为巴黎和约的规定不公平，时常要求修改。捷克斯洛伐克为了维持既得利益，于1920年和南斯拉夫联盟，次年又和罗马尼亚联盟。而罗马尼亚又于1921年和南斯拉夫结盟。这就是现代欧洲史上"小协约"订立的过程，目的在于抵制匈牙利的修约野心。

【匈牙利的政变】1918年11月，匈牙利的旧国会中人成立了一个"人民共和国"，想实行民主立宪制度，以赢得境内各族的支持。可是时机不对，再加上政府过于屈从协约国的要求，因此引发了1919年的共产革命。加贝（Garbai）被推举为苏维埃政府的总统，不过实权是在贝拉孔之手。境内有农民和工人的反抗，境外有协约国军队的封锁，前海军少将霍尔蒂（Horthy）又领导了反革命的运动。1920年霍尔蒂率兵进入国都,改选国会,恢复王政。国会议决在前国王查理四世未回国以前,暂请霍尔蒂摄政,于是为了报复,就有了虐待和压迫犹太人的举动。1921年查理四世曾两次回国,意图复辟,最终因为"小协约"和"大协约"诸国的反对而没有成功。匈牙利国内的财政也非常混乱,到1924年时得到了国际联盟的帮助,两年后国家财政才得以恢复。现在的匈牙利政府是一个代表中产阶级的政府,一方面反对共产,另一方面反对复辟。就大体上来说,匈牙利的政治和社会与战前差不多。

【奥地利的立宪政治】1919年初期,俄国和匈牙利的共产党虽然在维也纳竭力鼓吹共产主义,但是奥地利的工人始终采取温和的态度,不曾发生暴动。奥地利人原本就比匈牙利人更加倾心于民主,所以1919年的国会郑重声明奥地利应改为共和制,并将哈布斯堡族驱逐出境。战后的奥地利可分为两个区域:东部的维也纳一带为工业区,倾向于社会主义,以社会民主党为代表;其他地方为农业区,乡农和教士的势力较大,倾向于保守主义,以基督教徒和社会党为代表。1920年的宪法之所以采用瑞士的联邦制,就是各省农民为了避免维也纳民主党人独握政权后压迫各省的一种策略。国会采取两院制,共同选举总统一人为行政元首,只不过大权掌握在对国会负责的内阁手中。

【德、奥合并问题】奥地利发生政变之后,本想加入德国的联邦,来作为自救的方法,但是因为法国和捷克斯洛伐克的反对,没有成功。巴黎和约中甚至明文规定,德、奥两国非经国际联盟理事会的许可,不得合并。后来奥地利人看到德国财政和经济上的困难,就把此事搁置了。可是自1924年"道威斯计划"实行后,奥地利人又有了和德国合并的想法。两国的生产和关税实行合作,两国的法律亦保持一致的方向。1928年改选总统之后,新内阁中多数人以两国合并为己任，结果引起了1930年后法国人的经济高压政策和德国的经济危机，所以合并之事最终归于失败。奥地利人原本寄希望于民族自决的原则，但是法国害怕两国合并后，德国的实力会大增，于己不利，所以非极力反对不可。这也可以看出国际上是不讲公道的。

【捷克斯洛伐克的繁荣和土地改革】中欧各新国中要以捷克斯洛伐克最为繁荣，这是因为其经济状况较为优越，统治的民族又采取宽大的态度，而且政府的领导者多有才能。1920年捷克斯洛伐克制定了两院制的共和新宪法，并选举大学教授马萨里克（Masaryk）为总统。新政府最大的功绩就是土地改革，这项事业开始于1919年，到1926年大功告成。从前的土地只属于数百个大地主，现在五十万以上的农民都拥有自己的田地了。

【宗教问题和少数民族问题】捷克斯洛伐克新政府的困难有两个：一是教会问题，二是少数民族问题。在奥匈帝国统治时期，捷克斯洛伐克本来信奉罗马天主教，教士大多属于德国人，而且多用德语。1920年捷克人设有独立的教会，改用捷克语，任用捷克的教士，而且另设学校，把宗教作为选学科目，因此引起了罗马教皇的反对。就是如今[①]，政教依然未能完全分离，政府和教皇也未能完全谅解。此外，最困难的问题就是国内民族的复杂。捷克斯洛伐克人虽然占大多数，但还有三分之一的人口是德国人、马扎尔人、犹太人、波兰人和鲁德尼亚人等，各族间因为文化语言的不同，常起纷争，其他民族的人对于捷克人的统治当然不免猜忌。不过马萨里克的政策不但注重公平，而且设法使得全国人民不再感觉到种族的差异。因此1926年以后，各少数民族大多一改以前的反对态度，开

[①] 指作者撰写本书之时。——编者注

始支持政府。政府也尽可能地任用少数民族的领袖，并与之共事；而且实行地方自治的政策，使得少数民族不再有不满的意思。捷克斯洛伐克之所以在欧洲新国中进步最大，确实不得不归功于政府当局广阔的心胸。

【小协约诸国的现状】小协约诸国在1921年阻止了哈布斯堡族的复辟，匈牙利又在1922年加入国际联盟时宣称遵守巴黎和约，所谓的小协约其实已经失去存在的理由了。不过这个国际集团仍然存在着，大有以前哈布斯堡帝国的声势。不久波兰也加入小协约集团，声势更盛。自1924年以后，小协约国的一致行动逐渐因为没有必要而消失。因为意大利于1927年又和匈牙利签订了公断条约，引起了小协约诸国的怀疑，法国就乘机将诸国收为自己的"被保护国"。1928年和1933年意大利屡有暗运军火于奥、匈两国的举动，而且公开支持匈、德两国修改巴黎和约的要求。因此不但小协约国之间更加团结，就是法国和它们的交情，也因为主张维持和约的意见一致而日渐亲密了。

第二节　东欧的新国

【波罗的海各共和国（一）芬兰】所谓东欧的新国，就是因为俄国瓦解而出现的六个国家。它们介于俄国和西欧中间，都有少数民族和土地改革的问题，亟待新政府来解决。在俄国西部濒临波罗的海的有四个新国：芬兰、爱沙尼亚、拉脱维亚和立陶宛，我们可以总称它们为波罗的海各共和国。最北边且最强大的是黄种人所居住的芬兰。芬兰人的文化程度本来比俄国人要高，国内的文盲极少，所以俄国沙皇尼古拉二世想同化他们而最终没有结果。1917年，他们乘俄国内乱之际宣布独立，先发生了共产党的革命，接着有德国人侵入统治的时期，最终在1919年制定了共和宪法，次年又加入国际联盟。芬兰政府既然脱离了极右、极左的危险，就得以致力于土地的改革，国势日趋隆盛。

【波罗的海各共和国（二）爱沙尼亚、拉脱维亚和立陶宛的独立】芬兰的南边是爱沙尼亚和拉脱维亚，它们在经济上一直受德国地主的剥削，在政治上一直受俄国官吏的压迫。1917年以后，它们虽然已经宣布独立，但还是受俄国共产党和德国王室军队的夹攻。不过爱沙尼亚最终在1920年正式独立，并成立共和政府；拉脱维亚亦于同年正式独立，并于1922年成立共和政府。至于立陶宛，也曾在1918年迎立德国人为国王，不久就因为德国战败而王政取消。之后俄国共产党又乘机攻入，直到1920年才得到俄国的承认而独立。立陶宛的政情和以上三国稍有不同，因为它除了对付俄国的共产党，还要对付南边波兰的侵略。维尔纳（Vilna）城附近的地方，虽然被波兰所占领，但如今①还是两国争持的焦点。

【波兰复国后的疆界问题】波兰在18世纪末被俄、普、奥三国所瓜分，没想到1918年竟得以复国。新波兰合并了俄、普、奥三国各一部分领土而成，内部极其涣散。最终由于政治家毕苏斯基（Pitsudski）与音乐家帕代雷夫斯基（Paderewski）两个人的努力，在1919年统一了全国。波兰地势平坦，并无天然的疆界，因此复国后最困难的问题莫过于和邻国争地一事。它既和西边的德国争但泽城和所谓的"波兰走廊"（从波兰直通波罗的海而把东普鲁士和德国本境截断的一个地带），又和东南边的乌克兰争加利西亚，还和北边的立陶宛争维尔纳，此外也和俄国争东边的界线。直到1923年，这种边界问题才勉强结束。

---

① 指作者撰写本书之时。——编者注

【波兰政局的混乱】 1921年波兰颁布了新宪法，大体上仿照法国的政体，设总统一人及两院制的国会。1922年的新国会因为不喜欢毕苏斯基的专权，竟然另选他人为正式总统。由于国内政党过多，内阁屡次更迭，诸事不能顺利进行。1926年毕苏斯基率兵包围都城华沙，发动政变，另选傀儡总统而自任总理。此后政治风波不断，国无宁日。毕苏斯基虽然于1930年辞职，但政局混乱的状况并未有所改善。不过由于波兰有法国的支持，所以还能勉强维持在国际上的地位。

【罗马尼亚的困难】 罗马尼亚在世界大战后，领土增加了一倍，反而因此发生了领土的争执和少数民族的自决运动，应付起来非常困难。再加上新领土中人民的文化程度本来就高于本国人，1923年的新宪法规定普遍选举后，各地农民又骤然解放，势力大增，因此战后十年间国内常起党争，而代表中产阶级的自由党主政十年，实行高压政策，颇失民心。几经内乱，到1928年时，真正代表民众利益的农民党才出来主政，此后编制预算，整顿币制，并请法国专家来整理公债和修建铁路。罗马尼亚本来是落后的国家，至此乃踏上了发展的大路。

【东欧各新国的共同问题】 以上所述的各新国除各自的特殊困难外，还有几个共同的问题：土地问题、少数民族问题和安全问题。各新国因为和俄国为邻，当然对于平均地权不能不格外注意，因此各国政府都有限制大地主的田产、将其余田产分给农民的举动，借以巩固农民阶级的基础。至于各新国领土的划定，在巴黎和会上讨论时就感觉极其困难，因为欧洲东部原本是五方杂处的情形，要想绝对划清，极难办到。再加上各少数民族的文化程度又高于境内统治的民族，屈居人下，亦难甘心。巴黎和会和国际联盟虽然曾强迫各新国政府应该尊重境内少数民族的权利，但现在的少数民族往往就是从前的压迫者，一旦主客形势有变，那么被压迫者不免存有报复之心。少数民族受到虐待，自会倾心并迁入邻近同族的国家，因此又发生了许多国际间的冲突。这种情形对于各新国对内的统一和对外的和平都明显有害，但一时也无法解决。此外，各新国的领土多属于旧日的俄国，而俄国对于这一部分领土始终不肯承认，所以各新国就有了安全的问题，于是想要合力以求自保。因此先有罗马尼亚和波兰的联盟，之后有芬兰发起的波罗的海诸国的联合。1922年后，俄国屡次和各新国签订互相解除武装和互不侵犯的条约。不过直到1928年巴黎《非战公约》签订后，俄国和西边各新国的争执才算有和平解决的希望。

第三节 巴尔干半岛上的混乱

【希腊的混乱】世界大战虽然开始于巴尔干半岛上的混乱，但大战结束后，仍然不能从根本上消除它的混乱。希腊政局的混乱就是一例。战后的希腊史基本上就是政治家凡尼济罗斯的势力消长史，他在战后的几年声势极盛，直到1920年王室复辟为止。不久希腊又被土耳其打败，王室乃于1923年退位。次年国会宣布实行共和制，此后政局异常混乱。1928年凡尼济罗斯又重组内阁，着手于建设的工作。共和政体的基础因此而更加巩固。

【南斯拉夫王国的内争】战后的塞尔维亚包括克罗地亚人和斯洛文尼亚人，乃改名为南斯拉夫王国。这三族人虽然同属于斯拉夫种，但风俗、文化等很不相同，要组成一家、和衷共济，确实不容易。因此国内各民族对于政治有两种不同的主张：塞尔维亚人主张中央集权，1921年的宪法就包含这种精神；而克罗地亚各族则认为新宪法是塞尔维亚一族专政的工具，不肯赞同，竭力从事自主的运动。双方相持不下，公然破裂。1929年国王亚历山大为了应急，宣布废除宪法，解散国会，暂时由各族代表组成内阁，统治国家。不过战后塞尔维亚的政治家比较缺乏政治才能，他们能否编制新宪法来满足各族自主的要求，还是个问题。

【阿尔巴尼亚的王政】南斯拉夫和希腊的西边是1913年成立的阿尔巴尼亚王国。世界大战爆发以后，王室遁走。当时列强想把它瓜分了，后来意大利又想收归代管，希腊和南斯拉夫亦想两国平分了。直到1920年，国际联盟让它加入，它才得以继续独立。1925年定国体为共和，1928年仍改为王政。

【保加利亚】保加利亚的政府因为参战失败而解散，农民起而主政，专以压迫中产阶级为事，终于引起了1923年中产阶级联合夺取政权的事变。此后国内常常发生共产党的暴动，政府也以残酷的方法来对付极端的党人。不过保加利亚的小地主人数较多，所以土地问题不像其他东欧各国那样复杂而困难，因此共产革命不易得手。此外，保加利亚因为马其顿自主问题和直通爱琴海问题，常常和希腊、南斯拉夫诸国发生冲突，到如今[①]还没有从根本上加以解决。

[①] 指作者撰写本书之时。——编者注

第五十六章　东方民族的解放运动

第一节　土耳其的复兴

【东方民族运动的促进】第一次世界大战以后，非洲北部、西亚、南亚、东亚一带都有民族的解放运动，以反抗欧洲人的压迫。这一带的民族独立运动，本来开始于世界大战以前，不过大战以后，一方面有威尔逊提出的民族自决原则，一方面又有俄国帮助弱小民族的解放运动，于是非洲北部的里夫人、埃及人，西亚的土耳其人、阿拉伯人、波斯人和阿富汗人，南亚的印度人，东亚的中国人和朝鲜人，无不纷纷发起民族独立运动。欧洲各国对于这种运动，或用武力平定，或对土人让步，或取消一直以来不平等的待遇。这不得不说是现代世界史上极大的变动。中国国民革命的成功，因为不属于本书的范围，我们不去详述。现在先述一下较为重要的土耳其革命。

【土耳其的危机】土耳其人是黄种民族，在欧洲的东南部建立国家，本来就不被欧洲人所喜欢，因此自19世纪以来，欧洲史上就有所谓的"近东问题"，意思就是怎样把土耳其人逐出欧洲，把他们的领土瓜分了。当1918年10月土耳其在停战条约上签字时，它的灭亡似乎早已决定了。不料它竟然有复兴的希望，而且还相当成功。原来当时英、法、意三国联军占领了君士坦丁堡和达达尼尔海峡，希腊人占领了小亚细亚西部的士麦那（Smyrna），协约国联军也占领了小亚细亚的南部,土耳其不得不于1920年签订了丧权辱国的和约。

【土耳其国民革命的开端】就在这时,小亚细亚内地发生了民族革命的运动,凯末尔·帕夏①(Kemal Pasha)是实际上的领袖。他于1919年召开国民大会,订立了一份国民契约,声称反对君士坦丁堡政府把国土随意割让。这份契约于1920年由一部分国会议员签字,成为国民革命的信条。当时土耳其皇帝因为受到协约国的逼迫,下令解散国会。人民党就在小亚细亚的安卡拉召开国民大会,由凯末尔组织临时政府,于1920年6月准备用武力将希腊、英国和法国的军队驱逐到小亚细亚之外。

【国际形势的转变】当时希腊人得到英国在军费上的资助,自告奋勇向小亚细亚内地进攻,一时颇为得手。不过到1921年时,俄国开始暗助土耳其,法国的态度也忽然发生了改变。这是因为法国忌惮英国在东方的势力过大,又担心希腊会成为英国的帮手,所以它就和土耳其的人民党合作,主动撤出其在小亚细亚的军队。土耳其和希腊的明争至此乃变为英、法两国在东方的暗斗。意大利也由于同样的原因倾向于土耳其。土耳其因为有了俄、法、意三国的帮助,声势为之大振。

【土耳其的胜利】到1922年夏,双方在小亚细亚的军事形势亦忽生变化,土耳其军队大败深入内地的希腊军队。9月初,土耳其军队长驱直入士麦那,并把希腊残军驱逐到小亚细亚半岛之外,当时土耳其人亦想乘胜逐出达达尼尔海峡的联军,法、意两国首先撤出了驻军,不过因为英国的态度强硬,土耳其人没有成功。凯末尔

---

① 1934年11月,土耳其国会向凯末尔赐予"阿塔图尔克"一姓,即"土耳其之父"之意。——编者注

知道一意孤行的危险,最终在国人的竭力反对下,和英国人商讨停止军事行动和修改和约的条件。10月在停战条约上签字,11月安卡拉的国民议会议决废掉国王。

【洛桑会议的结果】1923年土耳其和英、法、意、日、俄等国在洛桑召开"修订"和约的会议。几经磋商,终于在7月签订了《洛桑条约》。土耳其的领土比之前所约定的略有增多。它的亚洲领土如美索不达米亚、阿拉伯、叙利亚和巴勒斯坦虽然脱离其统治而独立,但是欧洲君士坦丁堡以西的领土则向西稍有扩展,爱琴海中诸岛亦有几处得以保留,但正式放弃了非洲北部一带的宗主权。同时签约各国答应废除一切不平等条约,不再限制土耳其的海陆军备,且不再要求大战后的赔偿。英、法、意三国的军队亦定于和约生效后完全撤出土耳其境内。土耳其人民党民族独立自由的愿望至此乃完全实现。同年10月,土耳其宣布改政体为共和,并定都于安卡拉,凯末尔被选为总统。1924年,国会议决废除千余年来主持伊斯兰教的哈里发,并编订瑞士式的新民法来代替以前的伊斯兰教律。1928年决定不再将伊斯兰教作为国教,同时政府竭力提倡西欧文化的输入,整理战后混乱不堪的财政。1928年之后,土耳其又先后和意大利、英国等签订公断或通商条约,俨然成为一个现代化的先进国家了。

第二节 非洲北部的民族运动

【的黎波里反抗意大利】非洲北部一带在世界大战前是欧洲列强争雄之场,世界大战后乃变为弱小民族反抗欧洲势力之地。当1911年意大利人强占的黎波里时,当地的阿拉伯人就受到土耳其人的怂恿,常常起来反抗。到1918年时,意大利的势力已经退到地中海边了。此后意大利人虽然设有一种国会式的机关,希望借以调和与当地人的关系,但是直到如今①,意大利的势力还是非武力不能深入。

非洲西北部的摩洛哥有一个不大的地方叫里夫,自1912年归西班牙管辖后,当地人就常常起来反抗。西班牙虽然于1918年派出大量军队平乱,但是毫无结果,反而于1923年被里夫人驱逐到海边。甚至西班牙政府亦因此改组为军事独裁,成了引起1931年共和革命的一个原因。里夫人的首领克林姆(Krim)获得胜利后,乃于1924年攻入法国所占领的摩洛哥。法、西两国的二十八万联军竟然攻不下里夫的六万土兵。双方相持两年之久,直到1926年,克林姆才因寡不敌众而投降,但是法、西两国军队的损失也不小。至于突尼斯和阿尔及利亚两地的阿拉伯人,虽然不曾有公开的革命运动,但是他们常常要求有平等参政权。世界大战之后,法国不得不给予他们地方自治权以安其心,因此这两处地方比较安稳。

第三节 埃及独立运动的失败

【埃及独立运动的原因】英国自1882年以后,虽然实际上占领了埃及,但是因为土耳其没有承认,于法无据。世界大战爆发的第一年,英国正式将埃及收为"被保护国",废掉原来的总督而另立新王。在大战期间,英国人在埃及强拉民夫、征收食品,本来已经为埃及人所痛恨。同时阿拉伯人发起了民族独立运动,威尔逊提出了民族自决的主张,穆斯林又向来反对基督教徒的统治。因此就引发了1918年埃及柴鲁尔所领导的民族独立运动。

---

① 指作者撰写本书之时。——编者注

【埃及的独立空有其名】在1919年时,埃及人一方面派遣代表赴巴黎和会要求独立,一方面又在国内实行反英的暴动。至1921年时,骚乱更甚,英国人于是逮捕柴鲁尔并将其拘禁在直布罗陀。但是埃及人的独立运动并没有因此而停止。英国不得已乃于1922年宣布取消保护,承认埃及为独立国;不过对于英国的交通、埃及的防卫、外国的保护和苏丹的领土这四点,应予保留,将来再议。

【1924年的暗杀案】1923年埃及国王颁布宪法,同时柴鲁尔被释放返国,次年担任内阁总理,于是向英国要求绝对的独立。没想到1924年发生了英国在苏丹的总督在开罗被刺之事,英国遂发出最后通牒,除要求惩凶赔款外,还命令埃及军队立刻撤出苏丹,此后埃及人不得再有政治示威活动,而且英国对于外国人利益的保护,埃及也不得再有异议。柴鲁尔不得已辞职,新内阁完全接受英国的条件。当时埃及国会曾向国际联盟提出抗议,最终没什么效果。之后埃及国王因为亲英,多次解散国会,不过柴鲁尔所领导的华夫脱①党始终势力不减。

【埃及独立的失败】1927年柴鲁尔去世,民族运动骤然失去了英明的导师。1928年埃及国会议决给予国民集会和携带武器的权利,但是因为英国开来了五只军舰而取消。不久埃及国王奉英国的命令停止埃及国会的召开,废除出版和集会自由,禁止民族独立运动。1929年英、埃两国签订了同盟条约,条约中规定英国军队可以自由通过埃及,而埃及如果需要外国文武官吏也应该尽可能地先聘用英国人。埃及的独立至此可说是成了泡影,所谓的埃及国王只是英国的傀儡而已,1922年的那四个保留条件纯粹是英国束缚埃及自由独立的锁链,所以世界大战后埃及多年的民族运动最终归于失败。

---

① 华夫脱在阿拉伯语中指代表团。——编者注

第四节　亚洲西部各地的民族运动

【土耳其在亚洲的领土被瓜分】1920年协约国与土耳其签订的和约中规定，土耳其在亚洲的领土有以下损失：阿拉伯地方应该另建一个独立的汉志王国（Hedjaz）；叙利亚、巴勒斯坦、外约旦和美索不达米亚四处则委托先进国代为管理。当时叙利亚一地委托法国代为管理，巴勒斯坦、外约旦和美索不达米亚则委托英国代为管理。不过这种分赃式的处置方法，一开始就为各地土人所反对。

【巴勒斯坦穆斯林的反抗】巴勒斯坦虽然是古代犹太人的旧壤，但是现代的住民中有十分之八是阿拉伯的穆斯林。英国声称将在巴勒斯坦重建一个犹太国家，因此引起了阿拉伯人的反抗，常常发生严重的叛乱。到1929年时，阿拉伯人公然起来革命，并大肆杀戮犹太人。英国政府虽然能用武力恢复巴勒斯坦的秩序，但是阿拉伯人不愿意接受英国基督教徒的管理，而且深知英国故意偏袒犹太人，因此始终不肯屈服。英国在1930年所发布的白皮书中，虽然声称要公平对待各民族并帮助犹太人复国，实际上一直使用搬弄的手段，使得巴勒斯坦内部不能统一，自己坐收渔人之利。

【法国对于叙利亚的高压政策】法国在叙利亚所遇到的反抗比英国所遇到的还要厉害。此地的阿拉伯人向来反对异教徒的管理，又痛恨法国暗助基督教徒，再加上法国人使用贬值的纸币，设立法国的法院，且宣布长久戒严，都足以引起阿拉伯人的反感。同时法国的官吏还用极其高压和残酷的手段去对付他们。结果引发了1925年德鲁兹族（Druse）的大暴动。这一族人口大约有二十万，以纺织为业，相传是上古时代西迁的中国苗裔。

【叙利亚1925年的大屠杀】当时法国的特派长官萨雷（Sarrail）将

军,用多架飞机轰炸叛党的村庄。叛党在大马士革附近截断法国军队的交通,法国人就任意焚毁附近各村庄,以示严惩。1925年10月,法国人把叛党的数十具尸首陈列于大马士革城中示众,德鲁兹族人也杀死多名法国士兵陈诸城外来报复。法国人于是退出城外,开始用坦克、飞机、大炮等轰炸这座历史上有名的城市。全城人民死伤数以万计,繁华的街市尽成废墟。当地人不得已认赔巨款,并上交三千支枪,法国人才停止炮轰。

【暴动的惨败】大马士革屠城的惨剧发生以后,叙利亚境内的德鲁兹族更加愤慨,誓死抵抗。双方杀戮之惨,世所罕见。1926年5月,法国人有了第二次屠城的举动,市民死亡的又达千余人。至此国际联盟才出来说出了下面几句话:"除非有绝对的必要,凡受委托的管理者不应该使用飞机掷弹、放火、屠毁村庄和团体罚金等方法来平定叛乱!"此后德鲁兹族的义勇军虽然继续活动,但是到1927年夏,已不能支撑了。

【立宪运动的失败】法国人知道叙利亚受创已深,乃于1928年允许他们召开宪法会议,编制宪法。哈希姆·阿塔斯当选立宪会议主席,要求实行共和政体,而且绝对脱离法国和国际联盟的束缚。法国当然不答应。双方交涉多时,最终没有结果,于是法国人在1929年下令把宪法会议无限期停开。德鲁兹族多年奋斗和牺牲,直到筋疲力尽,依然无法逃脱法国帝国主义者的铁掌。

【英国的傀儡政策】英国所代管的外约旦,以亲英的汉志王子阿卜杜拉(Abdullah)为国王,自1928年以后,受英国的卵翼成为立宪的国家。至于美索不达米亚一带所改建的伊拉克王国,情形就不同了。伊拉克国王费萨尔(Feisal)虽然于1921年被伊拉克贵人选举为国王,但他也是汉志的王子、阿卜杜拉的弟弟,是著名的英国傀儡。原来伊拉克人自1920年以来就常常发起暴动,要求独立,英国人亦常用武力来对付。到1926年时，国际联盟主张伊拉克王国应该由英国代为管理二十五年，然后再谈独立问题。那一年英国和伊拉克政府就签订了一个管理二十五年的条约。伊拉克民族主义者的理想暂时破灭，而且英国在亚洲所使用的傀儡主义和在埃及一样，总算大功告成了。至于名义上独立的汉志王国，英国先利用侯赛因为国王，1924年又利用伊本·沙特（Ibn Saud）为国王。阿拉伯内部各族本来多以游牧为生，早已衰落，所以到如今内战尚且自顾不暇，当然感觉不到外力入侵的危险。

第五节　波斯和阿富汗的独立运动

【波斯的政变】波斯自从1907年和1915年英、俄两国屡次签订瓜分协议之后，本已等于亡国。俄国的势力因为国内革命而退出波斯，英国因此得到一个独吞的机会。1919年的英国波斯条约差不多已经把波斯变成英国的附属国。当时波斯的民众认为政府当局是英国的傀儡。于是有一个军官名叫利萨·汗（Riza Khan），受到土耳其人革命成功的感召，也仿效凯末尔的方法，推翻了中央政府，自命为大元帅，宣布英国与波斯签订的条约无效。

【新政府的改革事业】利萨·汗发动的政变成功之后，先自任陆军大臣，1923年改任内阁总理。他既然逼走了波斯之前的国王，乃于1924年准备宣布波斯为共和国而自称总统。不过因为土耳其有罢免伊斯兰教哈里发和不再将伊斯兰教定为国教的举动，波斯国民因此对共和制度很不满意。1925年12月，宪法会议中人正式推举利萨·汗为波斯世袭的"沙"。利萨·汗于是着手改组军队，把俄国军官训练的哥萨克军队、英国军官训练的来复枪队、瑞典军官训练的宪兵，一概组为国军，设备也更换一新，顿成劲旅。从前各地顽固的民族无不屈服，国内乃完成了统一。另外聘请美国、德国、比利时诸国人来整理财政，实施国民教育和卫生建设等措施。1928年欧美各国都答应取消不平等条约，取消领事裁判权，并且承认其关税自主。同年波斯加入国际联盟。1930年后改行金本位制。垂亡的波斯竟能于短期内实现中兴，恐怕除土耳其外，没有国家可以与其相媲美了。所以现代史学家多把凯末尔和利萨·汗并称为东方民族的英雄。

【阿富汗的反英运动】世界大战之前，阿富汗本来是英、俄两国角逐的地方。1917年俄国势力瓦解之后，阿富汗人乃发起反英的运动。阿富汗国王阿曼诺拉汗（Amanullah Khan）于1919年即位之后，就宣布此后阿富汗政府对内对外均应独立而自由，同时出兵侵入印度。英国不得已于1922年承认其独立。阿曼诺拉汗乃仿效波斯的办法聘请法、意、德诸国的专家来改进本国的行政、教育和建设工程。他于1928年亲自赴欧洲各国考察新政，并和土耳其、波斯签订通好合约，回国后更加努力地推行改革的事业，派遣留学生到欧洲学习，改易欧洲服饰，并且废除贵族的称号，因此引起了国内旧党的反对，终于在1929年被迫退位，逃往欧洲。原来担任陆军大臣的那第尔汗（Nadir Khan）得到英国的帮助，被选为国王。

【俄国和东方民族运动的关系】亚洲西部的穆斯林发起的民族运动，在世界大战后如此激烈，原因当然有很多，例如欧洲帝国主义的压迫、宗教信仰的不同以及民族独立潮流的影响，都足以促使他们要求民族自决。自俄国政府宣布帮助弱小民族、打倒帝国主义以后，此种运动更加猛进。1921年，土耳其、波斯、阿富汗诸国的代表曾会集于莫斯科，共同制定保卫东方民族自由的政策。当时土耳其和阿富汗的代表曾有"感谢上帝，东方复兴之期已不远矣"的话。此后俄国和阿富汗、土耳其、波斯三国都签订了反抗帝国主义侵略东方的盟约；而土耳其、波斯、阿富汗彼此间又于1927年后签订了和平中立的条约。这种种联盟虽然是由于俄、英两国势力的暗斗，但是各东方民族运动的部分成功，却不能不归功于俄国的帮助。英国一直反对俄国，这也是很大的一个原因。

第六节　印度、朝鲜和暹罗的解放运动

【印度独立运动猛进的原因】印度自从被英国统治以来，复国运动未曾中止过。只是世界大战爆发以后，此种运动更加猛进而已。在大战期间，印度参战的士兵和劳役人数达一百五十万之多，印度的战争费用也达到了七亿美元之巨。此次大战，英国人既然自称是为了解放被压迫的民族而起，威尔逊又提出凡弱小民族都应该有自决的权利，那么战后的印度自然应该享有参战得来的好处，就是民族的独立。

【大战期间英国的软化政策】在大战期间，印度的印度教徒和穆斯林曾于1916年召开了一次代表大会，草定政治改革方案。英国亦因战事未了，特邀两名印度代表出席1917年的帝国会议。次年英国政府宣布，此后印度政府中的行政官员将增用印度人以求自治制度的逐步实现。其实当时世界大战的胜负尚未可知，所以英国政府不得不暂用口惠来安抚印度人之心，以免有后顾之忧。

【1919年的惨杀案】1918年世界大战结束后，英国方面获得了胜利，印度的情形乃为之一变。印度国大党所组织的国民大会要求绝对的自主，而印度政府也于1919年1月组织一个所谓的"内乱委员会"，宣布戒严条例。于是印度的民族领袖甘地出来领导民众，实行所谓"消极的抵抗"。当印度政府颁布戒严条例时，甘地宣布这天为"国耻纪念日"，叫民众祈祷一天。当时革命的声势很盛，

蔓延到旁遮普一带。4月13日，就发生了英国军官戴尔下令对阿木里查（Amritzar）城中一万五千名徒手集会的民众开枪的惨剧。当时有四百余人死亡，一千二百余人受伤。世界人士莫不为此震惊，英国人却认为戴尔是保全印度的功臣。

【两部制的省政府】英国为了表示宽大，乃于1919年12月通过了所谓的《印度政府案》，规定建立省政府，各省设一立法院，百分之七十的立法人员须由人民来选举。选举区域根据社会阶层来划定。至于省政府，则采取所谓的"两部制"，把省政分为保留和让渡两部分。凡警察、田赋、水利等归保留部，由省长和行政院处理；凡卫生、教育、农业等归让渡部，由立法院选出部长来处理。英国以为这是训政时代的一种过渡办法。至于中央政府，除总督和行政院外，另设立法院和国务院，由印度人来选举。不过选民的限制极严，前一种不到一百万人，后一种不到一万八千人。这种新制度于1921年开始实施，但是甘地所领导的国大党始终不肯承认。新制度实施之后，他们就采取不合作态度，相约不参政、不纳税、不买英国货。于是1922年英国人拘捕了甘地，两年后才把他释放。不合作运动到此好像失败了。

到1924年时，印度一部分国大党人放弃了甘地抵制英国货的主张，另组"全印自治党"，只要求自治而放弃自主。这也可以看出印度人态度的软化。"两部制"的政府原本计划试行十年，因此英国政府于1928年派遣西蒙（Simon）等到印度先行调查，以便改革。次年他们回国报告，主张废止"两部制"，应使中央行政院富有弹性，足以代表各省立法院的意见。不过对于印度境内宗教上、社会上和社会阶层上的少数民族，印度总督应该有保护的责任。1930年后英国政府多次在伦敦召集印度各族代表开圆桌会议，以讨论西蒙等的主张，但是由于在选举制问题上的争执，会议往往没有进展。其实英国有意利用印度人种、宗教和社会阶层的复杂，使之永远不能团结。那么不但甘地的自主主张无法实现，就是1924年后一部分国大党人的自治要求，想和加拿大、南非或澳大利亚等处于平等的地位，恐怕也不易办到。所以自从1931年印度部分地方有暗杀英国官员的事件发生以后，英国便有借口把自治问题搁置了。

【朝鲜革命的失败和所承受的痛苦】至于东亚中国的国民革命，怎样发动，怎样成功，怎样受到日本帝国主义的打击，因为不在本书的范围内，暂且不去叙述。朝鲜的民族运动有略述一下的必要。自从1895年中国被日本战胜以后，朝鲜本来已经亡于日本之手。不过朝鲜人的开化既然早于日本，日本的高压政策又不亚于英法诸国，所以朝鲜人对于亡国实不甘心。在1907年时，朝鲜曾有五千义勇军起事，不料农民因此被日本人惨杀的有一万四千人之多。日本又于1910年正式把朝鲜吞并。此后日本所派的朝鲜总督无不实行武力高压的政策，没收朝鲜人的土地，增加他们的捐税，政府官员十有八九都任用日本人。至于教育、实业等方面，无不以剥削朝鲜人、优待日本人为宗旨。此外，更加令朝鲜人难以忍受的是，日本宪兵和警察对于民众的严密监视，以及政府修路时任意征收田地和征用劳役。因为这种种痛苦，朝鲜民众乃于1919年前朝鲜国王出殡、亡国情绪高涨时发起全国暴动，结果失败了，日本的高压政策因此更进一层，对于独立的主张一概加以扑灭。朝鲜人在国内受不了政治上和经济上的压迫，所以好多朝鲜人逃到中国的东三省。但是日本政府不许他们改入中国籍，以便利用他们作为侵略中国的先锋。因此亡国后的朝鲜人忍受了难以想象的痛苦。

【暹罗危而复安】介于南洋英、法两国中的暹罗，自缅甸和安南先后为英、法两国所灭后，本无幸存的道理。英国在19世纪初就入侵暹罗，并于1855年取得治外法权。法国于1893年用武力从暹罗夺得老挝一带。暹罗两面受敌，随时可能灭亡。但是随着英、法两国的侵略范围越来越近，暹罗中部的湄南河流域又是最富庶的地方，瓜分难以均匀，独吞也不可能，两国不得已于1896年约定以湄南河流域为中立地带。垂亡的暹罗亦和阿富汗一样，竟然由于两国的相持而暂免亡国的大祸。以前暹罗人是从中国的西南境迁过去的，本来就受到中国佛教和文化的影响，所以认为中国是世界上最文明的国家。到19世纪中叶时，态度一变，亦和日本一样开始崇拜西方的文化了。

【暹罗的解放运动】暹罗因为英、法两国的相持而幸存，而安南、缅甸已亡于两个强国之手，暹罗人不敢和15世纪时一样，或者向东西两地进攻，或者因为争权而不断发生内乱，此时反而得到一个真正"偃武修文"的机会，修明内政，从事建设，颇具现代化国家的气象。20世纪初暹罗才有取消不平等条约的运动。1907年割让东境的一部分领土给法国，1909年把马来半岛南部的宗主权让给英国，从而取消两国原有的领事裁判权。代价很高，所得的却很少，名义上虽然取消了领事裁判权，实际上仍然受到种种限制。1917年暹罗参加协约国一方对德宣战。但是大战结束以后，只有美国答应于1920年另订新约取消领事裁判权，并承认其关税自主。直到1925年，暹罗才先后得到法英两国和其他各国的允许，把七十年来的不平等条约正式取消。1932年暹罗首都军队突然发动革命，不到十日，国王就被迫颁布宪法，世界上独存的专制君主国至此乃变为立宪的国家了。

第五十七章　太平洋的现状

第一节　美国的强盛和经济危机

【美国和世界大战】当世界大战爆发时，美国正是威尔逊担任总统的时期。当时因为美国国内民族复杂、想法不同，有同情德国的，也有同情协约诸国的，所以他竭力想保持中立。他有时向英国抗议对于德国的封锁，有时又向德国抗议对于英国的封锁。直到1917年，因为德国的潜艇政策妨害了美国的利益，美国才加入协约国一方对德宣战。于是美国一方面派兵到欧洲去参战，一方面把军火和巨款借给英法诸国，因此协约国的战斗力骤然增强。德国的战略虽然极其精明，但终究还是无法支撑下去，才有了1918年的停战。

【威尔逊和巴黎和会】1919年巴黎和会召开时，威尔逊竟然以总统的身份作为代表出席，当时人颇以为异。他最初提出了所谓的"十四点"原则，满心希望实现他国际联盟的计划，因此才决定亲自出席，成为和会中的三巨头之一。不过威尔逊是大学教授出身，理想虽然很高，终究敌不过欧洲老练的外交家，克里孟梭和劳合·乔治等手腕都特别厉害，因此巴黎和会的结果完全出乎他的意料。只有国际联盟的盟约经各国同意，才勉强加在对德和约的前面，借以照顾他的面子。没想到他回国后，美国国会由于国际联盟允许英国自主的领土也可以加入，不肯批准，威尔逊因此得病而死。

【美国的强盛】不过世界大战以后,美国的国势顿时强盛起来,几乎成为世界上最强的国家了。原来在大战期间,美国乘欧洲各国自顾不暇,先于1915年和西印度群岛中的海地签订条约,收归保护;次年在海地的东邻圣多明各成立军政府,这个由两共和国分治的大岛就此落入了美国人之手。1916年美国又干涉中美洲尼加拉瓜和墨西哥的内政,或者资助叛党以军火,或者资助政府以军队,尼加拉瓜实际上已成为美国的附属国,美国在尼加拉瓜开凿第二条运河的野心不久也可以实现了,墨西哥的油矿在1928年后被美国的资本家所占有。1917年美国向丹麦购得西印度群岛中的维尔京群岛(The Virgin Islands)。美国的势力到此已经扩展到墨西哥湾和加勒比海了。

【太平洋会议的召开】美国在巴黎和会上取得了各国对于门罗主义的正式承认,而且取得了加勒比海上的霸权,于是转而图谋太平洋上的霸主地位。原来太平洋上的国际形势,自俄德两国瓦解、法国专心于欧洲大陆无暇东顾以后,只留下英、美、日三国相持。而英日两国联盟又足以增加日本在东亚的势力,美国不免被孤立。再加上日本自1914年以后,显然在积极地推行其大陆政策,美国乃于1921年以讨论裁减海军军备问题为理由,在华盛顿召开世界各国代表大会。

【美国海军军力的增强】这次会议使得美国海军的军力和在太平洋上的地位均大有提高。各国决定英美两国海军主力舰的吨数应该相等,各得五十三万余吨;日本次之,得三十二万余吨;法意两国又次之,各得十七万余吨。航空母舰的吨数,亦以英美两国相等为原则,而日本次之。从此美国的海军骤然和英国拥有相等的地位了。

【太平洋霸权的取得】同时英日两国多年的同盟亦由英、美、法、日四国订立协约来代替。各国相约此后只要太平洋上各国间发生问题时，都应该开会讨论来解决。如果受到别国侵略时，各签字国应该采取一致的行动。同时美国声明，此约虽然适用于日英诸国受委托代为管理的诸岛，但是美国不会就此承认委托管理的办法。关于中国问题，则由英、美、法、日、意、比、荷、葡、中九国另外签订一个公约，以下四个原则是针对中国问题的标准：（一）各国相约尊重中国的主权、独立和领土上及行政上的完整；（二）各国应该给予中国发展的机会；（三）各国应该尽力维持中国境内工商各业的机会均等；（四）各国不得利用中国的现状取得特殊的权利。这种纸上的空谈对于中国来说没有任何实际的好处，不过美国自从19世纪末以来所提倡的利益均沾主义，至此总算得到了世界各国的承认。

【美国经济的繁荣】美国在世界大战后，除外交上大获胜利外，其经济在1923年后也非常繁荣。美国虽然是参战的国家，但是离战场很远。因为大战，欧洲各国的工商业无不瓦解，不得不向美国大借战争债务和购买军用品及其他制造品，美国的各种实业因此大为发展。世界的黄金大量流入美国，于是纽约就代替伦敦成为全世界的金融中心。美国的航海业和海外商业亦因此大大扩展。大战后的美国成为世界上最大的债主，进而有"黄金国"之称。1927年，它又和法国发起了所谓的非战公约，大有领袖世界列强之气势。

【经济危机】到了1929年，欧洲各国因为财政困难而无力还债，各国人民又因为经济困难而无力消费，再加上大战之后各国的关税壁垒无不大为提高，美国因此大受影响，导致资金周转不灵，发生了金融恐慌、证券暴落的情况。国外贸易骤然减少，国内百业无不萧条，失业人数增加到八百余万人之多。胡佛总统一方面想用工程建设来救济失业的工人，并于1931年宣布各国停付外债一年以提高各国人民的购买力；另一方面于1932年设立善后财政公司以救济金融周转不灵的情况。1933年新总统罗斯福就职时，不但百业萧条的状况丝毫没有改善，而且全国的银行也开始纷纷倒闭。因此美国召集世界各国的代表到华盛顿，讨论战争债务和关税问题以图恢复世界的繁荣，并决定于1933年6月在伦敦召开世界经济会议。

第二节 日本的发展

【日本的强盛】日本所受世界大战的影响和美国所受的差不多。一方面日本国内的实业非常隆盛，一方面对外的发展亦大有进步，所以日本人多称世界大战期间是现代日本的黄金时代。日本自日俄战争以来，国内财政本来极困难，国民负担亦极繁重。大战爆发后，欧洲实业发达的国家迅速瓦解，日本的工商业却因之快速发展，不但东亚市场被其垄断，就是在世界其他各地的贸易中也占有相当的位置。1915年到1918年间，日本输出的总值大大超过输入的总值，国家财政和国民经济莫不绰绰有余，和欧美各强国差不多。

【海外的发展】日本于1914年对德宣战而取得中国山东省方面的利益；又于次年向中国政府提出所谓的"二十一条"，取得东三省南满铁路区域以外的特权。1918年和中国政府签订了种种借款的密约，得到了许多东三省铁路方面的权利。当时日本向西北方向的海外发展，和美国向东南方向的海外发展一样，都因为欧洲各国自顾不暇，进行得极为顺利。1919年的巴黎和会又把太平洋上赤道以北的德属诸岛委托日本代为管理。同时它的军队又和协约诸国联合侵入西伯利亚，占领了海参崴。

【1920年以后的经济困难】日本在大战期间的经济繁荣，原本是一种非常时期的现象。因此大战结束后，国内的经济骤然发生了变化，从而有了1920年的金融危机，银行停业，债券暴落，工商

各业无不大受影响。再加上1923年的关东大地震，损失惨重。人民生活极其困苦，国内自1916年以来常常发生大罢工，1925年以后又出现了无产阶级政党。因此整理财政、扶助农工就成了日本政府最大的问题。

【日美的关系】19世纪末以前，美国对于东亚的中国和日本，原本采取的是一样的态度。自从1895年日本战胜中国、1898年美国战胜西班牙以后，两国逐渐有了在太平洋上争霸的想法。此后两国关系日趋破裂，但始终以两件事为中心：一是日本势力的发展常受美国的阻碍；二是日本人移民到美国常受美国政府的禁止。

【日本帝国主义被阻止】原来日本蓄谋侵略中国的东三省，开始于中日战争之时，因此美国政府在1899年时，提出了东三省铁路中立计划。自1902年英国和日本缔结盟约之后，美国更加猜忌，所以1905年日俄战争结束后双方在美国议和时，美国暗中帮助俄国而压制日本。此后美国常表同情于朝鲜的独立运动，也常想插足东三省修筑铁路和借款。所谓的"门户开放、机会均等"，几乎成为美国阻止日本发展的口号。当1915年日本提出"二十一条"时，美国就大表不满，华盛顿会议也显然由美国发起，意图把英日同盟取消，把山东省的权利交还给中国，并把日本的海军军力加以限制。不久日本占领海参崴的军队又受到美国的压力，不得不于1923年全部撤回。1931年日本强占东三省后，美国又公开宣称不能承认以武力占领的土地。所以美国和日本由于在太平洋上争霸的关系，随时有发生冲突的可能。

【美国禁止亚洲人入境的问题】美国对于日本人屡有禁止入境的限制。原来美国为了维持白种人的势力，并救济白种的失业工人，自19世纪末以来，就有禁止亚洲黄种人入境的条例。因为日本是一个文明强国，所以于1901年和美国签订了所谓的"绅士条约"，由日本政府限制工人赴美。美国西部的加利福尼亚州政府为了示好工人、排斥异族，于1913年和1920年多次通过日本人不得占有田产的法案。日本政府曾于巴黎和会上提出所谓的人种平等案，虽然没能通过，但其目的就在于对付美国偏袒中国收回山东省的权利。到了1924年，美国中央政府又通过了禁止亚洲人入境的条例，限制更严，日本人对于美国的反感因此更深了。

第三节　中日关系的恶化

【中日交恶的起源】在世界大战以前，中日两国为了争夺朝鲜而爆发了中日战争，后来日本和俄国又为了争夺中国的东三省而爆发了日俄战争。从此中国台湾、东三省南部的铁路和朝鲜都被日本夺取，两国的关系当然会很坏。到1911年中国发生革命改建共和以后，日本认为中国的革新于己不利，因此先蓄意使中国分为南北两部分，然后又加入美国人所发起的国际银团，想把中国的经济利益加以瓜分。但是，这两个目的都没有达到。

【日本对中国的政策】中国的革命和日本的维新不同，因为中国地大物博，历史悠久，忽然由帝制改为共和，当然不免会有许多困难。中国的政治情况虽然非常混乱，但发生革命以后却产生了一种新力量，是此前未有过的，就是民族精神的发展。日本以为如果听任中国的民族精神发展，那么将来在东亚争霸时，不知鹿死谁手。因此日本就以破坏中国统一、摧残民族精神为其对付中国的准则。

【"二十一条"到五四运动】中国能够幸存，在国民革命以前，主要靠列强的分赃难均和美国的门户开放政策。1911年以后，中国得到了民族主义的新武器，所以当1915年日本提出"二十一条"时，中国新兴的民族主义就有了一定的回应。不过当时正逢世

1919年5月4日,五四运动爆发

界大战,各国无暇东顾,日本最终夺得了东三省除铁路以外的许多权利。后来日本又用金钱取得了东三省和中国内部的种种特权,终于引发了中国有史以来最大的民族运动,就是1919年的五四运动。北洋政府的失败、巴黎和会上山东问题的保留以及华盛顿会议对于山东问题的解决,都是这次运动的结果。

【五卅惨案】1922年以后,日本因为国内不安定且有地震灾害发生,所以暂时对中国采取和平态度。不过它对东三省却始终不肯放手,并于1925年暗助中国东三省政府引兵入关。同年5月30日,因为上海的日本纱厂工人被杀,学生举行抗议游行,被英国巡捕逮捕一百余人,下午万余群众聚集在英租界南京路老闸巡捕房门前,要求释放被捕学生,高呼"打倒帝国主义"等口号。英国巡捕竟开枪射击,当场打死十三人,重伤数十人,逮捕一百五十余人,造成震惊中外的五卅惨案。

【济南惨案的发生】中国的国民革命成功在望、有可能实现全国统一的时候,日本的态度又为之一变。当时日本正在田中义一主政时代,他是一个纯粹的帝国主义者,对内竭力压制左倾的新思想,对外则尽力破坏中国的国民革命。当中国的国民革命军于1928年抵达山东济南时,日本军队借故保护侨民,无端和中国起衅,炮轰济南城,杀死了很多中国的官员和民众。中国政府只能忍辱负重，国民革命军最终到达北京，宣布全国统一。中国民众从此更加抵制日货，使得日本财政和经济雪上加霜。

【九一八事变】日本既然无法阻挡中国的统一，于是转向东三省去阻止其和中央政府联合。当时发生了张作霖在奉天附近被日本用炸药炸死的事件，没想到中国当局处置得当，使得日本不能借故而有所行动，而且东三省和中央政府的联系更加密切起来。不过在1931年时，中国发生了极大的水灾，而且有内部的纷乱，欧洲各国又因为财政和经济上的困难而出现了金融危机和战争债务停付事件。日本认为有机可乘，于1931年9月18日夜间以武力夺取了中国的东三省。

【国际联盟调停无效】当时中国政府因为力量不够，不想抵抗，于是把这件事提请国际联盟处理。日本知道国际联盟因为英法诸强国的态度消极，不会有所作为；而且日本受到中国抵制日货的影响，损失很大，乃于1932年1月28日夜间又用武力占领了上海租界北边的闸北。不料遭到了中国第十九路军和第五路军的抵抗，双方均损失惨重，相持一个多月后终于相约停战。中国人对日本更加反感了。同时国际联盟派调查团前来调查，形成报告，认为日本对于东三省的起衅是毫无理由的，而且认为日本于1932年在东三省拥戴清末皇帝溥仪为"满洲国"的执政者并非东三省的民意。国际联盟据此议决日本应该退还东三省，另行筹划国际共同管理的办法。然而日本不但于1933年声明退出国际联盟，而且进一步攻占了中国的热河省和河北省的北部。中国现在虽然无力抵抗，但是四万万人可以团结起来，开展抵制日货的运动。日本目前所受的打击已然很大，如果中国将来成为统一强盛的国家，那么不但这次"塞翁失马，焉知非福"，而且世界各帝国主义在亚洲争持的局面，亦要从根本上动摇。所以中国民族解放运动的成功，对世界前途的影响确实是非常重大的。

图书在版编目（CIP）数据

世界历史常识 / 何炳松著. —成都：天地出版社，2021.8（2022年1月重印）
ISBN 978-7-5455-6137-1

Ⅰ.①世… Ⅱ.①何… Ⅲ.①世界史—通俗读物 Ⅳ.①K109

中国版本图书馆CIP数据核字（2020）第221685号

SHIJIE LISHI CHANGSHI
世界历史常识

出 品 人	杨　政
著　者	何炳松
责任编辑	张秋红
装帧设计	主语设计
责任印制	王学锋

出版发行	天地出版社 （成都市槐树街2号 邮政编码：610014） （北京市方庄芳群园3区3号 邮政编码：100078）
网　　址	http://www.tiandiph.com
电子邮箱	tianditg@163.com
经　销	新华文轩出版传媒股份有限公司
印　刷	天津光之彩印刷有限公司
版　次	2021年8月第1版
印　次	2022年1月第2次印刷
开　本	880mm×1230mm 1/32
印　张	18.5
字　数	540千字
定　价	75.00元
书　号	ISBN 978-7-5455-6137-1

版权所有◆违者必究

咨询电话：(028) 87734639（总编室）
购书热线：(010) 67693207（营销中心）

如有印装错误，请与本社联系调换。